# LE BON CURÉ

AU XIXe SIÈCLE,

OU

LE PRÊTRE CONSIDÉRÉ SOUS LE RAPPORT MORAL ET SOCIAL.

---

TOME II.

*Propriété.*

# LE BON CURÉ

AU XIXe SIÈCLE,

OU

LE PRÊTRE CONSIDÉRÉ SOUS LE RAPPORT MORAL ET SOCIAL,

PAR

M. L'ABBÉ DIEULIN,

VICAIRE-GÉNÉRAL DE NANCY,

AUTEUR DU *GUIDE DES CURÉS*.

—

TOME II.

—

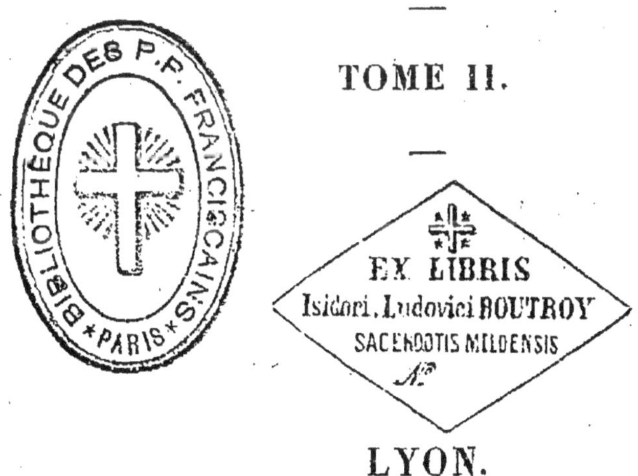


LYON.

CHEZ MOTHON ET PINCANON, ÉDITEURS,

GRANDE RUE MERCIÈRE, 55.

—

1845.

# LE BON CURÉ

## AU XIXe SIÈCLE.

---

## CHAPITRE PREMIER.

### CONFESSION DES ADULTES.

Pour compléter l'important examen des matières qui se rattachent au ministère auguste de la confession, il nous reste à traiter différentes questions dans les articles suivants.

### QUALITÉS DU CONFESSEUR.

Quoique Dieu, dans sa miséricorde, n'ait pas voulu faire dépendre sa grâce du mérite personnel du confesseur, il est vrai néanmoins de dire que celui qui veut se livrer à la direction des âmes dans le tribunal de la pénitence, doit être pourvu de certaines qualités particulières sans lesquelles ce ministère deviendrait dangereux, mortel même pour lui, et souvent infructueux pour les autres. Voyons quelles sont ces qualités.

## SAINTETÉ DU CONFESSEUR.

L'état de grâce requis, sous peine de sacrilége, dans tous ceux qui sont chargés de la redoutable fonction d'absoudre, ne constitue pas une sainteté suffisante pour travailler efficacement au salut des âmes. Foi vive, piété fervente, ardeur pour le bien, horreur du mal, dévouement à la conversion des pécheurs, ce sont là des qualités indispensables à un confesseur qui doit être, par excellence, un homme de Dieu. Inspirera-t-il à ses pénitents l'attrait pour la vie intérieure, s'il n'a ni l'esprit de son état, ni le goût des choses divines? Ses remontrances et ses avis ne seront-ils pas empreints de sécheresse et d'insensibilité, s'il est habituellement mou, indolent, apathique? Suggèrera-t-il aux autres des sentiments qu'il n'a pas lui-même? Non, mille fois non : c'est le propre des saints de raviver dans les cœurs la foi, la ferveur et l'amour, de conduire les âmes à la vertu et à la perfection. Quelle énergie de zèle pour remuer les pécheurs, les arracher au vice et les rendre à Dieu! pourrait-il l'avoir le prêtre indévot et insouciant? L'homme vraiment apostolique seul travaille avec fruit à l'avancement spirituel de ses dirigés et attire sur eux les bénédictions du ciel. Il n'y a que les saints qui persuadent la sainteté. Comment pénétrer les autres de componction, si l'on n'en est pas pénétré soi-même? Le feu seul allume le feu. Embrasons nos âmes de l'amour divin, et nous en communiquerons les ardeurs.

Un bon directeur de conscience est comme un de ces gardiens tutélaires que la Providence donne à chacun de nous. Heureux le pécheur qu'elle adresse à quelqu'un de ces Ananies si éclairés, de ces Ambroises si affectueux et si charitables ! A peine a-t-il conversé avec cet ange de la terre, qu'une céleste chaleur ranime son âme et qu'il ouvre les yeux à la lumière.

Ainsi, le prêtre n'eût-il d'autre motif d'être saint que celui de diriger dans les voies de Dieu tant de pauvres pécheurs qui viennent à lui, de les toucher, de les réchauffer, de les convertir; de soutenir, de consoler, d'enflammer chaque jour, d'un feu nouveau, les âmes justes et pieuses, il trouverait, dans l'exercice de cet admirable ministère, un excitateur assez puissant pour le faire marcher lui-même d'un pas ferme et rapide dans le sentier de la perfection.

## SCIENCE DU CONFESSEUR.

La science nécessaire pour siéger au tribunal sacré est d'une étendue immense; la morale et la casuistique seules épuiseraient toute la vie d'un prêtre studieux qui n'aurait pas d'autre occupation. Un confesseur doit savoir distinguer avec précision ce qui est bien ou mal, ce qui est grave ou léger, ce qui est de précepte ou de conseil, ce qui est permis, toléré ou condamnable (1). Il a journellement à éclaircir

(1) Saint Augustin, une des plus grandes lumières de l'Eglise, restait souvent incertain et indécis sur plusieurs questions; il avouait qu'il était bien difficile de tracer la ligne de démarcation entre le précepte et le conseil, le péché mortel et le véniel, la faute et la simple imperfection. Ici le confesseur docte et habile n'est pas celui qui ne se trompe point, mais bien celui qui se trompe le moins possible. Ne doutant de rien, l'ignorant tranche sur tout, parce qu'il n'est pas en état d'apprécier les difficultés. — En certains cas pratiques fort embarrassants que l'Eglise s'est abstenue de définir comme points de foi, les prêtres les plus éclairés, les théologiens les plus profonds, ou ne décident pas, ou ne prononcent qu'en tremblant; seuls ils doutent et

des doutes, à décider des cas critiques et compliqués, ou à donner des conseils d'une haute importance. Or, quelle vaste instruction théologique ne lui faut-il pas pour résoudre seul et sur-le-champ d'épineuses questions de conscience, découvrir des fraudes usuraires déguisées sous les couleurs de la justice, ordonner des réparations ou en dispenser, discerner les habitudes et les occasions de péché, les fautes de malice, de fragilité, de tempérament, d'affection ou de pur accident, les dispositions réelles ou apparentes, la ferveur passagère et la piété solide! Quelle expérience consommée pour connaître les diverses voies par lesquelles Dieu appelle à lui ses élus, les innombrables variétés des maladies de l'âme, leurs symptômes, leurs causes, leurs effets et leurs remèdes! Une erreur grave en ce point, une décision inique, pourrait avoir, on le sait, des conséquences incalculables, irréparables même. Aussi, un bon confesseur est-il plus facile à décrire qu'à trouver; et faut-il ne pas s'étonner que sainte Thérèse l'ait cherché pendant vingt ans sans l'avoir découvert, ni que saint François de Sales conseille de le choisir entre dix mille. Tout en retranchant ce que présenterait ici d'exagéré le sentiment de ces pieux personnages, uniquement applicable du reste à la direction de certaines âmes d'élite providentiellement placées en dehors des voies communes, on peut du moins en conclure qu'un confesseur approprié aux besoins respectifs de ses nombreux pénitents ne se rencontre pas toujours.

De là suit pour le prêtre la nécessité de cultiver, toute sa vie, l'étude de la théologie qu'on ne possède qu'imparfaitement encore au sortir des séminaires : sans cette culture, le

interrogent. Ah! de quelle intelligence n'importe-t-il pas d'être doué pour guider, à travers les écueils de la vie, les âmes au port de la béatitude éternelle!

souvenir s'en altère si vite! Ce n'est qu'à une mémoire prodigieuse qu'il est donné de tout retenir, et ce prodige est bien rare. Les connaissances qu'on ne rafraîchit pas s'obscurcissent ; on tombe bientôt au-dessous du médiocre et l'on devient méconnaissable même à ses anciens condisciples. L'ignorance, au surplus, est une irrégularité canonique; c'est encourir de plein droit cette censure que d'exercer le ministère sans une capacité suffisante : *Nullus ad sacra veniat indoctus : aliter ordinaturis et ordinandis imminet Dei et Ecclesiæ ejus vindicta* (8e Conc. de Tolède).

Les traités des sacrements en général, de la pénitence, du mariage, des actes humains, de la conscience et des lois, des péchés, du décalogue, de la justice et des contrats, sont indispensables à tout confesseur. Il est, en outre, nécessaire qu'il soit familiarisé avec une bonne méthode de direction, qu'il sache se conduire, non-seulement dans les difficultés ordinaires, mais encore dans les cas embarrassants qui exigent une prompte solution. Peut-on faire avec sûreté et succès ce qu'on fait sans lumière? Le saint tribunal est un dédale d'où l'on ne saurait sortir qu'à l'aide du fil conducteur d'une saine théologie. Pour s'en tirer de manière à remplir convenablement son devoir, ce n'est point assez d'une légère teinture de la morale.

On ne procède avec sagesse qu'en décidant avec le commun des docteurs et des confesseurs éclairés. Il faut donc ne se laisser dominer, ni par des opinions entachées d'esprit de parti, ni par l'enseignement de telle ou telle école, ni par les préjugés d'ecclésiastiques du voisinage, ni par aucune vieille routine qui n'est souvent qu'une vieille erreur. On prendra enfin pour régulateur les sentiments généralement reçus, pourvu qu'ils se rapprochent davantage de l'esprit du Saint-Siége. Ainsi disparaîtra cette affligeante diversité qui, trop souvent, provoque, éternise les divisions entre prêtres, et paralyse des efforts qui ne convergent pas vers un même but.

A la science il importe encore de joindre un esprit droit et exercé par la réflexion, assez étendu pour envisager un objet sous toutes ses faces, faire des règles une juste application, prévoir les suites d'une décision et en éviter dès lors les inconvénients. Malheur à ces esprits étroits et inconsidérés qui tranchent les difficultés les plus graves sans en calculer les conséquences! Ils neutralisent l'activité de leur zèle, échouent jusque dans les moindres tentatives, encourent une immense responsabilité dont rien n'allége le poids, et finissent par se précipiter aveuglément dans l'abîme avec leurs infortunés pénitents : *Cœcus autem si cœco ducatum prœstet, ambo in foveam cadunt.*

De tout ce qui précède, concluons avec saint Grégoire de Nazianze : *Scientia scientiarum mihi esse videtur hominem regere;* et avec saint Grégoire le Grand : *Ars artium regimen animarum.*

## BONTÉ ET PATIENCE DU CONFESSEUR.

Image du bon pasteur ramenant au bercail les brebis égarées, le confesseur fortifiera la faiblesse de ses pénitents et encouragera leur timidité. Il y a des fragilités pour la révélation desquelles le cœur manque et la parole expire sur les lèvres. Quand donc le pécheur éprouve un sentiment de gêne au sujet de certains aveux trop coûteux à la nature et humiliants pour l'amour-propre, il y aurait de la dureté comme de la maladresse à augmenter sa confusion et à froisser sa délicatesse par des paroles sèches et amères, par des reproches mortifiants sur l'énormité de ses crimes ou l'infamie de ses vices. L'homme est né fier, indépendant, irritable; sa susceptibilité naturelle fait qu'il n'aime pas à se voir réprimandé ni surtout méprisé : quand il se rend, ce n'est qu'aux attraits de la bienveillance (1). Si, d'ailleurs, un ton altier et dominateur, si des mots acerbes ou caustiques furent jamais inconvenants et déplacés, n'est-ce pas envers ceux qui se sont volontairement agenouillés à nos pieds? N'ont-ils pas droit aux égards, aux ménagements les plus délicats, et devons-nous aggraver un joug déjà naturellement si pénible ? Enfin, c'est par la douceur que l'homme se prend ; il est bien rare que l'épreuve n'en réussisse pas. Ici donc surtout le confesseur montrera un cœur affectueux et paternel, et tiendra un langage miséricordieux : l'huile de la charité est si propre à adoucir des plaies saignantes et douloureuses ! Il interrogera avec patience les pénitents timides, troublés, ignorants ou embarrassés, que la honte empêcherait de s'expliquer suffisamment, viendra à leur secours et les aidera à débrouiller le chaos de leur conscience. Quelle abondante provision de patience ne lui faut-il pas pour faire leur examen, éclairer leur esprit, toucher leur cœur et les prémunir contre la rechute? Il y a tant d'aveugles plongés dans les ténèbres d'une crasse ignorance; tant de vieux pécheurs esclaves du vice et du démon, qui croupissent dans des habitudes d'intempérance et d'impureté ! Quelle longanimité pour initier à la connaissance des dogmes

(1) Un grand nombre de pécheurs timides, et coupables de sacriléges pour n'avoir osé révéler leurs faiblesses, se sont convertis par suite du bienveillant accueil d'un confesseur : il en est même qui, s'étant d'abord présentés au tribunal avec la résolution prise d'avance de ne point lui découvrir leurs crimes et leurs profanations, n'ont pu résister à sa douceur insinuante.

fondamentaux et des grands préceptes de la morale, cette foule d'individus aussi étrangers au christianisme que des Indiens et des sauvages (1) ! Quelle inépuisable mansuétude

(1) On rencontre, dans les villes et les campagnes, une multitude de chrétiens qui ne renoncent à la pratique de la confession que par un sentiment de timidité et d'embarras à l'égard de l'examen de leur conscience. Incapables de découvrir et de déclarer leurs fautes sans l'assistance du prêtre, ils ont un indispensable besoin d'être interrogés par lui sur tous les commandements de Dieu et de l'Eglise. Un confesseur se contentera de les entendre répondre à ses questions.

A-t-il lieu de remarquer qu'un de ses pénitents ne sait comment révéler quelques-unes de ces grandes faiblesses qui pèsent si cruellement sur le cœur, il l'encouragera à en faire l'aveu, lui disant que, si la confession blesse profondément son amour-propre, en revanche elle sera pour lui un baume consolateur ; c'est la lancette qui ouvre l'abcès pour en faire sortir le virus qu'il recèle et rendre le patient à la vie.

Un officier de cavalerie passait, dans un de ses voyages, par un lieu où le P. Bridaine donnait une mission. Curieux d'entendre un orateur d'une si grande renommée, il entra dans l'église lorsque ce missionnaire, après les exercices du soir, développait dans un avis l'utilité et la méthode d'une bonne confession générale. Le militaire touché forme à l'instant la résolution de se confesser, vient aux pieds de la chaire, parle au P. Bridaine, et se décide à rester à la mission ; sa confession fut faite dans les sentiments d'un vrai pénitent. Il lui semblait, disait-il, qu'on ôtait de dessus sa tête un poids insupportable. Le jour où il eut le bonheur de recevoir l'absolution, il sortit du tribunal témoin de ses aveux, versant des larmes que tout le monde lui vit répandre. Rien ne lui était si doux, ajoutait-il, que ces pleurs qui coulaient sans effort et par reconnaissance. Il suivit le saint homme à la sacristie ; et là, en présence de plusieurs missionnaires, le loyal et édifiant militaire exprima en ces termes les sentiments dont il était animé : « Messieurs, écoutez-moi de grâce : Je n'ai » jamais goûté de plaisirs aussi purs et aussi doux que ceux dont je me » sens enivré depuis ma réconciliation avec mon Dieu ; je ne crois pas » en vérité que Louis XV, que j'ai servi pendant trente-six ans, » puisse être plus heureux que moi. Non, ce prince, dans tout l'éclat » qui environne son trône, au sein de tous les plaisirs qui l'assiègent,

pour ne pas se rebuter de leurs défauts, de leur grossièreté, de leur résistance et de leur dépravation (1)!

» n'est pas aussi content, aussi joyeux que je le suis, depuis que j'ai » déposé l'horrible fardeau de mes péchés. » A ces mots, se jetant aux genoux de Bridaine et lui serrant les mains: « Que je dois, s'écria-t-il, » rendre d'actions de grâces à mon Dieu ! il m'a conduit dans ce pays » comme par la main. Ah! je ne pensais, mon père, à rien moins » qu'à ce que vous m'avez fait faire. Je ne puis vous oublier jamais; » je vous conjure de prier le Seigneur qu'il me laisse le temps de » faire pénitence; il me semble que rien ne me coûtera, si Dieu me » soutient. »

(1) Il faut avoir rempli le difficile office de confesseur pour en sentir tout le fardeau. Instruire et diriger des ignorants qui, bien souvent, se refusent, avec une stupide opiniâtreté, à toute espèce d'enseignement ou de direction; qui ne savent ni s'examiner, ni s'accuser, ni même répondre aux questions les plus simples; qui, voilant la duplicité de leur âme, en montrent à peine la surface, et déguisent particulièrement leurs plus graves offenses : est-il, je le demande, rien de comparable à une pareille tâche ? Après avoir vieilli dans le délire et la fange des passions, nombre de ces pécheurs aveugles, obstinés et déraisonnables, ne veulent ni se corriger, ni convenir de leur culpabilité; malheureux dont le cœur, aussi froid que la glace, aussi dur que le bronze, résistera jusqu'à la fin aux exhortations les plus touchantes, aux vérités les plus terribles. Chose incroyable! quoique les sacrements soient pour eux autant d'occasions de sacriléges, ils s'opiniâtrent néanmoins à les recevoir. Quelle alarmante perspective pour un jeune prêtre au début de sa carrière! De quel intrépide courage n'a-t-il pas besoin de s'armer! Avec quelle ferveur ne doit-il pas implorer l'esprit de force pour accomplir dignement une si pénible mission!

Ajoutez à cela les amertumes, les dégoûts sans cesse renaissants dont il ne peut s'ouvrir qu'à Dieu seul, et qu'il lui faut dévorer en silence; puis, les plaintes, les censures, les calomnies qu'attire infailliblement au confesseur le zèle même le plus prudent, le plus pur et le plus désintéressé, et à l'égard desquelles l'inviolable sceau du sacrement lui interdit jusqu'à la moindre parole, jusqu'au moindre geste de justification. Oh! dirons-nous avec l'abbé Maurel, quelle magnifique couronne doit lui être réservée dans ce lieu où le suprême

## COURAGE DU CONFESSEUR.

Si le courage se mesure par les difficultés à combattre, par les ennuis à essuyer, par les dangers à vaincre, quelle intrépidité, quelle charité héroïque ne faut-il pas au bon confesseur ! Fouiller dans le chaos des consciences ; entrer dans le détail de toutes les maladies spirituelles les plus rebutantes et les plus invétérées ; passer des journées entières, quelquefois même une partie des nuits, en communication avec des personnes ignorantes, inciviles, timides à l'excès, hautaines jusqu'à l'insolence ; faire le triste inventaire des mille faiblesses de l'homme et scruter les replis cachés de son cœur devenu depuis longtemps le réceptacle de tous les vices ; vivre dans cette atmosphère de corruption, face à face avec des êtres trop souvent grossiers, passionnés, vindicatifs, opiniâtres ; prêter l'oreille au récit à la fois affligeant et fastidieux des chagrins domestiques et de toutes les misères humaines ; apaiser les divisions intestines, calmer les âmes ulcérées, retremper les courages défaillants, combattre la pusillanimité, la présomption et le désespoir ; enfin, se faire tout à tous, et, à l'exemple du divin Modèle, prendre sur soi les infirmités du prochain : voilà, en raccourci, le tableau des labeurs, des difficultés, des dégoûts que doit affronter le confesseur.

Il faut qu'il sache aussi triompher de l'ennui pour s'en-

Rémunérateur ne laisse rien sans récompense, pas même un verre d'eau froide donné en son nom ! N'est-ce pas l'espoir de cette couronne, si clairement promise à nos travaux, qui attache les bons prêtres au tribunal sacré? *Unusquisque*, dit l'Apôtre, *propriam mercedem accipiet, secundùm suum laborem.*

fermer des jours, des semaines, des mois entiers, dans le tribunal de la pénitence comme dans une étroite prison, et dire avec saint Paul : *Ego vinctus Christi.* Cela est d'autant plus vrai que la vie pastorale est pleine de sollicitudes en tout genre, et que quand le prêtre siége au saint tribunal, il sait que sa présence serait nécessaire encore ailleurs, pour établir l'ordre et la paix dans la paroisse, présider, la veille d'une fête, à la décoration de l'église, diriger sa maison, instruire les ignorants, visiter et consoler les malades. Il voudrait être partout, et son activité se voit enchaînée au confessionnal. S'il en sort, est-ce pour prendre un délassement impérieusement réclamé par la nature ? Non; c'est pour vaquer à d'autres devoirs, c'est pour aller même entendre sur le lit de douleur le moribond ou l'infirme qui implore son assistance. Ce n'est pas tout : si le confesseur accomplissait cette pénible tâche d'une manière passive et purement humaine, il aurait, assurément, bien moins à souffrir ; mais il n'en saurait être ainsi : sa mission continuelle est de s'inquiéter, de se préoccuper du salut de ceux qui viennent à lui, et d'endurer les douleurs de l'enfantement pour les régénérer en Jésus-Christ : *Filioli, quos iterùm parturio donec formetur Christus in vobis.* Ah ! quand il faut recevoir 800 à 1000 pénitents, éprouver pour chacun ces angoisses secrètes, s'assujettir à la diversité des caractères, des volontés, des caprices, on sent la pesanteur d'un tel fardeau, on comprend que le confesseur a besoin de toute cette énergie dont la foi seule est la source. Pourrait-il en effet, pour accomplir un tel ministère, s'arracher au commerce de la vie, aux douceurs du repos, aux charmes de l'indépendance et de la société, à l'amour de ses aises, sans être mort à lui-même, et dévoré de zèle pour le salut des âmes? Aussi ne devons-nous pas être surpris qu'effrayés d'avance de cette triste perspective, un si grand nombre d'aspirants au sacerdoce reculent, par un sentiment d'excessive délicatesse, devant une pareille responsabilité morale, et renoncent ensuite à la plus sublime des vocations.

Enfin, les dangers à éviter sont nombreux et redoutables. Danger d'inconstance et de dégoût; danger de présomption; danger de fausses décisions, fruits de l'ignorance; danger d'impatience et de rudesse envers les pécheurs; danger de perversion quand on vit au centre impur et méphitique des plaies sociales, et qu'en respirant les infectes exhalaisons du vice, il faut à tout prix s'en garantir. Certes, c'est bien au confesseur de s'écrier souvent: *Domine, salva nos, perimus!*

Toutefois, le ministre de J.-C., loin de se déconcerter, doit au contraire s'animer à ce combat en appelant à son secours la charité: *Charitas patiens est.... omnia suffert, omnia sperat, omnia sustinet.* Comme saint Liguori, il s'excitera à la persévérance par cette consolante pensée: *Animam salvasti, animam tuam liberasti.* En outre, n'est-ce pas le prêtre qui, du fond de son confessionnal, régénère la société d'une manière beaucoup plus efficace que ne le feraient tous les savants moralistes, et les plus habiles législateurs? La vue de tout le bien qui s'accomplit par là ne suffit-elle pas pour le soutenir, pour le consoler et l'encourager? Suppression des grands désordres, développement et maintien des grandes vertus, retour de la décence dans les mœurs, de l'intégrité dans le commerce, de la concorde dans les familles, de la fidélité dans les mariages, de la piété dans tous les âges et tous les rangs; heureuse transformation de paroisses autrefois scandaleuses et présentant aujourd'hui une imposante réunion d'âmes pieuses qui font rougir le vice confondu: tels sont, en peu de mots, les fruits glorieux du zèle pastoral, et la plus douce récompense de ses généreux travaux : *Bonorum enim operum gloriosus est fructus.* Voilà, pour le directeur des consciences, les puissants motifs de se montrer toujours courageux et de ne jamais faillir au devoir.

## PRUDENCE ET RÉSERVE A GARDER AU CONFESSIONNAL.

Le confesseur ne peut mettre assez de réserve dans les interrogations à ses pénitents. Il ne procèdera qu'avec une timide défiance, se rappelant qu'il ne saurait ici pousser trop loin les précautions. Des questions intempestives et déplacées, des détails trop circonstanciés sur des matières qu'il suffisait d'effleurer, seraient, de sa part, des fautes bien condamnables. Il est des plaies qu'on ne doit sonder qu'avec beaucoup de ménagement, des mystères d'iniquité à la révélation desquels il ne faut tenir que dans une certaine mesure; y toucher sans prudence, c'est toucher à des charbons ardents. Le prêtre n'ira donc pas soulever témérairement un voile qu'il vaut mieux tenir abaissé, ni employer un langage de nature à faire connaître ou soupçonner le mal dont on n'a pas même la moindre idée. Toute tentation de curiosité, s'il y cédait, toute interrogation indiscrète sur le mode et les circonstances non aggravantes du péché, constitueraient un abus sacrilége. La recherche trop scrupuleuse est ici presque toujours prise en mauvaise part et devient compromettante pour l'auguste ministère de la confession (1). Un sage directeur

(1) On sait que le Concile de Trènte s'est abstenu de rien décider sur la révélation des circonstances notablement aggravantes, se bornant à prononcer sur l'obligation de déclarer les circonstances spécifiques. Ces dernières seraient, par exemple, *copula cum alterius sponsâ, cum personâ ejusdem sexûs, vel consanguineâ, affini aut voto ligatâ, etc.* Saint

de séminaire, convaincu de la gravité des imprudences sur ce point, répétait souvent à ses élèves, dans les Diaconales, qu'il y avait moins d'inconvénients à manquer à l'intégrité de la confession qu'aux règles de la prudence.

Le confesseur, quand surtout il est jeune et que les pénitents sont peu religieux et peu discrets, ne saurait encore, avec trop de délicatesse, préparer au mariage les fiancés et les initier à la connaissance de leurs devoirs. Qui ne comprend l'effet fâcheux de certains avis mal traduits et dénaturés dans le monde; qui ne sait les dérisions, les sarcasmes des libertins à ce sujet? N'y aurait-il pas danger, au surplus, en instruisant trop ou en instruisant mal, de troubler les imaginations et de faire naître dans les cœurs des sentiments et des impressions capables de les émouvoir? Vouloir scruter jusqu'aux plus mystérieux secrets du vice, n'est-ce pas enfin courir risque de l'enseigner à ceux qui l'ignorent?

Il importe, dans une matière aussi scabreuse, d'adopter le langage le plus chaste, de ne point parler ouvertement ni crûment, d'éviter tous détails, de se renfermer enfin dans le

Thomas, saint Antonin et saint Liguori regardent comme plus probable l'opinion qui affirme que la révélation des circonstances aggravantes n'est point nécessaire. De là monseigneur Gousset conclut que, *toutes choses égales, il vaut beaucoup mieux, sans contredit, rester en deçà que d'aller trop loin, dans les interrogations concernant le sixième précepte et les obligations des époux; qu'un confesseur peut, sans danger de compromettre son ministère, se borner à celles des interrogations qu'il juge nécessaires pour connaître les circonstances qui augmentent le nombre des péchés ou qui en changent l'espèce. Il ne doit pas oublier que s'il est obligé de procurer, autant que possible, l'intégrité de la confession, il est obligé plus strictement encore de ne pas scandaliser les pénitents, et d'éviter tout ce qui peut affaiblir en eux l'idée qu'ils doivent avoir de la sainteté et de la modestie sacerdotale.* (Théologie morale, t. 2. p. 265.)

cercle de la modestie, de l'honnêté et de la bienséance (1).

Le confesseur a aussi besoin d'une grande prudence à l'égard de ces âmes timides, auxquelles il ne saurait arracher l'aveu d'humiliantes faiblesses qu'avec d'extrêmes précautions : quel tact et quelle sagacité ne lui faut-il pas pour les déterminer à s'ouvrir à lui avec une naïve candeur ! Affectant plutôt un air indifférent que curieux ou surpris, il ne paraîtra jamais étonné des péchés qu'on lui accuse, afin de ne pas gêner la liberté des pénitents ; cela ne ferait qu'ajouter à leur honte et à leur embarras. Si cependant un pécheur déclarait de grands crimes sans horreur ni regret, il serait bon de le réveiller de sa mortelle léthargie, en lui en remettant sous les yeux le nombre et l'énormité.

(1) En résumé, il faut toucher bien légèrement les matières *de sexto præcepto* ; interroger *prudenter, cautè et castè*, *de usu et abusu debiti conjugalis*, *de onanismo et actibus sodomicis*, *de delictis tempore gestationis, de abortivis et fœticidis tentaminibus.*

La déclaration de l'espèce du crime est obligatoire, mais non celle de la manière dont il a été commis. De plus, tout ce qui rentre dans l'ordre de la procréation est permis, tout ce qui va contre cette fin est illicite et défendu ; tout ce qui n'est ni suivant ni contre cette fin, ne constitue point un péché, ou ne serait qu'une faute vénielle.

Des directeurs habiles, craignant le danger d'avis imprudents et intempestifs aux futurs époux, pensent que les instructions relatives à l'état conjugal seraient utilement différées jusqu'après le mariage, ou données plus à propos par de pieuses mères et de saintes femmes. En tout cas, un prêtre, pour peu qu'il sache mesurer avec sagesse son langage, fera aisément comprendre, sans manquer aux convenances, qu'il faut savoir se respecter entre époux ; que si le mariage a pour but secondaire de pourvoir à l'infirmité de la nature, il n'est pourtant pas chose exploitable au seul profit de la passion ; qu'il y aurait illusion grossière à se croire tout permis et à s'abandonner sans frein à l'ardeur de la chair. A l'aide d'un langage discret et pudique, il est facile de faire apprécier à une jeune personne la sublime qualité d'épouse, et de rendre intelligible à son esprit ou à son cœur ce que la bouche ne peut convenablement exprimer.

C'est une règle admise de ne réprimander le pénitent et de ne lui imposer des obligations onéreuses qu'à la fin de la confession; infligée auparavant, la correction pourrait, en l'effrayant, le déterminer à recourir aux subterfuges de la dissimulation.

Pour aucun prêtre la direction ne sera l'art de mener les esprits faibles et d'en tirer parti; s'il était soupçonné de se servir de la religion pour s'insinuer dans les affaires et les intérêts domestiques, pour gouverner les ménages, subjuguer les femmes et contenter son ambition, il rendrait odieux le saint ministère. La rémission du péché et le salut du pécheur, voilà à quoi se borne la fonction du confesseur (1).

Enfin il se souviendra qu'au tribunal sacré il n'est pas homme, mais ministre du Très-Haut, et il s'efforcera de justifier la confiance publique, en remplissant avec dignité la grande mission dont Dieu l'a honoré ici-bas.

(1) Il y a malheureusement, de nos jours, dans un certain monde, de graves préjugés et une répugnance invincible contre la pratique de la confession, sous prétexte que le prêtre y exerce un importun contrôle sur les prévarications du mariage, ou une intervention ambitieuse dans le gouvernement intérieur des familles. On sait combien de retentissement ont eu en France, depuis quelques années, ces calomnieuses accusations contre le clergé : le public, toujours avide de scandale, a accueilli avec une frénétique joie tous les libelles diffamatoires qui, à ce sujet, lui ont été tour à tour jetés en pâture. A la remorque de Volney leur patron, que La Harpe appelait si justement *un énergumène,* n'avons-nous pas vu, ne voyons-nous pas encore les Michelet, les Quinet et consors, chercher, par leurs déclamations furibondes, à se faire un écho et des prosélytes dans la foule moutonnière de leurs bénins et stupides lecteurs? Certes, en face d'une tactique aussi déloyale, aussi abjecte, et malheureusement passée en mode chez les gens haineux ou superficiels, un ecclésiastique serait bien dangereux pour l'Eglise si, dans sa conduite au confessionnal, il avait jamais l'imprudence d'autoriser de pareilles imputations.

## INDULGENCE DU CONFESSEUR, SA FERMETÉ.

La vertu n'est jamais placée aux extrêmes, mais dans un milieu sage : telle est précisément l'indulgence; elle se tient entre le relâchement qui amollit et le rigorisme qui décourage. Une condescendance coupable n'est pas moins meurtrière qu'une sévérité désespérante. Indulgence et fermeté, voilà deux qualités qui doivent marcher de pair et s'allier dans la personne des confesseurs.

1° *Indulgence*. La pénitence est un tribunal de clémence et de pardon; c'est celui de la miséricorde divine, qui est comme une mer sans fond et sans rives. Imitateur de son Dieu, le prêtre ne doit-il pas aussi, dit saint Chrysostome, y faire preuve de douceur plutôt que de dureté? Lorsque le maître se montre si libéral, convient-il à l'économe d'être avare? S'il y a une clémence infinie dans notre père céleste, pourquoi y aurait-il tant de sévérité dans son ministre, ajoute le saint docteur? Durs envers nous-mêmes, continue-t-il, soyons doux à l'égard d'autrui. Telle doit être la conduite d'un confesseur. Il prendra en considération la mobilité inhérente à la nature humaine; l'épreuve journalière de sa fragilité et de ses innombrables misères le rendra naturellement plus compatissant pour la faiblesse de ses pénitents, plus disposé à les accueillir avec pitié et à leur faire grâce. Père encore plus que juge, il relâchera des droits rigoureux de la justice, et fera toutes les concessions qui ne seraient point des prévarications aux yeux de sa conscience. Sans cette condescendance, la confession serait aujourd'hui pour le plus grand nombre un joug intolérable; hélas! une multitude de chrétiens ne tiennent plus à la religion que par un fil léger; gardons-nous de le rompre ! Ainsi en agissaient les saints, qui recommandent toujours de parler une langue miséricordieuse au saint tribunal (1). Il faut, dit un proverbe, émonder l'arbre, et non le couper par le pied. C'est le baume de la commisération qui adoucit les plaies du pécheur et lui fait accepter le régime spirituel et moral du médecin de son âme. Nous ne cesserons de répéter avec Sénèque : *Vitia mentium sicut et corporum molliter tractanda sunt*. Et comment disposerait-il le cœur de ses pénitents à des épanchements salutaires, celui qui n'aurait pas pour eux une paternelle indulgence ?

2° *Fermeté*. Toutefois, douceur et condescendance ne sont pas synonymes de relâchement : l'indulgence ne consiste point à endormir les pécheurs au son de paroles caressantes et trompeuses, ni à les tranquilliser dans leur impénitence sous prétexte de ne pas déconcerter leur faiblesse : il faut respecter les immuables principes de la religion et de la morale, et ne jamais porter atteinte à la pureté ni à l'intégrité des lois

(1) Ce qui inspirait à saint Ambroise tant de compassion pour les pécheurs, c'était le sentiment de sa fragilité personnelle ; sentiment plein d'humilité, qui lui faisait dire *qu'il ne devait pas reprendre les coupables avec aigreur ou avec hauteur, mais plutôt mêler ses larmes aux leurs, et se pleurer lui-même en pleurant les autres ; se rappelant que si, tout vieillard qu'il était, il ne laissait pas d'éprouver encore dans un âge avancé les faiblesses et les misères d'une jeunesse bouillante, il ne devait ni s'étonner, ni s'irriter de voir les mêmes passions dans je ne sais combien d'adolescents en qui elles sont bien plus excusables*. Le bienheureux Pierre Damien ajoutait, dans le même sens, qu'un bon confesseur, en entendant les fautes les plus grièves de ses pénitents, doit se rappeler l'infirmité de sa nature, et se dire à lui-même que, s'il avait été tenté aussi fortement, il serait plus lourdement tombé : *Si in tanta tentatione fuissem, graviùs cecidissem.*

immortelles qu'elles imposent. Une des premières règles qui doivent présider à la conduite du confesseur, c'est qu'on ne peut absoudre des inconvertis, parce qu'il faut, pour être pardonné, vouloir cesser d'outrager Dieu. Une direction trop molle et trop facile ne servirait, si elle était illimitée, qu'à énerver la morale et à favoriser la dépravation. Il est des plaies que le régime émollient adoucit, il en est d'autres que le feu seul peut guérir; à celles-ci on appliquera le fer sans pitié; il faut arracher l'œil qui scandalise, sans être touché des cris du malade qu'une funeste compassion pourrait conduire à sa perte : un remède douloureux, mais salutaire, vaut mieux qu'un doux palliatif. On ne saurait transiger ni faiblir dans les cas d'habitudes, d'occasions prochaines, d'immoralités et d'injustices ; on doit être inflexible sur l'application de toutes les règles qui n'admettent aucun accommodement, exiger impérieusement le sacrifice des affections les plus chères et des passions les plus fortes : fléchir comme un roseau là où il faut se roidir comme une colonne, serait, de la part d'un confesseur, un acte de faiblesse et de lâcheté. Ainsi, dans toutes les circonstances où il ne pourrait consciencieusement rien rabattre de la sévérité de la loi ni se départir des droits de la justice, il se montrera inexorable envers les riches et les grands mêmes de la terre (1). En ménageant leur

(1) La trop fameuse marquise de Pompadour, voulant, malgré la publicité de son inconduite, remplir le devoir pascal à l'imitation de Louis XV, s'adressa dans ce but à un curé de campagne de la banlieue de Paris. Confiante dans la renommée de sa souveraine influence, elle déclina son nom au confesseur, bien persuadée qu'il n'oserait lui refuser l'absolution. Elle s'abusait étrangement. A peine ce nom universellement flétri eut-il été articulé que le courageux ministre de J.-C. lui tint ce langage vraiment apostolique : « Hé quoi, madame, » vous, le scandale de la France, vous qui traînez dans la boue la

délicatesse aux dépens de leur salut; en les traitant avec une molle complaisance quand la fermeté seule peut les corriger,

» majesté royale, vous prétendez à la réconciliation sans pour cela » rompre vos liens infâmes! vous oseriez recevoir sur vos lèvres im- » pures le corps immaculé du Saint des saints! Allez, madame, allez » avant tout, pleurer dans la pénitence votre vie licencieuse; alors » seulement vous aurez des droits à solliciter votre pardon et la grâce » des sacrements. »

Profondément irritée de ce courageux refus auquel elle s'attendait si peu, l'impérieuse marquise courut à Versailles en demander vengeance au faible monarque qui, asservi par ses charmes, ne savait résister à aucun de ses caprices. Une lettre de cachet pour la Bastille ne semblait pas à cette femme outrée de dépit, un châtiment proportionné au sanglant affront essuyé par elle; quand le prince, doué d'un jugement naturellement droit malgré l'effervescence de ses passions, lui répondit avec non moins de justice que de dignité : *Madame, le confesseur a fait son devoir, c'est nous qui ne faisons pas le nôtre.*

C'est à la haine implacable de cette courtisane qui, régnant en France sous le nom de Louis XV, faisait et défaisait à son gré les ministres d'état, qu'est due en grande partie la dissolution des Jésuites. Elle avait juré leur perte et ourdi la trame de l'odieux complot qui creusa l'abîme où fut précipité cet illustre corps.

Sous le prétexte simulé d'un changement de conduite, elle prétendit avoir un confesseur en titre et le choisir parmi les membres de la compagnie de Jésus, alors les confesseurs habituels de la Cour, et les directeurs à la mode. Ne doutant pas un instant que ces religieux, accusés de tout sacrifier à la gloire de leur ordre, ne se montrassent flattés d'une direction dont le résultat infaillible eût été d'accroître leur influence, elle fixa son choix sur le Père de Sacy. Ce dernier, après avoir félicité la grande pécheresse de son retour à Dieu, qu'il lui fit envisager comme un coup extraordinaire de la grâce, lui imposa, avant de consentir à se charger du soin de sa conscience, l'obligation de s'éloigner de la Cour, le premier pas pour réparer le scandale étant de quitter le théâtre du crime. Cette juste exigence, commandée par les principes de la morale et approuvée par les chefs de la compagnie auxquels en référa le Père de Sacy, exaspéra l'astucieuse et superbe marquise, qui ne feignait une conversion que pour masquer plus adroitement ses désordres. Blessée au vif et courroucée au delà de toute

il ne fait que conniver à leurs passions, les rassurer dans leurs désordres, emmieller la coupe fatale pour leur faire avaler plus sûrement un poison mortel : la charité ne connait point de tels adoucissements.

Les jours présents sont assurément difficiles, le peuple a peu de foi et de mœurs; mais il y aurait abus de croire que, pour le rattacher à la pratique des sacrements, l'unique moyen c'est de faire bon marché des vieux et immuables principes de morale qui émanent de l'auteur même de la vérité et de la justice, principes à la fois éternels et inviolables.

Concluons : sans douceur la fermeté serait dureté, sans fermeté la douceur dégénèrerait en une coupable indulgence. Ainsi, ces deux qualités doivent être tempérées l'une par l'autre (1). Un mélange de vigueur et de mansuétude sera le fond du caractère du ministre des sacrements, et s'alliera

expression, cette méchante femme, dont le cœur était aussi rebelle au pardon qu'au repentir, ne mit plus de bornes à sa vengeance, et, pour mieux l'assouvir, exploitant avec perfidie la honteuse et coupable condescendance du malheureux roi qu'elle maîtrisait, elle finit par lui arracher son consentement à la destruction des Jésuites, qui fut consommée quelques années plus tard. N'est-ce point ici le cas de s'écrier avec le poëte latin : *Furens quid fœmina possit !*

Certes, si les Jésuites eussent professé la morale relâchée que leur prête à tort l'ignorance ou la passion, au lieu de déployer en cette mémorable circonstance une fermeté tout évangélique, mais fatale pour eux-mêmes, ils n'auraient pas manqué, par d'ingénieux accommodements, de prévenir la chute de leur corporation en la sauvant d'une ruine imminente : l'occasion était belle, et l'expédient facile. A la vie ils ont préféré le devoir : honneur à eux ! Ils ne pouvaient léguer à la postérité une plus éclatante et plus complète justification.

(1) *Sit amor, sed non molliens; sit vigor, sed non exasperans ; sit zelus, sed non immoderatè sæviens ; sit pietas, sed non plusquàm expediat parcere.* (S. Grég.)

en lui comme la justice et la miséricorde s'allient dans celui qui en est la source et la plénitude. Les directeurs de consciences prendront donc soin de verser à propos sur les plaies spirituelles de leurs pénitents l'huile de la charité et le vin de la force, à l'exemple du bon Samaritain. Si nous avions à examiner lequel des deux excès, celui de l'indulgence, ou celui de la sévérité, est un moindre mal, nous dirions volontiers avec saint Ambroise : *Melius est errare in misericordiâ remittendi quàm in severitate ulciscendi. Ad misericordiam promptior est quàm ad severitatem spiritus Dei;* — et avec saint Chrysostome : *Si erramus modicam pœnitentiam imponentes, nonne meliùs est propter misericordiam rationem dare, quàm propter crudelitatem? Ubi enim paterfamiliâs largus est, dispensator non debet esse tenax; si Deus benignus est, ut quid sacerdos ejus austerus?* Mais la sagesse consiste à s'éloigner également de ce double écueil, autant qu'il est possible à l'infirmité humaine. Il ne faut donner ni dans les opinions rigides, ni dans les opinions relâchées (1);

(1) Le confesseur, selon saint Liguori, se met en danger de se perdre éternellement par un excès de rigueur envers ses pénitents tout comme par un excès d'indulgence. La trop grande indulgence, dit saint Bonaventure, engendre la présomption, la trop grande rigueur inspire le désespoir : *Cavenda est conscientia nimìs larga, et nimìs stricta : nam prima generat præsumptionem, secunda desperationem. Prima sæpè salvat damnandum, secunda contrà damnat salvandum.* (S. Bonav. comm. Theol. de Verit. lib. 2. cap. 32. n. 1.) Il n'y a pas de doute que plusieurs prêtres se trompent par trop d'indulgence et causent ainsi d'irréparables malheurs, parce que les libertins, qui sont les plus nombreux, courent de préférence à ces directeurs faciles, et trouvent en eux leur perdition. Il n'est pas moins certain que les confesseurs trop rigides produisent de grands maux : *Cum austeritate imperabatis eis; et cum potentia; et dispersæ sunt oves meæ,* etc. (Ezech. XXXIV.) L'excessive rigueur, écrit Gerson, ne sert qu'à jeter l'âme dans le désespoir, et du désespoir dans le plus affreux

il faut être doux et porter jusque sur sa figure l'empreinte de la mansuétude et de la bénignité; il faut, à l'exemple du bon pasteur, non-seulement accueillir les brebis égarées qui retournent au bercail, mais encore franchir les distances pour les rejoindre, les prendre sur les épaules et, tout en suant sous ce bien aimé fardeau, manifester une grande joie de les avoir retrouvées. L'adoucissante onction de l'indulgence attire le pécheur, tandis que la sévérité, en courbant encore davantage son front déjà assez humilié, le décourage et l'éloigne. Si, au tribunal de la pénitence, le prêtre est juge, n'oublions pas qu'il y est encore ami, consolateur et père.

## DANGERS DU RELACHEMENT.

S'il y a des prêtres trop rigides, il y en a aussi de mous à l'excès, qui semblent ne reconnaître que le pouvoir de délier, jamais celui de lier. Ces casuistes louches, mitigés par le probabilisme, ont une conscience élastique qui

débordement de vices : *Per ejusmodi assertiones rigidas, et nimis strictas in rebus universis, nequaquàm eruuntur homines à luto peccatorum, sed in illud profundiùs quia desperatiùs demerguntur.* (Gers. lib. pag. 3. de Vita spirit. lect. 4.) *Doctores theologi,* continue-t-il, *non debent esse faciles ad asserendum aliqua peccata mortalia, ubi non sunt certissimi de re.* Saint Raimond est du même sentiment : *Non sis nimis pronus judicare mortalia peccata, ubi tibi non constat per certam Scripturam* (Lib. 3. de pœnit. §. 21.) Saint Antonin dit encore : « *Quæstio in qua agitur, utrùm sit peccatum mortale vel non, nisi ad hoc habeatur auctoritas expressa Scripturæ, aut canonis Ecclesiæ, vel evidens ratio, periculosissimè determinatur.* (Part. 2. tit 1. cap. 11. §. 28.) En effet, ajoute le saint docteur, celui qui sans aucune de ces autorités qualifie une action de mortelle, « *Ædificat ad gehennam,* » c'est-à-dire met les âmes en péril de se damner.

leur permet de courber les règles au niveau du relâchement public, et de les ajuster si bien aux besoins de leurs pénitents qu'ils ne sont jamais dans la douloureuse nécessité de refuser une absolution. Ne se croyant placés dans le sacré tribunal que pour absoudre, ils réconcilient indifféremment tous les pécheurs, même les plus corrompus et les plus endurcis, et remettent les péchés avec plus de facilité qu'ils n'avaient été commis. Ils purifient prématurément et en quelques minutes des consciences toutes fumantes de crimes et de passions, plus soucieux de refermer les plaies que de les panser, comme si, selon l'expression de saint Cyprien, ne point guérir ce n'était pas tuer : *Hoc non est curare, sed occidere.* On les voit élargir les portes du ciel que l'Evangile nous dit être si étroites, pour y faire entrer tout le monde en masse et au galop. Ces prêtres, corrupteurs plutôt que sauveurs des âmes, mettent des coussinets sous le coude de leurs pénitents et des oreillers sous leurs têtes, les rassurent au lieu de les effrayer, et les endorment ainsi dans leurs vices jusqu'à la mort même.

Cette homicide indulgence ne serait propre qu'à rendre les pécheurs insouciants, habitudinaires et dissolus. Le laxisme, qui tolère et excuse tout, offre un appât au crime, dit saint Ambroise ; la facilité du pardon est une prime d'encouragement à de nouvelles fautes, à des récidives : *Non esset tanta facilitas delinquendi, si non esset tanta facilitas absolvendi.* Combien de malheureux vieillissent avec une sorte de bonne foi dans des habitudes criminelles, pour n'avoir pas été réprimandés d'une manière assez énergique par un confesseur muet ou facile, qui devient ainsi responsable de leurs désordres et de leur perte éternelle !

On comprend que, dans une mission, un jubilé, la veille d'un mariage ou dans une maladie grave, on puisse et l'on doive se montrer coulant, hasarder même les sacrements; mais, en principe général, réconcilier avec Dieu des impénitents, c'est prévariquer. A quoi bon, au surplus, dire *J'absous*, si le Ciel répond *Je condamne?* Nulle pour celui qui la reçoit, cette absolution serait encore sacrilége pour celui qui la donne. Que les confesseurs, enfin, soient les dispensateurs, jamais les dissipateurs du sang et des mérites de Jésus-Christ.

### INCONVÉNIENTS DE LA SÉVÉRITÉ AU CONFESSIONNAL.

Le rigorisme ne tend qu'à décourager les pénitents et à les éloigner du confessionnal, en rendant odieux l'unique remède capable de les guérir; il ferme aux pécheurs les portes de la miséricorde et le royaume du ciel, les affermit dans le vice, les pousse au désespoir et de là aux plus déplorables écarts. Aussi, préférant le salut de tous à la perte d'un seul, l'Eglise a-t-elle mieux aimé retrancher Tertullien du nombre de ses enfants qu'adhérer à son impitoyable sévérité, ou s'en rendre complice. Pour justifier leur conduite trop rigoureuse, certains prêtres diront peut-être avec le docteur Montaniste : *Frustrà pœnitemini, si non mutamini*: Ne doit-on pas suivre les règles, et les absolutions seront-elles plus nombreuses que les conversions persévérantes?—Avec l'application d'un pareil principe il ne resterait plus désormais qu'à fermer le confessionnal à l'humanité presque tout entière. De tout temps les confesseurs n'ont-ils pas absous plus de pénitents qu'ils n'en ont convertis? Est-ce à nous qu'il appartient de faire le triage des élus? La certitude de ne plus pécher est-elle requise pour participer aux sacrements? Ne faut-il tenir aucun compte de la mobilité humaine? C'est donc un malheur pour l'Eglise de compter, parmi ses ministres, des hommes étroits et outrés, qui appliquent toujours inflexiblement le niveau du droit absolu et ne réconcilient les pénitents qu'après d'interminables épreuves, réservant l'absolution jusqu'à leur conversion parfaite, semblables à ces médecins aveugles qui n'administreraient aux malades les remèdes de leur art qu'après la guérison.

Les confesseurs doivent ici se mettre en garde contre une tendance à l'exagération dans les principes de la morale. Il y a, sans doute, des prêtres trop faciles qui, augurant toujours favorablement des dispositions des pécheurs, leur adjugent indistinctement l'absolution : ces ecclésiastiques, portés qu'il sont à tout voir en beau et à tout prendre en bien, commettent assurément des erreurs et des fautes dans l'administration des sacrements. Mais il existe aussi des confesseurs à tempérament bilieux et à idées rembrunies, dont l'incurable manie est de voir tout en noir et de prendre tout en mal. Cette trempe de caractère agit puissamment sur le jugement des directeurs spirituels, et les incline le plus souvent à un rigorisme non moins dangereux que déraisonnable.

La désertion des confessionnaux tient, en partie, à l'application de principes extrêmes sur certains cas de conscience (1).

(1) Personne n'ignore combien, en quelques diocèses, le jeune clergé s'est montré sévère sur l'article de la danse. Maints confesseurs, non contents qu'on s'en éloignât peu à peu, exigeaient des personnes du sexe une promesse formelle de renoncement perpétuel à ce genre de divertissement. Les plus sincères, et conséquemment les mieux disposées, se défiant de leur propre faiblesse, aimaient mieux abandonner les sacrements que contracter un engagement pareil. Quelques-unes, pour avoir la consolation de faire leurs pâques, acceptaient à contre-cœur cette condition; mais, entraînées, par la suite, à un bal de noces ou de société,

Depuis deux siècles, le Jansénisme, malgré la vigilance de l'Eglise, s'est furtivement glissé dans la théologie, et a accrédité, dans la pratique, des opinions trop sévères qui heureusement commencent à disparaître, grâce aux tendances de l'époque et à l'introduction de la doctrine de saint Liguori que tant de rigoristes ont taxée d'anti-morale. Or, il existe une déclaration de la Pénitencerie portant que cette doctrine est pure de toute erreur, et que ses décisions peuvent être suivies en sûreté de conscience ; le clergé fera bien de l'adopter comme boussole au tribunal sacré. Pourquoi donc rendre plus difficile qu'il n'est le sentier déjà si étroit du paradis ? Faut-il mener ses pénitents plus haut que le ciel et les rendre plus saints que ce grand théologien dont la science égalait la vertu ?

Ici, à la vérité, le confesseur se trouvant placé entre deux écueils pourrait, dans les angoisses d'une conscience inquiète, souvent s'écrier : *Coactor è duobus*. Il faut, dans une telle situation, beaucoup de discernement, une grande connaissance des hommes et des choses, avec un fonds inépuisable de ce bon sens pratique qui est, au dire de Bossuet, *le maître de la vie humaine*; il faut, quand on n'est pas soi-même expérimenté, recourir aux conseils de plus habiles que soi ; il faut élever son âme vers Dieu, en implorant le secours de ses lumières.

elles n'osaient plus retourner à confesse, afin de ne pas s'exposer à des gronderies interminables et à des refus d'absolution indéfinis. Dès lors, plus de communions pour ces jeunes filles, plus d'assistance aux confréries, ni quelquefois même à l'église.—Il faut sans doute désapprouver le bal comme tout autre abus, et accoutumer la jeunesse à en fuir l'occasion : on fera même bien, dans certains cas, de différer l'absolution de quelques jours ou de quelques semaines par respect pour la sainte communion, ou comme moyen répressif contre l'habitude; mais ne serait-ce pas une mesure aussi irrationnelle qu'injuste de repousser toujours ces jeunes personnes et de les priver des grâces sacramentelles ?

Lorsqu'après l'emploi de tous ces moyens, le doute persévère, et qu'on se trouve obligé néanmoins de prendre une décision, il est certains cas où le confesseur doit, comme l'enseigne la théologie, suivre le parti le plus sûr, d'autres où il doit embrasser le plus probable ; mais il en est aussi où les circonstances feront pencher la balance du côté le moins probable, en vertu du principe : *Sacramenta propter homines*. S'il y a espoir, par cette modération, de prévenir le découragement, on évitera d'éteindre le tison fumant encore, et l'on se ménagera la ressource précieuse de ramener au saint tribunal un pauvre pécheur qui le déserterait, peut-être pour toujours, si l'on se montrait impitoyable envers lui : *Sacerdoti maximè verendum est*, dit le catéchisme du concile de Trente, *ne semel dimissi, ampliùs non redeant.*

En général, tous les directeurs expérimentés s'accordent à dire qu'il vaut mieux pécher par excès que par défaut d'indulgence. C'est là une maxime qu'on ne perdra jamais de vue. Le prêtre, au confessionnal, est revêtu, dans nombre de cas particuliers, d'un pouvoir discrétionnaire, d'après lequel il apprécie ce que l'on nomme soit les circonstances atténuantes, pour adoucir ses décisions, soit les circonstances aggravantes pour les rendre plus rigoureuses. Le point capital pour lui est de n'être mu par aucun motif humain, de ne faire acception de personne, de ne viser qu'au salut des âmes et au maintien des pratiques religieuses. Une sentence de miséricorde, rendue dans ces dispositions, pourra bien n'être pas ratifiée au ciel ; mais, à coup sûr, elle ne retombera point sur sa tête comme s'il était prévaricateur. C'est ici que trouve son application, à l'égard du pénitent, ce texte de saint Antonin : *Videtur absolvendus et divino examini dimittendus.* Si plusieurs confesseurs ont eu à regretter de s'être montrés trop sévères, il en est peu qui se soient repentis d'avoir usé d'indulgence : soyons miséricordieux comme notre Père céleste est lui-même miséricordieux (1).

### REFUS D'ABSOLUTION.

Dispensateur et non pas maître du bienfait de la réconciliation, le confesseur ne peut accorder à son gré l'absolution (2). Ministre et mandataire de J.-C., distributeur de ses dons, il ne saurait lier ni délier que conformément aux règles de l'Eglise (3). A quoi bon, d'ailleurs, formuler une sentence que Dieu ne ratifierait pas ? Une absolution mal reçue ne remet pas en état de grâce : *Ea indulgentia me gravat*, dit saint Augustin, *et te non liberat*. Le confesseur pèsera donc la conscience du pénitent dans la balance du ciel. Par-dessus tout il réfléchira bien mûrement avant de se décider à un refus qui pourrait avoir pour résultat l'abandon

(1) *Estote misericordes sicut et pater vester cœlestis misericors est.* (Math.)

*Plùs ergà corrigendos agit benevolentia quàm austeritas.* (Conc. de Trente, chap. 13, de la réform.)

(2) « Le pouvoir des confesseurs n'est pas un pouvoir arbitraire, » dit saint François de Sales ; ils sont comptables à Dieu des abso- » lutions qu'ils refusent, comme de celles qu'ils donnent ; et s'ils » doivent refuser ou différer d'absoudre ceux qui sont mal disposés, » ou dans lesquels ils ne voient que des dispositions douteuses, ils ne » sont pas moins obligés d'accorder l'absolution à ceux qui font de » leur côté tout ce que Dieu et l'Église ont prescrit aux pécheurs pour » avoir le pardon. »

(3) *Non potest ligare et solvere ad arbitrium,* dit saint Thomas, *sed tantùm sicut à Deo præscriptum est.* Pourquoi, en effet, absoudre des concubinaires, des onanistes, des scandaleux, des vindicatifs, des lecteurs de romans impurs, disposés à être récidifs au sortir du confessionnal ? Les pécheurs feraient-ils des promesses en apparence sincères, qu'on devrait les réputer illusoires, si elles sont toujours suivies de rechute.

définitif des sacrements. A l'égard des hommes particulièrement, ce refus équivaut presque à une exclusion du royaume de Dieu : dès lors, toutes les fois qu'il y a espoir d'amendement, ne vaut-il pas mieux les absoudre que les décourager? Mais, malheureusement, on se trouve trop souvent dans la douloureuse nécessité de ne point accorder la grâce du pardon, à cause de l'absence complète de dispositions dans ceux qui la demandent. Ici, on se mettra au-dessus de toutes les craintes humaines, ne s'en laissant jamais dominer : la voix impérieuse de la conscience est la seule à suivre, et tout pénible qu'il soit de signifier à un pénitent une décision aussi amère, il faut s'y déterminer sous peine de prévarication. Le prêtre assez lâche pour absoudre un illustre pécheur, par crainte de la défaveur et même d'une disgrâce, commettrait une véritable forfaiture. Il devra prescrire avec vigueur toutes les réparations exigées par la justice, rompre les commerces illégitimes, enjoindre ou défendre ce qui est ordonné ou défendu par l'équité et les bonnes mœurs, appliquer, en un mot, les principes de la saine théologie. A l'exemple de saint Jean-Baptiste, il donnera à ses pénitents, quels qu'ils soient, les avis, les réprimandes même qu'ils auront mérités, sans toutefois les aigrir ou les mortifier par d'humiliants reproches : la charité est, en effet, l'indispensable assaisonnement des remontrances qu'on veut rendre profitables; autrement elles blessent et révoltent. Toutefois, la fermeté n'excluant ni les procédés ni les ménagements, le confesseur préparera doucement à un refus pénible, par de bienveillantes paroles, et il le fera agréer plutôt qu'il n'aura l'air de l'imposer. Ainsi il obtiendra l'acceptation de ce dur sacrifice, d'un bon nombre de ses pénitents qui, à la fin, comprendront que c'est par conscience et dans leur intérêt seul qu'on diffère de les absoudre.

### OEUVRES SATISFACTOIRES A PRESCRIRE AUX PÉNITENTS.

Le confesseur, appréciant les dispositions de ses pénitents, proportionnera à leur faiblesse les peines satisfactoires; il évitera de leur en prescrire d'impraticables, d'antipathiques, ou de trop coûteuses à la nature (1).

Mieux vaut, dit Gerson, envoyer un pécheur en purgatoire avec une légère pénitence, que le précipiter en enfer avec une plus grande qu'il n'accomplirait pas (2). En principe général, on doit approprier les œuvres expiatoires au degré de culpabilité, aux forces, aux besoins, aux tentations et à la bonne volonté de chacun (3). Il est des malades tellement délicats ou rétifs, qu'ils préféreraient la prolongation d'une infirmité à la guérison, s'il fallait devoir celle-ci à l'emploi d'un remède violent. Trop de bois sur un petit feu l'éteindrait, dit saint Thomas ; c'est-à-dire qu'une trop forte pénitence accablerait des gens faibles en vertu. Les plus salutaires

(1) *Et vobis legisperitis væ, quia oneratis homines oneribus quæ portare non possunt* (Luc, 11).

(2) *Tutiùs est cum parvâ pœnitentiâ quæ spontè suscipitur et verisimiliter adimplebitur, ducere confessos ad purgatorium, quàm cum magnâ non implendâ præcipitare in infernum. — Si sacerdos,* dit saint Raymond, *non potest gaudere omnimodo de purgatione ejus, saltem gaudeat quod liberatum a gehennâ transmittit ad purgatorium.* En résumé, il faut montrer une grande modération dans l'imposition des pénitences : un pécheur traité avec douceur et indulgence revient volontiers aux sacrements et y puise des grâces qui le fortifient et l'améliorent.

(3) Ainsi, les confesseurs réduits à deux ou trois formules de pénitences qu'ils ne savent point varier, adoucir ou aggraver selon les individus, les caractères, le tempérament et autres circonstances, prouveraient qu'ils manquent d'expérience et de discernement.

satisfactions sont celles qui guérissent les pécheurs, les prémunissent contre les rechutes et les soutiennent dans le bien.

### RESPONSABILITÉ DU CONFESSEUR.

La charge de confesseur est un ministère effrayant qui, pour être dignement exercé, demanderait un ange plutôt qu'un homme, si l'ange pouvait comme l'homme comprendre les misères de notre nature et y compatir. Le directeur des âmes tient entre ses mains les destinées à venir de ses dirigés; il les élève au ciel ou les précipite en enfer selon l'usage qu'il fait de son autorité. Il court donc risque, en prononçant des sentences d'absolution, de prononcer l'arrêt de sa condamnation personnelle. Tous ses actes au confessionnal sont généralement des jugements décisifs pour l'éternité. Chaque absolution accordée ou refusée mal à propos compromet sa conscience et son salut. Aussi la confession, qui rend la vie aux pénitents, donne-t-elle souvent la mort aux dépositaires de leurs aveux; combien de prêtres ne sont au nombre des réprouvés que pour avoir été du nombre des confesseurs! C'est assez dire à quelle terrible responsabilité s'expose un curé chargé d'absoudre plusieurs milliers de fois chaque année. Il administrera donc le sacrement de pénitence avec une extrême réserve : en distribuant au hasard les trésors dont il est le dispensateur, il s'exposerait à les profaner.

Cette grave fonction étant, de toutes celles du ministère pastoral, la plus délicate et la plus dangereuse, le confesseur en placera l'exercice sous la protection spéciale de la sainte Vierge, de son ange gardien ou de quelque saint patron ; il ne manquera jamais de s'unir à Dieu, en se proposant sa gloire, et veillera habituellement sur son cœur, pour y conserver intacte sa vertu, et en exclure jusqu'à l'ombre du mal. *Onus angelicis humeris formidandum*, dit le Concile de Trente ; *Nullibi periculosiùs erratur*, remarque saint Grégoire.

### MANIÈRE DE RECEVOIR LES PÉNITENTS.

Le curé recevra le pauvre comme le riche, le roturier comme le noble ; ici point de distinction, mais une parfaite égalité : *Non est acceptio personarum apud Deum*. Réserver pour l'opulent l'œil favorable et l'oreille qui écoute, et pour l'indigent une froide indifférence ou des airs de mépris ; avoir des excès d'attention pour de grandes dames, et rebuter des femmes du peuple, c'est se montrer partial et injuste. Point de privilége envers les pénitents, qu'ils soient couverts d'un habit brodé, d'une robe de soie, ou bien qu'ils portent la bure et des haillons. Devant les fonctions divines, les considérations humaines, telles que celles de la naissance, du rang et de la fortune, disparaissent et s'effacent ; l'égalité est la loi évangélique : les préférences, s'il y en avait, devraient être pour la mère de famille, le domestique ou l'ouvrier, qui ne peuvent guère donner à la religion que des moments fugitifs pris sur leur travail. On a vu d'illustres évêques et de saints pasteurs se réserver la confession des gens du peuple ; il y a dans cette conduite plus de véritable grandeur, assurément, que dans des fonctions d'éclat. Ne sont-ce pas là de nobles modèles à imiter ?

Le prêtre accueillera avec une paternelle bonté tous ceux qui se présenteront, et leur adoucira, autant qu'il est en lui, le joug de la confession pour en faciliter l'observance : elle est, en effet, si gênante et si humiliante par elle-même, pour ceux-là du moins qui n'en ont pas expérimenté les précieux avantages! J.-C. eût-il fait des conquêtes s'il était apparu au monde sous des dehors austères et durs? Ne recevait-il pas les pécheurs avec un visage bienveillant? Un extérieur accueillant, d'honnêtes procédés, des paroles prévenantes, un cœur compatissant attirent et gagnent les paroissiens, ouvrent les cœurs à la confiance et les bouches à la sincérité. Les pénitents, au contraire, ne s'accommodent point de la rudesse d'un confesseur; il suffit de les recevoir de mauvaise grâce, d'une manière sèche et rebutante, pour les décider à ne plus revenir jamais. Aussi le directeur qui montre à ses dirigés une humeur âpre, fière, querelleuse et rancunière, est-il une calamité pour l'Eglise. La bonté, la douceur, l'affabilité et l'indulgence sont pour lui des qualités capitales. Si, par son titre de juge, il ne peut se départir des droits de la justice, il se rappellera cependant qu'il doit être mère par sa vive et inépuisable tendresse.

Bien que pénible, ainsi que nous l'avons dit, l'obligation de confesser ne doit être, pour aucun prêtre, un sujet de lassitude et de dégoût. Entendre les confessions comme par grâce, avec un air de langueur ou de précipitation; les abréger à dessein en ménageant les avis et les paroles de salut; exhaler de l'impatience et du dépit, ce serait en paralyser les fruits salutaires et nuire à l'avancement des pénitents dans la vie intérieure. Voilà le grave reproche qu'encourent les ecclésiastiques dépourvus de l'esprit de leur état, et pour qui ce devoir est une sorte d'épouvantail. Bien différent est le bon pasteur, qui ne vit et ne respire que pour son troupeau. Il sait que l'honneur du sacerdoce ne lui a été conféré qu'au profit des fidèles, car le prêtre est pour le peuple, et non le peuple pour le prêtre; c'est pourquoi vous le voyez toujours prêt à se livrer à tout venant, et se tenir en quelque sorte à l'affût des âmes pour ne pas échapper l'occasion de leur faire du bien. Il choisit, non pas ses jours et ses heures, mais les jours et les heures de ses paroissiens; et si les jours ne suffisent pas, il passe avec joie une partie des nuits au sacré tribunal, afin que personne ne soit privé, faute de confesseur, de l'insigne bienfait de la réconciliation (1). Et puis, lorsqu'il est en face du

(1) Pour ne point manquer le moment de la grâce, d'ordinaire si fugitif, le grand confesseur de Rome et de l'Église catholique, saint Philippe de Néri, était tellement assidu au tribunal, que, non content de confesser pendant le jour, il employait encore à ce laborieux ministère une grande partie de la nuit. C'est au point qu'avant l'aube du matin il avait ordinairement confessé dans sa chambre un bon nombre de pénitents ; il les entendait même avant de se lever. Pour leur commodité, et afin qu'ils pussent entrer quand bon leur semblait, il avait coutume de laisser la clef sous la porte de sa chambre.

Lorsque l'église était ouverte, il descendait au point du jour au confessionnal, et n'en sortait que pour dire la messe, qu'il célébrait vers midi, ou pour quelque affaire de grande importance, disant toujours où il allait. S'il n'y avait pas de pénitents, il restait auprès du confessionnal, occupé, soit à lire, soit à dire le chapelet, soit à réciter l'office. Quelquefois il se promenait à quelque pas de distance pour les attendre et pour en être plus facilement aperçu. Il arrivait de là que quiconque désirait lui parler pouvait le trouver facilement à toute heure. Ses infirmités, de quelque genre qu'elles fussent, ne lui faisaient point abandonner le tribunal, à moins que les médecins ne lui en fissent un ordre exprès. Si par compassion quelqu'un lui disait : « Mon père, pourquoi vous donnez-vous tant de peine ? — Ce n'est pas une peine, répondait-il, c'est plutôt un plaisir et une récréation. » Or, il en agissait de la sorte afin d'entretenir les pénitents dans la ferveur, et pour ne pas leur donner occasion de se refroidir ou de se négliger, sous prétexte qu'ils ne pouvaient le trouver aisément : « Les plus fervents, disait-il encore à ses prêtres, sont ceux que j'ai gagnés en les attendant ainsi au confessionnal ». — Qu'à l'exemple donc du vénérable fondateur des Oratoriens, un pasteur montre la plus grande assiduité à se rendre au saint tribunal, dès qu'il s'y voit appelé, dût-il, pour cela, s'arracher aux épanchements de l'amitié, aux délices de

pénitent, avec quelle patience, quel calme, quelle sainte et admirable délicatesse ne le rassure-t-il pas, ne l'encourage-t-il pas à lui déclarer les fautes même les plus humiliantes ! En quittant cet homme de Dieu, le pécheur n'a qu'un regret, c'est de ne s'être pas adressé plus tôt à lui, et il se réjouit d'avance de revenir, parce qu'il sent qu'une vertu divine a traversé son cœur. Tout cela est l'œuvre d'une charité empressée, douce, patiente, se faisant tout à tous pour les gagner à Jésus-Christ. Heureux le prêtre qui comprend ainsi son ministère ! heureux le peuple qui possède un tel prêtre ! La confession devient pour ce peuple privilégié comme un banquet délicieux, et si l'aveu de ses faiblesses exige de sa part une humiliation, il la supporte volontiers comme un grand moyen de les expier. Ainsi, peu à peu, une paroisse se régénère, et là où trônaient insolemment tous les vices, on voit bientôt fleurir en paix toutes les vertus. Puisse donc se réaliser au milieu de nous ce beau vœu du grand pape saint Pie V : *Dentur idonei confessarii, et ecce omnium christianorum reformatio !*

## CONDUITE A TENIR ENVERS LES PÉCHEURS ET LES NOUVEAUX CONVERTIS ; ENVERS LES HOMMES ET LES JEUNES GENS.

J.-C., dans tous ses rapports avec les pécheurs, avait pour eux le cœur du père le plus tendre et le plus miséricor-

l'étude ou du repos. Il y a, dans un tel assujettissement, un glorieux esclavage et un dévouement sublime. Tant d'hommes épient avec avidité l'occasion de faire un gain sordide ou d'obtenir une mesquine faveur! Se pourrait-il que le prêtre faillît au devoir du zèle, quand il s'agit de ravir au démon, pour la donner à Dieu, une âme immortelle?

dieux; ses lèvres ne distillaient que le lait et le miel le plus doux. Saint Ambroise recevait à bras ouverts les hommes vicieux et désordonnés qui s'adressaient à lui pour être réconciliés avec Dieu : loin d'affecter à leur approche un air triste et mécontent, il leur tendait une main secourable et s'attendrissait sur leurs égarements; imitateur de J.-C., il allait au-devant de tous les enfants prodigues de sa ville de Milan, les baignait des larmes de son amour, et célébrait leur retour avec des témoignages de joie et de bonheur. Ne sait-on pas encore que c'est à la bienveillance paternelle de ce grand pontife qu'est due la conquête de saint Augustin, qui lui-même en fait l'aveu dans ses ouvrages? Voilà dans le prêtre la vertu par excellence, celle qui charme et captive les cœurs; c'est donc par la douceur qu'un curé gagnera la confiance et l'amour de ses paroissiens égarés.

Le confesseur aura particulièrement beaucoup de bonté et d'indulgence pour ceux qui commencent à ouvrir les yeux à la lumière; ils sont, d'ordinaire, assez longtemps imparfaits dans leur conversion, sujets à des récidives et à des infirmités morales qu'on ne peut radicalement guérir qu'avec l'action du temps et de la grâce. Un changement complet dans les mœurs et la conduite serait sans doute le plus sûr garant d'un repentir sincère; mais le défaut d'amendement ne prouve pas toujours le défaut de contrition. On n'improvise pas les justes et les saints : *Nemo fit repentè sanctus;* demander tout à coup des néophytes un haut degré de vertu, comme de ces vieux et fidèles chrétiens exercés depuis longtemps dans la perfection, serait une exigence au moins inopportune.

Pour rappeler à la religion et à ses pratiques des hommes qui s'en sont éloignés, il convient de les ménager et de se contenter du strict nécessaire. De même, dit J.-C., qu'on ne met pas de vin nouveau dans des outres vieilles et usées, de peur qu'elles ne se brisent, ainsi ne peut-on soudain faire goûter à de nouveaux convertis les maximes les plus sublimes du christianisme. Le grand malheur de nos jours, c'est de voir les pécheurs fuir l'église et le confessionnal; le point capital est de les y ramener, à force de douceur et de bons procédés, si l'on veut éviter une apostasie générale. Quand on ne peut, dit saint Antonin, complétement purifier les pénitents, il faut d'abord les retirer de l'enfer, au risque de les jeter en purgatoire.

Le confesseur gardera les mêmes ménagements envers les hommes et les jeunes gens : trop exiger d'eux, c'est s'exposer à ne rien obtenir. Une peinture exagérée de la difficulté de faire une bonne confession, du danger des communions sacriléges, enfin des dispositions aux sacrements, leur donnerait lieu de croire à l'impossibilité de les recevoir dignement. Ne fera-t-on pas mieux de les encourager en leur laissant entrevoir la facilité du repentir et le bienfait du pardon (1)?

C'est dans les paroisses où la participation aux saints mystères est en honneur qu'on peut utilement parler de la nécessité de la contrition, du bon propos et de l'examen de conscience, des mauvaises confessions et de l'énormité des communions indignes. Mais prêcher sur le sacrilége là où l'on ne se confesse et ne communie presque plus, c'est une grave maladresse, qui n'est propre qu'à troubler la paix des consciences timorées, et à éloigner de plus en plus le peuple des sacrements; les dispositions requises lui

(1) *Confessor sit benevolus, paratus erigere et secum onus portare; habeat dulcedinem et pietatem in alterius crimine ; adjuvet confitentem orando..., leniendo, consolando, spem promittendo.* (Saint Raymond.)

paraissant alors au-dessus des forces humaines, il s'imagine qu'il vaut mieux finalement ne point communier que communier mal. J'en ai eu plus d'une fois l'expérience, des stations de carême, données d'ailleurs par des curés pieux et zélés, produisaient, principalement sur les adultes, des effets moins favorables que fâcheux : leurs sermons décourageants sur les qualités de la contrition et du ferme propos, sur la préparation nécessaire à une bonne communion, sur la fréquence des sacriléges, étaient plutôt capables d'empêcher que de faciliter l'accomplissement du devoir pascal. J'ai entendu, dans des discours sur la persévérance ou la rechute, faire de si étranges applications de ce texte sacré : *A fructibus eorum cognoscetis eos*, que leur conclusion logique impliquait la nullité de toutes les confessions. Ces exagérations, auxquelles n'a pas échappé Massillon lui-même dans ses deux beaux sermons du petit nombre des élus et de l'impénitence finale, auraient aujourd'hui les plus funestes résultats. Une fois désespérés, les pécheurs se jettent tête baissée dans tous les désordres; on se gardera donc de les effaroucher par des brusqueries et des reproches déplacés : *Considerans te ipsum, ne et tu tenteris.* Il faut prendre pour modèle cette compatissante charité du Sauveur à l'égard de Madeleine et de la femme adultère, et déployer une tendresse inépuisable surtout envers les relaps : *Considerata infirmitas propria aliena nobis excusat mala,* dit saint Grégoire. On doit se souvenir que la miséricorde divine est comme un pont suspendu sur l'abîme, et s'efforcer de les y faire passer tous ; c'est la belle pensée de saint Ambroise : *Extendit pontem misericordiæ suæ, ut tu transire posses ;* et lorsqu'ils ont été assez heureux pour parvenir au rivage, on oubliera leurs vices, pour ne se rappeler que l'état de grâce où ils sont rentrés. Chaque fois qu'ils se présenteront à confesse, on quittera tout pour les entendre, renvoyant même les personnes du sexe, toujours disposées à revenir au premier appel. Faire attendre longtemps les pécheurs, c'est courir risque de ne les plus revoir.

Afin de toucher leur cœur et de gagner leur confiance, le confesseur aura pour eux la compassion, la bonté et toute l'obligeance dont il sera capable; il acceptera les heures qu'ils fixeront, les aidera dans leur examen de conscience et aplanira toutes les voies à leur retour. Lors même que leurs dispositions ne lui sembleraient pas complétement rassurantes, il les admettra en fondant de légitimes espérances sur l'efficacité des grâces sacramentelles. Aujourd'hui plus que jamais il faut, au confessionnal, se montrer miséricordieux envers les hommes, pousser à leur égard la condescendance aussi loin que le permettent les règles, et leur faire toutes les concessions qui ne sont pas désavouées par la conscience. Exiger d'eux des confessions *archiparfaites*, disait un respectable directeur, c'est viser à la suppression de cette salutaire pratique dans la plus noble moitié du genre humain. Enfin, le confesseur usera d'une indulgence plus grande encore envers les pénitents sujets à des tendances vicieuses et à des inclinations perverses. Il est des imaginations ardentes, des tempéraments incendiaires, des caractères irascibles et vindicatifs, qui luttent souvent avec énergie contre l'impétuosité des passions et font violence à la nature : ici la fragilité réclame une commisération toute spéciale. N'y aurait-il pas injustice à ne point faire la part des prédispositions natives, dont l'ensemble produit de si funestes effets sur la vie morale?

## CONDUITE A TENIR ENVERS LES SCRUPULEUX.

Si le prêtre doit avoir une bonté compatissante envers tous, c'est principalement à l'égard de ces personnes agitées de peines morales, infiniment plus cuisantes que les douleurs physiques. Or, la plus terrible et la plus dangereuse de ces épreuves intérieures, c'est le scrupule, maladie singulière, compliquée, parfois incurable, provenant tantôt de l'exagération des bons désirs, tantôt d'une certaine faiblesse d'organisation, ou d'influences étrangères : il jette ses victimes dans d'affreuses anxiétés, et souvent on l'a vu finir par des accès de désespoir, ou par d'incroyables égarements. L'ennemi du salut tente l'homme en toute manière : quand ce n'est point par le vice, c'est par la vertu ; à défaut du mal, le bien même lui sert pour arriver à ses fins. L'inévitable résultat de cette affection spirituelle est la perte de la raison, de la moralité et quelquefois de la vie, si le scrupuleux n'a pas le bonheur de rencontrer un directeur aussi habile que dévoué.

Pour extirper radicalement des consciences ce cancer, non moins rongeur que le remords même, un confesseur a besoin, avant tout, de posséder le discernement des esprits : *Ponderator spiritûum*. Il ne suffit point d'avoir étudié dans la théologie les symptômes du scrupule, il faut encore unir à une grande habitude d'observation pratique, une science assez approfondie du cœur humain. C'est dès le principe qu'il importe de découvrir les tendances de maintes âmes à l'exagération du devoir, soit qu'elles n'aient jamais entièrement dévié de la vertu, soit qu'elles aient quitté nouvellement la voie large du vice pour revenir à Dieu.

Dans ce dernier cas, l'ardeur d'une conversion récente leur fait souvent dépasser le sage milieu de la modération, quand elles ne sont pas dirigées par les avis d'un conseiller prudent.

A cette première qualité, le confesseur joindra une patience inaltérable qui l'aide à supporter ces pénitents si dignes de commisération. Entendre avec longanimité leurs consultations minutieuses, importunes, extravagantes et sans fin, le fatras de leurs histoires et de leurs cas de conscience embrouillés; ne se rebuter ni des longueurs, ni des redites, ni des doutes sans cesse renaissants, dus aux écarts de leur imagination; en un mot, laisser le volcan s'épuiser peu à peu, voilà ce qui est ordinairement nécessaire dès l'origine pour s'attirer la confiance du scrupuleux et lui persuader qu'on a l'intime connaissance de tous les besoins de son cœur: tel est un des principaux remèdes à cette infirmité morale (1), dont le prêtre est le meilleur, peut-être même l'unique médecin. Sa main sera donc pour tous ceux qui pourraient glisser sur la pente du désespoir, ce qu'est une branche d'arbre pour l'homme qui se noie: n'est-ce point là, d'ailleurs, le plus beau côté du ministère?

Cependant ce principe de charité qui rend le confesseur patient, le rendra ferme aussi dans la direction de ces sortes

(1) Les scrupuleux s'imaginent presque toujours que leur directeur ne connaît pas suffisamment l'état de leur âme, ni les circonstances aggravantes de leurs péchés. A la vue d'omissions qui ne sont en réalité que des peccadilles et des minuties grossies par leur imagination, ils tombent souvent dans des agitations convulsives et désespérantes, si on ne leur permet pas de recommencer leurs confessions. Mais il faudra bien se garder d'obtempérer à ces désirs, et l'on ne cessera de leur répéter, avec saint François de Sales, que, *si la confession générale fait mourir un scrupule, elle en fait naître dix autres.*

de consciences : dès qu'une fois il leur aura prêté l'oreille assez longtemps pour les connaître, et les convaincre qu'il les connaît à fond, il n'hésitera pas un seul instant à les conduire par l'obéissance, antidote spécifique contre le scrupule; il l'inculquera avec force, la faisant prédominer en elles sur le flux et reflux de ces idées sombres, inquiètes, contradictoires et fantastiques, qui les plongent dans le gouffre des plus crucifiantes perplexités. Il leur fera entendre que, semblable à des personnes atteintes d'un germe d'aliénation mentale, elles se trouvent dans l'absolue nécessité de se laisser traiter sans aucune résistance; qu'il n'y a pour elles qu'un scrupule grave et fondé, celui de désobéir au représentant de J.-C. : qu'elles doivent, selon le saint cité plus haut, *marcher à l'aveugle, et sans chercher à voir*, sous peine de perdre la paix, la dévotion, la crainte du Seigneur, la santé, le salut même ; que Dieu préfère l'obéissance au sacrifice, et que, suivant saint Bernard, *Qui se sibi magistrum constituit, stulto se discipulum subdit.* Ainsi, toujours obéir, sauf péché manifeste ; se soumettre sans discussion à son guide, fût-il un homme médiocre, c'est la seule règle raisonnable et salutaire en matière de scrupule : *Obedias illi, non ut homini, sed ut Deo*, dit Gerson : — *Qui vos audit, me audit.* Si cette assertion avait besoin de preuves, nous dirions que l'incandescence de l'imagination ôte à l'esprit sa rectitude et son discernement ; que l'homme sérieux et calme auquel on a dévoilé son intérieur, a mission et grâce pour bien prononcer ; que, le directeur se trompât-il, l'erreur ne pourrait être préjudiciable à son dirigé ; enfin, que Dieu se plaît toujours à bénir l'humilité qui cède, tandis qu'il confond l'orgueil qui se révolte. Jamais, dit saint François de Sales, on ne s'est perdu ni égaré en obéissant. Le pénitent docile à son confesseur, ajoute saint

Philippe de Néri, est sûr de ne pas rendre compte à Dieu de ses actions. — Si les scrupuleux ne se cramponnent pas à l'ancre de l'obéissance, c'en est fait d'eux : l'obéissance, en effet, voilà le véritable holocauste qu'ils doivent offrir au Seigneur sur l'autel de leur âme.

C'est là, de l'aveu de tous, le moyen préservatif et curatif le plus efficace contre les scrupules. Le malheureux dont le cœur s'y trouve en proie est un aveugle qui doit, s'il veut ne point trébucher, cheminer sous la foi de son guide, comme sous l'impulsion de Dieu même. Mais ce moyen, il est mille fois plus difficile de le faire adopter que de le proposer. Pour y réussir, après avoir, comme nous l'avons dit, écouté d'abord patiemment le fastidieux verbiage du scrupuleux, il faut l'amener, avec une douce fermeté, à supprimer ces redites, ces interminables explications, et surtout ces confessions générales, sorte de manie dont il est toujours travaillé ; puis résoudre tous les cas avec une parfaite assurance, et sans la moindre hésitation ; car la simple apparence du doute et de l'indécision dans le directeur aggraverait les anxiétés du pénitent. On interdira même à ces âmes souffrantes, les examens de conscience, la continuelle répétion de leurs prières, les lectures ascétiques, l'assistance aux sermons sur les vérités terrifiantes de la religion, et jusqu'aux entretiens avec d'autres scrupuleux, parce qu'ils ne sont pas sans dangers, cette étrange maladie étant réputée des plus contagieuses. Les miséricordes du Seigneur, la confiance en lui, la facilité de son service, la paix de l'âme, les consolations de la foi, les espérances de la vie à venir, sont, avec l'obéissance dont nous venons de signaler la haute efficacité, les sujets qui excellent à guérir d'un mal si opiniâtre, non moins cruel pour le médecin que pour le patient lui-même.

## LIBERTÉ DE LA CONFESSION.

Il est des curés qui veulent absolument tenir sous leur seule direction tous les paroissiens, et se montrent aussi jaloux de leur confiance qu'un mari de la fidélité de son épouse. Ils les empêchent de s'adresser à d'autres, et témoignent du dépit et de l'indignation quand on ne respecte pas cette tyrannique défense. C'est pis encore, s'ils n'ont pas la clientèle des familles puissantes et des hautes dames de leur paroisse. Une pareille prétention au monopole des consciences excitait déjà, dès le xv^e^ siècle, les plaintes du chancelier Gerson : il tonne contre la violation de la liberté chrétienne et cette contrainte inouïe qui rendrait intolérable la pratique de la confession. Elle serait en outre, ajoute Collet, *la source d'une infinité de sacriléges*. C'est là, assurément, un des plus grands abus de pouvoir dont un curé puisse se rendre coupable. Plus sensé et plus soucieux du salut des âmes confiées à sa garde ne devrait-il pas, au contraire, leur procurer de temps en temps des confesseurs étrangers, auxquels elles se dévoileraient naturellement avec moins de gêne et plus de franchise? Qui ne sait la répugnance de l'homme à découvrir ses infirmités spirituelles à un prêtre de lui connu? Un peu d'expérience suffit pour en convaincre; il n'est pas un missionnaire qui n'en ait la certitude. Combien de gens se résoudraient plutôt à tomber en enfer que d'avouer certaines infamies à leur guide habituel! N'y a-t-il pas d'ailleurs une foule de personnes que Dieu entend sauver par tel confesseur et non par tel autre? Le Concile de Trente accorde trois fois par année, aux religieuses, la faveur de s'adresser à un directeur extraordinaire; pourquoi donc être assez aveugle et injuste pour la refuser à des pénitents plus enclins à la timidité et à la dissimulation que des vierges consacrées à Dieu? Eclairées de plus de lumières que les campagnards ignorants et vicieux, les religieuses puisent aussi plus de grâces dans la sainteté de leur état, et connaissent mieux l'obligation de révéler; enfin elles sont généralement dirigées par des prêtres délicats et capables. Ne serait-ce pas dès lors un acte de despotisme impie de faire peser sur les séculiers un joug que l'Eglise n'impose même pas à ses plus chers enfants, ceux qui ont embrassé les voies de la perfection? De toutes les libertés, celle de la conscience est la plus inviolable et la plus sacrée. Si on laisse aux malades le libre choix de leurs médecins, pourquoi pas aux pénitents celui de leurs confesseurs? La confiance se commande-t-elle, surtout quand on a de pénibles aveux à faire (1)? Au lieu donc d'entraver cette sage et précieuse liberté, le

(1) C'est surtout à certains curés exagérés dans les règles de la morale, qu'on a justement à reprocher cette violation de la liberté de conscience. Prétendant subjuguer et assouplir le monde entier aux idées particulières de leur tête, ils interdisent à leurs paroissiens de s'adresser à des prêtres modérés dont les sages principes ne cadrent pas avec le rigorisme de leurs opinions personnelles. Jaloux de la confiance d'un confrère voisin qui a la vogue pour les confessions, ils le taxent de relâchement, incriminent ses décisions, critiquent tous ses actes, dénigrent sa personne, discréditent son ministère et blâment jusqu'au bien qu'il fait. — Les nombreux abus d'autorité commis en matière de refus de billets de confession, ont déterminé la plupart des évêques à permettre sans réserve à leurs diocésains de se confesser à tout prêtre approuvé, permission annoncée au prône du dimanche qui précède l'ouverture des pâques. Cette faculté absolue offre assurément, avec beaucoup d'avantages, quelques inconvénients dans la pratique, parce que les paroissiens font souvent choix de ces prêtres faciles qui sont dans l'habitude de ne refuser à personne l'absolution. S'il y avait prévarication sur ce point dans la conduite d'un curé paralysant ainsi le ministère de ses

curé la favorisera en pressant ses paroissiens de s'adresser à d'autres directeurs.

## CONCLUSION.

Bien qu'obscure et sans éclat, la fonction de confesseur, on a pu s'en convaincre d'après l'exposé ci-dessus, est, avec la prédication, de toutes celles du ministère pastoral la plus importante par les éminents services qu'elle rend à la religion, et la plus féconde en résultats heureux pour le salut des âmes. Là seulement se trouve le secret d'augmenter le petit nombre des élus. Il est d'expérience que le confessionnal sauve plus d'âmes que la chaire; car un pasteur qui sait, par une ingénieuse sollicitude, y attirer la majorité de ses paroissiens, opère au milieu d'eux plus de conversions qu'un prédicateur éloquent. De tout temps, en effet, le sermon a fait restituer bien moins de bourses que la confession. Aussi un respectable prêtre me disait-il un jour avec beaucoup de sens et de justesse : Une matinée bien employée au

confrères, ce serait le cas de s'en plaindre à l'évêque qui circonscrirait, au besoin, sa juridiction dans les limites de sa paroisse.

Il importe de faire connaître au clergé l'interprétation donnée aujourd'hui au canon par lequel le concile de Latran prescrit la confession annuelle, relativement à ces mots : *Proprio sacerdoti*. Voici la décision de saint Liguori dans son Traité de la pénitence : «*Fideles liberè se possunt confiteri cuicunque confessario approbato,.... et hoc etiam tempore paschali, et invito parocho. Proprio sacerdoti intelligendum, omni sacerdoti, qui ab Ordinario est approbatus. Et hoc saltem ex præsenti universali consuetudine hodiè certum est, quidquid antiqui aliter dixerint.*» Benoît XIV, qui donne la même décision, dit que la proposition contraire *jure meritòque esse castigandam*. (Lib. XI, de synodo.)

confessionnal arrête plus de péchés que vingt prônes. Et la raison en est facile à concevoir. Dans l'intimité du tribunal, on entre en détail sur toutes les questions relatives au caractère, aux habitudes, à la position et aux besoins spéciaux de chaque pénitent; par exemple, pourquoi cet injuste procès, ce contrat usuraire, cette inimitié, cette lecture criminelle, cette fréquentation scandaleuse, etc.? Tout s'adresse directement à l'individu; on lui dit, comme Nathan à David : *Tu es ille vir;* on lui énumère ses infidélités, on lui retrace ses devoirs, on excite ses remords, on calme ses ressentiments, on stimule son apathie, on modère son impétuosité, enfin on désarme le crime en opposant à la fougue des passions, manifestées par l'aveu même du pécheur, une barrière insurmontable. Les enseignements de la chaire, au contraire, vagues et généraux de leur nature, ne font qu'effleurer la masse des auditeurs, qui, portés en particulier à toujours se placer dans l'exception, ne s'appliquent jamais personnellement les vérités ou les conseils émanés de la bouche de l'orateur chrétien; aussi aiment-ils à laisser peser exclusivement sur le compte d'autrui des reproches ou des recommandations dont ils déclinent pour eux-mêmes la portée véritable. Les sermons, sans doute, éclairent les esprits, touchent les cœurs, ébranlent même les consciences, et les déterminent à recourir à la piscine sacrée; mais le sacrement de pénitence seul les purifie, les régénère et leur rend la paix. Ici les instructions et avis sont facilement compris de tous, tandis que le plus grand nombre est généralement incapable de suivre, dans un discours, le développement du sujet et l'enchaînement logique des idées.

Loin de nous, assurément, la pensée de déprimer le noble et saint ministère de la prédication! une assertion tendant à le rabaisser serait non-seulement une erreur, mais presque un blasphème. Toutefois, si glorieux que soit ce ministère en lui-même ou dans ses effets, il a besoin, pour être efficace et salutaire, qu'on lui adjoigne celui de la confession; car, si la prédication attaque, démasque et confond le vice, la confession l'abat et l'extermine; si l'une ébauche le salut, l'autre l'assure et le consomme.

On ne saurait donc lancer un blâme trop sévère contre ces prêtres nonchalants, ennemis de toute gêne et de tout travail, qui se débarrassent, le plus qu'ils peuvent, de l'onéreux fardeau de la confession, pour traîner dans le monde, scandalisé de leur incurie, un sacerdoce oisif et inutile, et passer mollement leur vie dans un cercle de continuelles visites et d'amusements frivoles. Aussi, voyez comme les désordres affluent, comme les abus débordent au sein des populations gouvernées par ces insouciants et coupables pasteurs! C'est la vigne inculte, c'est le champ du paresseux. Gardons-nous d'imiter jamais de si tristes exemples; songeons que la confession est le grand moyen d'améliorer, de réformer une paroisse, et, pour atteindre ce but désirable, au lieu de bercer notre indolence dans des ajournements sans fin, sacrifions, s'il le faut, nos goûts, nos projets, nos plaisirs même les plus innocents, aux rigoureuses exigences de la ponctualité au saint tribunal. Des délais indéfinis auraient immanquablement pour effet l'abandon de cette salutaire pratique; car, dans l'intervalle, les bons sentiments des pécheurs s'évanouissent, et l'occasion de les retirer du vice ne reviendra peut-être jamais.

Sentinelles avancées de l'éternité, le confessionnal, voilà notre poste; soyons-y fidèles : notre propre salut, celui des peuples, l'accroissement de l'Eglise et la glorification de Dieu nous en font un solennel devoir.

# CHAPITRE II.

## DES PERSONNES DÉVOTES.

AVANTAGES DE FORMER DES AMES DÉVOTES; VERTUS A LEUR SUGGÉRER; VICES ET TRAVERS A RÉFORMER; RÈGLES SUR LA FRÉQUENTATION DES SACREMENTS.

Le pasteur ne négligera rien pour introduire dans les voies de la piété et de la perfection les âmes pures et droites qu'il rencontrera, s'appliquant à les cultiver, à les orner et à les sanctifier. Une seule de ces âmes, privilégiée en vertu, plaît plus au ciel que mille imparfaites. D'ailleurs le confesseur est amplement dédommagé des peines qu'il s'est données pour établir solidement le règne de Dieu dans le cœur de ses pénitentes. Formées par lui, elles sont appelées à devenir les coopératrices de son zèle et de sa charité, les modèles de la paroisse, les conseillères des personnes de leur sexe; elles s'emploieront à recueillir et à distribuer les aumônes, feront les fonctions de sœurs hospitalières près des malades et des infirmes, travailleront à décorer la maison du Seigneur, seconderont, en un mot, toutes les saintes entreprises qui tendent à la gloire de Dieu et au soulagement de l'indigence. Les femmes, naturellement si compatissantes, surtout quand c'est la foi qui les anime, ont une rare intelligence et un admirable dévouement pour toutes les œuvres de bienfaisance et de miséricorde.

La plupart des qualités précieuses qu'on remarque en elles ayant leurs racines dans la piété, on s'attachera tout spécialement à la leur suggérer. La piété, toutefois, n'a de prix qu'autant qu'elle est sage, indulgente et aimable; présentée sous ces dehors à un monde qui, d'ordinaire, la méconnaît et la calomnie, elle lui sourit, le captive et l'entraîne. Aussi, saint François de Sales recommandait-il aux filles dévotes la douceur, la patience, la sagesse, l'humilité, l'obéissance, la charité; véritable pierre de touche d'une solide vertu, et source de respect pour la religion qui les inspire. On ne peut croire, ajoute le même saint, quel heureux effet produit dans le monde une personne pieuse d'un bon naturel, d'un caractère obligeant et serviable, d'une douce condescendance, d'une innocente gaîté. Ces qualités vont bien partout et ne sont déplacées nulle part; elles s'allient avec une modestie parfaite, même avec l'héroïsme de la sainteté. Ce grand évêque, dont on préconise universellement l'amabilité, termine en disant que les divertissements qui n'ont rien de contagieux et ne dégoûtent point des occupations sérieuses sont légitimes, et que les chrétiens peuvent bien se réjouir, pourvu qu'ils le fassent sans péché.

Au reste, la vraie piété n'est point le résultat d'exercices multipliés ni de pratiques surérogatoires. L'accumulation des formules de prières étouffe souvent le sentiment religieux et la dévotion. Un confesseur fera donc comprendre à ses pénitentes qu'elles doivent moins tenir à la simple pratique du culte extérieur qu'à la foi et à l'amour qui en sont l'âme ; que Dieu est honoré du cœur plutôt que des lèvres, et qu'il cherche des adorateurs en esprit et en vérité; que les cérémonies servent à exprimer notre religion, mais qu'elles ne sont pas la religion elle-même, qui est tout au dedans; qu'enfin la lettre tue et l'esprit seul vivifie. Ainsi formées et instruites, les personnes dévotes apprendront à préférer les obligations de leur état à des observances superflues, à soigner leurs ménages non moins qu'à fréquenter les églises, et à concilier la piété avec les devoirs de leur condition respective. La dévotion a sa mesure et ses principes; elle serait malentendue, déraisonnable même, si chacun la subordonnait à son goût individuel et à ses caprices. Le directeur la règlera sagement et l'éclairera, en initiant ses dirigés à la vie intérieure, à la prière, à la méditation, à la connaissance et à l'amour de J.-C.

Le sacrifice de l'amour-propre et de la volonté étant de tous le plus beau et le plus difficile, le confesseur déterminera les âmes qu'il conduit, à vaincre leur présomption, leurs susceptibilités, leurs idées personnelles, chose mille fois plus difficile que de jeûner au pain et à l'eau (1). La mortification de la volonté mortifie tous les vices (2). Après ce grand holocauste, il ne reste plus rien à sacrifier à Dieu, parce qu'on lui a tout immolé.

Il leur enseignera encore à supporter patiemment les outrages et les mépris, à offrir au Seigneur l'hommage d'une injure pardonnée, à se laisser réprimander en toute humilité, à combattre l'amour de leurs aises, la vie molle et sensuelle, à mourir au monde et à elles-mêmes, pour devenir

(1) *Qui se Deo tradidit, voluntatem propriam immolando, omne quod poposcerit consequetur* (S. Laurent Justinien).

(2) *Mortificatione voluntatum marcescunt vitia universa* (Cassien).

pauvres en esprit et se donner exclusivement à celui qui, dans le but de nous sauver tous, s'est donné tout à nous (1).

Il est particulièrement une tendance que les femmes semblent apporter du sein maternel : c'est l'esprit de vanité, le goût des parures et l'avidité des louanges, avec un incroyable penchant à la futilité et aux plaisirs. Le directeur attaquera sans relâche la passion de la toilette, tombeau de la piété, souvent même de la pudeur. Pour peu que les personnes dévotes cèdent aux séductions de la coquetterie, elles s'attiédissent bientôt et rétrogradent dans la vie spirituelle, au lieu d'y avancer. C'est en leur prescrivant la méditation des fins dernières et des vérités éternelles, qu'on réussira à détruire en elles ce capital défaut.

Si les mondains décrient et vilipendent la dévotion, n'est-ce point parce qu'ils en ont souvent sous les yeux de mauvais modèles, qui la discréditent par des excentricités de toute sorte ? On rencontre çà et là de ces femmes, d'ailleurs estimables, qui affectent une piété si triste et si sombre, si minutieuse et si ridicule, une humeur si revêche, si bizarre, si détestable, qu'elles dégoûtent de la vraie dévotion même et la font abhorrer des gens du monde. C'est au prêtre à redresser tous ces travers, à combattre les caractères fâcheux, l'entêtement, la hauteur, les singularités et les caprices qu'il remarquera en elles; à mortifier leur langue, à réprimer leur curiosité et à rectifier leur faux jugement. Il les empêchera, par dessus tout, de se mêler de son ministère, de raisonner sur la théologie et les controverses reli-

(1) Il faut souvent rappeler aux personnes dévotes ces trois degrés de vertu enseignés par saint Bernard : *Primus profectus nolle dominari, secundus velle subjici, tertius injurias æquanimiter pati. — Est humilis qui humiliationem convertit in humilitatem*, ajoute-t-il, — *Ama nesciri et pro nihilo reputari* (Imitation).

gieuses, de faire l'office d'intrigantes et de cabaleuses au sein des paroisses. On a vu de ces filles remuantes mettre, en se fourvoyant dans les partis et les coteries, le feu aux quatre coins d'un village auparavant calme et paisible.

Quant aux règles à suivre sur la fréquence de la confession, il n'en existe point de formelles et de précises. En général, on doit se borner à confesser les pénitentes à raison de leurs dispositions et de leurs besoins respectifs, par exemple, tous les huit ou quinze jours les plus pieuses, le plus grand nombre tous les mois, tous les trois mois les moins ferventes. Comme une eau stagnante se congèle au moindre froid, la piété s'attiédit et se glace bientôt dans le cœur de ces enfants du siècle qui recourent trop rarement aux grâces sacramentelles; ils tombent graduellement dans un état d'insensibilité et de torpeur. C'est surtout par les conseils d'une sage et fréquente direction, et par la vertu que Dieu y attache, qu'un confesseur fera avancer rapidement les âmes dans la vie spirituelle. Aussi, toutes celles qui sont dirigées avec une vigilante sollicitude échappent-elles heureusement au danger si commun de la tiédeur et de l'indifférence.

## PRUDENCE ET DISCRÉTION DANS LES RAPPORTS AVEC LES PERSONNES DÉVOTES.

Un curé aura peu de rapports avec les femmes pieuses : rien, dans le monde, n'offusque plus que la fréquence de telles relations. Les paroissiens sont toujours disposés à croire que ces personnes, servant d'espions au curé pour pénétrer dans le secret des familles, viennent lui rapporter tout ce qui s'y passe : de là une haine violente qui va souvent jusqu'à l'exaspération, si l'on se persuade, si l'on soupçonne seulement que le pasteur se laisse asservir par une coterie de dévotes. Imbu de préventions contre elles, le public, qui connaît leur tendance à la domination, les suppose capables de tromper un prêtre par des propos calomnieux ou exagérés, quelquefois même rusées ou habiles au point de le diriger et de s'emparer de lui sans qu'il s'en aperçoive. Or, un ecclésiastique réputé assez faible pour subir un pareil joug, perd nécessairement toute considération et toute autorité morale auprès de ses paroissiens : il prête le flanc aux lazzis des méchants, aux plaintes et aux murmures des fidèles eux-mêmes.

Un autre inconvénient dans la multiplicité de ces rapports, c'est le danger qu'on y court. Notre conscience, nos vœux sacrés, notre faiblesse naturelle nous commandent de borner nos relations avec le sexe à la direction spirituelle. Des consultations sans fin ne seraient pas moins compromettantes pour le salut que pour la réputation : *Periclitatur fama, periclitatur et conscientia.* Trop peu aguerri à ce genre d'épreuves dont il n'a pas fait l'apprentissage, le jeune prêtre est, moins que tout autre, à l'abri des coups du tentateur. Au début de sa carrière, bien que vertueux, il est simple, peu défiant, et, par suite, aisément victime de la séduction. Dans ses fonctions au sacré tribunal, il sera sans doute tranquille et maître de lui-même, entendît-il des aveux capables de troubler son imagination : là, en effet, il a droit à des grâces extraordinaires, parce qu'il est à son poste et remplit un devoir : *Forti animo esto, noli timere* (1); mais il aurait tout à craindre en s'ex-

(1) *Si in Domino confidis, dabitur tibi fortitudo de cœlo, et subjicientur ditioni tuæ mundus et caro.... Nec inimicum diabolum timebis, si fueris fide armatus* (Imitation, livre 2, chap. 12).

posant au danger, sans motifs et sans nécessité. Facilement touché des faiblesses du sexe fragile, un confesseur le sera bientôt davantage de sa confiance. La nature porte à s'intéresser et à compatir aux personnes qui nous découvrent leurs misères avec franchise et abandon ; l'intérêt croissant, le danger croîtra dans une proportion égale : on passe si promptement d'une estime toute spirituelle à un sentiment moins pur! *Spiritalis devotio convertitur in carnalem*, dit saint Thomas. On se prêtera d'abord aux besoins, ensuite aux inutilités ; on commencera par le zèle, et l'on finira, même à son insu, par un attachement tout humain. Contre cet écueil a quelquefois échoué la vertu de certains prêtres inexpérimentés qui, entrés au tribunal en courageux ministres de Dieu, en sont sortis hommes faibles et chancelants : *Res est tàm càsualis castitas!* Auprès de ces dévotes, dit avec originalité le Père Lejeune, il y a ordinairement *lucrum cessans, damnum emergens et periculum sortis*. Selon l'observation de saint Chrysostome, leurs flatteries amollissent, leurs déférences asservissent (1).

Voici les préservatifs contre ces piéges et ces séductions.

Il faut s'entourer d'un rempart de modestie et de circonspection; se conduire envers le sexe, *prudenter, cautè et castè;* c'est le conseil de saint Jérôme : *Rarus, brevis et rigidus cum mulieribus sermo est habendus*. A l'égard des femmes dont l'âge et les qualités seraient de nature à devenir une cause de péril, ne s'agît-il même que d'une sympathie trop prononcée, il importe, si l'on ne parvient pas à la purifier entièrement, de confier à un autre leur direction (2). Ces inclinations, selon

(1) *Placere volunt, amari cupiunt. — Adamantur qui nolunt amari. — Oculi nostri mirantur, adamant, concupiscunt.*

(2) *Pepigi fœdus cum oculis meis, ut ne cogitarem quidem de virgine* (Job, 31).

la remarque de sainte Thérèse, se portent communément vers les personnes les mieux partagées du côté des dons de la nature. Il faut même redouter jusqu'aux amitiés honnêtes, et renoncer à toute liaison avec les pénitentes les plus sages. Jamais d'entretiens qu'à l'église ou en public, ni de témoignages d'estime ou de tendresse; jamais non plus d'actions puériles. Enfin on réduira les rapports au strict nécessaire, aux seuls objets de la conscience (1). A l'aide de ces précautions, d'un maintien constamment sérieux et modeste, de discours assaisonnés de sagesse et de gravité, les ecclésiastiques inspireront une crainte révérentielle qui, prévenant toute familiarité, en écartera par là même les dangers. Ils ressembleront ainsi aux trois jeunes hommes de la fournaise de Babylone, qui se promenaient au milieu des flammes sans y brûler, ou à Daniel dans la fosse aux lions.

## INCONVÉNIENTS A ÉVITER DANS LA DIRECTION DES PERSONNES DÉVOTES.

Certains curés, se renfermant dans le cercle étroit de la direction de quelques âmes d'élite, accordent chaque semaine de longues audiences à des dévotes dont les confessions absorbent ainsi tous leurs moments, au préjudice des pécheurs qui, certes, en auraient un plus urgent besoin. Les personnes pieuses ont assurément des droits aux sollicitudes et aux conseils d'un pasteur, tenu en conscience de travailler à leurs

(1) *Si propter officium clericatûs, aut vidua visitatur aut virgo, nunquàm domum solus introeas* (S. Jérôme). — *O quàm vilis, quàm miser et pusillus nimis clericus qui frequenter cum mulieribus conversatur* (S. Aug.).

progrès dans la perfection; mais ses préférences ne sont-elles pas plus impérieusement réclamées par les brebis égarées de son bercail? Ces âmes privilégiées qui vont d'elles-mêmes au bien, évitant le plus souvent jusqu'à l'ombre du péché, n'ont pas les mêmes motifs d'exercer le zèle et la vigilance du confesseur que celles qui croupissent dans l'indifférence et le vice. C'est aux moins avancés d'entre ses paroissiens qu'il doit plus particulièrement des soins et des attentions. Agir autrement, ce serait violer cette recommandation de J.-C. : *Non est opus valentibus medicus, sed malè habentibus. — Non veni vocare justos, sed peccatores.* Notre divin Sauveur n'a-t-il pas abandonné quatre-vingt-dix-neuf justes pour sauver un pécheur? *Relinquit nonaginta novem, et vadit quærere eam quæ perierat.* — Ainsi un curé qui prodiguerait tout son dévouement à un petit troupeau choisi ou même à une nombreuse clientèle de dévotes, au risque de laisser souffrir les pécheurs de sa paroisse, ressemblerait à ces prêtres aveugles dont saint Cyprien disait ironiquement : *Ego solos sanos curo, quibus medicus necessarius non est. — Operam nostram, medelam nostram,* ajoute le même docteur, *vulneratis exhibere debemus.* On éprouve naturellement, j'en conviens, plus de consolation dans la direction des âmes fidèles; mais on saura résister à cet attrait d'ailleurs bien légitime, pour voler au secours de cette foule d'infortunés qui courent à leur perte. Ne serait-ce pas pitié d'employer des journées tout entières à entendre des dévotes demandant des consultations sans fin ou la décision de difficultés souvent minutieuses et cent fois résolues, tandis qu'on renverrait des hommes et des jeunes gens, des ouvriers, des mères de famille, qui ne peuvent consacrer à la confession que de rapides instants?

En résumé, dès qu'un pasteur est persuadé que cette

classe de personnes pieuses marche dans la voie du salut, il ne doit plus à leur direction que le superflu de son temps. C'est aux ignorants, aux incroyants, aux vicieux, à tous ceux en un mot qui sont affligés de peines d'esprit ou de corps, qu'il est spécialement tenu de se dévouer. Encore une fois, *Non egent qui sani sunt medico, sed qui malè habent* (S. Luc, 5). La conversion des pécheurs, voilà éminemment l'œuvre du zèle pastoral. *Animas rapere diabolo, illas dare Christo*, tel est le but final du ministère.

## FAUSSES DÉVOTES.

Certaines filles soi-disant dévotes ont quelquefois montré une astucieuse finesse, une habileté surprenante, qui a fasciné l'esprit de leurs vertueux mais crédules confesseurs; prêtres assez simples pour les regarder comme des anges, aveuglés qu'ils sont par la confiance, ne voyant en elles que vertus et perfections. A l'aide d'apparences illusoires, d'une feinte candeur et d'une humilité hypocrite, elles sont parvenues à dominer et à duper complétement quelques pasteurs inexpérimentés. Il faut être bien grand maître dans le régime des âmes, ascétique consommé, pour découvrir ces suppôts de Satan qui portent sous le masque de la piété un cœur dépravé et des mœurs dissolues, pour déjouer les ruses et éventer les piéges de ces tentatrices. Des prêtres même très-éclairés pourraient être surpris par cet art prestigieux des fausses mystiques, pour peu qu'ils auraient de tendance à la crédulité, ou à l'enthousiasme. Un extérieur grave et recueilli, un regard modeste, une attitude humble, un air dévotieux, une voix perfidement douce, tout cet ensemble d'attraits séducteurs est si propre à prévenir favorablement et à tromper la confiance d'un homme naturellement droit, qu'il en devient facilement dupe et victime. Il y a surtout une classe d'ecclésiastiques bien prédisposés à ce genre d'aberrations : ce sont ceux d'une trempe d'esprit faible, d'un jugement faux, d'un cœur impressionnable et d'une imagination exaltée. Eussent-ils d'ailleurs de la piété et du savoir théologique, ils croiront bientôt aux visions et aux extases de ces fourbes qu'ils présenteront au public comme des filles inspirées du ciel.

La première règle à suivre envers ces dévotes nerveuses et enthousiastes, c'est de se défier toujours de leur étrange mysticisme, qui n'est le plus souvent qu'affecté. La seconde règle, c'est d'avoir soin de montrer pour elles peu d'attention et surtout point de vénération ; cela n'aboutirait, en effet, qu'à surexciter leur amour-propre, et qu'à nourrir les illusions de leur vanité. La troisième, dont il faut faire un principe régulateur pour sa conduite pastorale, c'est de refuser d'entendre en confession ou en direction, toutes ces bizarres créatures qui parleraient de voies extraordinaires, de révélations, d'apparitions et d'extases. Cette règle n'admet presque aucune exception. On a quelquefois vu de ces femmes, objets des soins empressés et de la bienveillance particulière de leur guide spirituel, ne chercher, dans leurs rapports d'intimité religieuse, qu'à tendre des embûches à l'innocence, à la vertu, à la simplicité, et jouer le rôle de perfides syrènes mille fois plus dangereuses que celles de la fable. Toutes ces voies insolites et factices conduisent presque toujours à deux péchés capitaux, l'orgueil et la luxure. Ainsi, pour peu qu'une personne tendrait à un genre de mysticité excentrique, il convient, après avoir consulté préalablement l'Evêque, de l'adresser à un directeur d'un esprit juste, d'un jugement sûr, joignant à un tact exquis l'avantage d'une longue pratique. Il y a de ces dévotes qui, selon la remarque de saint Jérôme, *Hypocratis magìs fomentis quàm nostris monitis indigent;* mais il faut souvent un grand esprit d'observation pour les distinguer. S'il est difficile de diriger les hommes, il l'est beaucoup plus encore de discerner et de conduire les femmes. Un allemand s'étonnait de ce qu'en Italie il y avait moins de confesseurs approuvés pour le sexe féminin que pour le sexe masculin : « C'est que, répondit un prêtre italien, nos Evêques savent bien qu'avec le commun des hommes il ne faut qu'un homme, tandis qu'avec certaines femmes, véritables Circés, il faut un ange au confessionnal. »

## RECOMMANDATIONS IMPORTANTES RELATIVEMENT A LA DIRECTION DES FAUSSES DÉVOTES.

Le prêtre véritablement pénétré de la gravité de son ministère et de la délicatesse de sa position, ne saurait se mettre trop en garde contre les manéges de cette classe de personnes si justement appelées *fausses dévotes*. Caméléons aux mille formes, elles ne sont jamais à bout d'expédients; rien ne les arrête, rien ne défie leur obstination, rien n'égale la souplesse de leur astuce. Aimant mieux renoncer aux devoirs de la piété que se confesser à un autre que leur guide privilégié, la plupart d'entre elles cherchent dans la pratique du sacrement de pénitence, non plus Dieu et ses grâces, mais la satisfaction de l'amour-propre ou d'une sensibilité tout humaine, et par suite un moyen d'influence d'autant plus dangereux qu'il est plus déguisé (1). Alors on

(1) « *Summoperè etiam caveant juniores confessarii ne puellæ aliæque mulieres sensibili modo sibi adhæreant, quod frequenter in*

les voit s'adonner à la confession fréquente, passer des heures au saint tribunal, sans se corriger d'aucun de leurs vices accoutumés, de sorte que le moindre mal qu'on puisse leur reprocher en ce point, c'est de perdre leur temps et celui du confesseur assez condescendant pour se plier à de tels caprices. Quelquefois la jalousie s'en mêle : il ne suffit pas à la fausse dévote d'occuper son directeur, elle voudrait l'occuper à l'exclusion de toute autre; aussi le confessionnal est-il comme une citadelle autour de laquelle elle ferait volontiers un blocus hermétique, afin que personne n'y pénétrât ou n'y restât plus longtemps qu'il ne lui convient : de là, des rivalités, des murmures, des coteries, et une foule de petitesses misérables qui couvrent de ridicule ces femmes d'une dévotion intempérante, et parfois même le pauvre curé dont la trop confiante bonhomie n'a su ni deviner ni déjouer leurs machinations.

Prêtres du Seigneur, veillez et priez pour ne pas tomber en tentation. Cette recommandation concerne tous les moments, toutes les fonctions pastorales de votre vie; elle s'applique surtout à la matière si importante du discernement des esprits : *Vagi sunt gressus mulieris et investigabiles.* Lisez et relisez ce que l'Esprit saint dit de la femme dans les livres sapientiaux ; consultez les hommes d'âge et d'expérience, quand vous voyez apparaître un point noir à l'horizon de cette vaste mer où vous voguez en pilotes ignorants. Rentrez

*ruinam animarum et in religionis detrimentum accidit : ubi prima inordinatæ hujus affectionis specimina advertunt, asperis verbis eas repellere non timeant, et si hoc non sufficiat, ad alios confessarios eas statim remittant, alioquin incauti eas perdent et cum eis peribunt.*

« *Per gloriam Dei æternamque eorum salutem, cunctos adjuramus clericos ut conciliorum statutis semper obtemperantes, juniores mulieres apud se nunquàm detineant, eas non visitent, cum eis familiariter non loquantur, etc.* » (Mgr Bouvier.)

souvent en vous-mêmes, pour interroger les mouvements de votre cœur, de peur qu'on ne puisse vous dire : *Nescitis cujus spiritûs estis.* Fermez l'oreille à ces enchanteresses dont la voix doucereuse séduit trop souvent l'innocence. Rendez rare et difficile l'accès de votre maison à ces femmes oisives, inquiètes, grandes parleuses, qui, sous les dehors de la dévotion, cachent une âme frivole ou peut-être même les instincts d'une nature perverse. Et quand une fois vous aurez acquis la certitude morale qu'on cherche uniquement l'homme et non pas Dieu, refusez-vous à un ministère qui serait un ministère de mort, et par une sainte rigueur sauvez votre âme.

---

# CHAPITRE III.

## IMPORTANCE DE LA PREMIÈRE COMMUNION.

Par l'Eucharistie, dit Bossuet, Jésus-Christ prend le corps et l'âme de nous tous, s'unit à chaque être humain qui s'en nourrit, et transforme notre substance en la sienne. Il s'assimile l'homme, et lui communique sa vie divine et immortelle; alors on peut et on doit dire : ce n'est plus moi qui vis, c'est Dieu qui vit en moi (1). Transformation sublime! Nous vivons de Jésus-Christ, comme la greffe se nourrit de la séve de l'arbre sur lequel elle est entée : l'Eucharistie est pour nous l'aliment qui se change en la substance de celui qui le digère.

La religion n'a point de mystère plus profond ni plus touchant que celui qui s'accomplit sur nos autels. Rien sur la terre, rien au ciel même de plus propre à confondre l'homme et à le ravir tout à la fois. Comment Dieu, tout bon qu'il est, a-t-il consenti que le cœur humain, abîme de faiblesses, amas d'iniquiquités, foyer de corruption, devînt le sanctuaire de sa divinité, le vase sacré renfermant le corps

(1) *Vivo autem, jàm non ego; vivit verò in me Christus.* (Galat. 2, 20.)

et le sang du Rédempteur ? Comment le Verbe fait chair daigne-t-il renouveler son incarnation, non plus dans le sein virginal de Marie, mais dans des créatures pétries de vices et infectées de dérèglements ? Prodige d'abaissement qu'adoreront éternellement les anges et les saints, sans pouvoir jamais le comprendre; prodige d'amour que les séraphins nous envieraient, s'ils pouvaient envier quelque chose. L'ingénieuse invention de l'Eucharistie prouverait à elle seule la divinité de notre foi. L'homme, laissé à lui-même, eût-il, en effet, jamais rien imaginé, rien enseigné, rien accrédité de semblable ? Cette pensée n'a donc pu émaner que du sein de Dieu : il n'y a qu'un tel père qui puisse aimer ses enfants jusqu'à vouloir se faire assez petit pour pénétrer dans leurs cœurs. A la vue d'une si inconcevable merveille, le fidèle, muet d'admiration et de gratitude, tombe à genoux, il contemple, il adore ; quand l'hostie sacrée, déposée sur ses lèvres, porte le Saint des saints jusqu'au fond de son âme, il éprouve comme une vision du ciel et un avant-goût de l'heureuse éternité.

Communier, c'est l'action capitale du culte catholique, celle qui initie l'homme à la plénitude de cette vie surnaturelle communiquée par Jésus-Christ (1). Aussi, une bonne communion produit-elle d'incalculables effets dans l'ordre du salut, et suffirait-elle pour élever une âme au sommet de la perfection, soit à raison des pieuses dispositions qu'elle exige, soit par les grâces ineffables qu'elle prodigue.

Quelle force n'acquièrent pas ces considérations générales, si nous les appliquons à la première communion ! Là, ce n'est plus même à des hommes faits, c'est à des enfants que

(1) *Qui manducat me, et ipse vivet propter me.* (Joann. 6. 58.)

le Sauveur du monde veut se donner lui-même ; du fond de ses tabernacles, il répète ces belles paroles : *Sinite parvulos venire ad me.* Quoi de plus touchant que cette miséricordieuse tendresse et cette attrayante familiarité du bon Pasteur avec les chers agneaux de son bercail ! Quoi de plus capable d'inonder de joie et de bonheur ces pieux adolescents, lorsqu'à l'âge de la candeur et de l'innocence, ils se voient conduits aux pieds des saints autels, au milieu des splendeurs de l'Eglise et des magiques pompes du culte religieux, pour se nourrir de la substance même de la divinité (1) ? Non, aucune langue mortelle ne saurait exprimer tout ce qu'il y a de suave et de céleste dans cette auguste et solennelle transformation de l'enfance. Le héros des temps modernes avouait, même après sa brillante campagne d'Italie, en présence des généraux de son armée, que le plus beau et le plus consolant des jours de sa vie, avait été celui de sa première communion. Et, en effet, le jour qui a éclairé notre admission au sublime sacrement de l'Eucharistie, qui a vu Jésus-Christ s'incarner en nous, n'est-il pas le plus glorieux à enregistrer dans les archives de notre existence, et son ineffaçable souvenir ne doit-il pas nous être à jamais cher et précieux ? Alors, notre jouissance était complète ; notre cœur attendri, rassasié, palpitant d'allégresse, savourait les délices du Thabor ; les douces larmes qui s'échappaient de nos yeux, les paroles brûlantes que proférait notre bouche, le reflet divin dont s'illuminait notre face, tout nous invitait à nous écrier avec saint Pierre : Seigneur, quel bonheur pour nous d'être ici : *Domine, bonum est nos hic esse!* Telle est une première communion bien faite. Une longue et

(1) *Caro corpore ac sanguine Christi vescitur, ut anima de divinitate saginetur.* (Tertull.)

sérieuse préparation y dispose l'enfance, en la purifiant de ses fautes, en la dégageant de ses mauvaises habitudes, en la prémunissant contre les funestes instincts de la nature dépravée; voilà pour le passé. Le moment solennel arrivé, cette âme pure et tendre est saisie par la main de Dieu, qui la transporte au troisième ciel, où elle s'unit avec ardeur aux chœurs des anges; voilà pour le présent. Lorsqu'après cette assomption mystique, après cet enivrant festin de l'Agneau, l'enfant est redescendu sur la terre, il reste en lui comme un parfum de la divinité, qui lui fait trouver fades et nauséabondes toutes les autres jouissances; il entend retentir au dedans de lui des voix mystérieuses et ravissantes dont la bouche humaine ne peut traduire les paroles (1); voilà pour l'avenir.

Ce n'est donc pas seulement en elle-même que la première communion est l'acte le plus auguste et le plus important de la religion; elle l'est aussi dans ses conséquences, qui sont incalculables. C'est un soleil qui, une fois levé sur l'horizon, ne cesse d'éclairer tous les jours de notre pèlerinage ici-bas, et de projeter ses rayons jusqu'au déclin de la vie. Souvenir de joie et d'amour pour ceux qui restent fidèles à cette haute initiation de la sainteté, la première communion revit sans cesse en eux comme une source de chastes et intarissables satisfactions, surtout chaque fois qu'ils reviennent au divin banquet. Ceux même qui, par la suite, ont le malheur de déchoir, n'oublient pas pour cela ce qu'ils ressentirent à cette époque mémorable. Au milieu des événements si variés de l'existence, à travers la gloire ou au sein de l'obscurité, dans l'abondance et dans la misère, toujours ce souvenir se reproduit comme un oasis délicieux où l'on aime

(1) *Audivit arcana verba quæ non licet homini loqui.* (2 Cor. 12. 4.)

à se rafraîchir, et où l'on s'écrie involontairement : Ah ! que j'étais heureux le jour de ma première communion ! Mille circonstances nous rappellent cette félicité de nos premières années ; mais quand plus tard on voit se renouveler pour d'autres enfants cette magnifique cérémonie, alors surtout on se sent rajeunir, on se rappelle avec une sorte de volupté ce que l'on était autrefois, on regrette amèrement d'avoir quitté les voies de l'innocence et de la piété, la sensibilité déborde, et les larmes témoignent des émotions intérieures que l'on éprouve. Le spectacle d'une première communion n'est jamais stérile pour les assistants. On a vu plus d'une fois des individus vieillis dans l'iniquité, éloignés de toutes les observances religieuses, devenus en un mot de pratiques apostats du christianisme, on les a vus, dis-je, en cette solennelle occasion, verser des pleurs d'attendrissement et de repentir : en les blessant, le trait de la grâce avait tué en eux le vieil homme. Ainsi, de faibles et timides enfants ont été souvent les apôtres muets d'un père, d'une mère, d'un frère, d'une sœur, ou de quelques vieux amis de leurs familles. Ne se laisse-t-on pas facilement vaincre et désarmer par la faiblesse, ornée des grâces de l'innocence, quand elle vient à nous sous d'aussi favorables auspices ?

Cependant ce n'est point encore là tout le fruit de la première communion. Si, au point de vue religieux, elle est, comme nous l'avons dit, la plus haute initiation à la sainteté ; sous le rapport moral, elle est le couronnement, et comme la clef de voûte de l'éducation, qui prépare à la fuite du vice et à la pratique de toutes les vertus. Il est donc bien rare qu'elle n'exerce pas une influence décisive sur toute la suite de la vie et sur la destinée éternelle, soit en préservant de la corruption, soit en ramenant dans le sentier du bien ceux qui ont eu le malheur de s'en écarter : *Difficulter eraditur quod perbiberunt*, dit un saint Père. La première communion est à l'existence tout entière ce que les fondements sont à l'édifice. Admirable prévoyance de Dieu et de son Eglise d'avoir placé à l'entrée de la carrière ce salutaire viatique, pour soutenir l'homme dans l'adolescence, dans l'âge mûr, et même dans la vieillesse, contre l'épuisement de la fatigue, et le faire marcher d'un pas assuré jusqu'au sommet de la montagne sainte d'Horeb (1) ! C'est l'arsenal qui précède le champ de bataille.

De cet exposé sommaire, il est facile de conclure que la première communion est, parmi les œuvres pastorales, celle qui doit le plus exciter le zèle d'un curé. Prenez garde, dit Jésus-Christ, de mépriser un seul de ces petits qui croient en moi ! Un prêtre qui fait trop peu de cas des enfants pour s'en occuper sérieusement, ne comprend pas l'étendue de sa mission ; il est plus petit qu'eux aux yeux du Seigneur. Celui, au contraire, qui les affectionne, s'efforce de gagner leur confiance, les élève dans la foi, la piété et les bonnes mœurs, celui-là se couvrira de gloire devant Dieu et devant les hommes. La première et la plus douce récompense de son dévouement sera de les disposer à prendre part au banquet des élus, et de les présenter à la table sainte, revêtus d'innocence, rayonnants de joie, embrasés d'amour, comme autant de chérubins faisant l'admiration de la terre et la joie du ciel. Quel jour de triomphe pour un bon curé, quel jour d'allégresse pour une paroisse, que celui de la première communion ! Mais ce n'est pas tout. Au sortir du sanctuaire ils iront, ces heureux prédestinés, comme des anges descendus du ciel, porter au sein de leurs familles la paix et la

(1) *Comedit Elias et bibit, et ambulavit in fortitudine cibi illius usquè ad montem Dei Horeb.* (3 Reg. 19. 8.)

consolation ; ils y répandront la bonne odeur de Jésus-Christ, et, modèles de soumission, de respect, de reconnaissance et de piété filiale envers leurs parents, ils édifieront tous ceux qui les entourent par le spectacle de leurs vertus naissantes : véritable légion d'apôtres, pieuse phalange de la religion auprès de leurs concitoyens, ils brilleront comme les lis parmi les épines, comme les roses au milieu des autres fleurs, comme des perles dans le gravier qui les recèle. Ils seront la gloire de leurs familles, la joie et la couronne du pasteur, l'élite de la jeunesse, l'ornement et l'espoir de l'Eglise, enfin le plus beau fleuron du catholicisme dans la paroisse. Laissez-les grandir, et vous comprendrez encore mieux toute la portée du ministère exercé à leur égard, et les féconds résultats renfermés en germe dans une première communion. A l'époque où nous sommes, c'est surtout par l'éducation chrétienne de l'enfance que l'on peut moraliser les peuples et sauver la société. Le clergé ne saurait donc apporter assez d'empressement à préparer les jeunes gens pour une si grande action, à éclairer leur esprit, à régler leur cœur, à épurer leur conscience. C'est en les instruisant de bonne heure des vérités évangéliques, en dirigeant les tendances de leurs volontés et les premières affections de leur âme, en courbant vers le bien leurs inclinations natives, en les environnant de paternelles sollicitudes, en écartant d'eux tous les périls dont seraient menacées leur inexpérience et leur fragilité, qu'il les disposera à remplir cet important devoir dans un heureux état d'innocence, et avec des sentiments qui réagissent sur l'ensemble de leur vie. Ainsi s'amendent les populations, ainsi se perpétue dans le monde la noble lutte de la vérité contre l'erreur, du bien contre le mal, de la vertu contre le vice.

## MOYENS PRÉPARATOIRES A LA PREMIÈRE COMMUNION.

Il est deux moyens absolument indispensables pour disposer les enfants à faire dignement leur première communion : l'instruction religieuse et la confession fréquente, importantes matières dont nous clorons l'examen par des recommandations diverses.

### INSTRUCTION RELIGIEUSE.

Nous avons démontré ailleurs l'obligation qui pèse sur le clergé de donner l'instruction religieuse à la jeunesse (1), parce que les enfants étant l'espoir de l'avenir, c'est par eux principalement qu'on régénèrera la société ; parce que les habitudes prises dès l'enfance, bonnes ou mauvaises, influent puissamment sur la suite de la vie ; enfin, parce qu'aujourd'hui la religion est en butte aux incessantes attaques de l'impiété, qui se produisent dans toutes les classes et sous toutes les formes.

Ces diverses raisons constatent non-seulement la nécessité de l'enseignement religieux pour les adolescents, mais encore l'urgence extrême de lui donner maintenant plus de développements et de consistance. Qui ne connaît la mobilité des jeunes intelligences auxquelles il faut inculquer longtemps les mêmes choses, si on veut les y graver en caractères indélébiles ? Cette mobilité est encore plus grande de nos jours, où les enfants eux-mêmes subissent, sans la comprendre, l'influence des principes désastreux qui, depuis tantôt un siècle, ont bouleversé la société chrétienne.

(1) Tome I, chapitre 28.

L'incrédulité dont semble infectée l'atmosphère que nous respirons, n'asphyxie-t-elle pas sans cesse au milieu de nous, de son souffle délétère, une infinité d'âmes? Il faudrait donc que l'éducation du foyer domestique, plus imprégnée que jamais des maximes de l'Evangile, pût contrebalancer et neutraliser toutes ces causes, successives ou simultanées, qui tendent à plonger l'homme dans une grossière ignorance ou dans un stupide mépris de la religion.

Or, force est bien d'en convenir, ils ne sont plus ces jours heureux où la maison paternelle était comme un sanctuaire de piété, une école de bonnes mœurs, un asile d'innocence pour les enfants; elles ont généralement disparu ces loyales et nobles traditions, jadis en honneur au sein de toutes les familles. En ce temps-là il y avait peu de pères et de mères qui ne considérassent comme leur principal devoir celui d'initier, dès le berceau, leurs fils et leurs filles, aux éléments de la foi et à la pratique de la morale. D'ailleurs, à l'insuffisance de l'enseignement oral suppléait la lecture des livres, alors éminemment empreints d'un caractère religieux. Enfin le constant exemple des vertus héréditaires était comme un vivant évangile pour des adolescents, heureux de trouver dans les auteurs de leurs jours des modèles à imiter pour toute leur vie. Ainsi la tâche des pasteurs était douce et facile; ils n'avaient qu'à compléter l'instruction domestique, admettre l'enfant à la première communion, et le replacer ensuite sous la tutelle de parents vigilants et chrétiens, comme on laisse une jeune plante entre les mains d'un jardinier soigneux et expérimenté.

Combien les temps sont changés! Sans nous arrêter à peindre les vices et les désordres qui ont envahi la famille, bornons-nous à déclarer, sans crainte d'être contredit, qu'aujourd'hui l'enseignement religieux des enfants par les parents est à peu près nul, et que les rares leçons jetées çà et là se trouvent démenties et paralysées par le scandale de la conduite. Ce fait, déplorable sans doute, mais incontestable, doit servir de point de départ et de donnée préliminaire à tous ceux qui veulent sérieusement s'occuper des intérêts de la jeunesse. De là, pour les pasteurs, une plus rigoureuse obligation de consacrer leurs efforts et leur dévouement à combler une si fatale lacune. Il est nécessaire d'abord d'offrir du lait aux enfants (1), et de les prendre dans ses bras comme les nourrices prennent leurs nourrissons (2); puis, quand ils sont devenus hommes et qu'ils ont été admis à la première communion, il faut employer tous les moyens pour les retenir encore le plus longtemps possible aux instructions de la paroisse.

Les curés ne peuvent donc s'empresser de trop bonne heure à catéchiser les enfants, pour inoculer à ces âmes naïves et pures, avec les principes de la piété et de la vertu, de précoces inclinations au bien. Il en est des jeunes gens dont l'éducation religieuse a été manquée dès l'origine, comme des tendres plantes qu'on a laissé sécher à peine écloses : on a beau, dans la suite, les arroser et les cultiver, elles ne sont plus susceptibles d'accroissement. Telle est précisément la position des infortunés qui ont été négligés dans leurs premières années : inaptes et rebelles à toute instruction, ils croupissent indéfiniment dans une sauvage ignorance. Le tumulte et les embarras du monde, le respect humain, la honte de redevenir enfants opposeront d'invincibles obstacles aux efforts les plus généreux, tentés pour leur procurer un bienfait dont ils méconnaissent le prix et qu'ils repoussent instinctivement.

(1) *Lac potum dedi vobis.* (1 Cor., 3, 2.)
(2) *Tanquàm si nutrix foveat filios suos.* (1 Thess., 2, 7.)

Pour obvier à de si fâcheuses conséquences, on fera précéder la première communion de deux ou trois ans d'instructions fréquentes, toujours proportionnées au degré de chaque intelligence. Elles seront suivies plus tard d'un catéchisme de persévérance, qui complètera l'enseignement religieux. C'est là le moyen d'assurer aux communiants de longs jours de grâce, d'innocence et de bonheur. Fonder des espérances sur la fidélité d'enfants dépourvus d'instruction, ce serait bâtir sur le sable, et s'exposer à de nombreux et cruels mécomptes. Une éducation foncièrement catholique est seule capable de former des générations vraiment morales et heureuses.

## CONFESSION FRÉQUENTE DES ENFANTS AVANT LA PREMIÈRE COMMUNION.

Un autre moyen bien efficace pour disposer les jeunes gens à la première communion, c'est l'usage assidu de la confession dans les années qui précèdent une si auguste cérémonie. Cette pratique, si propre à les préserver des occasions du péché, ou à les corriger des vices naissants, les maintient dans l'innocence baptismale, ou les dispose à recouvrer la pureté du cœur, s'ils l'avaient perdue. Les grâces et les avis qu'ils reçoivent les forment à la piété, à la modestie, à des habitudes chrétiennes et à de vertueuses inclinations.

Il est des enfants précoces pour le mal et pour le bien : si l'on néglige de s'emparer de ces jeunes âmes, elles seront envahies par le vice, et deviendront prématurément capables de grands péchés. Saint Augustin rapporte à ce sujet un fait surprenant, qui démontre jusqu'où peuvent aller les prédispositions de l'enfance à des fautes de la plus haute gravité.

Quelle consolation pour un prêtre de penser qu'au moyen d'une peine légère, de quelques heures d'ennui qu'il s'impose périodiquement, il peut jeter la bonne semence dans ces terres neuves et bien préparées, dresser, diriger convenablement ces plantes vivaces qui ne demandent, pour croître et porter des fruits, que l'air, la lumière, la chaleur de la piété! Lorsque ces petits enfants s'approchent de leur pasteur, on les voit, avides de contempler ses traits, chercher à lire jusque dans son âme l'abrégé de la loi morale à laquelle les initient l'aveu de leurs fautes et les avis du confesseur. Ainsi s'accomplit en eux, par un travail lent, mais sûr, et par une série d'impressions ineffaçables, la formation de l'homme nouveau, régénéré en Jésus-Christ. Leur légèreté naturelle empêcherait les plus beaux préceptes de vertu, les maximes les plus admirables de pénétrer au fond de leur conscience; mais la confession, en les impressionnant vivement, leur fait comprendre et retenir ce qui, sans elle, aurait glissé à la surface. N'en doutez pas, chaque fois qu'ils s'y présentent, ils grandissent en raison et en sagesse; et méconnût-on l'influence divine de la grâce dont les eaux bienfaisantes jaillissent surtout au saint tribunal, on serait encore forcé de convenir, au point de vue purement humain, et à considérer seulement la physiologie morale de l'humanité, que le confessionnal est la plus puissante école de vertu qui ait jamais existé dans le monde.

Mais, redisons-le, pour opérer avec efficacité sur l'enfance, ce moyen veut être employé fréquemment; il faut qu'une confession subséquente vienne au secours de celle qui l'a précédée, avant que les salutaires impressions se soient évanouies. Autrement, ces impressions, toujours fugitives dans le jeune âge, ne feraient que commencer, par intervalles, un édifice dont jamais on ne verrait l'achèvement. Quelles que soient donc les occupations du curé auprès des adultes, il leur dira souvent, à l'exemple de notre Seigneur : *Sinite parvulos, et nolite prohibere eos ad me venire.* D'ailleurs, on n'accomplit volontiers dans le cours de la vie que ce que l'on a constamment pratiqué dans la jeunesse ; il en coûte peu pour suivre des habitudes acquises et formées dès l'enfance (1). Une âme assouplie et disciplinée de bonne heure au joug du sacrement de pénitence, le trouve doux et aimable par l'expérience souvent réitérée du bien qu'il procure ; tandis que si l'on s'est rarement confessé dans ses premières années, on ne s'assujettit plus tard à cette observance qu'avec répugnance et dégoût. Il en est de la confession comme de tout ce que l'on veut faire avec facilité et plaisir, il faut la pratiquer souvent; sans cela, elle n'offrira aucun attrait, pareille à ces objets qui, vus de loin, effraient l'imagination.

De plus, quels doux rapports de confiance n'établira-t-elle pas entre le curé et ces aimables enfants qui viennent à lui comme à un tendre père, et qui, en échange de ses bontés, lui apportent un cœur plein de naïveté, de candeur, d'obéissance et d'affection ! N'est-ce pas une heureuse nécessité pour le prêtre que celle de rafraîchir de temps en temps, dans cette douce et paisible atmosphère, son âme fatiguée et découragée par les dévorantes ardeurs du midi, c'est-à-dire, par les vices et les turpitudes de l'âge mûr auquel il prodigue habituellement ses soins? En négligeant la confession des enfants, il se priverait donc lui-même de la plus

(1) *Bonum est homini cùm portaverit jugum ab adolescentiâ suâ. Adolescens juxtà viam quam secutus fuerit, etiam cùm senuerit non recedet ab eâ.*

pure et de la plus consolante jouissance de son ministère.

On ne peut indiquer une période fixe et invariable après laquelle doive se réitérer leur confession : autre est le séjour des villes, autre celui des campagnes ; autre la saison d'été, autre la saison d'hiver ; autres les paroisses considérables et pratiquant les devoirs de la religion, autres les localités peu populeuses ou restant misérablement en dehors de la vie chrétienne. Il faut tenir compte de toutes ces différences de temps, de lieux et de personnes, pour suivre ou établir une règle quelconque. La confession trimestrielle serait une moyenne généralement praticable et très-salutaire pour les petits enfants ; les aspirants à la première communion doivent se confesser chaque mois ou au moins toutes les six semaines (1). Les raisons de cette fréquence sont faciles à comprendre. Il y a de malheureux prêtres qui ne confessent les enfants que l'année de la première communion ; certes, cette inqualifiable négligence justifierait la révocation d'un ministère qu'on accomplit si mal. Loin d'agir de la sorte, le bon curé se conforme à la règle par nous indiquée, et les jours destinés à cet excellent exercice sont pour lui, comme pour les enfants et les familles, des jours de fête et de bonheur. Aussi, n'est-ce point à ses yeux une corvée ; loin de remplir ce devoir par

(1) Dans ces moments de loisirs si nombreux que leur laisse le ministère, les curés des petites paroisses, généralement peu occupés, ne devraient-ils pas entendre indistinctement, chaque mois, tous les enfants et adolescents ? Ne serait-ce pas d'ailleurs le meilleur moyen de les assouplir au saint usage de la confession, et de l'enraciner dans leurs mœurs ? Rien n'est plus fort qu'une habitude incorporée en nous depuis le jeune âge, et maintenue pendant de longues années. Certains évêques n'ont pas reculé devant une censure ecclésiastique, pour obliger les membres de leur clergé à confesser, chaque quatre-temps les petits enfants de leurs paroisses.

manière d'acquit et avec une précipitation scandaleuse, il soigne avec la tendresse d'une mère les agneaux de son bercail, et tient une liste de leurs noms, pour constater s'ils répondent tous à son appel ; quelques-uns viennent-ils à manquer, il s'enquiert auprès des parents des causes de leur absence, cherchant à vaincre au besoin, par quelques caresses, leur répugnance et leur timidité. On ne saurait croire jusqu'à quel point les familles sont sensibles à ces procédés paternels, et combien les enfants découvrent volontiers leur conscience à un curé qui les porte ainsi dans son cœur.

Zèle, patience, bonté, gravité, mais gravité douce, tels sont les attributs du confesseur, surtout envers les jeunes gens: il étudie leurs dispositions naissantes, leur tempérament, leur caractère, les reprend avec tendresse, les encourage et les loue quelquefois, mais avec réserve, pour stimuler et utiliser leur amour-propre sans leur inspirer d'orgueil. En un mot, il se fait petit avec eux, comme le prophète Elie, afin de leur communiquer la vie spirituelle. C'est surtout avant la première communion qu'il redouble de soins et de vigilance, pour les transformer en autant de sanctuaires vivants de la divinité. Les confessions plus fréquentes, ainsi que nous l'avons exprimé, sont une préparation continuelle à cette grande confession appelée *générale*, qui précède immédiatement le bienfait de l'absolution. Arrivé à ce point culminant de l'admission définitive, l'adolescent doit se trouver déjà régénéré d'esprit et de cœur, en attendant le dernier fruit de la grâce. C'est alors qu'un pasteur tendre et zélé peut dire avec saint Paul : Mes petits enfants, l'heure est venue de vous donner une vie nouvelle (1).

(1) *Filioli mei, quos iterùm parturio donec formetur Christus in vobis. Æmulor enim vos Dei æmulatione; despondi enim vos uni viro virginem castam exhibere Christo.*

Toutefois, il est des cas nombreux où l'absolution devrait devancer l'époque de la première communion. C'est d'abord lorsqu'un enfant, parvenu à cet âge où l'on a assez de discernement pour commettre un péché mortel, se trouve atteint d'une maladie dangereuse. Le curé, en pareille occurrence, ne négligera rien pour mettre en sûreté le salut de cette jeune âme. Après une confession aussi entière que les circonstances le permettront, il l'excitera au repentir et à l'amour de Dieu, puis la réconciliera par le sacrement de pénitence. Il arrive aussi quelquefois qu'un enfant, doué d'une raison très-précoce et avancé dans la connaissance de la religion, soit en butte à des tentations extraordinaires, ou attiré vers Dieu par des grâces de choix, telles qu'on les a vues dans la personne de plusieurs prédestinés. Alors, si le prêtre juge qu'une absolution donnée, de fois à autres, peut seconder l'action divine et soutenir son jeune pénitent dans ses bonnes dispositions, il fera bien de la lui accorder.

Sauf ces cas, nombre de pasteurs, en France, sont dans l'usage de réserver une si grande faveur pour la veille seulement de la première communion. Mais une pratique aussi restrictive nous paraît peu judicieuse, peu rationnelle, et d'autant moins admissible qu'elle contredit, en fait, l'enseignement presque unanime des théologiens et d'illustres évêques, aussi doctes que saints, dont le nom seul fait autorité. N'y aurait-il pas crime, en effet, à laisser croupir plusieurs années dans le péché mortel et languir misérablement sous la puissance du démon, de malheureux enfants, victimes prématurées du vice? Le sacrement de la réconciliation n'est-il pas établi pour eux comme pour les adultes ; et n'ont-ils pas un égal droit au bienfait de sa vertu régénératrice ? De plus, c'est une vérité d'expérience, moins endurci que celui des vieux pécheurs, susceptible dès lors de meilleurs sentiments, leur cœur encore tendre se prête plus volontiers aux inspirations du confesseur et à un prompt retour vers Dieu. Certes, la peine de les préparer à l'insigne grâce de la justification ne saurait légitimer la méthode contraire.

Toutes les fois donc qu'un enfant se sera rendu coupable d'une faute très-grave, il y a pour le pasteur une stricte obligation de le disposer à recevoir l'absolution : la différer jusqu'à l'époque de la première communion, ce serait s'exposer à appliquer trop tard le remède à un mal que des délais prolongés rendraient peut-être incurable.

## AGE DE LA PREMIÈRE COMMUNION.

La plupart des ecclésiastiques éclairés inclinent à penser qu'il vaut mieux admettre les enfants à la première communion, à un âge plutôt mûr que trop jeune, surtout dans les contrées dépourvues de religion et de moralité. Voici les raisons sur lesquelles ils appuient leur sentiment :

1° Par un ajournement sagement calculé, les futurs communiants restant placés plus longtemps sous l'autorité de leur pasteur et ne cessant de fréquenter les écoles, n'en seront que plus instruits et plus fermes sur les principes religieux.

2° N'est-il pas à la fois plus rationnel et plus opportun d'opposer la grâce eucharistique, comme digue et contre-poids, au développement des passions naissantes, qui n'a lieu d'ordinaire chez les adolescents que de la treizième à la quinzième année, principalement dans les campagnes? Venant à éclater après la première communion n'en détruiraient-elles pas bientôt et sans remède tous les heureux effets ? Ne conviendrait-il pas dès lors de la différer jusqu'au moment critique où va se manifester, avec l'ardeur des sens, l'effervescence des désirs, où le caractère se forme et prend son pli? Les impressions d'une première communion hâtive et faite dans l'enfance, sont trop légères, trop superficielles, pour réagir efficacement sur l'âge adulte (1).

Notre divin Sauveur, on le sait, n'a distribué sa chair et son sang à ses Apôtres, que la veille de sa mort, et après les y avoir préalablement disposés pendant les trois années de sa vie publique.

Comment donc des jeunes hommes résisteraient-ils un jour aux assauts de l'impiété, au naufrage des croyances et des mœurs, s'ils n'avaient, pour se soutenir dans la lutte, que le vague et lointain souvenir d'une cérémonie auguste

(1) Dans les villes et les campagnes, nombre de parents peu ou pas chrétiens, aux yeux desquels la première communion n'est qu'un simple usage social, une formalité vaine, mais pourtant *encore de mode* aujourd'hui, tiennent à la précipiter, pour délivrer au plus vite leurs enfants de ce qu'ils appellent, en leur impie jargon, *une momerie, une corvée assommante*. Le long temps qu'on y consacre comme moyen préparatoire apporte, selon eux, une si fatale entrave aux progrès des études, que l'année entière leur semble perdue. Or si, se prêtant en aveugle à ces préjugés anti-religieux, et cédant trop facilement à de pareilles exigences, un prêtre, aumônier ou pasteur, n'employait que de rapides moments à l'instruction des fils de familles aussi mal disposées, il verrait bientôt ces malheureux communiants n'être plus chrétiens que de nom, et tomber, à l'exemple de leurs parents, dans une complète indifférence, avant même d'avoir atteint l'âge adulte. Le contact avec le monde ou avec des condisciples non mieux élevés qu'eux, les dépouillera promptement de la superficielle teinture de religion qu'ils auraient reçue au catéchisme. Loin donc d'admettre hâtivement à la première communion des enfants d'ailleurs trop jeunes, on devra, autant que possible, les y disposer plusieurs années d'avance; sans perdre de vue néanmoins qu'un ajournement outre mesure, en les livrant à l'invasion du vice, contrarierait à la fois les vœux de l'Eglise et ceux de la généralité des paroissiens.

et sainte assurément, mais célébrée trop tôt pour qu'ils aient pu en comprendre toute la portée et en recueillir tous les avantages? Une telle action produira, certes, d'autant plus de fruits dans le cœur des enfants, qu'au solennel moment de l'accomplir, leur raison sera plus développée, leur discernement plus sûr, leur instruction plus forte et plus complète.

Il est vrai que l'Eglise par ses rituels, les évêques, saint Charles Borromée et saint François de Sales entre autres, par leurs statuts diocésains, et les théologiens par leur enseignement, ont généralement fixé l'époque de la première communion à cet âge de discrétion où ceux qu'on y prépare ont déjà une suffisante connaissance des mystères, des sacrements et du Décalogue, c'est-à-dire de dix à douze ans. Mais, ne l'oublions pas, ils établissaient cette règle dans des siècles et au milieu de peuples éminemment chrétiens; alors on n'avait point à redouter, autant qu'aujourd'hui, les défections dans la foi, ni surtout dans les mœurs; on était presque sûr, au contraire, qu'à l'aide de l'édification des familles et de l'exemple public, les jeunes gens resteraient toujours fidèles à la pratique des sacrements. Ainsi pourrait-on et devrait-on encore se conduire, à raison de la précocité relative de l'enfance ou de la ferveur religieuse des pays, en Italie, en Espagne, en Allemagne et même en certaines provinces de France, telles que l'Alsace, la Bretagne, etc... En de telles contrées, en effet, on a l'espoir fondé de ne point voir détruire, par le scandale des parents, l'œuvre si laborieusement édifiée par le zèle des pasteurs.

Un soldat a besoin d'être d'autant mieux armé qu'il lui faut se préparer à de plus sérieux combats : toutefois, s'il est prudent d'attendre, il serait téméraire de dépasser cet âge où les penchants se développent, où naissent et grandissent les inclinations perverses, où abondent les occasions du mal, où dès lors le secours des grâces sacramentelles devient l'indispensable bouclier des cœurs que la corruption menace d'un prompt envahissement. En ne les admettant à la table sainte que déjà vicieux et dissolus, on n'obtiendrait qu'une trêve passagère à leurs mauvaises habitudes, suivie bientôt d'une terrible récrudescence.

Ce n'est là au surplus, nous devons le dire, qu'un point de discipline laissé à l'appréciation des pasteurs, et conséquemment variable selon les temps, les lieux et les besoins divers. Enfin, à défaut de statut formel sur cette matière, on consultera l'Evêque, dont la décision servira de régulateur.

## AVIS DIVERS RELATIVEMENT A LA PREMIÈRE COMMUNION.

Pour préluder avec succès à une première communion, le pasteur cherchera surtout à se concilier l'affection filiale des enfants, qu'il serait si avantageux d'y préparer de loin. Encourageant leur timidité, il les attirera par sa douceur et sa bonté, par des témoignages d'intérêt et de bienveillance, à l'école, au catéchisme et au tribunal même; il leur prodiguera, en un mot, des soins tout maternels. Il y a beaucoup à gagner avec eux, quand on sait les prendre, qu'on s'en donne la peine et qu'on les cultive de bonne heure; ils répondent aux attentions dont ils sont l'objet, et reçoivent de salutaires impressions qui influent singulièrement sur leur avenir. De la sorte on réussit à former une jeunesse édifiante et bien réglée ; à s'attacher même les parents, d'ordinaire sensibles aux services rendus à leurs enfants; enfin à renouveler entièrement l'esprit d'une paroisse dans l'espace de quelques années. Au moment critique des passions, certains de ces adolescents élevés dans de bons principes viennent-ils à s'égarer, ils rentreront dans la voie du devoir à l'époque de leur établissement, et finiront par devenir de dignes chefs de famille, concourant avec leur pasteur à toutes les œuvres que lui inspire son zèle. Lors même que plusieurs s'obstineraient dans le vice, ils ne seront plus en état de donner le ton aux habitants, ni de se livrer au mal avec un cynisme effronté : la grande majorité, en leur faisant la loi, les maintiendra dans la réserve et le respect.

Quant à la manière de se conduire envers les aspirants à la première communion, le curé évitera d'être trop sévère et trop familier ; double inconvénient qui l'empêcherait de leur être utile. Une humeur chagrine, un air austère ou morose, des boutades de colère, des paroles injurieuses contre eux ou contre leurs parents, tout cela ferait avorter l'œuvre de Dieu dans ces âmes si délicates, si promptes à se déconcerter et à prendre des dispositions antipathiques. Ne parlons pas de voies de fait ou de punitions corporelles (1); un ecclésiastique assez peu modéré pour s'en permettre prouverait qu'il ne comprend pas sa mission de paix, et s'exposerait à maints désagréments. Mais, indépendamment de ces excès, où n'est pas même tenté de tomber celui qu'anime l'esprit de Dieu, quels fâcheux résultats n'aurait pas une sévérité outrée, un caractère sombre et violent, à l'égard de cette jeunesse dont le cœur s'épanouit à l'aspect d'un pasteur débonnaire, comme la fleur à la rosée du matin! Lorsqu'un curé ne paraît que la menace à la bouche, les enfants ne l'abordent qu'en tremblant, et l'assistance au catéchisme équivaut pour eux à une sorte d'incarcération. De la crainte à la haine, il n'y a qu'un pas;

(1) Voir à ce sujet, pour plus de détails, le GUIDE DES CURÉS, IVe partie, *Jurisprudence des écoles.*

aussi, soupirant après l'heure où ils se verront débarrassés de ces exercices importuns, ne sont-ils ni attentifs, ni touchés, parce que rien ne les attire, et qu'au contraire tout les rebute dans ces réunions préparatoires à la première communion.

A cet homme atrabilaire que nous venons de dépeindre, substituez un prêtre doux, patient et affable, tout change de face : les jeunes gens accourent à ses instructions comme à un banquet délicieux ; ils ont soin de bien apprendre le catéchisme, parce qu'ils savent que M. le curé tient toujours en réserve quelque bonne parole ou quelque récompense pour les enfants studieux et sages ; s'ils sont interrogés, on les voit, se levant avec une figure rayonnante de joie, s'expliquer sans embarras sur chaque question, et, comme ils ont le désir de tout comprendre pour bien répondre, ils commencent par écouter en silence ; d'ailleurs, lequel d'entre eux voudrait se livrer à la dissipation, en songeant qu'il contristerait un si bon pasteur ? L'amour agit sur eux beaucoup plus que la crainte, et les récompenses plus que les punitions. C'est alors qu'au milieu de cette petite famille qui se trouve si à son aise, et où chacun se produit avec tout l'abandon de la nature, le curé observe, étudie les caractères, les tendances, les capacités diverses, et lit sans effort jusqu'au fond des âmes. Sans doute les enfants ont des défauts : naturellement enclins à la légèreté, à la paresse, à la désobéissance, ils sont quelquefois espiègles, entêtés, vindicatifs, d'une timidité excessive ou d'une étonnante hardiesse. Hélas ! la dépravation originelle ne fût-elle pas là, les préjugés et les vices du foyer domestique suffiraient pour fausser leur esprit, pour corrompre leur cœur. Il faut donc reprendre souvent, quelquefois humilier, quelquefois punir, oui ; mais tout cela peut se faire sans perdre l'égalité d'humeur, ni le charme de cette bonté évangélique si capable de faire entrevoir, dans les corrections ou les réprimandes, le réel dévouement, l'affection désintéressée qui les expliquent et les motivent. Néanmoins, pour éviter l'excès de rigueur, n'allons pas tomber dans une compromettante familiarité, qui nous ôterait, avec le respect des enfants, la possibilité de maintenir parmi eux le nerf de la discipline : une vertu est toujours voisine d'un défaut. C'est le bon sens pratique qui décide jusqu'où l'on peut aller, et là où il convient de s'arrêter. Il est bien d'égayer de temps à autre son petit auditoire par quelque récit édifiant ou enjoué, par quelque réflexion spirituelle, par la peinture de maints travers du jeune âge; mais enjouement n'est pas puérilité, gaieté n'est pas bouffonnerie. Que toujours nos discours soient dignes, nobles, conformes au langage de la bonne compagnie, alors même que nous nous faisons petits avec les petits; sachons ensuite reprendre notre ascendant, commander l'attention, et ne pas ressembler à un roi soliveau parmi ses sujets mutinés.

Un sage tempérament de force et de douceur, de gravité et d'affabilité, voilà, en peu de mots, le secret pour se concilier l'attachement et le respect des enfants.

Le curé exercera aussi une vigilance spéciale sur tout ce qui tient à la modestie et à la décence. Dans les paroisses trop peu populeuses pour qu'on puisse y faire plusieurs sections de catéchisme, les filles devront toujours être isolées des garçons, soit à l'église, soit à la chapelle des instructions religieuses; l'entrée et la sortie auront aussi lieu séparément, afin d'éviter, autant que possible, des rapprochements peut-être déjà périlleux à cet âge.

Il les habituera à se tenir respectueusement dans le lieu saint, à marcher avec silence et recueillement, et à prier Dieu dans l'attitude d'anges adorateurs.

Pour déterminer les premiers communiants à mettre leur conduite en harmonie avec l'incomparable sainteté du sacrement après lequel ils soupirent, le curé leur en fera concevoir la plus haute idée, et dignement apprécier la valeur et l'excellence. En public, à l'école, au sein de leur famille, tout en eux doit édifier et faire comprendre qu'ils sont pénétrés de la grandeur de cette sublime action. Il est même à propos quelquefois, lorsqu'ils ont manqué notablement à leurs devoirs, de les priver de la confession mensuelle, ou de la différer d'après le jugement des parents, des maîtres ou des maîtresses: en faire considérer l'usage comme une récompense, et la privation comme un châtiment, c'est là le propre de l'habileté pastorale. On a vu des enfants pleurer amèrement, promettre tout ce qu'on voulait, et subir toute espèce de pénitence, pour ne pas se voir repoussés du confessionnal.

Il importerait aussi que, six semaines ou deux mois avant la première communion, l'on fît aux aspirants un sermon pathétique sur la nécessité de révéler, sans détour ni palliatif, les péchés qu'ils auraient tus à dessein dans leurs confessions antérieures. On ne le différera point jusqu'à l'ouverture de la retraite préparatoire; car la crainte, le simple soupçon même d'être renvoyés s'ils découvraient, au dernier moment, leurs fautes cachées, les pousserait au coupable et funeste parti d'une dissimulation systématique. Cette forte et chaleureuse instruction, précédant la confession générale, aura pour immanquable effet d'empêcher une première profanation, d'où résulterait plus tard une épouvantable série de sacriléges qui se perpétueraient peut-être jusqu'à la mort: en l'ajournant, au contraire, à la veille ou à l'avant-veille de l'absolution définitive, l'imprévoyant pasteur s'exposerait à voir plusieurs de ses jeunes pénitents fermer obstinément leur cœur à la franchise, et porter ensuite une âme criminelle à la table sainte, dès la première fois qu'ils s'en approchent. En viendraient-ils même finalement à lui dévoiler leurs péchés, il n'en serait que plus embarrassé dans les cas d'habitude ou d'occasion prochaine, ayant à peine deux jours pour éprouver leur fidélité aux résolutions prises.

De plus, une retraite de trois ou quatre jours, passés dans le recueillement et la prière, devancera la première communion. Avant de recevoir l'Esprit-Saint dans le cénacle, les Apôtres ne se disposèrent-ils pas à l'effusion de ses grâces, en consacrant plus d'une semaine de ferveur et d'oraison à se purifier entièrement et à s'enflammer de l'amour divin ? Comme eux donc les communiants seconderont heureusement, par des exercices préalables de méditations et de piété, la vertu du pain eucharistique, cette manne céleste destinée à nourrir, à vivifier leur âme, et à la prémunir contre les mille séductions de la terre.

Le point capital, pour les enfants, étant non-seulement de bien faire leur première communion, mais encore d'en conserver les fruits, on s'efforcera par dessus tout d'assurer leur persévérance. Comme la plupart prennent alors de sincères engagements pour l'avenir, il importe de ne les point laisser s'évanouir en fumée. A quoi serviraient de transitoires accès de ferveur et d'enthousiasme religieux qui s'éteindraient comme un feu de paille ? Deux moyens, entre divers autres plus efficaces peut-être, ont paru propres à favoriser ici l'action de la grâce sacramentelle : c'est d'abord de célébrer régulièrement l'anniversaire de la première communion, pour se retremper dans les beaux sentiments qu'a puisés l'âme en cette grande solennité ; on ne saurait méconnaître la puissance d'un ferme propos à cet égard, tant qu'on y restera fidèle (1). C'est ensuite de donner à tous

(1) L'Eucharistie étant comme la séve divine qui soutient et fortifie

les communiants un tableau commémoratif de ce jour, le plus beau de leur vie; gage précieux qui leur rappellera,

l'humanité, le pasteur engagera, en outre, les jeunes gens à se présenter fréquemment à la sainte table. L'abandon de cet auguste sacrement entraînerait pour eux des conséquences d'autant plus déplorables, qu'ils en répudieraient le secours à l'époque même où le déchaînement des passions le rend plus nécessaire. Le simple éloignement ne tarderait pas à enfanter en eux la tiédeur, presque aussi dangereuse au salut que les mauvaises tendances elles-mêmes; car Dieu ne souffre pas cet état mitoyen entre la vertu et le vice, où l'âme végète et languit misérablement. Pour les décider à ne point s'en tenir uniquement, comme tant de lâches chrétiens, au strict devoir de la communion pascale, on leur fera comprendre que ce n'est là qu'une limite imposée à la négligence des masses, un terme de rigueur qu'on ne saurait dépasser sans encourir les censures comminatoires de l'Eglise.

Partout les chefs de famille tiennent assez à la première communion de leurs enfants; mais à peine ceux-ci ont-ils franchi l'adolescence pour entrer dans l'âge adulte, que, par suite de l'insouciance paternelle, ou du mauvais exemple, ils affectent bientôt une indifférence complète sur l'article des sacrements: « C'était bon, disent-ils avec un sourire de pitié dédaigneuse, c'était bon pour la simple et crédule piété de nos pères; mais cela n'est plus de notre époque : il faut marcher avec son siècle : communier dans la première jeunesse et au lit de la mort, à la bonne heure! plus souvent, c'est un excès, un abus à renvoyer aux temps dévots. » De là une effrayante rareté, sinon une absence totale de communions, qui altère insensiblement l'esprit de foi, glace la ferveur et dessèche l'âme en y éteignant le goût des choses de Dieu : lamentables effets d'une cause non moins triste, qui n'explique que trop aujourd'hui le relâchement et les désordres de la généralité des jeunes gens.

S'il veut assurer efficacement, pour l'avenir, le fruit de la première communion, le curé sollicitera avec instance l'utile et indispensable concours des parents : il n'atteindra à ce but, en effet, qu'autant qu'ils se rendront comme les vicaires de son zèle et de sa charité. Il insistera donc énergiquement sur l'obligation, beaucoup plus rigoureuse encore pour eux-mêmes que pour lui, de veiller à la garde de ces cœurs novices et fragiles, d'abriter leur innocence, de prévenir leurs écarts, de redresser leurs torts, de diriger leur inexpérience, enfin de les

avec les doux souvenirs de leur enfance, les émotions délicieuses qu'ils ont ressenties et les salutaires résolutions qu'ils ont formées. Contemplant avec amour cette image sacrée et chérie, suspendue au chevet de leur lit entre celles du Christ et de la Vierge, ils la couvriront de baisers et la serreront contre leur cœur. Plus d'une fois son aspect seul a suffi pour éveiller le remords dans des consciences égarées par les passions, et déterminer des conversions inespérées.

Cet exposé succinct comporterait bien d'autres détails, car la matière est inépuisable; mais il faut se borner, et laisser au digne ministre de Jésus-Christ le soin de suppléer à l'insuffisance de nos recommandations, par les inspirations de son cœur et les lumières de son expérience.

affermir dans la pratique des devoirs chrétiens, et d'empêcher à tout prix que le souffle de Satan ne les souille et ne les flétrisse. Cette double surveillance du prêtre et de la famille, entourant la jeunesse de soins continuels, la fortifiera dans les sentiments religieux, dans les habitudes honnêtes, et sera, en un mot, sa meilleure sauvegarde contre la perversité du siècle.

---

# CHAPITRE IV.

## PRÉDICATION.

### NÉCESSITÉ DE LA PRÉDICATION.

Propagée dans le monde par la prédication, par elle seule aussi la foi peut s'y conserver. C'est pourquoi placé à la tête de tous les autres devoirs du sacerdoce, *officium principalissimum*, dit saint Thomas, celui d'évangéliser les peuples est le point capital de notre mission, ayant la priorité sur l'office même de la charité, qui ne vient qu'en second lieu dans l'ordre des obligations pastorales. Aussi les Apôtres, en confiant aux diacres, ministres subalternes, la distribution des aumônes, se réservèrent-ils à eux-mêmes le *ministère de la parole*. Un pasteur doit s'écrier avec saint Paul : *Malheur à moi, si je n'évangélise pas!* et s'appliquer ce commandement de J.-C. : *annoncez l'Évangile à toute créature;* ainsi que cet autre de saint Paul à Timothée : *Prêchez la parole* (1). La vie spirituelle de la foi ne se produit que par

(1) *Væ mihi, si non evangelisavero! — Prædicate evangelium omni creaturæ. — Prædica verbum.*

la parole (1), et le principe générateur en est aussi le moyen conservateur. C'est la loi universelle à laquelle Dieu a voulu subordonner le règne de la vérité et de la vertu dans toutes les parties du monde. L'enseignement de l'Eglise ne consiste pas uniquement dans la lettre de nos saintes écritures ; il faut que cette lettre soit sans cesse rendue vivante par une tradition orale non interrompue, et dont les pasteurs sont les canaux; de leur bouche seulement les fidèles apprendront ce qu'il est indispensable de croire et de pratiquer. N'est-il pas constant que le niveau de la foi et des autres vertus théologales ou morales s'élève ou s'abaisse parmi les hommes, selon que l'importante et noble tâche de la prédication est plus ou moins fidèlement accomplie? Un peuple sans instruction est un peuple sans religion, et par conséquent, sans mœurs. Gardien du troupeau confié à sa vigilance, un curé en devient donc le meurtrier, s'il ne lui rompt le pain de vie pour l'en nourrir : *Non pavisti, occidisti.* C'est un père sans entrailles, insensible aux cris que poussent ses enfants affamés (2).

Prêcher est éminemment la profession du prêtre, surtout lorsqu'il a charge d'âmes. La médiocrité des talents et le défaut d'aptitude pour la chaire, ne sont pas même des motifs de légitime dispense. N'est-ce pas au pasteur à donner lui-même la pâture à ses ouailles ? Dans le cas où il ne le pourrait, hé bien ! qu'il se fasse suppléer par quelqu'un de ces ouvriers évangéliques capables de s'acquitter dignement de cette sublime fonction. Si sa position ne lui permet de la remplir ni par lui-même ni par autrui, il ne saurait alors garder un poste dont les obligations dépassent la portée de

(1) *Fides ex auditu ; auditus autem per verbum Christi.*

(2) *Quisquis gregem pascere renuit, summum pastorem convincitur non amare* (S. Grégoire).

ses facultés intellectuelles ; abdiquer est le seul parti que dicte une conscience droite à quiconque n'est pas à la hauteur de sa mission. Aussi, des pasteurs inaptes à parler en public ne jouissent-ils pas généralement de plus d'estime que d'influence dans leurs paroisses. Les peuples, même les plus corrompus, semblent rougir d'avoir pour gardiens ceux que l'Ecriture nomme énergiquement des *chiens muets qui ne savent aboyer* (1). Toutefois, nous devons le reconnaître, les dons de Dieu ne sont pas égaux en tous les hommes. N'y a-t-il chez un curé qu'une dose médiocre de talents, nous lui dirons : *Quantum potes exhibe;* un langage simple, mais digne et sans bassesse, lorsqu'il part du cœur pour aller au cœur, opère souvent plus de bien que les retentissants discours des orateurs illustres. En prêchant de la sorte, après une préparation convenable, on satisfait aux exigences du devoir ; mais un pasteur qui monte rarement en chaire, et laisse dépérir son troupeau faute d'instruction, manque de tendresse et d'humanité ; c'est un mercenaire, un prévaricateur qu'il faut contraindre à résigner ses fonctions, à défaut d'amendement. Ceux qui, en qualité de directeurs, tolèreraient en lui une aussi grave omission, se rendraient complices de son iniquité (2).

Nous venons de voir avec quelle force nos saints livres insistent sur la nécessité de la prédication : de son côté, l'Eglise, interprète des volontés divines, n'a jamais cessé d'intimer cet important précepte à ses ministres (3). Elle

(1) *Canes muti, non valentes latrare.*

(2) *Digni sunt morte, non solùm qui ea faciunt, sed etiam qui consentiunt facientibus* (Rom. 1, 22).

(3) Entre mille citations, bornons-nous à ce décret du Concile de Trente : «*Archipresbyteri, plebani, et quicunque parochiales, vel alias » curam animarum habentes Ecclesias quocunque modo obtinent, per*

enjoint aux évêques de suspendre, ou même de révoquer tout prêtre ayant charge d'âmes, qui, sans d'impérieuses raisons, ne distribuerait pas chaque dimanche au peuple la manne de la parole divine (1) : sévérité bien légitime, puisque l'instruction est le plus puissant auxiliaire, ou pour mieux dire, le véhicule de la foi et de la vertu, et qu'une paroisse livrée à l'ignorance croupit, par là même, dans la fange du vice, et quelquefois dans une vraie barbarie. Ce n'est que par la prédication qu'on engendre un peuple à la religion, ou qu'on le remet dans la voie du ciel s'il l'avait désertée. Ne nous lassons pas de le répéter, l'instruction est la dette la plus sacrée des pasteurs envers leurs ouailles ; la messe elle-même n'est point d'une plus absolue nécessité que le prône. Cette obligation va si loin, que, s'il se rencontre quelque part un enfant, une femme, un berger ou un domestique assez ignare, par la faute du curé, pour n'être pas admissible aux sacrements, ce dernier en sera comptable au tribunal éternel. Malheur donc à ces prêtres dont la crimi-

» *se, vel alios idoneos, si legitime impediti fuerint, diebus saltem* » *dominicis et festis solemnibus, plebes sibi commissas pro sua et* » *earum capacitate pascant salutaribus verbis; docendo quæ scire* » *omnibus necessarium est ad salutem, annuntiandoque eis cum brevi-* » *tate et facilitate sermonis, vitia quæ eos declinare, et virtutes quas* » *sectari oporteat; ut pœnam æternam evadere, et cœlestem gloriam* » *consequi valeant. Id vero si quis eorum præstare negligat, provida* » *pastoralis episcoporum sollicitudo non desit, ne illud impleatur;* » *parvuli petierunt panem, et non erat qui frangeret eis.*

(1) Un curé se fera un devoir de prêcher tous les dimanches, et toutes les fêtes de l'année qui sont de précepte, lors même que les statuts de son diocèse ne le prescriraient point ; excepté, peut-être, en certains cas, tels que fenaison, moisson, vendange, infirmités, binage, rigueur de la température, longueur des offices, etc... Encore, en pareille occurrence, devrait-il au moins adresser à ses paroissiens une vive et touchante exhortation de quelques minutes.

nelle incurie laisse végéter les peuples dans les ténèbres de l'ignorance : ils en répondront devant Dieu, âme pour âme, vie pour vie, sang pour sang.

En conséquence, un curé ne négligera l'instruction d'aucune classe ni d'aucune personne, autant, du moins, qu'il pourra trouver des dispositions à l'entendre. Il prendra soin des enfants attachés aux usines et aux fabriques, de ceux qui sont chargés de la garde des troupeaux, et de tous autres jeunes gens ou adultes placés dans des situations exceptionnelles. Ingénieux à découvrir les moyens les plus favorables à leur instruction, il se fera tout à tous, acceptant avec bienveillance leurs moments disponibles, au risque de se gêner lui-même (1). Ce sont des agneaux du bercail qui ne sauraient demeurer étrangers à la sollicitude d'un bon pasteur.

Les modèles de zèle pour annoncer la parole divine, remontent bien haut dans les temps. Sans parler des Apôtres qui s'étaient réservé ce partage, ne voit-on pas les Docteurs et les Pères de l'Eglise, tous les anciens évêques des quatre premiers siècles de l'ère chrétienne, prêcher chaque dimanche et célébrer les saints mystères, malgré leur âge, leurs savantes études et leurs incessantes occupations administratives ou pastorales ? Saint Chrysostome à Antioche, saint

(1) Ne voulant priver aucun de ses paroissiens du bienfait de l'enseignement religieux, le respectable curé d'une petite ville chez qui je dînais un dimanche, me quitta tout à coup après avoir pris un simple bouillon, et me laissa seul à table, pour aller donner son instruction hebdomadaire aux *pâtureaux* de sa commune, libres seulement à l'heure de midi. Il fit encore le grand catéchisme avant les vêpres, puis, immédiatement après, celui des petits enfants. J'admirai le zèle pieux et l'édifiante abnégation de ce bon pasteur, dont l'âme, depuis retournée vers Dieu, a sans doute reçu dans le ciel la récompense de son dévouement sur la terre.

Augustin à Hippone, sont les premiers exemples de prédications faites par les simples prêtres que nous présente l'histoire ecclésiastique. Les évêques étant depuis lors devenus plus rares, l'Eglise modifiant sa discipline en ce point, a imposé à ses ministres du second ordre l'obligation qui, auparavant, pesait exclusivement sur les premiers pasteurs. Lieutenants du pontife qui les envoie, les curés doivent donc, dans leurs paroisses respectives, instruire par la prédication comme il instruirait lui-même. Si l'enseignement pastoral fut nécessaire à toutes les époques, combien plus l'est-il de nos jours! On sait quels ravages a exercés dans les âmes l'impiété du siècle dernier, secondée par les révolutions sorties de ses propres entrailles. Des populations nombreuses ont été plongées dans l'abrutissement, et quoique des efforts louables et persévérants aient été tentés contre l'ignorance, les préjugés, l'indifférence ou la haine, il reste encore immensément à faire pour guérir et cicatriser tant de plaies sociales, Nous n'en dirons pas davantage sur ce triste sujet; c'est au véritable ministre de Jésus-Christ de sentir, comme autrefois saint Paul, son cœur s'émouvoir et frémir à la vue du culte de la matière, idolâtrie nouvelle qui s'est emparée de la génération présente (1).

## PRÉPARATION; INCONVÉNIENTS DE L'IMPROVISATION.

On ne saurait accomplir l'important devoir de la prédication par des instructions non préparées; autant vaudrait ne pas instruire un peuple que lui parler sans se faire écouter,

(1) *Incitabatur spiritus ejus in ipso, videns idololatriæ deditam civitatem* (Act. Apost. c. 17).

et, à plus forte raison, lui causer du dégoût. Peut-être même y aurait-il un moindre inconvénient à le voir croupir dans l'ignorance, qu'à provoquer en lui de l'aversion pour la parole sainte. Un curé se livrerait donc à une grossière illusion en se rassurant sous le vain prétexte qu'il prêche chaque dimanche : encore une fois, on ne satisfait pas au précepte par un enseignement mal digéré. L'insuccès de la prédication, surtout dans les campagnes, tient à la déplorable habitude de monter en chaire sans préparation, abus dont les fâcheuses conséquences ressortiront des réflexions suivantes.

L'improvisation pourrait être permise à ces prêtres distingués qui, à des talents supérieurs, joignent un grand fonds d'érudition ecclésiastique, pourvu d'ailleurs que, doués d'une élocution facile, ils soient familiarisés avec la chaire. Mais vingt ans d'étude et d'application ne seraient-ils pas préalablement nécessaires pour s'aventurer à pérorer en public ? Quelle rare facilité, quelle vaste science, quelle justesse d'expressions, quelle assurance, pour discourir avec intérêt et sur-le-champ ! Encore ne faut-il pas que le théâtre soit trop élevé ni la circonstance solennelle. Peu de bouches savent parler d'abondance de cœur : pour y réussir, il faut avoir acquis un immense trésor de science dans l'Ecriture, les Pères, les conciles, l'histoire de l'Eglise, graves objets de méditation dont nous démontrerons la nécessité pour tout prédicateur. Fussions-nous richement dotés d'esprit et de talents, nous ne serions point, pour cela, dispensés de travail. Le moindre défaut d'un discours non préparé, c'est, selon la remarque de Cicéron, d'être maigre et affamé.

Mais improviser au sortir du séminaire, après des études souvent imparfaites et tronquées, lorsqu'on sait à peine s'exprimer correctement, qu'on n'a ni goût, ni expérience, ni habitude de la parole, qu'on manque de connaissances littéraires, scientifiques, et surtout ecclésiastiques; prêcher enfin *ex abrupto*, même dans une église de village, quand on ne dépasse point le niveau de la médiocrité, c'est fouler aux pieds les règles de la plus vulgaire sagesse, c'est le comble de l'imprudence et de l'audace; c'est tenter Dieu et l'obliger en quelque sorte à renouveler, comme aux temps apostoliques, le miracle du don des langues. Rare et difficile talent que celui de bien pérorer à l'improviste! Au labeur seul, à la vertu ou à la nécessité sont promis et les succès et les bénédictions; jamais à la présomption ni à la négligence.

Aussi, que produisent ces téméraires improvisations? Langage insipide, trivial et rampant, phrases incorrectes ou inachevées, pensées décousues et noyées dans un déluge de mots, redites fatigantes, obscurités, lieux communs, digressions étrangères au sujet, inexactitudes, erreurs même graves en fait de dogme ou de morale, enfin prônes, sinon ridicules, du moins superficiels, incohérents, dépourvus à la fois d'ordre, de logique, de chaleur et d'onction : tels sont les inévitables résultats de ces prédications *ex abrupto*, qu'on ferait bien mieux de qualifier d'*ex absurdo*. Et ne serait-ce pas un phénomène qu'un prédicateur fût orthodoxe, net, concis et intéressant tout ensemble, sans un travail au moins préparatoire? Aussi l'auditoire rend-il justice à l'orateur en n'accueillant ses fades paroles qu'avec dégoût, et en se dérobant par la fuite à l'ennui qu'elles inspirent. *Le prône qui n'a rien coûté à faire*, selon Collet, *coûte beaucoup à entendre*. Quand on pense laborieusement à ce qu'on va dire, on ne pense pas à ce qu'on dit: on hésite, on chancelle, on *rabâche*, on fatigue les assistants, dont l'attention ne s'obtient que par le constant intérêt du discours. Elle est donc bien fondée cette observation d'un auteur: Celui qui monte en chaire sans préparation, en descend aussi sans bénédictions. De là l'opinion qu'un prône implique l'idée de répulsion, de gêne et de contrainte ; de là encore la désertion de nos temples et des offices religieux : si tant de gens ne fréquentent plus, ne connaissent plus même le chemin de l'Église, n'est-ce pas pour se soustraire au pénible devoir d'entendre d'insignifiantes instructions? Une des principales causes de l'abandon du culte, surtout de la part des hommes, c'est, l'expérience le prouve, la décadence de la chaire, et l'avilissement où est tombé, en tant de paroisses, le noble ministère de la prédication, un des plus beaux attributs de l'état pastoral (1). De là enfin ces rires moqueurs, ces nombreuses anecdotes exploitées par la malignité publique à propos des maladresses d'un curé, auquel échappent immanquablement dans la chaleur du débit, tantôt un trait original, une comparaison déplacée, une image inconvenante, tantôt une réflexion bouffonne, des expressions burlesques et risibles, qui gâtent tout le fruit d'un sermon, non d'ailleurs sans quelque mérite. De pareilles

(1) Jadis, la chaire intéressant presque seule la pieuse attention des peuples, ils ne manquaient pas de l'entourer, quelle que fût la médiocrité du prédicateur : ils regardaient d'ailleurs comme émanées du ciel les doctrines de l'orateur chrétien, qui leur apparaissait comme un envoyé de Dieu. Aujourd'hui mille tribunes excitent la curiosité publique; la presse, les journaux, les chaires d'académies et de colléges préoccupent et absorbent l'ardente jeunesse, plus que jamais avide d'enseignement. Enfin la ruine de la foi, spécialement imputable aux progrès de l'impiété moderne, a fait perdre au prêtre son caractère sacré dans l'opinion des masses, disposées à ne plus voir en lui que le mérite purement personnel. Il faut donc à tout prix qu'il se distingue et attire à ses sermons la multitude qui, si elle n'en est pas satisfaite, ne reconnaîtra bientôt plus ni fêtes ni dimanches, et vivra ainsi en dehors de toute instruction morale et religieuse : le dégoût du prône ayant le plus contribué à l'éloigner de l'église, l'intérêt seul de la prédication pourra l'y ramener.

excentricités, en livrant un prédicateur aux risées et aux sarcasmes des gens du monde, ont plus d'une fois suffi pour l'immortaliser dans les fastes du ridicule.

Tel est, dans le ministère de la parole, l'effet ordinaire de l'improvisation dont les rares succès s'effacent et s'oublient vite, mais dont les écarts demeurent stéréotypés dans le souvenir et passent même aux générations futures. Ne cite-t-on pas encore, à chaque instant, les inconvenances, les bizarreries, les bévues attribuées à certains moines ou curés d'autrefois, et qu'on ne rappelle dérisoirement aujourd'hui que pour nous obliger, peut-être, à nous tenir en garde contre un abus qui, de tout temps, a fait irruption dans la chaire, et l'a même, en plus d'une circonstance, avilie et dégradée?

Une convenable préparation des instructions pastorales est le moyen le plus sûr de faire reprendre la route de l'église à beaucoup de chrétiens qui l'ont oubliée. Lorsqu'un prêtre soigne bien son prône dominical, il y attire presque toujours une foule de paroissiens désireux de l'entendre; il excite l'intérêt et mérite l'attention des auditeurs qu'il tient dans une attitude méditative et recueillie, suspendus, en quelque façon, aux paroles qui sortent de sa bouche. Le jeune débutant, au contraire, assez présomptueux pour prêcher d'abondance et se confier imprudemment à une trompeuse facilité, va le plus souvent échouer au fatal écueil que nous signalons (1).

(1) Les partisans de l'improvisation *quand même* se retranchent, nous le savons bien, derrière le sentiment de Fénelon qui, dans ses *Dialogues sur l'Eloquence*, semble condamner, en thèse générale, la méthode de prêcher *par cœur*, comme étant trop compassée de sa nature et, partant, peu propre à toucher un auditoire. Mais ils oublient les

On voit, il est vrai, peu de pasteurs s'abandonner ici entièrement à la Providence, et ne compter, pour réussir, que sur le souffle inspirateur de la grâce. Mais on ne peut se dissimuler qu'un grand nombre d'entre eux, s'occupant

conditions préalablement requises par l'illustre archevêque, dans l'orateur chrétien : ils sauraient, en effet, s'ils se donnaient la peine d'approfondir sa théorie, qu'en parallèle d'un homme composant exactement son discours et l'apprenant de mémoire jusqu'à la moindre syllabe, il suppose *un homme savant, qui se remplit de son sujet, qui a beaucoup de facilité de parler (car vous ne voulez pas*, ajoute-t-il, *que les gens sans talent s'en mêlent); un homme enfin qui médite fortement tous les principes du sujet qu'il doit traiter, et dans toute leur étendue; qui s'en fait un ordre dans l'esprit, qui prépare les plus fortes expressions par lesquelles il veut rendre son sujet sensible, qui range toutes ses preuves, etc.* Fénelon exige en outre qu'il se soit beaucoup exercé à écrire, comme le demande Cicéron ; qu'il ait lu les bons modèles, et qu'à des moyens naturels ou acquis il joigne une large provision de science et d'érudition, avec une étude sérieuse des règles de l'art oratoire, une connaissance étendue des mœurs, et une force toute spéciale de raisonnement et d'action ; qu'en un mot *son naturel soit riche pour l'éloquence.* Cet habile maître insiste d'autant plus sur la *solidité d'esprit* et la *facilité d'élocution* indispensables à l'improvisateur, que, de son propre aveu, *la plupart n'ont pas assez de fonds de doctrine pour se fier à eux-mêmes.*

Or, avec de telles conditions, ne voit-on pas combien doit être restreint le nombre des prédicateurs capables de pérorer d'abondance? — Parler bien et sans préparation, a dit Philostrate, est un talent en quelque sorte au-dessus de la nature. On rapporte, il est vrai, d'Origène, qu'à l'aide de l'étude et de l'exercice, il avait acquis une si prodigieuse spontanéité de langage, qu'à l'âge de soixante ans il permit à des sténographes d'écrire ses homélies improvisées : comme lui, S. Cyrille de Jérusalem, S. Chrysostome, S. Augustin, S. Bernard, Bellarmin, Bossuet, prêchaient souvent *ex abrupto.* Mais quel curé, de nos jours, oserait se placer au niveau de ces grands orateurs, et se croirait doté d'assez de connaissances littéraires, oratoires et surtout sacrées, pour affronter un auditoire même vulgaire, sans avoir au moins profondément médité la matière qu'il se propose de traiter?

de la composition de leur prône la veille seulement ou l'avant-veille du dimanche, montent en chaire après une insuffisante préparation. Aussi, loin de répondre aux désirs de leurs auditeurs, les mécontentent-ils le plus souvent (1).

(1) L'exemple suivant prouvera jusqu'à l'évidence la nécessité préalable d'une profonde méditation, pour tous ceux qui remplissent le ministère de la parole. M. de Cheverus ne paraissait jamais en chaire sans s'être préparé, du moins autant qu'il l'avait pu; il avoue même que cette préparation lui coûtait beaucoup. Quand il n'avait pas le temps de composer et d'apprendre de mémoire tout son discours, il en écrivait au moins le plan avec l'indication des divisions, des chefs de preuve et des pensées principales. Après avoir tracé cette esquisse, son esprit était en travail jusqu'au moment même de la prédication, pour mûrir le fond sur lequel il devait parler, et en faire jaillir ces sermons pleins d'intérêt qu'on écoutait toujours avec tant de plaisir. « On se trompe bien sur mon compte, s'écriait-il quelquefois, quand on s'imagine que la prédication ne me coûte rien : rien au contraire ne m'est plus pénible au monde ; jamais je ne monte en chaire sans éprouver auparavant comme une fermentation inquiète qui me travaille la tête, et, au moment même, une émotion générale qui me fatigue incroyablement. » Il fallait un tel aveu de la bouche de cet illustre prélat, pour faire croire aux difficultés et aux inquiétudes que la nécessité de pérorer à l'improviste occasionne aux prédicateurs même du plus grand mérite, qui sembleraient devoir être affranchis de toute crainte à cet égard. Cependant M. de Cheverus réunissait en lui toutes les qualités nécessaires à l'orateur qui veut aborder la tribune chrétienne avec une entière assurance : il était nourri de l'antiquité sacrée et profane; il connaissait à fond le cœur humain, la société, les mœurs publiques; ayant fait un long apprentissage de la prédication, il était familiarisé avec elle ; un accent plein d'âme et d'onction donnait à ses paroles la plus grande autorité ; sa voix était claire et sonore, ses gestes naturels et pleins de noblesse ; il était doué d'une rare mémoire, d'un jugement droit et pénétrant, d'une gracieuse et brillante imagination, d'un goût pur et d'un tact si exquis des convenances oratoires, qu'il assura, vers la fin de sa vie, que Dieu lui avait fait la grâce de ne jamais rien dire en public, même en improvisant, dont il eût eu à se repentir dans la suite. Oserait-on bien, après une telle déclaration, se fier habituellement à sa propre faconde, lors même qu'on ne serait pas dépourvu de talents et de capacité ?

## AVANTAGES DES DISCOURS PRÊCHÉS PAR COEUR.

Il y a une immense différence entre un impromptu et un discours appris par cœur. Ce que l'adresse est à la force, la grâce à la taille, la propreté au corps, voilà précisément ce qu'est un discours étudié à celui qui ne l'est pas.

Pressé un jour d'indiquer celui de ses sermons dont il était le plus satisfait, Massillon répondit avec une ingénieuse franchise et de manière à bien faire apprécier toute l'influence de la mémoire sur l'effet d'une composition oratoire: *Mon meilleur sermon*, dit-il, *est celui que je sais le mieux*. Voilà, en effet, ce qui contribue le plus au succès de la prédication (1).

La règle à suivre, c'est donc d'écrire tous ses prônes et de les prêcher par cœur : il faut persister aussi longtemps qu'on le peut dans cette utile méthode. La recherche des

(1) «Bourdaloue et Massillon, nés l'un et l'autre avec une mémoire ingrate, et d'ailleurs surchargée d'un si grand nombre de discours qu'ils pouvaient prêcher toutes les stations, toutes les solennités, et presque chaque semaine de l'année, sans jamais en répéter aucun, étaient quelquefois obligés d'avoir recours à leur manuscrit, surtout Bourdaloue qui ne voulut jamais s'assujettir à l'assistance d'un souffleur dans l'exercice du ministère sacré ; mais il devait sentir avec une espèce d'humiliation combien cet état pénible d'un auditoire déconcerté et interrompu dans la jouissance d'un si beau talent, diminuait l'intérêt et le charme qu'on trouvait à l'entendre. L'évêque de Clermont, *excédé*, disait-il, *d'apprendre tous les jours sa leçon comme un écolier*, en conçut un tel dégoût pour la chaire, qu'il ne voulut plus y monter pendant les vingt-cinq dernières années de sa vie. Il se réduisit, durant tout le cours de son épiscopat, à lire ses discours synodaux dans son séminaire.» (MAURY, *Essai sur l'éloquence de la chaire*).

expressions préoccupe trop quand on n'apprend pas ses sermons, et les esprits supérieurs eux-mêmes ne pourraient trouver toujours à leur commandement celles qui conviennent le mieux. De là ces fréquents embarras, ces hésitations qui, paralysant d'avance les fruits du discours, déconcertent le prédicateur et provoquent finalement la pitié des assistants, que la crainte de le voir perdre le fil de ses idées, se fourvoyer ou rester court, livre au malaise et à de cruelles angoisses (1).

(1) Un sermon bien appris, dit le P. Gaichiés dans ses *Maximes sur le ministère de la Chaire*, paraît bon, quoiqu'il ne soit que médiocre ; et s'il est bon, il paraît excellent. S'il n'est point de défaut qui frappe tant l'auditeur que le défaut de la mémoire, il n'en est point non plus qui le fatigue davantage. Il souffre toute la peine que le prédicateur s'est épargnée en se négligeant. Le prédicateur qui a négligé d'apprendre, paie bien chèrement le plaisir de sa paresse. C'est un triste sort que celui d'un orateur qui hésite et chancelle devant son auditoire. Peu content de lui-même, il contente encore moins les autres. Dans la nécessité de penser toujours à ce qu'il va dire, il ne pense jamais à ce qu'il dit.

Il y a, dit le même écrivain, plusieurs inconvénients à se reposer sur sa facilité. On court risque de languir, jusqu'à ce que l'imagination soit échauffée. On dépend de son humeur, de sa santé, du temps.

Ces hommes, qui, pour avoir paru plusieurs fois en public, ont la témérité de se croire capables de parler sur-le-champ, de faire des sermons en impromptu, vous débitent tout ce qui leur vient à l'esprit. Ils supposent les preuves, ou ne les présentent qu'à demi, ils se perdent dans le détail. Leur extérieur est gêné par la contention de l'esprit, qui cherche ce qui doit finir la phrase qu'il a commencée : ils se répètent, s'égarent dans des digressions, sans action, sans mouvement : ou s'ils ont l'esprit vif, leur action est turbulente, leurs yeux et leurs mains courent çà et là sans rapport à leurs paroles..... Malgré cela, ils s'imaginent prêcher naturellement, pourvu qu'ils crient de toute leur force, qu'ils suent beaucoup, etc.

Il faut donc tâcher d'apprendre par cœur. Cette peine a deux grands avantages : l'un, qu'elle tourne au profit du discours, parce qu'on lui

Cependant, bien qu'il soit désirable, nécessaire même, que les jeunes prêtres apprennent habituellement mot à mot leurs sermons, ils n'y sont point strictement obligés dans toutes les circonstances. Dieu proportionne les devoirs à la durée du temps disponible et à la mesure de capacité intellectuelle qu'il a départie à chacun ; mais ce qu'il exige impérieusement, c'est une généreuse disposition de la volonté à faire tout ce qui a rapport aux intérêts de sa gloire et du salut des âmes. Un pasteur n'a-t-il pu écrire son prône à l'avance, qu'il supplée à ce manque de rédaction par un canevas ou plan bien conçu et médité, à l'aide duquel il casera dans son esprit les divisions, les preuves et les principaux détails du sujet ; après s'être ensuite recueilli et inspiré au pied du crucifix, il puisera souvent, dans le feu spontané de l'action, des mouvements pathétiques et de fortes pensées que n'eût peut-être pas procurés le froid de la composition. Toutefois, une heureuse habitude de la parole pourrait seule autoriser l'adoption de cet usage ; encore serait-il prudent de préparer l'exorde pour se mettre en haleine, puis la péroraison pour frapper un coup décisif. Quand on a acquis une grande facilité d'élocution, on peut s'affranchir d'un attache-

donne quelque perfection nouvelle chaque fois qu'on le répète; l'autre, que la mémoire se meuble d'expressions, de tours, de pensées développées, qui se présentent sans peine, quand on est dans la nécessité de parler sur-le-champ.

Du reste, cette sujétion coûte moins qu'on ne pense, ou ne coûte pas longtemps. Le pasteur qui aurait composé trois cours d'instructions pour trois années, pourrait se borner là et les rendre périodiques. Il ne doit pas craindre que l'auditeur se les rappelle et s'en dégoûte. Lui-même a besoin de temps pour les apprendre de nouveau..... Qui pourrait se gêner à relire tous les jours un de ses sermons, se trouverait dédommagé de sa peine au temps qu'il faut les prononcer. (Collet, *Devoirs des pasteurs.*)

ment servile aux expressions et aux phrases ; mais il siérait mal aux débutants de s'arroger une telle liberté : ils ont besoin de se former à la prédication et de cultiver leur mémoire ; car, bien que cette dernière faculté soit un don de la nature plutôt que de l'art, elle se perfectionne singulièrement néanmoins par l'exercice. Ces réflexions sont applicables aux jeunes curés, même des plus petites paroisses de campagne : outre qu'ils doivent ce respect au noble ministère de la chaire, ils ne sauraient ignorer que le simple peuple sent et goûte fort bien ce qui a été soigneusement appris. Partout, d'ailleurs, il se rencontre des hommes instruits, des connaisseurs qui jugent, applaudissent ou censurent : leur suffrage règle celui des autres et fait autorité dans la foule.

Je ne parle point de la méthode de prononcer les discours en les lisant, méthode en usage chez nos voisins d'outre-Manche ; elle n'a aucune force persuasive, et, pour tout dire en un mot, elle est en aversion au peuple. Si jamais les ministres de l'Evangile voulaient se contenter de lire leurs instructions en chaire, ils n'attireraient plus dans nos temples, d'après l'observation du cardinal Maury, une aussi grande affluence d'auditeurs, et leur mission produirait beaucoup moins de fruits. Un débit de mémoire se rapproche quelquefois d'une inspiration soudaine, au lieu que la froide lecture d'un manuscrit ne saurait jamais dominer une assemblée nombreuse avec autant d'empire.

Les prédicateurs, ajoute le Quintilien français, doivent s'assujettir à la loi d'apprendre par cœur tous les discours qu'ils prononcent. La composition la plus soignée, qui souvent a coûté tant de veilles à son auteur, n'aura aucun succès sans ce prestige d'un débit coulant ; on récite toujours mal ce qu'on ne sait pas imperturbablement. Les assistants eux-mêmes n'écoutent qu'avec anxiété, ce qui nuit prodigieusement à l'effet du discours. Si plusieurs prêtres de nos jours, à l'instar de Bourdaloue, affligent quelquefois leur auditoire par la triste nécessité de recourir au cahier que, par précaution, ils placent toujours humblement à côté d'eux sur le siége de la chaire, n'est-ce point pour avoir négligé la culture de la mémoire, cette précieuse faculté qui, au dire de Cicéron, est le trésor de l'esprit? *Memoria thesaurus est mentis.* Ce prince de l'éloquence la compte parmi les qualités les plus essentielles à un orateur dans la carrière même du barreau, où assurément elle est bien moins nécessaire que dans la tribune chrétienne.

## PRÉTEXTES POUR NE PAS SE PRÉPARER.

Pourquoi, dira un prêtre relégué au fond des campagnes, préparer ses prônes avec un soin si parfait? Je n'ai pour auditeurs que de grossiers villageois et des jeunes gens ignorants? A quoi bon tant de peines pour les instruire? Fort ou faible, bon ou mauvais, tout leur est égal en fait de prédication. Faut-il tant de précautions et d'apprêts pour entretenir, sur Dieu et les devoirs de la morale, de pauvres gens auxquels il suffit d'apprendre l'alphabet de la religion?—On a grand tort de prêter aux campagnards plus de stupidité qu'ils n'en ont réellement. Quand un pasteur, dit l'illustre Gerson, parle avec intelligence, exactitude, autorité et conviction, les ignorants et les enfants s'en aperçoivent presque toujours; car leur âme, quoique non cultivée, a un fonds d'esprit naturel et de christianisme. Le peuple, avec son gros bon sens, sait bien faire la distinction d'un prône bien ou mal fait, voir ce qui est préparé ou improvisé, ce qui est convenable ou inconvenant. Parmi les hommes simples, il s'en trouve quelquefois de fort judicieux, excellents appréciateurs des instructions de leur curé. Mépriser l'âme et le salut d'humbles villageois au point de ne pas se donner la peine de méditer les homélies qu'on leur adresse, n'est-ce pas forfaire au principe de sainte égalité consigné dans l'Evangile? Le paysan ne pèse-t-il point autant dans la balance éternelle que le prince ou l'homme titré? Dieu n'a-t-il pas appelé à la foi les pêcheurs de Galilée avant les membres de l'Aréopage et les superbes sénateurs romains? Le prêtre qui administre une modeste campagne, ne doit donc pas lui donner moins d'attention, de soins et de vigilance, qu'à une cité peuplée de hauts bourgeois ou de grands seigneurs.

Mais, ajoutera-t-on, s'il faut toutes les semaines adresser à son auditoire un prône bien soigné, l'office pastoral sera le plus laborieux de tous les états, un véritable esclavage. —Point de moisson sans culture : *Absque labore gravi non venit ulla seges* (Hor.). Y a-t-il un artisan, un homme de métier, un laboureur ou un vigneron qui n'endure, chaque jour, autant et plus de fatigues que n'en éprouvent les curés tous les dimanches et fêtes de l'année? La vie d'un pasteur n'est-elle pas une carrière de zèle, de sollicitudes et de travaux? N'est-ce point pour lui un devoir de porter le poids de la chaleur et du jour, de défricher le champ du Seigneur à la sueur de son visage, d'arracher les ronces et les épines qui étouffent le bon grain, c'est-à-dire de déraciner les scandales ou les abus, de discipliner les fidèles, de les instruire de parole et d'exemple pour les gagner à J.-C. ? Combien de prêtres, dans les campagnes, au lieu de consacrer à leurs prônes les nombreux loisirs qu'ils ont dans le cours de la semaine, les dissipent en passe-temps inutiles et frivoles! *Quanti sacerdotes vivunt de altari*, s'écrie saint Bernard, *qui altari non deserviunt!*

Enfin, disent certains ecclésiastiques pour justifier leur

négligence, n'est-on pas souvent inspiré avec plus de bonheur dans la chaleur de l'improvisation, que dans la froide répétition d'un discours étudié et péniblement appris par cœur?—Oui, sans doute, il y a quelquefois, dans la spontanéité de la parole, de ces heureux moments d'inspiration où l'on touche et frappe vivement, où l'on obtient les suffrages de ses auditeurs et même une sorte de succès triomphal. Mais il ne faut pas moins se mettre en garde contre ces météores d'éloquence, que contre les flatteurs applaudissements d'un public instantanément épris. C'est là un piége perfide, un fatal écueil où trop souvent a échoué le ministère des prêtres novices. Convient-il, après tout, de sacrifier à une satisfaction aussi éphémère la justesse des idées, la noblesse et peut-être même l'orthodoxie du langage, manifestement exposées à recevoir, en pareil cas, plus d'une atteinte? Car l'orateur le plus habile ne puisera jamais, dans les hasards de la chaire, ce choix et cette propriété d'expressions, cette féconde variété de tournures, ni surtout cette exactitude théologique si importante en fait de doctrine, que peut seule procurer l'étude de cabinet. Et puis, un discours écrit et appris est-il donc nécessairement glacial de sa nature, et dès lors frappé de stérilité? Le prédicateur, après l'avoir composé dans le silence de la méditation et ensuite profondément gravé dans sa mémoire, ne saurait-il se pénétrer de nouveau, en face du public dont l'affluence le stimule, des émotions qu'il a d'abord éprouvées seul avec lui-même, et donner ainsi à un sermon débité par cœur, l'apparence, le nerf, et jusqu'à l'effet saisissant de l'improvisation? Mieux il possèdera sa matière, plus il lui sera facile de se placer dans cette situation avantageuse, la sûreté de sa mémoire ne lui laissant alors d'autre préoccupation que celle de viser et d'atteindre, par tous les moyens, à un but aussi désirable. Loin donc de tourner en ridicule ces prêtres consciencieux qui, intimement convaincus de l'importance de leur mission, préparent avec le plus religieux soin leurs prônes hebdomadaires, on devrait les admirer et les choisir pour modèles : déverser le blâme sur eux, c'est reprocher à l'utile et patient laboureur de trop bien cultiver la terre; c'est, en outre, se condamner soi-même, en révélant sa propre incurie.

Il est assurément fort pénible et parfois rebutant de caser dans sa tête toutes les propositions, tous les détails, toutes les phrases, tous les mots même d'un sermon, comme un écolier sa leçon quotidienne; mais la vue constante du but final de tant de labeurs et de fatigues n'en adoucit-elle pas le poids au bon serviteur qui s'y dévoue ? N'est-ce rien d'arracher des âmes aux ténèbres de la mort, pour les doter des lumières de la vie; à la tyrannie de Satan, pour les replacer sous le doux empire de Jésus-Christ ? Hé quoi ! les orateurs du monde qui ne traitent que d'affaires profanes, ne reculent devant aucun obstacle pour gagner, avec un peu de gloire, la palme de l'éloquence, pour remporter des batailles dans les cercles, les académies ou les prétoires; et nous, champions de la grande cause de Dieu et de l'humanité, nous voudrions conquérir sans la moindre peine le salut de nos frères et les lauriers immortels de l'éternité ! Pour nous exciter en ce point au courage et à la persévérance, songeons que notre ministère est infiniment plus élevé et la couronne qui nous attend là haut mille fois plus brillante.

En résumé, l'improvisation, quand on n'est point doué de talents supérieurs, produit, sachons-le bien, moins d'édification et de piété que de mécontentements et d'échecs, à la fois humiliants pour l'honneur de la chaire et la réputation de l'orateur.

## OBJET DE LA PRÉDICATION.

La prédication a pour fin d'exposer la doctrine de l'Eglise sur le dogme, la morale, la discipline, le culte divin, les sacrements, la liturgie et la prière. Les devoirs et les vertus chrétiennes, la censure et l'extirpation des abus en font aussi partie intégrante. La connaissance approfondie des besoins d'une paroisse déterminera naturellement le choix des matières sur lesquelles il est plus urgent d'insister.

En général, il faut souvent revenir sur les principaux points de la religion et de la morale, attaquer les vices dominants, et pourvoir avant tout aux nécessités les plus pressantes. Importante au plus haut degré dans tous les pays chrétiens indistinctement, l'explication du Symbole, du Décalogue et de l'Oraison dominicale doit toujours figurer en première ligne.

Il y a, de nos jours, jusque parmi les lettrés, une foule de gens qui, ne connaissant pas même l'alphabet de la science du salut, végètent à cet égard dans la plus inexcusable et la plus stupide insouciance (1). Que de chrétiens n'ont pas la

(1) Quelle n'était même pas l'ignorance dans ce grand siècle de Louis XIV, où l'instruction religieuse, florissante au sein des familles, se trouvait encore la première des sciences enseignées dans les maisons d'éducation publique! Combien alors de personnages éminents demeuraient étrangers aux premiers éléments du christianisme! De là cette observation critique de La Bruyère : « Il me semble qu'un prédicateur ne devrait pas supposer ce qui est faux, je veux dire que le grand ou le beau monde sait sa religion et ses devoirs, et ne pas appréhender de faire à ces bonnes têtes, ou à ces esprits raffinés, des catéchismes. » Le duc de Saint-Simon, dans ses Mémoires, raconte une anecdote qui nous donne la mesure de l'ignorance où végétait en ce

moindre notion du Symbole et du Décalogue, ni l'ombre d'idée sur la nature du sacrifice de la messe, sur le sens des cérémonies de l'Eglise et des prières les plus usitées parmi les fidèles!

L'enseignement du dogme précède nécessairement celui de la morale; ne faut-il pas en effet creuser et asseoir les

temps la haute classe. Un *esprit fort* parlait dans un repas avec une extrême liberté sur la religion. Une femme très-instruite, qui à travers son ton arrogant voyait percer le bout de l'oreille, s'avise de lui donner une leçon, et, pour cela, l'interpelle par l'interrogation suivante : Monsieur, voudriez-vous bien me dire qui a composé le *Pater?* Celui-ci de rejeter bien loin cette question avec toute la fierté d'un savant, offensé de se voir soupçonné d'ignorance. Néanmoins sa fine antagoniste, témoin de l'embarras que déguisait mal son assurance affectée, continuait à le presser en ces termes : Mais enfin, Monsieur, veuillez donc répondre à ma demande : Qui a composé le *Pater?* Un malin convive, qui avait fait la même observation et voulait pousser à bout le pédant, s'approche et lui souffle tout bas : Moïse a composé le *Pater;* aussitôt notre homme, après s'être un instant recueilli, de prononcer magistralement : C'est Moïse qui a composé le *Pater!*

Le beau monde de nos jours est-il plus instruit dans la foi? Jamais, à la vérité, la science n'a été plus précoce, plus commune; nos jeunes gens, les hommes de toute classe, ont une foule d'aperçus sur une grande variété de sujets ; mais il n'y a pas de termes pour exprimer leur ignorance en fait de religion : ils ne la connaissent que par les romans où elle est travestie et défigurée. Si ces individus, rappelés à la vertu par le dégoût des plaisirs et le secours de la grâce, assistent au prône, un catéchisme raisonné sur les dogmes, sur les mystères, leur apprendra ce qu'il faut savoir et croire pour être sauvé, tandis qu'un prône sur la morale ne leur mettra sous les yeux que certaines maximes pratiques, dépourvues de sanction, et d'ailleurs toujours aisément devinées d'un cœur droit et sincère.

Le même Saint-Simon rapporte que la comtesse de Grammont donna à son époux malade les notions élémentaires de la foi ; et comme elle lui récitait le *Pater*, « Comtesse, lui dit son mari, répétez-moi » encore cela ; cette prière est belle : qui l'a faite?» Voilà pourtant où en était, en matière de christianisme, ce courtisan si renommé pour son esprit.

fondations avant d'élever l'édifice destiné à reposer sur elles? Le dogme engendre la morale ou du moins lui fournit sa base. C'est particulièrement quand une paroisse est infidèle et irréligieuse qu'il convient d'insister sur les points fondamentaux, tels que l'immortalité de l'âme, l'existence de l'enfer, la divinité de la confession, etc. L'impiété populaire s'acharnant à combattre ces grandes vérités, c'est pour tous les pasteurs un puissant motif de les enraciner profondément dans les âmes. Il en sera de même des articles révélés dont la connaissance explicite est nécessaire de nécessité de moyen. Si, au contraire, la masse est croyante, il vaut mieux prêcher les devoirs et les vertus que dogmatiser et controverser, parce qu'alors la foi se trouve plutôt attaquée par la corruption des mœurs que par le libertinage de l'esprit.

En réprimant les scandales régnants et les abus généraux, on aura égard aux préjugés et aux autres dispositions de l'auditoire. Ne faut-il pas souvent tourner l'ennemi, au lieu de l'affronter? Un zèle indiscret produit un effet contraire à son but, lorsqu'il heurte directement les personnes ou les choses. Semblable au rameur qui présente le dos au rivage tout en y conduisant sa nacelle, un curé habile saura se contenir assez pour ne sembler pas préoccupé de maints désordres qui le font gémir en secret et dont il désire ardemment l'extirpation. N'oublions pas qu'en général c'est par le blocus, et non par l'assaut, qu'on s'empare des cœurs.

## DIFFÉRENTS MODES DE PRÉDICATION.

La prédication se fait sous diverses formes qu'il est bon de varier selon l'esprit et les besoins des auditeurs, afin de ne pas leur déplaire par une pâle uniformité.

Le sermon, le prône (1), l'homélie, le dialogue ou conférence, la dissertation, la controverse et le catéchisme sont les modes de prédication usités le plus communément; le choix en est assez indifférent, pourvu que le sujet soit bien traité. Nous ne parlerons ici que de l'homélie, de la conférence et de la controverse.

L'*Homélie* est l'explication simple et pieuse de chaque partie de l'évangile ou de l'épître du jour ; on y trouve l'occasion d'enseigner le dogme ou la morale, de donner des conseils fort utiles et d'établir de salutaires pratiques. On y dit, il est vrai, des choses disparates, parce que l'évangile ou l'épître renferment souvent différents points auxquels il faut toucher; c'est pour cette raison qu'on reproche aux faiseurs d'homélies de prêcher *à bâtons rompus*, et de courir d'un sujet à un autre sans en traiter un seul à fond. Mais, bien que ce genre de prédication soit superficiel et entraîne des redites, il est approprié néanmoins au goût et aux besoins des masses qu'il importe de rappeler souvent aux grands principes des croyances et des mœurs. C'était la manière ordinaire de prêcher des Pères de l'Eglise, lesquels ont laissé beaucoup d'homélies et peu de sermons.

La *Conférence* ou dialogue offre un charme et un intérêt tout particuliers; aussi pique-t-elle vivement la curiosité du peuple, qu'on y voit toujours accourir. L'alternative des questions et des réponses répand une grande variété sur le sujet, et soutient mieux l'attention des auditeurs que le sermon, dont le caractère est plus grave et plus sérieux; mais on doit prendre garde à la force des objections et à la faiblesse

(1) Le prône n'a de différence avec le sermon que parce qu'il est plus simple, plus familier, plus détaillé.

des répliques (1). Présenter des difficultés captieuses et séduisantes, n'en donner que des solutions peu claires, peu intelligibles et par là même souvent incomprises, ce serait courir risque d'ébranler la foi des assistants : il faut ici que les preuves soient nettes, catégoriques et péremptoires (2). Ce mode de prédication excelle à réfuter les prétextes qu'on oppose à la pratique des devoirs ou des vertus prescrites par le christianisme, ou les arguments et préjugés vulgaires contre les grandes vérités de la religion naturelle ou révélée : on l'emploierait fort à propos dans un carême, une mission ou un jubilé, parce qu'il met la foule en mouvement et lui inspire une sorte d'avidité pour les exercices d'une longue station ; c'est une des ressources les plus efficaces contre la tentation de l'ennui. Tous les objets de discussion sont propres aux conférences; on aura soin cependant d'en bannir le genre plaisant, badin, puéril, et surtout bouffon ou grotesque. Il s'est commis, en ce point, d'énormes abus et des maladresses qui n'ont pas peu contribué à discréditer, dans l'esprit public, l'œuvre d'ailleurs si utile des missions.

Le *Prône*, instruction pastorale qui se fait pendant la messe paroissiale ; a beaucoup de rapport avec l'homélie; on peut même dire que la plupart des prônes sont des homélies véritables. Néanmoins, dans ce genre d'instruction, on se borne plutôt à traiter méthodiquement un sujet déterminé,

(1) On se défie de ces discours où celui qui fait l'objection fait aussi la réponse, et où le prédicateur dit ce qu'il veut sans que personne lui tienne tête..... L'auditeur s'arrête plutôt à l'objection qu'à la solution. (*Saint François de Sales.*)

(2) C'est aussi l'observation de Maury : « Il ne faut pas, dit-il, de raisonnements faibles ni de solutions vacillantes. L'auditoire retient mieux l'objection que la réponse. Les réfutations courtes et frappantes sont les meilleures. »

qu'à présenter un commentaire détaillé de l'évangile. Sans exclure les dogmes, objet principal de la foi, le prône a pour domaine ordinaire la morale, les pratiques religieuses, la fréquentation des sacrements, les vices généraux de la nature humaine, ou les abus spéciaux de chaque localité. Dans le prône comme dans l'homélie, un pasteur inspiré par le zèle et guidé par la sagesse, fait sentir aux pécheurs la honte et le poids de leurs chaînes ; il se livre à des peintures de mœurs, qui, sans dégénérer en personnalités, font aimer le bien et haïr le mal.

La *Controverse*, en général, a pour but de triompher, par la discussion, des erreurs volontaires ou involontaires en matière de foi ou de conduite ; mais elle se restreint communément à la partie dogmatique, tandis que la conférence, controverse dialoguée, se meut plus volontiers dans le cercle de la morale. La controverse catholique est immense, puisqu'elle s'étend depuis les fondements mêmes de la religion, jusqu'aux dernières ramifications de la vérité révélée qui, dans tous les siècles, a rencontré d'opiniâtres adversaires. Toutefois, chaque époque ayant ses erreurs dominantes, c'est à celles-ci qu'il faut s'attaquer. A quoi bon remuer toutes les hérésies, tous les systèmes, toutes les folies qui dorment dans la poussière et l'oubli des générations? D'ailleurs, la vie n'y suffirait pas, et les auditeurs sont trop peu instruits pour comprendre seulement la question, si l'on s'escrimait devant eux contre cette armée de fantômes que le monde a vus passer tour à tour, si l'on faisait la guerre aux Gnostiques, aux Cataphrygiens, aux disciples d'Eutichès, de Nestorius ou de Pélage. Sans doute, le prêtre ne doit pas ignorer ces vieilles hérésies qui intéressent à un si haut point l'histoire et la doctrine du Christianisme : cette connaissance lui servira à s'édifier lui-même en voyant comment l'Eglise, œuvre de Dieu, se soutient en dépit des hommes ; mais en s'adressant au public, il limitera sa controverse aux idées fausses, aux préjugés du jour.

Ici comme dans la conférence, on procèdera avec beaucoup de sagesse, sans mettre jamais en question la vérité catholique, comme si elle dépendait, ainsi qu'une simple thèse, de la seule force des raisonnements : ce serait le moyen de ruiner la foi plutôt que de l'établir. En outre, il est certaines matières tellement actuelles, tellement brûlantes, qu'il ne faut les aborder qu'avec la plus extrême réserve, car on marche alors sur un brasier ardent : *Incedo per ignes.* Il y a même des choses qu'il vaut mieux taire et laisser tomber sans bruit. Plus d'une fois les imprudents efforts d'un zèle intempestif contre certaines erreurs, n'ont définitivement abouti qu'à leur donner à la fois publicité, vogue et consistance.

Dans ce genre d'instruction, aussi bien que dans tous les autres, la chaire chrétienne nous a offert et nous offre encore en France les plus beaux modèles. Les conférences de M. de Frayssinous sont un monument de science, de raison et de bonne littérature. Il a véritablement clos la controverse du XVIIIe siècle : il a enseveli, avec les formes les plus gracieuses et les plus brillantes, ce philosophisme haineux et stupide que les champions du catholicisme avaient déjà tué par leurs savants écrits. Après lui, on put croire qu'il ne restait plus rien à dire ; mais le génie n'est jamais condamné au silence : lorsqu'un cercle de questions est épuisé, il en trace un plus large où il aspire à renfermer toutes celles qui sont restées en dehors du premier. C'est ce que fait l'homme nouveau qui depuis une douzaine d'années s'est révélé au royaume très-chrétien, par la vaste étendue de ses conceptions et l'éclat de son éloquente parole. L'élément constitutif de la philosophie, connue sous le nom de *rationalisme*, forme surtout l'esprit de notre temps, esprit essentiellement anti-Eglise, qui, dans l'ordre même religieux et moral, proclame la suprématie, l'indépendance absolue de l'intelligence humaine, et, dans l'ordre politique, tend à l'absorption de l'autorité spirituelle par l'autorité temporelle pour sanctionner, sous le nom de l'*Etat* et de l'*Ordre légal*, la plus effrayante confiscation de la liberté et de la conscience. Le Père Lacordaire s'est jeté hardiment au milieu du camp ennemi; l'aigle tient l'oiseau des ténèbres dans ses serres puissantes, il ne cesse de lui faire de profondes blessures, et de nous donner le spectacle du triomphe que la raison armée de la foi remporte sur la raison livrée à elle-même.

En traitant cette matière, nous n'avons pu nous empêcher de payer à l'illustre Frère Prêcheur le tribut de notre admiration, et d'exprimer le vœu de voir se continuer parmi nous la succession des nobles champions de l'intelligence, de la religion et de la liberté. Quoiqu'il en soit des talents à venir que Dieu saura toujours susciter selon les besoins de l'Eglise, chacun doit, après avoir sérieusement étudié le caractère de son génie, suivre le genre auquel il se sent le plus propre et vers lequel la nature même l'attire, car c'est là l'unique chance de succès. Si l'on ne réussit pas à émouvoir, il faut instruire et controverser. Qu'importe le mode, en effet, pourvu qu'il atteigne au but : or, la fin de la prédication est l'affermissement de la foi, la censure et la réformation des abus ou des désordres, l'éloge de la vertu, la pratique fidèle de la religion, c'est-à-dire, la conversion et le salut des peuples, ainsi que la paix et la prospérité de l'empire de Jésus-Christ.

## QUALITÉS DU PRÉDICATEUR.

### NÉCESSITÉ D'UNE VIE EXEMPLAIRE POUR FAIRE FRUCTIFIER LA PRÉDICATION (1).

Le premier et le grand modèle des prédicateurs a dit : Qui de vous me convaincra de péché ? Après lui, saint Paul invite les Corinthiens à devenir ses imitateurs, comme il l'est lui-même de Jésus-Christ. Telle aussi sera, autant que le permet l'humaine fragilité, la devise de tous ceux qui annoncent la parole divine. Rien, selon saint Augustin, ne donne plus de poids et d'autorité aux sermons d'un prédicateur que sa vie exemplaire (2). Pour être digne de persuader les peuples, ajoute Fénelon, il est indispensable que l'orateur soit un homme incorruptible. D'après Cicéron et Quintilien, la principale et la plus essentielle de ses qualités, c'est la vertu, qui ne devra pas moins paraître dans ses mœurs que dans ses discours (3). A plus forte raison le monde exige-t-il aujourd'hui une parfaite régularité dans celui qui le moralise. *Il faut*, dit saint François de Sales, *prêcher aux yeux encore plus qu'aux oreilles.*

De toutes les prédications celle de l'exemple est la plus éloquente : elle a sur les esprits et les cœurs une force persuasive que n'ont pas les instructions les mieux faites. Voyez,

(1) Nous avons déjà touché ce sujet en parlant de la piété et des mœurs du prêtre (T. 1, ch. 3 et 5); mais il est trop important pour que nous ne le traitions pas ici plus au long.

(2) *Virtus atque integritas morum maximum sermoni pondus adjiciunt.*

(3) *In oratore non tàm dicendi facultas quàm honesta vivendi ratio eluceat* (Quintilien).

dirons-nous avec un Père de l'Eglise, un pasteur révéré par ses vertus : il opère beaucoup moins de fruits en prêchant qu'en édifiant (1). Le respect et les sympathies le devancent dans la chaire chrétienne ; son auditoire l'accueille comme l'ange de la bonne nouvelle, et croit fermement tout ce qu'il dit parce qu'il fait le premier tout ce qu'il recommande ; son langage est l'expression de son cœur, et son cœur est comme le dépôt divin de toutes les vérités, de tous les sentiments que proclame sa bouche. Aussi, bien convaincus de la pureté de ses mœurs et de la droiture de ses intentions, tous les assistants recueillent-ils chacune de ses paroles avec une pieuse avidité. De même qu'on écoute volontiers causer de guerre un vieux capitaine qui a souvent battu l'ennemi, ainsi en est-il d'un saint prêtre qui évangélise les peuples : il parle toujours avec ascendant et succès. Les hommes apostoliques et *convertisseurs* ne sont pas tant ceux qui brillent par les talents, que ceux qui édifient par les vertus. Ils persuadent bien plus par la réputation de leur sainteté que par l'éloquence ou la pressante argumentation de leurs discours.

Une vie constamment régulière est une prédication silencieuse et muette, il est vrai, mais qui touche et remue profondément : *Vox oris sonat, vox operis tonat*. Elle exerce une action incessante, reprend sans aigrir et convainc sans parler ; on l'écoute sans préjugés comme sans contradiction. Le peuple vit plus d'imitation que de raison, plus d'exemples que de préceptes. Vivre comme on prêche, prêcher comme on vit, voilà la vraie manière de prêcher utilement : *Vita bona, syllogismus bonus*. Les saints seuls engendrent les saints, ils réussissent merveilleusement à faire passer dans le cœur

(1) *Minorem fructum à benè dicente quàm à benè vivente percipiunt auditores.*

des autres les convictions qui les animent eux-mêmes ; pour être ému jusqu'aux entrailles, il suffit de les voir et de les entendre. C'est pourquoi le bon exemple est l'attrait puissant dont J.-C. a voulu que ses ministres se servissent pour gagner à son Père de vrais adorateurs, et pour imposer silence aux incrédules ou aux libertins (1). Ces misérables se moqueront peut-être des vérités et des maximes de l'Evangile, des conseils les plus sages, des instructions les plus touchantes; mais, ne pouvant résister à l'entraînante séduction de l'exemple, ils rendront involontairement des hommages de louanges et de respect aux dignes pasteurs dont l'irréprochable conduite éclate à leurs yeux : admirable autorité de la vertu, qui a toujours exercé une secrète et magique influence sur les hommes les plus prévenus, les plus déréglés même ! Aussi M. de la Motte, évêque d'Amiens, disait-il, à ce sujet, qu'il ne regardait comme bons prédicateurs que ceux qui *faisaient leurs sermons*, c'est-à-dire, qui les pratiquaient.

Rien, sans doute, n'empêcherait de prêcher ni même de convaincre par l'effet seul de l'argumentation ; mais on ne saurait ébranler qu'à l'aide du bon exemple, dont l'efficacité supplée à la parole. De même pourrait-on confesser ou catéchiser, sans néanmoins améliorer ni convertir. Quelle estime et quelle confiance accorder à un prêtre qui n'observe pas ce qu'il recommande ? N'y aurait-il pas lieu plutôt de s'indigner en le voyant annoncer les oracles divins ? Comment persuadera-t-il ceux-là mêmes qui ne le croient pas persuadé ? Est-il capable de faire agréer des leçons et des règles qu'il démentirait chaque jour par sa conduite? On

(1) *Ut videant opera vestra bona et glorificent Patrem vestrum qui in cœlis est.* (S. Matthieu.)

n'ignore pas, d'ailleurs, que l'homme est naturellement de glace pour la vérité, tandis qu'il est de feu pour le mensonge : dès lors accueillerait-il avec une respectueuse docilité des maximes émanant d'organes peu dignes (1)? Après tout, de simples paroissiens s'estimeront-ils obligés d'être plus parfaits que leur curé? Pour prêcher avec fruit, il faut que le prédicateur justifie son enseignement par sa conduite; ses paroles en diront beaucoup moins que ses actions. *On croit bien plus*, remarque Fénelon, *ce qu'il fait que ce qu'il dit* (2). Déployât-il tous les charmes et toute l'énergie de l'éloquence, il ne produira pas la moindre impression, si sa vie est en contradiction permanente avec ses discours. Lors donc qu'un orateur enseigne ce qu'il ne fait pas ou ce qu'il fait mal, il rend suspecte et stérile sa prédication. Qu'est-ce, en effet, que le conseil ou le précepte, sans la pratique? quelle force aurait une recommandation verbale démentie par les œuvres?

Conséquemment le prédicateur donnera toujours pour point d'appui à ses sermons sa propre conduite, qui sera la traduction vivante et comme l'abrégé de l'Evangile, selon l'expression de Tertullien : *Compendium Evangelii*. Les actes de vertu et de sainteté frappent plus les peuples et les corrigent plus efficacement de leurs vices que de brillants et pathétiques discours. Car en morale, on ne saurait trop le répéter, il n'y a d'éloquent que l'exemple (3) : *Qui vit bien*,

(1) *Quarè tu enarras justicias meas, et assumis testamentum meum per os tuum?* (Ps. 49.)

(2) Quand même il dirait tout ce qu'il faut dire, croirait-on ce que dirait un homme qui ne paraîtrait pas le croire lui-même? Les peintures morales n'ont point d'autorité pour convertir, quand elles ne sont soutenues ni de principes ni de bons exemples. (*Fénelon.*)

(3) *Validiora sunt exempla quàm verba, et plùs opere docetur quàm ore.* (S. Léon.)

*Longum iter per præcepta, breve per exempla.*

*prêche bien*, dit un vieil adage. A cette seule condition, la chaire enfantera le salut.

Pénétré de la pensée que le Seigneur ne bénit pas un enseignement contredit par l'ensemble de la vie, l'orateur chrétien s'efforcera d'être l'exacte copie de toutes les instructions qu'il adresse à son peuple, la vive image et l'expression fidèle de J.-C., son divin original : *Christi expressa forma.* Nous l'avons dit, la prédication de l'exemple doit passer avant celle de la parole. Pour évangéliser avec succès, il faut d'abord pratiquer soi-même : *Cœpit Jesus facere et docere.* La morale en action a mille fois plus d'effet que la morale en avis et en préceptes; la première est un corps animé, la seconde une lettre morte, un cadavre. Le monde n'a que du mépris pour le prédicateur dont la vie est méprisable, et qui démolit par la conduite, selon la réflexion de saint François de Sales, ce qu'il édifie par le langage : *Cujus vita despicitur*, dit saint Grégoire, *quid restat, nisi ut ejus prædicatio contemnatur?* On placera donc l'espérance du succès dans l'éclat des vertus beaucoup plus que dans l'éclat des périodes.

Le peuple n'a, d'ordinaire, d'autre règle de mœurs que la vie de ses prêtres, qui sont pour lui des anges ou des démons (1). Malheureusement il est dans sa nature de sui-

(1) Que d'œuvres de salut ont opérées saint Antoine, saint Siméon Stylite, saint François d'Assise, hommes pourtant sans étude et sans lettres! Quatre prêtres que le Pape saint Grégoire XI avait permis à sainte Catherine de Sienne d'avoir constamment à sa portée, ne pouvaient suffire à entendre les confessions des personnes qu'elle convertissait; et cependant elle n'avait aucune teinture des sciences humaines. — Les exemples des saints ont plus converti d'âmes que les discours des orateurs. On se fait plus admirer, selon Sénèque, par les choses qu'on fait, que par celles qu'on dit. — Pour répandre la sainteté, il faut d'abord, dit saint Bernard, en être rempli soi-même.

vre plutôt les mauvais exemples que les bons conseils : vainement lui recommanderait-on de faire ce qu'ils disent et non ce qu'ils font; il n'en tiendra aucun compte et leur renverra les avis et les leçons donnés par eux. Tout vice que paraîtrait autoriser la conduite d'un ecclésiastique, semble par là même comme justifié et consacré; il passe, sans exciter le moindre scrupule, dans les habitudes populaires. Voilà pourquoi les pasteurs dissolus ont presque toujours un troupeau gangrené.

Oserait-on bien exhorter à des sacrifices qu'on ne pratique pas ; imposer des fardeaux qu'on ne touche même pas du bout du doigt ? prêcher aux autres la piété et la ferveur, une vie simple, modeste et frugale, si l'on est soi-même indévot, fastueux ou intempérant ? Comment les purifier de la rouille du siècle et les faire mourir aux joies du monde, quand on ne soupire qu'après les choses terrestres; qu'on ne parle, dans tous ses entretiens, que de gloire humaine, de richesses, de plaisirs et de futilités ? A-t-il droit de combattre le point d'honneur, celui qui se pique et s'offusque de tout, qui s'irrite de la plus légère contrariété ou d'une simple parole mortifiante (1) ? Sied-il à un prêtre de préconiser le crucifiement de la chair, quant il vit en enfant de Babylone plutôt qu'en disciple du Calvaire (2) ? *Nùm potest in suis ser-*

(1) Saint François-Xavier, au milieu d'un sermon qu'il adressait à des Indiens, reçut à la face un crachat d'un homme de la lie du peuple. Le saint essuya son visage avec calme et sans dire mot, puis continua son discours. Cette sublime patience ravit d'admiration toute l'assemblée, et convertit plus d'infidèles qu'aucun des miracles qu'il opéra au milieu d'eux.

(2) Aussi un prêtre peu régulier craint-il de prêcher, redoutant avec raison le blâme public ou les reproches secrets de ses auditeurs; il n'ose parler haut, parce que sa conscience le condamne tout

*moribus abstinentiam laudare quam calcat?* Quelle inconséquence de recommander la chasteté et le désintéressement, le mépris de l'or et le zèle du bien public, tout en se montrant épicurien, cupide ou égoïste! Quel cynisme de tonner contre des vices dont on se sent entaché, ou de prescrire des vertus que l'on foule aux pieds! Que penser enfin d'un pasteur qui, alors même qu'il peint sous les plus affreuses couleurs le péché mortel et l'enfer, marche en aveugle dans cette fatale voie de damnation dont il signale aux autres l'épouvantable danger? Ce choquant contraste entre les œuvres et les discours ébranle la foi du vulgaire ignorant, le pousse à voir désormais dans la religion une pure momerie, et dans son indigne ministre une espèce de *charlatan*, débitant des maximes qui n'ont rien de sérieux que pour ceux qui veulent s'y laisser prendre. En offrant dans sa personne une si flagrante contradiction, le prédicateur détruit d'avance par sa conduite privée tout le bien qu'il pourrait faire par ses fonctions publiques, et anéantit finalement les heureux fruits de la divine parole.

L'orateur chrétien ne réussira donc à prévenir ou à extirper les abus et les scandales, qu'autant qu'il offrira le premier aux regards des peuples l'exemple d'une vie constamment pure et irréprochable. Répétons-le avec saint Chrysostome, si douze pauvres pêcheurs ont converti le monde, c'est moins par l'effet des prédications et le prestige des miracles, que par l'éclat de leurs vertus : *Convincunt magis opera quàm*

bas : la langue, en effet, ne doit-elle pas rester muette quand le cœur est dépravé? C'est ainsi que des curés, dont la conduite présente des côtés faibles, jugent à propos de se taire sur les vices dominants de leur paroisse; ils savent bien qu'ils ne pourraient les censurer sans prêter flanc à la critique, sans s'exposer à cette maligne apostrophe : *Médecin, guéris-toi toi-même!*

*miracula;* et si tant de prêtres répandus sur la surface du globe opèrent peu de conversions par le moyen de la chaire, c'est qu'ils sont dépourvus de cette haute sainteté qui distinguait éminemment les Apôtres (1).

(1) Tout ce que nous avons dit dans ce chapitre n'est que le résumé des sentences des Pères de l'Eglise et des Saints : pour en convaincre le lecteur, il est bon de rapprocher et de grouper en faisceau quelques-unes de ces maximes brièves et énergiques, qui se gravent facilement dans la mémoire, et dont une seule bien méditée suffirait pour rappeler à la pratique de ses devoirs, celui qui, peut-être, les aurait méconnus.

*Vita clericorum, liber laicorum* (Synode de Tours, 1537).

*Neque enim tam considerantur eà quæ à nobis dicuntur, quàm quæ aguntur. — Frigidus ille qui verbis tantùm philosophatur. — Quis enim non moveatur ad peccandum, cùm viderit ipsos doctores pietatis peccantes? Exemplum sanè verbo efficacius dabit voci tuæ vocem virtutis, si quod suades aliis, priùs tibi cognosceris persuasisse : fac ut loqueris.* (S. Chrysostome.)

*Quomodò enim potest præses ecclesiæ auferre malum de medio ejus, qui in delicto simili corruerit? Aut quâ libertate corripere peccatum, cùm tacitus sibi ipsi respondeat eadem admisisse quæ corripit? —Non confundant opera sermonem tuum, ne cùm in ecclesiâ loqueris, tacitus quilibet respondeat : Cur ergò hæc, quæ dicis, ipse non facis? —Delicatus magister est, qui pleno ventre de jejuniis disputat. Accusare avaritiam et latro potest. —Sacerdotis Christi os, mens, manusque concordent.* (S. Jérôme.)

*Quod per verbum nascitur, per exemplum necatur, quod lingua gignit, vitæ negligentiâ occidit. — Mundus ipse esse à vitiis debet qui curat aliena corrigere. —Basilii vox erat tonitru, quia vita ejus erat fulgur. — Illa enim vox magìs cor penetrat quam dicentis vita commendat.* (S. Grégoire-le-Grand.)

*Qui in erudiendis atque instruendis de virtute populis præerit, necesse est ut in omnibus sanctus sit, et in nullo opere reprehensibilis habeatur; qui enim alium de peccatis arguit, ipse à peccato debet esse alienus. Nam quâ fronte subjectos arguere poterit, cùm illi statim possit correptus ingerere : Antè, te doce quæ recta sunt!* (Canon du concile d'Aix-la-Chapelle, de l'an 816.)

### DIGNITÉ AVEC LAQUELLE IL FAUT PRÊCHER LA PAROLE DE DIEU.

Rien de plus noble ni de plus respectable que la mission d'évangéliser. Dans son origine, elle émane immédiatement de Dieu (1) ; la fin directe est la glorification du Seigneur et la sanctification des âmes: elle a pour théâtre ou pour champ de bataille le monde entier ; pour objet, les vérités et les devoirs de la religion ; pour moyen, la persuasion ; pour résultat, le salut éternel des peuples. L'homme revêtu d'un si haut ministère doit apparaître dans la tribune sacrée non plus comme un simple mortel, mais comme le ministre de Jésus-Christ, l'ange de Dieu, le héraut du ciel (2). Une des principales qualités du prédicateur, c'est donc la dignité. Si, au dire des maîtres de l'éloquence, la gravité et la convenance font partie des mœurs ou des habitudes oratoires, à plus forte raison sont-elles requises dans celui qui, ambassadeur céleste sur cette terre, doit en remplir les sublimes fonctions avec noblesse et majesté. Les belles paroles du saint Concile de Trente concernant la bonne tenue du clergé, trouvent particulièrement ici leur juste et rigoureuse application : port, démarche, geste, langage, tout dans l'orateur chrétien doit annoncer la réserve, la modestie, la décence et la piété (3).

(1) *Euntes docete omnes gentes* (Math. 28, 19.).—*Pro Christo ergò legatione fungimur, tanquàm Deo exhortante per nos.* (2 Cor. 5, 20.)

(2) *Sic nos existimet homo, ut ministros Christi.* (1 Cor. 4, 1.)—*Sicut angelum Dei excepistis me.* (Galat. 4, 14.)

(3) *Habitu, gestu, incessu, sermone, aliisque omnibus rebus, nihil*

N'importe-t-il pas, au plus haut degré, de se montrer digne, quand on parle de Dieu et au nom de Dieu? Ne serait-ce pas une sorte de sacrilége que l'envoyé d'en haut dérogeât au ministère divin confié à son humaine faiblesse? D'ailleurs, si l'on veut inspirer du goût et de la vénération pour la parole sainte, disposer les fidèles à l'écouter avec bienveillance, il faut commencer par la rendre respectable en lui conservant un caractère grave et imposant. Aussi, les préceptes de rhétorique et les leçons d'éloquence, appliqués à la chaire, sont-ils toujours un objet spécial d'attention et d'étude pour tous les prêtres véritablement pénétrés de la grandeur de leurs fonctions. C'était un point si capital aux yeux de saint François de Sales, qu'il avait *préparé les matériaux pour l'introduction des apprentis à l'exercice de la prédication évangélique* (1). Il est fort regrettable que les immenses occupations de ce grand évêque l'aient empêché de mettre la dernière main à cet utile ouvrage, dont l'ébauche même n'est point parvenue jusqu'à nous. Mais sa pensée reste; c'est celle de tous les hommes sages, amis de l'Eglise et de la gloire de la chaire chrétienne, lesquels avec saint Paul, si bon juge en ce point, exigent que la parole de vérité soit traitée dignement (2). En matière de prédication, c'est là un premier principe dont nous n'avons plus qu'à tirer les conséquences (3).

Pour accomplir convenablement la haute mission dont il est honoré, le prêtre a besoin, d'abord, de s'y préparer avec un soin tout particulier. Nous entendons parler ici, non de

*nisi grave, moderatum ac religione plenum præ se ferant.* (Sess. XXII, de reform. c. 1.)

(1) Lettre à l'archevêque de Vienne.

(2) *Rectè tractantem verbum veritatis.* (2 Timoth. 2, 15.)

(3) Prêcher sottement, dit saint Liguori, c'est faire plus de mal que de bien.

la préparation éloignée, c'est-à-dire, de cette série d'études et de méditations qui nous initient graduellement à la science du sacerdoce; mais d'une préparation prochaine et immédiate, sans laquelle on ne doit jamais se produire dans la tribune sacrée. Les différences relatives d'âge, de capacité, d'exercice, d'élocution et de mémoire, détermineront naturellement la durée de ce travail préliminaire, toujours indispensable à un degré quelconque. Ce serait une inqualifiable témérité d'escalader la chaire évangélique et de parler à la respectable assemblée des fidèles avec une légèreté ordinairement bannie de toute affaire sérieuse, et bonne tout au plus pour des baladins qui amusent le public. Il n'est pas rare de rencontrer des prêtres se vantant de monter en chaire sans savoir ce qu'ils diront; qu'arrive-t-il de là? ils y restent sans savoir ce qu'ils disent, et en descendent sans savoir ce qu'ils ont dit; au surplus, l'assistance ne le sait pas plus qu'eux-mêmes : mécontente d'être traitée avec si peu d'égards, elle prend en pitié le prédicateur et en dégoût la prédication, pour peu que se prolonge un si intolérable abus. Dans un tel procédé il n'y a, disons-le, ni gravité, ni décence, ni raison; c'est une violation flagrante des premières règles de l'apostolat.

La dignité oratoire s'étend à l'ensemble et jusqu'aux détails du discours, au style en général et aux expressions mêmes, enfin à l'action de l'orateur, de sorte qu'en toutes ces choses il y ait, de sa part, convenance, bonne tenue, respect de soi-même, de son ministère et de son auditoire.

Quant aux pensées du prédicateur catholique, elles appartiennent à la sphère la plus élevée, et ce serait les corrompre par un mélange profane, d'y joindre, à la manière des protestants, des considérations tout humaines, de prêcher une morale vague, froide, sans dogmes et sans motifs surnaturels (1), ou d'exposer, à la façon des industriels et des philosophes, ce qui touche aux perfectionnements des intérêts matériels. Au XVIIIe siècle, certains prédicateurs osaient à peine, en face de l'impiété, nommer Jésus-Christ, parler du péché, du jugement, de l'enfer, etc. Le cardinal Maury reproche même à Massillon d'avoir trop *humanisé* le langage de la chaire, dans son *Petit Carême*, et d'avoir visé à y prêcher seulement une *morale de bon goût*. Semblable à l'aigle, le prêtre doit s'élancer vers le ciel pour y puiser la lumière et la chaleur, et quand il redescend sur la terre, il faut que ce soit pour saisir les âmes et les élever au-dessus de ce monde ; autrement, il faillit à son devoir, tout en se faisant peut-être applaudir des indifférents, ou des hommes à foi chancelante et à moyenne vertu; il aura, si l'on veut, fait un beau discours, mais il n'aura pas prêché.

La noblesse de l'expression s'harmonisera avec celle des pensées; elle exclut l'enflure et s'allie très-bien dès lors à la simplicité. On peut, tout en s'adressant à un peuple ignorant, à des enfants même, ne pas dégrader la majesté de la tribune sainte; le style le plus familier n'a rien effectivement de plat, de rampant ou d'ignoble, dans la bouche d'un prédicateur habile qui sait assaisonner ses prônes et ses homélies du sel de la grâce et de la sagesse. Mais employer des locutions et des tours de phrases à l'usage des dernières classes du peuple, et recourir au dictionnaire de la halle, sous prétexte de se faire mieux comprendre, ce serait ravaler la parole divine.

(1) Il ne faut pas qu'on puisse jamais appliquer à aucun d'entre nous la juste et piquante définition que le comte de Maistre a donnée quelque part du ministre protestant : « C'est un homme habillé de » noir, qui monte en chaire tous les dimanches *pour y tenir des propos* » *honnêtes*. »

On se gardera aussi de blesser les règles de la langue, surtout en présence de certains auditeurs plus ou moins lettrés, pointilleux, et capables d'objecter un malheureux solécisme aux démonstrations de la foi ou aux entraînements de la piété.

Les comparaisons jouant un grand rôle dans le discours, l'orateur saura les faire servir à propos, soit pour expliquer sa pensée, soit pour mieux convaincre. Il évitera avec soin celles qui sont basses, triviales et grotesques : il s'en trouve même dans les Livres Saints quelques-unes qu'il ne faut citer qu'avec une extrême circonspection, à raison des modifications profondes introduites par la civilisation dans le langage et les habitudes des peuples (1).

Comme le prédicateur ne doit jamais se dépouiller de son caractère auguste, ne s'exposerait-il pas encore à le compromettre en mêlant à ses instructions familières des pointes, des jeux de mots, des paroles plaisantes ou bouffonnes, qui provoqueraient le rire des assistants? Une pareille maladresse ne manquerait pas de lui faire perdre à lui-même le prestige

(1) Devant un auditoire composé de villageois ou de gens du peuple, instinctivement portés à ne s'attacher qu'au sens matériel des mots, sans même en soupçonner le sens figuré, il faut s'abstenir de toutes citations de l'ancien ou du nouveau Testament auxquelles l'ignorance ou la méchanceté pourrait donner une grossière interprétation; entre autres, de celles-ci : *Foris canes... Non dare sanctum canibus... Genimina viperarum..... Ventres pigri..... Margaritas antè porcos..... Sicut agnos inter lupos*, etc.....

De nos jours surtout, où la susceptibilité est portée à un si haut point jusque dans les derniers rangs de l'échelle sociale, l'emploi de ces expressions métaphoriques entraînerait les plus graves inconvénients. Dans le cours de mes fonctions d'administrateur diocésain, j'ai reçu une foule de dénonciations basées sur des applications de cette nature.

de l'autorité, et à ceux qui l'écoutent le recueillement et la componction. Jésus-Christ, notre type suprême, a pleuré et n'a point ri. Le public ne va pas à un sermon pour se divertir comme à une pièce comique et récréative; c'est dès lors un rigoureux devoir de s'y interdire, non-seulement la grossièreté des formes, mais encore toute réflexion frivole ou puérile : on y supprimera donc les contes, les anecdotes et les historiettes (1). Bien qu'amateurs de ces sortes de facéties, les hommes n'aiment pas à les entendre tomber de la chaire; amusantes dans la conversation, elles seraient ici presque sacriléges : un manque de convenance deviendrait, pour ainsi dire, un crime.

Enfin, la dignité de l'orateur chrétien se manifestera dans son action, c'est-à-dire, dans sa pose, sa voix, sa prononciation même et son geste : un air d'orgueil, de fierté et de suffisance serait un obstacle invincible à la persuasion. La modestie, au contraire, rehausse l'éclat du mérite : un peu de timidité même sied bien; il vaut mieux trembler devant l'auditoire que le braver. Les plus grands maîtres n'ont jamais parlé en public sans une secrète appréhension, voisine de la frayeur. Tout chez le prédicateur doit respirer, non point la pusillanimité, mais une prudente défiance de lui-même, soutenue par une noble assurance puisée dans sa mission céleste et qui se produira sans jamais franchir, au milieu des mouvements les plus pathétiques, les limites de la gravité sacerdotale.

(1) *Aniles autem fabulas devita* (1 Timot. 4, 7.) — En général, on doit peu raconter d'histoires, parce que les auditeurs, tout occupés de les ruminer dans leur esprit, restent distraits sur les conclusions morales qu'on en tire. Au cas qu'on en citerait, il conviendrait de les réserver pour la fin du discours.

## FERMETÉ ET MODÉRATION DANS LA CHAIRE CHRÉTIENNE (1).

Le prédicateur doit s'armer d'un saint zèle et d'une apostolique fermeté pour accomplir son ministère d'une manière irréprochable, selon le divin programme que saint Paul trace en ces trois mots : *Argue, obsecra, increpa.* Il est des maladies dont la guérison ne peut s'obtenir que par l'amertume des remèdes et la sévérité du régime : un bon médecin emploie quelquefois le feu et le scalpel pour brûler ou trancher ; comme lui, l'orateur chrétien devra tailler à propos dans le vif et appliquer même le fer rouge sur le cancer des passions, ne sacrifiant jamais la santé du malade à sa délicatesse. Convient-il, selon la pensée du grand évêque de Genève, de donner du lait à ceux qui ont besoin d'absinthe? En maintes circonstances il est nécessaire de se livrer à une vertueuse indignation et de frapper un coup d'autorité, au risque de perdre sa popularité ou son repos ; le silence alors

(1) La connexité des matières explique naturellement au lecteur comment nous nous trouvons forcément amenés, dans le cours de ce volume, à reproduire quelquefois, sous une forme plus ou moins variée, des idées déjà émises sommairement ou en détail en différents chapitres du Tome Ier. Les devoirs généraux du ministère pastoral embrassant toutes les obligations particulières qui en dérivent, les répétitions deviennent ici en quelque sorte inévitables. Après tout, confiant dans la droiture de ses vues, dont le bien pratique est le principal objet, l'auteur n'hésite pas à sacrifier à l'avantage d'être utile le plaisir d'être agréable. Il aime mieux, pour atteindre plus sûrement son but, s'exposer à des redites qu'à des omissions, dût-il ainsi choquer un peu les susceptibilités littéraires. Et puis, combien d'avis, de conseils, de vérités d'expérience, qu'on ne saurait assez inculquer !

serait un crime et les ménagements une lâcheté. Si, par une fausse maxime de prudence humaine, on adoptait le parti de toujours céder et se taire, jamais la vérité n'eût compté de martyrs. L'Apôtre des nations n'a-t-il pas traité rudement les Galates, et recommandé à Tite, son disciple, de gourmander sévèrement les Crétois? *Increpa illos durè*, lui dit-il; n'a-t-il pas même excommunié l'incestueux de Corinthe? Lorsque le vice marche éhonté et la tête haute, il faut avoir le courage d'oser l'attaquer en face: *Argue cum imperio;* et, selon l'expression du Prophète, montrer un front plus dur que le front des pécheurs. Oui, signaler et flétrir avec énergie le cynisme de certains êtres dépravés, serait, en beaucoup de cas, un acte plutôt digne d'éloge que de blâme: *Secundùm rectam rationem irasci est laudabile*, dit le docteur angélique. La mollesse n'est pas une inspiration de la charité: *Non est charitas, sed languor*, ajoute saint Augustin; c'est une coupable négligence, une cruauté même envers ces nombreux infortunés qui courent à leur perte éternelle sans en être avertis. On rencontrera sans doute plus d'une résistance, notamment de la part de ces hommes orgueilleux et superbes, que Rodriguez compare judicieusement aux hérissons qui, lorsqu'on les touche, dressent aussitôt leurs dards aigus pour se défendre; mais, — répéterons-nous ici avec saint Cyprien, — le patient, tout en accusant de ses douleurs le chirurgien qui l'opère, ne l'en remercie pas moins après sa guérison: *Licèt conquœratur æger impatiens per dolorem, gratias aget postmodùm cùm senserit sanitatem*. Que le ministre de J.-C. s'abstienne donc de mollir dans l'accomplissement de son devoir, malgré les murmures, les récriminations ou les menaces des mauvais chrétiens.

Toutefois, si la fermeté est obligatoire, on n'oubliera pas qu'il importe de la concilier avec une sage modération, sans laquelle le zèle, dégénérant en passion, entraînerait plus d'âmes à leur ruine qu'il n'en sauverait. Qu'est-ce que prêcher, sinon annoncer aux hommes l'Evangile de paix et d'amour, afin de perpétuer parmi eux la généreuse mission du Dieu de la charité et de la miséricorde ? Pour avoir des chances de succès, l'organe de la parole sainte, à l'imitation de son divin modèle, ne doit généralement recourir qu'aux moyens de mansuétude et de persuasion, les seuls qui aient, de nos jours, l'accès des cœurs. Une certaine véhémence est, à la vérité, quelquefois indispensable pour stigmatiser le vice et en inspirer une profonde horreur ; mais on peut remuer fortement un auditoire sans sortir des bornes de la réserve.

C'est dans le ton, d'abord, que se manifestera la modération. Déclamer avec violence, déployer sans raison une voix foudroyante, affecter à tout propos des airs grondeurs ou menaçants, avoir enfin sans cesse à la bouche le reproche et l'invective, n'est-ce pas aigrir au lieu de charmer, courroucer au lieu d'attendrir, démolir au lieu d'édifier ? N'est-ce point agir en énergumène plutôt qu'en apôtre ? Le zèle véritable ne consiste pas à ébranler les voûtes du temple par d'impétueux et frénétiques accents. Loin d'inoculer la foi dans les âmes qui la repoussent, l'âpreté, la virulence des paroles la compromet et la discrédite; et le cœur, bien souvent, n'est pas moins offensé que l'oreille : *Offendit aurem vox fortior*, dit saint Ambroise. Au lieu donc de commander ou de reprendre avec un ton magistral et dominateur, l'interprète de l'Evangile empruntera tour à tour le langage d'un père, d'un fils, d'un frère ou d'un ami (1). Sénèque fait remarquer qu'on se regimbe contre le com-

(1) *Seniorem ne increpaveris, sed obsecra ut patrem, juvenes ut fratres, anus ut matres, juvenculas ut sorores.* (1 Timot. 5, 12.)

mandement, tandis qu'on se laisse mener par l'insinuation. N'apprivoise-t-on pas plus aisément les animaux par la douceur des caresses que par la terreur du fouet ou du bâton ?

Le fond même du discours devra répondre à la modération de la forme. Si, en quelques occasions, une conscience justement alarmée force le prédicateur d'attaquer de front les abus, du moins alors en invectivant contre le péché se gardera-t-il, avec le plus grand soin, d'invectiver contre les pécheurs : ce ne sont point des paroles acrimonieuses ou mortifiantes qui les ramèneront à Dieu (1). Rien au monde ne nuit plus aux succès de la chaire que l'épigramme, le sarcasme, le persifflage ou l'insulte ; et l'orateur assez aveugle ou téméraire pour oser employer ces armes à double tranchant, ne tarde pas à comprendre, en voyant rejaillir contre lui-même le courroux de ses auditeurs indignés, qu'en les

(1) « On ne saurait trop se dire à soi-même qu'il vaudrait mieux laisser les pécheurs dans l'apathie, que de les précipiter dans le désespoir; que de passer le but ce n'est plus l'atteindre ; que l'Evangile est une loi de charité, et non pas un code de fureur ; que le rigorisme désolant d'une morale outrée serait un démenti donné par l'orgueil et par l'ignorance à celui qui a dit que son joug était doux et son fardeau léger ; que les hommes étant malheureusement si faibles, leur nature revenant simplement à son propre fond toutes les fois qu'elle pèche, leurs fautes doivent inspirer plus de commisération que de courroux ; qu'un prédicateur n'est point le ministre des vengeances du ciel, mais l'heureux interprète de ses miséricordes ; qu'au lieu de rebuter les pécheurs, il doit donc les toucher, les attirer, les ramener par la crainte à l'amour, s'interposer entre le juge et les coupables, pour obtenir grâce et pardon à tous les malheureux qui se repentent avec un cœur brisé de douleur ; ne menacer jamais que pour attendrir, enfin tempérer toujours la rigueur de la loi par l'attrait de la clémence. Ah! sans doute, il serait trop dur et trop triste de ne faire entendre que des menaces et des anathèmes à des hommes qu'on gagne beaucoup plus sûrement par des espérances et par des consolations ! » (*Maury*).

blessant au vif il s'est le premier blessé mortellement. Se trouve-t-il dans la douloureuse obligation d'adresser un blâme ou des réprimandes, qu'il s'efforce, pour ne les point rendre inefficaces, d'en atténuer le plus possible l'expression. Il faut savoir distiller goutte à goutte les vérités dures, et dissimuler sous des tournures adroites et polies les choses les plus sévères. Il n'y aurait pas moins d'injustice que d'inhabileté à formuler des critiques ou des plaintes trop générales et trop absolues; car, d'un côté, les ouailles les plus assidues aux instructions du pasteur, formant d'ordinaire la meilleure portion du troupeau, ce serait déverser les reproches sur ceux qui les méritent le moins (1); et, d'un autre, les vrais coupables fussent-ils présents, on risquerait fort de les exaspérer au lieu de les convertir : en faisant, au contraire, une large part aux exceptions, on se ménagera le retour de ces derniers qui, naturellement portés à s'y ranger, se persuaderont volontiers qu'on a eu la charitable intention d'épargner leur amour-propre.

Un langage insinuant, affectueux, modéré, exercera beaucoup plus d'empire sur les cœurs obstinés et endurcis que la morgue, l'irritation, la rudesse ou la brusquerie (2);

(1) « Faire des reproches aux assistants, — dit saint François de » Sales, — c'est crier après les innocents, et laisser là les coupables qui » n'y sont pas : *Dat veniam corvis, vexat censura columbas.* »

(2) *Responsio mollis frangit iram* (Prov. 15, 1.) — Une réprimande amère, des vérités désagréables, exprimées par des paroles piquantes, n'ont jamais corrigé personne. Quand les prêtres s'exhalent en reproches contre les pécheurs avec un ton acerbe et un visage enflammé, le peuple, au lieu de se figurer que le feu de leur zèle est allumé par la charité, les regarde comme des âmes vulgaires et semblables à lui. La modération du langage a seule la vertu de multiplier les amis et d'adoucir les ennemis : *Verbum dulce multiplicat amicos, et mitigat inimicos* (Eccli. 6, 5.) — La passion est un bandeau

car, ainsi que le fait sagement observer le docte et saint évêque de Carthage, on ne réussit à gagner ou à ramener les peuples à la foi qu'en prêchant *plùs affectione quàm potestate : — Instruite in spiritu lenitatis*, avait dit avant lui le grand maître de la prédication évangélique ; — *Plùs ergà corrigendos agit benevolentia quàm austeritas*, ajoutent, en les commentant l'un et l'autre, les vénérables Pères du Concile de Trente. Conviendrait-il au ministre d'un Dieu dont la clémence et la bonté sont l'attribut par excellence, de ne paraître obéir, dans ses prônes, ses homélies ou ses sermons, qu'aux aigres impulsions de l'humeur ou de la colère (1)? En se montrant aux regards des fidèles dans un état de continuelle exaspération, ne leur semblera-t-il pas plutôt un démon qu'un ange, un déclamateur furibond qu'un digne et calme interprète de la vérité ? S'il ne faut pas que l'indulgence dégénère en mollesse, jamais non plus la fermeté ne doit se transformer en rigueur ; car, nous ne saurions trop le redire, les suites de l'extrême sévérité ne sont pas moins

qui nous aveugle et nous empêche de mesurer la portée de nos paroles : *Turbatus præ irâ oculus rectum non videt.* (S. Bernard.) — *Turpe quidem est prælato cum irâ et austeritate corripere.* (Petr. Bles.) — L'expression du courroux défigure les plus beaux visages : *Facies turbatior pulcherrima ora fœdavit.* (Senec.)—Saint François de Sales dit qu'*il faut craindre de s'irriter même raisonnablement*. La colère est comme un coursier fougueux et rebelle au frein, qui vous emporte on ne sait où. Aussi saint Augustin recommande-t-il de fermer soigneusement à cette passion la porte de son cœur.

(1) « Un prêtre, dit M. de Cheverus, ne doit jamais montrer de saillies ni de variations d'humeur dans son caractère ; on ne doit pas lui voir ces accès brusques d'une âme aigrie, mécontente ou mélancolique, ni un ton de dureté dans les réprimandes pastorales qu'il fait à son peuple : autrement, il aurait plutôt l'air d'un homme mu par la passion, que d'un ministre inspiré par la charité. »

redoutables que celles de l'extrême complaisance. Autant la douceur est captivante et persuasive, autant sont repoussantes la violence et la dureté. De nos lèvres donc, que n'imprégnera jamais la corrosive amertume du fiel mondain, découlera toujours le doux miel de l'Evangile (1), et nous ne cesserons de nous rappeler que, frères du Sauveur dont la tendre commisération les abritait miséricordieusement, les pécheurs sont, eux aussi, les enfants de notre céleste et commun père.

En principe général, un curé, dans les temps actuels, ne saurait trop adoucir et tempérer les formes de son langage en face de ses paroissiens. Le pasteur assez circonspect, assez maître de lui-même pour mesurer avec sagesse la portée de ses paroles dans la chaire chrétienne, a, sur celui qui ne sait point y refréner l'intempérance de sa langue ou l'impétuosité de son caractère, un immense avantage : c'est de ne dire que ce qu'il faut, de le dire comme il faut, quand et devant qui il faut.

Résumons en peu de mots cette importante matière.

Pour obtenir des succès dans le ministère de la prédication évangélique, il est nécessaire de s'en acquitter avec une noble fermeté, toujours accompagnée de prudence et de modération. Or, cette indispensable modération consiste : 1° à garder, dans l'ardeur même du zèle le plus légitime, un calme et un aplomb imperturbables, en sorte qu'on puisse dire du prédicateur comme de saint Etienne : *Lingua clamat, cor amat;* de là l'obligation de réprimer dans son cœur, sa voix ou son geste, toute espèce d'emportement; 2° à savoir, tout en censurant les vices, les distinguer des hommes vicieux, sans cesser d'aimer ceux-ci alors même qu'on flétrit

(1) *Lingua eucharis in bono homine abundabit.* (Eccl.)

ceux-là; 3° à s'interdire absolument les personnalités, et à ne jamais entourer la peinture des désordres, de descriptions tellement circonstanciées qu'elles en signalent les auteurs à l'animadversion publique (1); 4° à ne rien dire de triste ou de terrible sans y ajouter une parole de paix, de consolation et d'encouragement, c'est-à-dire, à verser quelques gouttes de miel dans le vase d'absinthe; 5° enfin, à ne point adresser aux innocents les reproches qu'ont seuls mérités les coupables, et à user envers ces derniers de tous les ménagements capables de les rappeler de la voie large dans la voie étroite, du chemin du crime dans le sentier de la vertu.

Voilà, s'écriera-t-on, bien des précautions et des difficultés! A cela nous ne faisons qu'une réponse; elle est courte, mais péremptoire : la gloire de Dieu et le salut des âmes sont à ce prix.

(1) C'est surtout quand on exerce le ministère de la prédication dans les campagnes, qu'on doit, à cause du danger des applications, s'imposer la loi d'une extrême réserve. Il faut que les pécheurs, en écoutant un sermon, se condamnent en secret, mais sans avoir lieu de croire qu'ils sont montrés au doigt. L'usage de déclamer en chaire le dimanche contre des personnes coupables de désordres ou d'abus est des plus blâmables; c'est répandre le scandale au lieu de l'étouffer. Quelle imprudence et quelle impardonnable témérité, — s'écrie saint Chrysostome, — de faire du vice des peintures si détaillées, qu'on y reconnaisse sans peine telle ou telle personne de l'auditoire ou de la localité! La chaire est-elle donc un champ de bataille où nous soyons réduits à déchirer nos frères? ou plutôt n'est-elle pas le siége des miséricordes, d'où nous devons convertir les pécheurs par la mansuétude et la charité? Rien plus que cette indiscrétion de paroles, ajoute le même Père, n'est propre à discréditer notre ministère, à nous aliéner et à nous fermer le cœur de ceux qui nous écoutent.

## VÉRITÉ ET DISCRÉTION DANS LA CHAIRE.

Si quelqu'un parle, dit saint Pierre, que Dieu paraisse parler par sa bouche (1). La doctrine pure de Jésus-Christ et la vérité seule doivent avoir accès dans la chaire évangélique. Retrancher quelque chose de l'enseignement céleste, ou y ajouter soit des détails arbitraires et incertains, soit des opinions tout à fait personnelles, c'est se rendre prévaricateur. La règle générale est de ne proclamer que les articles de foi et les préceptes de morale ou de discipline ecclésiastique, et de ne condamner que ce qui est dangereux ou hétérodoxe.

Un curé manquerait donc à son devoir et encourrait le reproche que le Saint-Esprit adresse aux hommes d'amoindrir les vérités (2), en se bornant, par des considérations humaines ou d'autres motifs quelconques, à prêcher certaines parties de la doctrine catholique, laissant le reste dans l'oubli : *Iota unum, aut unus apex, non præteribit à lege*. Si nous voulions nous prêter aux caprices des gens du monde, il faudrait déchirer successivement toutes les pages de l'Evangile, et composer un enseignement élastique, une morale à l'eau de rose, pour l'usage des esprits superbes et des épicuriens qui infestent les paroisses. A l'imitation de saint Paul, on prêchera Jésus-Christ crucifié, scandale pour les juifs, folie pour les gentils (3). De tout temps les sectaires et les chrétiens relâchés ont tenté d'arracher à l'Eglise des accommode-

(1) *Si quis loquitur, quasi sermones Dei* (I Petr. 4, 11.)

(2) *Diminutæ sunt veritates à filiis hominum* (Ps. 11, 2.)

(3) *Nos autem prædicamus Christum crucifixum, Judæis quidem scandalum, gentibus autem stultitiam* (1 Cor. 1, 23.)

ments qu'elle n'a cessé de repousser avec horreur : sans doute elle a su toujours, dans son indulgente sagesse, modifier sa discipline selon le besoin des peuples ; mais elle n'aurait pu déroger à ses dogmes et à sa morale sans s'abdiquer elle-même : un ange du ciel n'échapperait pas à ses anathèmes, si, remplissant parmi les hommes le rôle de novateur, il se permettait de répudier comme surannée quelqu'une de ses croyances.

Pour rester dans le vrai, pour prêcher le *verbum sanum, irreprehensibile*, il ne suffit pas de ne rien supprimer du code évangélique, il faut encore n'y rien ajouter : on ne pourrait, sans faillir à la pureté de l'orthodoxie, assimiler aux vérités dogmatiques des opinions librement controversées ; ce sont là des questions oiseuses et conjecturales, qui ne doivent point usurper la place du véritable enseignement catholique. A l'Eglise seule appartient le privilége, en ce qui touche à la foi, de décider ce qui est certain ou douteux. On s'interdira les histoires contestables ou apocryphes, fondées sur des ouï-dire qu'adopte la crédulité sans contrôle, et que l'amour du merveilleux propage en les amplifiant. Il en est de même des révélations, des apparitions et des accès extatiques qui se produisent surtout chez certaines femmes, et qu'on n'accueillera jamais qu'avec la plus grande défiance.

Les miracles de l'ancien et du nouveau Testament, réunis à ceux de tous les saints dans les différents siècles, et dont la certitude et le caractère surnaturel sont parfaitement constatés, fournissent une ample matière au prédicateur, soit pour affermir la foi, soit pour édifier la piété; conformément à la règle sagement établie par le Concile de Trente, on n'en proclamera aucun qui ne soit avéré et authentique (1). En cette matière si

(1) *Nulla etiam admittenda esse nova miracula, nec novas reli-*

délicate, le faux ferait douter même du vrai. Assurément, le bras de Dieu n'est pas raccourci, et quoique les prodiges ne soient plus nécessaires à la consolidation de son Eglise, il serait téméraire et impie de lui dénier maintenant un pouvoir dont il a toujours usé pour glorifier les justes, convertir les pécheurs et soulager les infortunes humaines. Mais il faut savoir distinguer avec évidence un fait résultant de l'intervention divine, d'un fait uniquement produit par la nature ou par l'art (1). On comprend de quelle importance il est de ne point ébranler, par des publications prématurées et

*quias recipiendas, nisi eodem recognoscente et approbante episcopo, qui, simul atque de iis aliquid compertum habuerit, adhibitis in concilium Theologis, et aliis piis viris, ea faciat quæ veritati et pietati consentanea judicaverit.* (Conc. Trid. sess. XXV.)

(1) Guérir surhumainement, contre toute espérance et toute probabilité raisonnable, contre tous les calculs de la science et de l'art, c'est là surtout ce qui constitue le miracle. Dès qu'il est constaté que des guérisons de ce genre ont eu lieu, et que l'évêque, après information, se prononce pour l'affirmative, on peut, on doit même les publier pour faire éclater la puissance et la bonté de Dieu. Mais la constatation matérielle du fait et son appréciation morale commandent une exquise prudence. La réunion de trois circonstances peut faire considérer une guérison comme miraculeuse : 1° quand elle est soudaine et tout à fait extraordinaire dans la manière de se produire ; 2° quand il n'y a eu que des moyens spirituels employés, tels que prières, neuvaines, messes, communions, pèlerinages ou autres pratiques approuvées par l'Eglise; 3° quand les maladies étaient auparavant invétérées, désespérées des hommes de l'art; tel est l'état des boiteux, des aveugles et des sourds-muets de naissance, des paralytiques, de ceux qui ont quelque membre desséché, complétement atrophié ou cancéreux; ou bien quand il y a des lésions organiques physiquement constatables, c'est-à-dire, visibles et tangibles. La puissance de l'imagination et de la sensibilité nerveuse n'opère point de si prodigieux effets, et ne rétablit pas soudain des organes détruits ou profondément altérés. De pareils faits relèvent de l'ordre surnaturel, et ne sauraient être le résultat d'une confiance enthousiaste, quoique celle-ci puisse imprimer au système

imprudentes, la foi même aux miracles fondamentaux de la religion.

Ces considérations sommaires sur la vérité doctrinale et sur l'obligation de prêcher complétement l'Evangile, ne sont pas certes une excitation au faux zèle qui se déchaînerait aveuglément dans la chaire de vérité, et qui, voulant écraser toutes les erreurs et extirper tous les vices dans un temps donné, ne ferait qu'une folle croisade contre la sagesse et le bon sens. Chaque chose a besoin d'être dite, mais à propos et de la manière la plus favorable aux résultats qu'on en espère. Dans la prédication, en un mot, la discrétion est le complément indispensable de la vérité. Il est, par exemple, plusieurs points de morale, comme la compensation occulte et le vol dans l'extrême nécessité, qu'il vaut mieux passer sous silence que traiter, à cause de l'abusive extension qui pourrait en être la conséquence (1). Il y aurait

nerveux un ressort, un ton de vitalité capable de ranimer pour quelque temps la nature défaillante.

Il suit de là que si l'on ne peut quelquefois méconnaître le sceau de l'intervention divine, on aurait tort néanmoins d'attribuer à cette intervention toutes les guérisons phénoménales et merveilleuses. Il faut, avant tout, que le double fait de la maladie et de la guérison soit certain et incontestable; ensuite que le mal soit réputé, de sa nature, incurable; que la médecine ou la chirurgie y aient échoué, ou qu'on n'ait même osé tenter aucun moyen curatif. Un fait revêtu de ces caractères d'authenticité et d'évidence, porte à l'instant la conviction dans les esprits; mais, s'il y a quelque sujet de douter ou de contester, le clergé doit se mettre en garde contre l'ignorance populaire, l'amour du merveilleux, le compérage, la collusion, la jonglerie, la superstition, et les mystérieuses pratiques du magnétisme animal.

(1) La loi civile n'admettant pas le principe de la compensation, ni du *furtum in extremâ necessitate*, il en résulte qu'un prêtre qui aurait l'imprudence de le hasarder en chaire, s'exposerait à des poursuites judiciaires, sous la prévention d'atteinte à la morale publique. Excu-

souvent aussi de graves inconvénients à parler en chaire du sixième précepte. On se contentera, en général, de préconiser la sublime vertu de pureté et de stygmatiser le vice contraire, sans faire l'énumération des péchés commis dans le mariage ou le célibat. Ces matières sont exclusivement réservées *ad forum pœnitentiæ*, et, là encore, ne doit-on les aborder qu'avec une grande réserve.

La vie de quelques saints offrant parfois des actes de vertu extraordinaires, et dès lors plus admirables qu'imitables, il convient, pour ne pas donner prise aux railleries de l'impie ou aux sarcasmes du libertin, de ne les jamais rappeler à l'attention des assistants; agir différemment ce serait, selon l'expression même du Sauveur, jeter des perles aux animaux immondes.

On ne réussit à bien traiter certains sujets contradictoires en apparence, qu'autant qu'on les circonscrit dans des limites claires et précises: par exemple, si l'on peint sous de vives couleurs la justice de Dieu, on est exposé à faire douter de sa miséricorde, et réciproquement, si l'on exalte sa miséricorde, on peut faire oublier sa justice. En parlant de l'excellence des dispositions requises pour la digne réception de l'Eucharistie, on poussera peut-être involontairement les fidèles à déserter le banquet sacré, et, en recommandant la communion fréquente, on court risque de diminuer le respect dû à cet auguste sacrement. Ainsi des sermons sur la grande affaire du salut: selon les uns, rien de plus facile, selon les autres, rien de plus difficile et de plus rare; nous

sables aux yeux de la religion, qui regarde la conservation de la vie comme un bien d'un ordre supérieur à celui de la propriété, ces sortes de soustractions ne sauraient être ni justifiées, ni autorisées du haut de la tribune sainte, à raison des dangereuses interprétations de l'ignorance ou de la mauvaise foi.

en disons autant de l'accord de la raison et de la foi. Or, ces antilogies ne sont que le résultat de l'exagération du prédicateur dans l'un ou l'autre sujet, ou d'un manque d'explications suffisantes (1). Il faut avoir assez de lumières et de modération pour choisir le sage milieu où la discrétion s'embrasse avec la vérité.

Ces détails indiquent suffisamment combien sont nécessaires le discernement, le tact et le bon sens pratique, pour faire fructifier l'Evangile par le ministère de la prédication.

Enfin, la parole de la chaire devra toujours concorder avec celle du confessionnal, si l'on veut que les peuples n'envisagent point la tribune sainte comme un théâtre et le prêtre comme un acteur.

## HUMILITÉ DU PRÉDICATEUR. — FUITE DE LA VAINE GLOIRE.

Le vain désir de l'honneur et de la gloire est, pour l'homme qui remplit un rôle public, la plus séduisante de toutes les passions. Aussi ne visant qu'à conquérir la palme de l'élo-

(1) Les prédicateurs passent, en général, pour si grands amplificateurs, que leurs exagérations en sont devenues proverbiales. Un curé fait-il le panégyrique d'un patron, c'est, à l'entendre, le prototype de la perfection, le premier des saints du paradis; parle-t-il d'une vertu ou d'un devoir, toujours cette vertu est la plus sublime et ce devoir le plus important de la religion; vient-il à tonner contre un vice, aucun, selon lui, n'est plus énorme, plus flétrissant, plus damnable; en un mot, le superlatif est constamment pour lui l'expression favorite. Ce langage hyperbolique n'aboutirait, on le comprend, qu'à jeter l'incertitude dans les intelligences, la méfiance dans les cœurs, et à substituer peut-être, en définitive, à la sérénité de la foi les pénibles fluctuations du scepticisme.

quence, les orateurs de Rome et d'Athènes s'enivraient-ils des applaudissements qu'on leur prodiguait. Mais, excusables sous l'empire du paganisme qui avait divinisé l'orgueil, ces jouissances, si flatteuses pour le cœur humain, deviendraient périlleuses et souvent criminelles sous une religion fondée par son adorable auteur sur l'abnégation de soi-même. Doit-il céder aux inspirations de l'amour-propre, et viser, dans l'exercice de son ministère, à la réputation et aux dignités, celui dont la mission est d'enseigner, non moins d'exemple que de parole, l'humilité et le détachement des choses terrestres?

Malheur aux prêtres qui, au lieu de prêcher Jésus-Christ, se prêcheraient eux-mêmes, et qui, plus jaloux de conquérir une brillante renommée que d'enrôler des âmes sous l'étendart de la croix, profaneraient la sainteté de la chaire en faisant du trône auguste de l'Evangile le siége de leur vanité, le piédestal de leur ambition! Le prédicateur n'est point là pour s'occuper de sa personne ou pour en occuper les autres, ni pour mendier les suffrages de l'auditoire; et, qu'il y songe, en osant substituer la satisfaction personnelle au grand but assigné à ses efforts, il joue son propre salut : *Prædicator qui plausum quærit et non conversionem populi, hic damnabitur*, dit le docte Corneille de la Pierre. Il ne faut pas que jamais on puisse penser du héraut de la parole sainte qu'il travaille *ad amorem laudis propriæ.*

Prêcher pour éclairer l'intelligence et non pour la fasciner, pour émouvoir le cœur et non pour éblouir l'esprit, pour obtenir la conversion des pécheurs plutôt que leur admiration, voilà le devoir de l'orateur chrétien. Que vos plus beaux triomphes, s'écrie saint Jérôme dans son épître à Népotien, soient les larmes et les remords de vos auditeurs : *Lacrymæ audientium plausus sint tui!* L'émotion intérieure et les sanglots des assistants, a dit un saint évêque, honorent plus un prédicateur que les yeux fixes qui le contemplent, que les bouches qui exhalent sa louange, que les mille compliments qui lui servent de cortége.

Voit-on jamais un bon prêtre s'idolâtrer dans la chaire, au lieu d'y faire connaître, aimer et adorer le Dieu de vérité qu'il représente ? non : tout accent qui n'offrirait que le prestige des grâces oratoires, sans enfanter le salut, n'est pour lui qu'une cimbale retentissante dont le bruit, agréable à l'oreille, ne pénètre pas au fond de l'âme. Loin de se mirer avec une coupable complaisance dans l'auréole de ses talents ou de son génie, il courbe humblement le front sous le poids de son propre néant ; loin de savourer avec un avide égoïsme le parfum des éloges prodigués à sa parole, il le fait monter, comme un encens d'agréable odeur, vers l'auteur de tout don parfait, et lui renvoie sans partage l'honneur du succès, n'attribuant qu'à la bonté divine les heureux fruits de sa prédication. A ses yeux simple instrument de la grâce, il s'efforce d'en seconder l'action dans les cœurs : c'est là sa pensée constante, son unique préoccupation. Aussi aime-t-il cent fois mieux exciter la componction de ses auditeurs que leurs vains applaudissements, et les voir frapper leur poitrine dans les élans du repentir que battre des mains aux éclats de son éloquence ; en un mot, immolant sans cesse à la gloire de Dieu la sienne propre, il s'efface complétement pour ne laisser apercevoir que Jésus-Christ dans son ministre, le prêtre dans l'homme, l'apôtre dans le prédicateur. Tel est, tel doit être l'orateur catholique.

## PATIENCE DU PRÉDICATEUR.

C'est la patience, dit saint Jacques, qui conduit l'œuvre à sa perfection (1). Le monde est plein d'honnêtes ouvriers qui travaillent beaucoup et longtemps, sans goûter les fruits de leurs travaux. Le laboureur (2), le soldat, le négociant, l'industriel, le savant, etc., tous s'imposent force peines et privations, en vue d'un dédommagement qu'ils n'obtiennent qu'après de longues années et, souvent même, pas du tout. En serait-il autrement du prêtre? non, sans doute; et il se méprendrait étrangement, il ferait preuve d'une complète ignorance du cœur humain, celui qui se promettrait une prompte réussite dans tout ce qu'il entreprend pour la glorification de l'Eglise et le salut des âmes. Il faut donc s'attendre à un considérable déchet de la semence évangélique, dont il ne tombe au plus qu'une partie sur la bonne terre (3). Or, plus est ardent le zèle du prédicateur, plus il souffre de voir ses tentatives frappées d'insuccès, plus aussi risque-t-il de succomber à l'impatience et au découragement. Encore est-ce ici la supposition la plus favorable; car à côté du dévouement au bien se trouve quelquefois l'amour-propre, dont la tendance est de faire de la cause de Dieu la cause de l'homme, d'enfanter le dépit, et d'insinuer secrètement que des efforts vains et des soins inutiles ne sauraient être des devoirs. Tel prêtre débute dans la carrière pastorale avec la conviction que personne ne résistera à l'entraînement de sa parole, et qu'il va convertir sa paroisse tout entière : lorsque la triste réalité vient

(1) *Patientia opus perfectum habet.* (Jac. 1, 4.)
(2) *Agricola expectat pretiosum fructum terræ.* (Jac. 5, 7.)
(3) *Aliud cecidit in terram bonam.* (Marc. 4, 8.)

dissiper ces illusions par trop candides, il se livre à d'éternelles plaintes sur la stérilité de sa prédication, déclame contre la perversité humaine et l'endurcissement de ses ouailles rétives et infidèles; ou bien, tombant dans un état de langueur et de marasme, il se résigne, de guerre lasse, à voir, d'un œil indifférent, couler à ses pieds le torrent de la corruption. Voilà une dangereuse tentation contre laquelle on ne peut assez se prémunir. La peine et la sensibilité sont assurément permises : il faudrait même plaindre celui dont le cœur resterait impassible en face des scandales qui désolent la terre; mais le dépit et l'abattement seraient condamnables, et c'est avec le puissant secours d'une patience à toute épreuve qu'on en triomphera finalement : *Omnia vincit constantia.*

De nombreux motifs viennent aider le prédicateur à ne point défaillir à la vue du peu de fruits qu'il opère. La prédication est une protestation permanente, sur tous les points du monde, contre l'erreur et le vice. Cette protestation, qui exista dans tous les âges, entre dans le plan de la Providence, soit pour rendre inexcusables les pécheurs au jour du jugement, soit pour opposer une barrière aux crimes et aux dérèglements publics. Noé, en construisant son arche, a protesté cent ans contre l'effroyable corruption du genre humain; Josué et Caleb ont protesté contre les murmures des Israélites; Elie a protesté contre l'idolâtrie de Baal; enfin J.-C. et ses Apôtres ont protesté contre le monde, et ils l'ont subjugué par la patience. Depuis dix-huit siècles l'Eglise continue ce noble ministère par l'organe de ses prêtres, et si elle n'a pas toujours vaincu les âmes par l'ascendant de la vérité et de la vertu, du moins a-t-elle empêché le mal de prescrire. C'est quelque chose que la voix d'un homme juste, armé de la foi; comme celle des prophètes, elle peut tenir en échec un peuple tout entier, et l'arrêter sur la pente de la dépravation ou de l'apostasie; mais quand cette voix ne trouverait nul écho, n'est-ce pas une œuvre grande et méritoire en elle-même de s'opposer, comme un mur d'airain, à l'envahissement des désordres? J.-C., notre adorable modèle, a-t-il fait dans la Judée un bien proportionné à ses peines, à ses sacrifices et à sa puissance?

D'ailleurs, à la perpétuité de nos misères, le Seigneur a voulu opposer la perpétuité de la mission évangélique; tout homme chargé du soin des âmes doit prendre sa part dans ce précepte divin: *Euntes, docete*. Or, l'enseignement de l'Eglise est avant tout et par dessus tout un enseignement oral: là gît précisément le ministère du prêtre; Dieu lui demande les efforts et non les succès; la prédication, non la conversion: *Curam, non curationem, exigit Deus*. Une longue série d'instructions semblât-elle donc infructueuse, ce ne serait pas pour le zèle une raison de se ralentir: un fleuve suspend-il son cours, parce que personne n'y vient puiser? l'eau des fontaines cesse-t-elle de couler, dès qu'on cesse d'y étancher sa soif? Ainsi doit agir un curé, qui, lors même qu'il prêcherait dans le désert, ou sans être écouté, ne remplira pas moins fidèlement sa glorieuse tâche. Des soins assidus et empressés, fussent-ils en pure perte, seront toujours agréables au souverain remunérateur, qui saura nous tenir compte de nos intentions et de notre bonne volonté. Certes, il mérite beaucoup le pasteur qui reste à son poste, travaillant avec ardeur et constance, bien que sans profit et sans consolation: il ne doit se décourager, ni des obstacles qu'il rencontre sur sa route, ni de l'apparente inutilité de son dévouement; quoiqu'il arrive, il aura au moins prêché l'Evangile et contribué de tout son pouvoir à sa propagation. Qui oserait dire, après tout, que ses prédications ne sont salutaires pour personne? Dieu seul voit le fond des cœurs, et c'est souvent quand nous croyons avoir peu fait que nous avons fait beaucoup : une multitude d'exemples le démontreraient au besoin.

Il y a bien des degrés dans la conversion comme dans la dépravation. Si vous n'amenez pas d'emblée jusqu'au confessionnal et au pied du tabernacle tous les hommes égarés, pensez-vous n'avoir absolument rien obtenu? Vous avez déposé dans leur âme un germe fécond; laissez-le croître et mûrir, et vous serez étonné quelque jour des fruits heureux qu'il aura produits. Respectons donc les secrets de Dieu, et soyons persuadés qu'il agit toujours, quand bien même son action ne se manifesterait pas d'une manière visible et soudaine. Demander, pour apprécier les succès d'un orateur, combien de pécheurs se sont confessés après le sermon ou la station, c'est proposer une question téméraire et peu sensée. Il n'y aura pas, si l'on veut, pleine récolte ; on ne semblera que glaner dans le champ du Seigneur; mais qu'importe? Le laboureur ne renonce point à cultiver ses terres, n'eût-il pas fait année complète; il s'encourage dans la pensée consolante qu'une seule abondante moisson le dédommagera de toutes ses pertes. Si, de prime abord, la parole divine n'atteint pas entièrement sa fin auprès de tous ceux qui l'écoutent, au moins répandra-t-elle la lumière dans les esprits, de bons désirs et de pieux sentiments dans les cœurs, des remords salutaires dans les consciences; elle soutiendra les justes, réchauffera les tièdes, ébranlera les impénitents, et lancera quelque trait vainqueur dans l'âme des incrédules. Parmi les gens les plus adroits à la chasse ou à la pêche, en est-il un seul qui prenne tout le gibier d'une forêt, ou tout le poisson d'une rivière (1)?

(1) Il ne faut pas, — dit saint Chrysostome, — se rebuter de l'apparente inutilité des sermons. On ne doit point compter retirer du

Et certes, n'eût-on pas conquis à Dieu un grand nombre d'âmes, n'est-ce rien de défricher, d'ameublir, d'ensemencer le terrain, et de le remettre ainsi bien préparé entre les mains d'un successeur? Il n'est donné qu'à peu d'hommes de conduire à terme toutes leurs entreprises. Nous avons beau nous agiter, nous laisserons toujours une rude tâche à ceux qui viendront après nous. C'est ce que le Sauveur nous fait entendre par ces paroles : Je vous ai envoyés récolter ce que vous n'avez point semé; d'autres ont travaillé, et vous avez seuls joui de leurs labeurs (1). Telle est la marche générale des choses; ainsi le veut la divine Providence, dans le but de nous tenir en garde contre le double danger de l'égoïsme et de la présomption.

Une dernière considération doit soutenir le pasteur alarmé de la stérilité de sa prédication : la récompense est promise, non pas au nombre des conversions, mais à l'activité et à la constance de notre zèle. C'est à la longanimité et à la persévérance qu'un François de Sales, un Vincent de Paul et tant d'autres saints, furent redevables des fruits immenses qui couronnèrent leurs travaux; pour n'atteindre

désordre, en un jour, tous les hommes vicieux; n'en eût-on touché que dix, que cinq ou même qu'un seul, cela ne suffirait-il pas pour nous consoler? Je dis plus, — poursuit le saint docteur, — quand nous n'aurions fait impression sur aucun, notre exhortation ne saurait être regardée comme tout à fait stérile : car, bien que plusieurs retournent au péché, ce n'est pas avec la même hardiesse qu'auparavant; et il y a là un germe de conversion et de salut. Une autre raison qui soutiendra la patience du prédicateur, c'est que, s'il ne parvient pas à persuader aujourd'hui, peut-être y réussira-t-il demain ou dans quelque temps. Souvent le pêcheur, après avoir inutilement jeté ses filets pendant une journée entière, ne prend que vers le soir et au moment du départ le poisson qui l'avait amusé et sur lequel il ne comptait plus.

(1) *Ego misi vos metere quod vos non laborastis.* (Joan. IV, 38.)

pas les mêmes résultats, nos pieux désirs et notre dévouement n'en seront pas moins appréciés du scrutateur suprême des cœurs, et, pourvu que nous n'ayons point paralysé le ministère du prêtre par les vices de l'homme, nous pouvons prétendre au glorieux salaire réservé dans le ciel aux ouvriers évangéliques. Que cette rassurante perspective s'offre sans cesse à nos regards, et jamais nous ne tomberons dans le découragement. Mais, soit que le sol s'ouvre sans trop d'effort au soc de la charrue, soit qu'il se montre ingrat à la culture, songeons qu'au Créateur seul appartient la fécondité, et que c'est à lui dès lors qu'il la faut demander. L'orateur chrétien se jettera donc au pied du crucifix pour supplier le Seigneur de répandre sur ses labeurs la rosée des célestes bénédictions; il s'adressera à Dieu avant de parler aux hommes : *Sit orator antequàm dictor*, dit saint Augustin. En vain, sans l'intervention divine, préparerait-il la terre et y sèmerait-il le bon grain : que pourraient espérer le vigneron et le laboureur, si le soleil et la pluie ne venaient fertiliser leurs sillons? *Nequè qui plantat est aliquid, nequè qui rigat, sed qui incrementum dat Deus.* Rien de plus propre que la prière à obtenir les succès que l'on désire, ou à prévenir l'abattement, à retremper le courage et à soutenir la résignation, quand ces succès sont refusés à notre parole.

Nous ne saurions mieux terminer cet exposé qu'en citant les remarquables observations du cardinal Maury, concernant les dégoûts qui se rencontrent dans le difficile ministère de la prédication.

« Ces dégoûts sont amers sans doute : il faut cependant les surmonter. Quand même nous ne parviendrions dans cette pénible carrière qu'à procurer du soulagement à une seule famille abandonnée, à ramener un seul homme pervers dans les sentiers de la vertu, à éteindre la fureur de la vengeance dans les profondeurs d'un cœur ulcéré, à préserver un seul malheureux du désespoir, à épargner enfin un seul crime à la terre, que faudrait-il de plus pour animer notre ardeur? Quelle âme honnête et chrétienne ne serait enflammée par une si encourageante perspective? Nous aurions rempli notre vocation, en nous rendant utiles à nos semblables. Nous serions dédommagés de toutes nos fatigues et de tous nos sacrifices par leurs progrès dans le bien, autant que par la certitude de leur bonheur qui serait notre ouvrage. Le doux souvenir des travaux de notre jeunesse viendrait récréer un jour la solitude de nos vieux ans; et quand la mort s'avancerait ensuite pour fermer nos paupières, nous pourrions dire avec confiance au juge suprême dont nous aurions publié les lois : « Grand Dieu! j'ai semé ta parole sainte sur un » champ stérile où la rosée du ciel est venue lui prodiguer » les plus heureux accroissements. Tu m'avais donné tes » enfants à instruire : je te bénis de m'avoir choisi pour les » rendre meilleurs. Souviens-toi de toutes les grâces que tu » as répandues sur ton peuple par le canal de mon ministère. » Les larmes que j'ai essuyées, ou que j'ai fait couler en ton » nom, sollicitent en ce moment grâce à ton tribunal pour celui » qui, en te prêtant sa voix, y mêla si souvent les siennes » propres. Heureusement pour le genre humain, ce tribunal » si redoutable est une croix, c'est-à-dire une source iné» puisable de charité, un autel d'expiation, un trône d'amour, » un signe sacré de salut, un trésor public d'espérances. O » mon Dieu! ô mon père! j'ai été l'organe et l'instrument » de ta clémence : ne me réduis donc pas moi-même à ta » seule justice, et n'écoute plus en me jugeant que ton infinie » miséricorde. »

## EXAMEN DE PLUSIEURS QUESTIONS IMPORTANTES RELATIVES A LA PRÉDICATION.

### MANIÈRE DE PROCÉDER DANS LA PRÉDICATION.

En toutes choses, pour savoir comment il faut procéder, on doit considérer le point de départ, le but auquel on veut atteindre et les moyens d'y parvenir. En s'astreignant à cette courte formule de sagesse, le prédicateur ne s'exposera pas à échouer par l'effet d'un zèle intempestif.

*Point de départ.* — Ici, le point de départ c'est la situation intellectuelle et morale de l'auditoire. Sous ce rapport, il y a bien des nuances qu'il importe de saisir. L'ignorance, l'erreur, l'indifférence ou l'impiété, la corruption, ou quelques désordres spéciaux, peuvent régner dans une paroisse à des degrés divers et depuis un temps plus ou moins long : là devra naturellement se porter l'attention d'un curé désireux de savoir ce qu'il est le plus à propos de dire en chaire. La diversité des caractères, les dispositions particulières de chaque localité à l'égard de la religion, seront aussi pour lui l'objet d'une étude sérieuse. Pasteur, il examinera avec soin, selon l'expresse recommandation du Saint-Esprit, l'état de son troupeau : *Diligenter agnosce vultum pecoris tui*, est-il écrit au livre des Proverbes ; médecin, il s'attachera à bien connaître les maladies spirituelles de tous ceux qu'il est appelé à guérir ; ouvrier dans le champ du Seigneur, il lui est indispensable d'apprécier la nature des différents sols, pour en varier la culture. Ces diverses considérations faisaient dire à M. de La Motte, évêque d'Amiens, qu'en arrivant dans sa paroisse un curé *doit être tout yeux et tout oreilles*. Beaucoup voir, beaucoup écouter, parler ensuite, telle est en trois mots la marche dictée par la prudence et le véritable intérêt des âmes.

Si donc les paroissiens sont indifférents ou sans croyances, à plus forte raison s'ils sont imbus de préjugés antireligieux, le prédicateur n'ira pas ouvrir sa carrière par l'enseignement des devoirs les plus pénibles et des pratiques les plus incommodes (1). Sans doute, c'est pour le pasteur une stricte obligation de devancer ses brebis par la perfection de sa doctrine et de ses exemples : *Antè eas vadit* (2); mais encore doit-il les prendre où elles sont, et ne pas se tenir à une telle distance qu'elles n'entendent ou ne comprennent plus sa voix. Débutez avec moins de vivacité que de lenteur, avec plus de patience que de précipitation. Si vous menez l'œuvre du salut des âmes comme une *course au clocher*, personne ne vous suivra, vous serez obligé de revenir sur vos pas et, pour avoir été trop vite, vous n'arriverez au terme qu'après ceux qui vont plus lentement. Ici, comme en beaucoup d'autres cas, la nature nous servira de guide : donne-t-on à un nouveau-né la forte nourriture de l'âge viril (3) ? Ce n'est qu'à un peuple déjà croyant qu'on peut dévoiler toutes les observances de la loi nouvelle ; on risquerait de révolter une paroisse infidèle en voulant l'astreindre, sans initiation préalable, aux prescriptions les plus rigoureuses.

(1) Voir au Tome Ier le chapitre XXV, où le point que nous traitons ici se trouve envisagé déjà sous ses faces principales.

(2) Joan. 10, 4.

(3) *Adhùc multa habeo vobis dicere ; sed non potestis portare modò.* (Joan. 16, 12.) — *Lac vobis potum dedi, non escam ; nondùm enim poteratis.* (1 Cor. 3, 2.) — *Æmulamini charismata meliora; et adhùc excellentiorem viam vobis demonstro.* (1 Cor. 12, 31.)

S'étudiant à calquer sa conduite sur cette règle, un curé exposera d'abord l'excellence et la sublimité de la religion, pour la rendre intéressante et aimable aux gens qui ont le malheur de la méconnaître ; puis il en démontrera l'utilité, la haute importance pour le bonheur temporel des familles et des sociétés, de manière à convaincre les auditeurs qu'il y a pour eux, ici-bas même, avantage et profit à la pratiquer fidèlement ; ensuite, après en avoir posé les bases, il développera, pour établir sa divinité, les preuves les mieux adaptées à l'intelligence des assistants. Ces préliminaires une fois accomplis, c'est alors seulement qu'il pourra tenter des réformes, dérouler le tableau des principales vertus et des grands devoirs du christianisme; marchant à pas mesurés et sachant toujours s'arrêter à propos, afin de ne point décourager de faibles chrétiens par les exigences d'une morale trop parfaite pour eux. Tel est aujourd'hui, en maintes localités, le procédé le plus sage pour ramener les peuples dans nos temples, et les rattacher à la religion. Ainsi, on évitera de livrer nos mystères augustes et les perles de notre foi aux grossiers sarcasmes d'un public sans croyances (1).

Bien que la morale soit si importante de sa nature, puisqu'elle embrasse et règle toutes les actions humaines, son enseignement, comme nous l'avons insinué ailleurs, ne doit venir qu'à la suite du dogme, d'où elle découle comme la conséquence d'un principe. On se conformera plus facilement aux préceptes quand on croira aux vérités qui en sont la sanction. A quoi servent toutes ces maximes pompeuses qui n'ont pas la foi pour appui ? Ont-elles jamais changé un seul cœur, ou redressé un seul penchant? Pour

(1) *Neque mittatis margaritas vestras antè porcos.* (Math. 7, 6.)— *Animalis homo non percipit ea quæ sunt spiritûs Dei.* (1 Cor. 2, 14.)

déterminer les hommes à agir, il ne suffit pas de leur dire : Voilà ce que vous devez faire ; il faut encore leur montrer par quels motifs ils le doivent. Du reste, ce n'est qu'avec des auditeurs instruits qu'il convient de procéder par voie de discussion et de raisonnement; avec ceux qui ne le sont pas, c'est par voie d'affirmation.

S'adresse-t-on à une population religieuse et bien disposée, mais ignare et grossière, au lieu de discourir inutilement sur les preuves de la foi, on se contentera d'une exposition simple, claire et précise des grandes vérités qu'elle enseigne, de celles surtout dont la connaissance est nécessaire pour être sauvé, et l'on fera en sorte qu'aucune âme ne périsse par ignorance des dogmes fondamentaux.

Voici un peuple qui n'est ni incrédule, ni dépourvu d'instruction ; mais il est vicieux, adonné à la vie mondaine, ami du plaisir, de la bonne chère, de la débauche, s'arrangeant à sa manière un petit code évangélique en harmonie avec ses habitudes épicuriennes : dans ce cas, point de controverses ni de longues dissertations ; bornons-nous à saisir l'auditeur dans l'état où il se trouve, pour l'élever, sans choc ni secousse, à une conduite sincèrement chrétienne, en lui faisant comprendre que vivre selon la chair c'est s'exposer à une fin prématurée, suivie de la mort éternelle (1). Alors même, toutefois, se gardera-t-on d'annoncer les voies les plus ardues de la sainteté, de prêcher la pénitence hérissée de cilices, de jeûnes, de privations de tout genre, et de représenter la pratique de la vertu comme un acte d'héroïsme si rare, le salut comme une chose tellement difficile, ou le nombre des élus comme si restreint, que le pécheur abattu,

(1) *Si secundùm carnem vixeritis, moriemini.* (Rom. 8, 13.) — *Qui seminat in carne suâ, de carne et metet corruptionem.* (Galat. 6, 8.)

consterné, renvoie de dépit les observances chrétiennes à la vie claustrale, et s'enfonce encore plus bas dans le bourbier du vice: quand le chemin du ciel lui paraît si raboteux, si impraticable, il désespère de pouvoir le suivre, et se dispense d'y entrer. Nous ne répéterons pas ici les trop justes reproches adressés à certains sermons de l'illustre émule de Bourdaloue, empreints, comme on sait, d'une exagération décourageante. Afin de ne se point heurter à cet écueil, on évitera ou du moins on ajournera les peintures terribles, et, pour inculquer plus efficacement les vérités et les obligations capitales du christianisme, on s'arrêtera peu aux menus devoirs ou aux pratiques de pur conseil, ne perdant jamais de vue que si la crainte du Seigneur est le commencement de la sagesse, l'amour en est la perfection et la consommation.

Pour tout ce qui concerne la manière de procéder, relativement aux dispositions des auditeurs, il est bon de lire et relire souvent la troisième partie du Pastoral de saint Grégoire, où se trouvent exposés sur ce point les détails les plus intéressants.

*But.* — La seconde chose à considérer, c'est la fin qu'on a en vue. Or le but général de la prédication étant la sanctification des âmes sur la terre et leur éternelle béatitude dans le ciel, et se trouvant dès lors commun à tous les discours, ce n'est point par là qu'on les diversifie; mais comme on ne saurait arriver à ce résultat final sans parcourir une série de degrés intermédiaires, différentes voies s'ouvrent devant le prédicateur pour le conduire au terme qu'il veut atteindre. Selon qu'on parle à des âmes pécheresses, ferventes ou tièdes, on peut se proposer, ou de louer les saints, et, par leurs exemples, d'exciter à la vertu, ou de ressusciter la crainte des jugements de Dieu, ou de réchauffer le feu sacré de son amour, ou de consoler des cœurs affligés par le malheur et tourmentés par la tentation. C'est donc là un vaste champ à exploiter, et si le prêtre est appelé à bégayer avec les petits l'enseignement rudimentaire de la religion, il ne l'est pas moins à parler quelquefois le langage de la sagesse au milieu des doctes et des parfaits : pour bien remplir cette double tâche, il devra, par la hauteur et la clarté de ses pensées, par le charme et la variété de sa parole, en un mot par la souplesse de son talent, s'accommoder à tous les genres d'auditoires et de sujets. Ainsi il sera tour à tour élevé, savant, simple, onctueux, doux ou sévère, familier ou sublime, populaire ou mystique, sans cesser jamais d'être noble et digne, conformément au précepte de saint Paul : *Nemo te contemnat.*

*Moyens.* — Les moyens à employer seront aussi pour le prédicateur l'objet d'une attention d'autant plus sérieuse que de là surtout dépend le succès de sa mission. Ces moyens sont positifs ou négatifs, directs ou indirects, selon qu'ils consistent à faire une chose ou à s'en abstenir, à suivre tel procédé ou à éviter tel autre : ceux-ci ayant été signalés déjà précédemment et devant l'être encore d'une manière toute spéciale à la fin du chapitre, bornons-nous à esquisser brièvement ceux-là, lesquels, au reste, résultent de la contexture même de cet article, ainsi que de l'ensemble du livre.

Le premier de tous, celui que dictent de concert l'expérience et la raison, c'est de revêtir la religion, dont on a l'insigne honneur d'être l'organe public, de toutes les formes les plus propres à faire accueillir ses dogmes, goûter sa morale, pratiquer ses préceptes, et d'élever insensiblement jusqu'à sa hauteur les cœurs et les esprits, en leur montrant que les hommes vertueux et foncièrement chrétiens sont toujours, même dès ici-bas, les plus heureux.

Est-on d'avance instruit de l'existence de certaines préventions dans l'auditoire, on s'appliquera d'abord à les détruire, mais en procédant avec mesure et sagesse, afin de ne point empirer le mal au lieu de l'extirper. Opiniâtre et tenace en lui-même, le préjugé devient, dans les intelligences bornées, comme une seconde nature : aussi vaut-il mieux, quand il ne porte que sur des choses accessoires, lui laisser trève et paix, que perdre en luttes infructueuses un temps précieux, digne d'un meilleur emploi.

Un point non moins important, c'est de proportionner l'enseignement oral aux facultés des assistants, dont la mémoire demande à n'être point surchargée ; les vérités ne pénètrent dans les âmes simples et ignorantes, que par parcelles et à petites doses, et ce n'est qu'après des années entières qu'elles brillent de leur plein jour. A mesure que se développera en eux la connaissance des choses de Dieu, ils s'apprivoiseront avec l'exacte observance d'une religion qu'on saura leur rendre aimable et chère ; car de l'amour à la pratique le trajet n'est pas long. A l'imitation de saint Jean Chrysostome qui attaquait les vices en détail, ne cessant point d'en combattre un qu'il ne l'eût tout à fait exterminé, ou du moins notablement affaibli, il nous faut établir graduellement le règne des vertus, et renverser Babylone avant de bâtir Jérusalem. A la vérité, comme on ne prêche ordinairement que le dimanche, il y a souvent urgence de censurer plusieurs désordres en même temps ; on ne peut se dissimuler cependant qu'assaillir trop d'ennemis à la fois, c'est courir la chance de n'en vaincre aucun.

Les préventions détruites, les idées fausses rectifiées, en un mot, le terrain convenablement déblayé, il s'agit de construire l'édifice. Il serait à désirer, pour cela, qu'au lieu de traiter des sujets isolés et sans liaison intime, on fît un cours complet d'instructions enchaînées et bien suivies. La religion étant une science comme une autre, son enseignement requiert dès lors une méthode parfaitement coordonnée, avec laquelle on saisit l'ensemble et les détails, sans laquelle, au contraire, on n'apprend que peu ou point du tout. Les esprits même ordinaires sont plus accessibles qu'on ne pense au travail de l'analyse, quand il est habilement fait. C'est chose pénible assurément : *Res est perdifficilis, hoc opus, hic labor ;* mais est-ce au prêtre à reculer lâchement devant la peine ou la fatigue ? Et s'il pouvait légitimement s'y soustraire et se dispenser de livrer à ses paroissiens le résultat de ses méditations, pourquoi donc aurait-il été constitué pasteur ? Au reste, c'est surtout dans des conférences ou entretiens d'Avent et de Carême, dans des retraites, des missions ou des catéchismes de persévérance, qu'on a le loisir d'exposer au long toute la filiation de la doctrine évangélique, depuis les fondements jusqu'au couronnement de l'édifice ; le prône hebdomadaire n'y suffirait pas.

Un dernier moyen qu'il est à propos d'employer souvent, c'est le résumé. Si l'on n'a pas le soin de réunir en faisceau les idées développées dans un sermon, l'auditeur court risque de n'en rapporter chez lui qu'un souvenir vague et confus ; tandis que si le prédicateur, avant de quitter la chaire, présente en peu de mots le sommaire de son instruction, des enfants même peuvent le retenir et le répéter à leurs parents, comme nous l'avons maintes fois expérimenté.

C'est sans doute par la même raison, et parce qu'ils sentaient la nécessité d'inculquer fortement certaines pensées dans les esprits, que des maîtres, comme Démosthènes et Bossuet, se sont livrés à de fréquentes répétitions des mêmes morceaux oratoires, intercalés en différents discours. Certes ce n'était de leur part ni distraction, ni stérilité, mais uniquement le besoin de faire entrer dans les âmes, aux coups redoublés de leur éloquence, des idées capitales capables d'ébranler, de terrasser, de transformer ceux qui les écoutaient. L'orateur chrétien aurait grand tort de dédaigner un moyen pratiqué par de si hauts génies avec tant de succès. Ne savons-nous pas, d'ailleurs, que Jean, le bien-aimé disciple, devenu vieux, continuait toujours à être éloquent, quoiqu'il ne fît plus que répéter ces paroles : *Filioli, diligite invicem.*

## CHOIX DU SUJET.

Tous les genres d'éloquence ne conviennent pas à tous les orateurs : *Non omnes omnia possumus ;* car Dieu a départi à chacun de nous un talent spécial. Savoir discerner celui qui s'assortit à notre nature, c'est faire preuve d'un grand sens. Les sujets qui réussissent à un prédicateur d'une âme ardente et d'une imagination vive, ne vont pas à un esprit froid, à une intelligence placide. La Providence destine l'un au genre sublime, l'autre au genre tempéré ou familier, en sorte qu'il est fort restreint le nombre de ces hommes privilégiés, capables de les traiter tous à la fois. C'est donc à nous de consulter notre goût individuel, et de distinguer la forme particulière d'éloquence qui s'y adapte le mieux ; cela fait, nous étudierons les modèles appropriés à nos tendances, afin de nous identifier avec eux.

Il est des prêtres qui, n'envisageant le ministère de la parole que comme une tâche à remplir d'une manière telle quelle, prêchent pour prêcher et se déterminent, en quelque sorte au hasard, dans le choix des matières.

Plusieurs, dans le but peu évangélique de se conformer au goût du siècle, exposent une morale philosophique ou purement humaine, et s'attachent à discourir exclusivement sur les devoirs de la vie civile et les vertus naturelles ou sociales, semblables à des rhéteurs qui se borneraient à ne faire de leurs auditeurs que d'honnêtes païens (1). Combien de curés catholiques prêchent des sermons dont la religion ne forme que l'accessoire, et qui, communs à tous les cultes, pourraient, selon la piquante observation de Maury, être débités au Portique et au Lycée, dans les mosquées de Mahomet ou les pagodes des Indes (2)! Les sujets à traiter en chaire doivent être vraiment religieux et embrasser tous les grands intérêts de l'homme chrétien.

D'autres livrent sans cesse des combats à l'incrédulité devant de pieux fidèles qui, venus dans nos temples pour

(1) Louis XIV ayant ouï parler des succès du Père Le Tourneux, qui faisait grand bruit dans la capitale par ses prédications, demanda à Boileau la raison des étonnantes conversions qu'opérait ce respectable religieux : « C'est, répondit le malin poëte, un homme pieux » qui prêche l'Evangile, et votre Majesté sait combien Paris aime la » nouveauté ! »

(2) J'ai connu un curé qui, pendant le cours de sa vie pastorale d'un demi-siècle, ne prêcha jamais que contre le vol, les anticipations sur les propriétés d'autrui, les disputes, haines ou voies de fait, le cabaret, l'ivrognerie et les procès. Un autre, plus homme du monde que vrai prêtre, n'adoptait pour sujet de ses prônes que l'ordre, la propreté, la tempérance et la frugalité, l'honneur et la réputation, la bienfaisance et l'amitié, avec quelques conseils sur l'économie domestique et rurale, ou même sur l'inoculation du vaccin. Assurément, nous ne prétendons pas ici jeter un blâme absolu sur les ecclésiastiques qui croiraient devoir parfois aborder ces sortes de matières, ni leur interdire d'adresser de tels avis à leurs paroissiens ; car tout ce qui intéresse le bien-être même matériel des peuples, ne saurait rester étranger à notre mission de pasteurs. Mais ne sommes-nous pas apôtres avant tout, évangélistes plutôt qu'économistes ou agronomes, et ne ferait-on pas de l'accessoire le principal en s'adonnant à ce genre insolite de prédication extra-chrétienne?

s'édifier aux grandes solennités du culte, n'y entendent souvent que des dissertations vagues sur l'athéisme et le philosophisme, ou de pompeuses déclamations contre le citoyen de Genève et le philosophe de Ferney. De savantes discussions métaphysiques, des raisonnements abstraits, des preuves inaccessibles au vulgaire, tel est habituellement le programme de leurs discours; comme si ces questions, presque toujours oiseuses, insaisissables et conséquemment inutiles, ne devaient pas faire place aux vérités nécessaires et à la science du salut. Ces hautes controverses peuvent assurément convenir à un auditoire éclairé, à des intelligences d'élite; mais ne serait-il point aussi absurde qu'inopportun de les soulever dans un village, et devant des campagnards qui ne possèdent même pas l'alphabet de la religion?

En principe général, il faut supposer admis la plupart des dogmes et s'abstenir de les prouver aux gens simples et croyants. Avec le peuple, comme nous l'avons dit plus haut, on procèdera par affirmation, et par démonstration avec les savants (1).

Le choix des sujets n'est pas chose indifférente, ni laissée au bon plaisir de chacun; le prédicateur le subordonnera aux circonstances de lieux et de personnes, aux besoins, aux dispositions de l'auditoire auquel il s'adresse et du peuple

(1) J'ai été bien des fois affligé de voir, en chaire, des curés donner les preuves de la Résurrection, réfuter les suppositions de l'enlèvement secret du corps de notre Seigneur par les Apôtres, proposer les arguments les plus captieux contre l'immortalité de l'âme et l'éternité des peines de l'enfer. On ne saurait énumérer les imprudences commises à ce sujet, ni les fâcheux résultats de toutes les objections, que saisit et retient le petit peuple, tandis qu'il oublie ou ne comprend pas, d'ordinaire, les répliques d'ailleurs péremptoires qui leur sont opposées.

qu'il dirige. Les désordres dont la ville est le théâtre se rencontrent rarement dans les campagnes ; les vices des hauts rangs de la société ne sont pas ceux de la classe populaire. La libéralité, l'aumône, le détachement des biens du monde, la tempérance, la nécessité de la pénitence et de lamortification, voilà les vertus à recommander du haut de la chaire aux heureux du siècle. Les égarements contre lesquels on doit tonner devant une assistance composée d'opulents, c'est l'abus de la fortune et des plaisirs, l'excès des jouissances matérielles, le faste, la sensualité et la bonne chère ; tels sont les sujets qu'il est à propos de traiter au sein des localités riches et en présence d'hommes d'une classe supérieure. Dans des paroisses licencieuses et dépravées, on prêchera la pureté et les précautions conservatrices des mœurs (1), le renoncement aux satisfactions coupables, source de tant de chagrins et de misères domestiques et sociales. Aux ouvriers, aux indigents, qui n'ont que du pain et des haillons, c'est la résignation, la patience, la soumission à la divine Providence, qu'il faut surtout suggérer ; on les console admirablement, ces infortunés, en leur proposant les espérances de la vie à venir comme dédommagement aux maux de la vie présente, et comme moyen de sanctification dans leur déplorable état : voilà le texte qui convient spécialement à ces innombrables

(1) Les discours sur la pureté sont fort délicats à traiter en chaire, et généralement il est plus opportun de passer sous silence cette matière scabreuse que de l'entamer. Si, toutefois, on jugeait nécessaire de l'aborder, il conviendrait de recourir au ministère d'un prêtre entouré de la vénération publique. Le peuple supportera un discours sur l'impureté, de la part de ces vieillards qui ont blanchi honorablement à l'ombre du sanctuaire : le même sujet le ferait rougir dans la bouche d'un ecclésiastique à la fleur de l'âge.

artisans et malheureux dont le visage amaigri porte la triste empreinte de la souffrance et du besoin (1).

(1) Certains curés se sont quelquefois montrés bien dépourvus de discernement dans le choix de leurs sujets de prédication et dans la manière de les traiter. J'en ai connus qui s'escrimaient avec un zèle extraordinaire contre le faste, la mollesse, l'amour de la bonne chère, dans des paroisses dont tous les habitants étaient couverts de bure et n'avaient pas même, pour nourriture, cette viande grossière qui alimente partout le menu peuple. Ils ne manquaient pas, à l'ouverture du Carême, de prêcher fort sérieusement la nécessité du jeûne à des ouvriers de fabriques et à de pauvres bûcherons privés de chaussure et de vêtements, pour qui même l'usage du pain était une sorte de luxe. Un homme de qualité vint un jour se plaindre auprès de moi d'un sermon où il prétendait avoir remarqué une personnalité offensante à l'égard de sa femme. Ce discours contenait de virulentes sorties contre les parures, les joyaux et les diamants; or, il n'y avait dans la paroisse que la riche châtelaine qui portât sur elle de si précieux objets. Cependant le bon curé n'avait pas eu la moindre intention de faire aucune allusion même indirecte; son seul tort était un manque de discernement : il avait bonnement copié son prône dans un sermonnaire de cour.

Qu'il nous soit permis, à cette occasion, de faire observer que, dans les campagnes, la censure du luxe est le thème favori d'un trop grand nombre de prédicateurs, dont les discours empreints d'une incroyable exagération aboutissent plutôt, en surexcitant le dépit de ses partisans, à lui lâcher la bride qu'à lui opposer un frein salutaire. Il est, dans le monde, convenons-en, trop de femmes et de filles qui, cédant à cette passion de la vanité en quelque sorte inoculée à leur sexe, se montrent plus enivrées de frivolités et de bagatelles que soucieuses des qualités solides et sérieuses : pour elles la couleur et la forme d'une robe, d'un bonnet, d'une chaussure ou d'un chapeau, sont affaire de la plus haute importance. Sans doute, loin de favoriser ces goûts ruineux et ces dangereuses inclinations, un pasteur s'efforcera de les prévenir et de les arrêter; et, pour y mieux réussir, il fera comprendre à son auditoire féminin qu'une exquise simplicité donne plus de grâce et de charmes à une jeune personne que tous les atours imaginables. Mais il y aurait de sa part une maladresse féconde en inconvénients de plus d'un genre si, après avoir fulminé du haut

## DES PREUVES ORATOIRES.

L'éloquence a pour but non-seulement d'émouvoir, mais encore de convaincre. C'est peu de toucher et d'attendrir, car le sentiment qui n'est point fondé sur des convictions disparaît dès que l'émotion est passée. Or, les preuves servent de base aux convictions et les rendent fortes ou faibles, selon qu'elles sont décisives ou peu concluantes. L'orateur est un athlète appelé à combattre et à dompter les esprits les

de la chaire contre les colifichets et les cheveux tressés ou bouclés, il prétendait encore procéder à la répression de la coquetterie par des refus obstinés d'absolution et de communion. Doit-il s'exposer à bouleverser toute une paroisse pour des causes aussi insignifiantes? Qu'on ne le voie donc jamais, s'érigeant dans la tribune sacrée en inspecteur des toilettes, mesurer ridiculement à ses paroissiennes la largeur des dentelles, la longueur ou l'éclat des rubans destinés à leur parure. Le luxe effréné, l'indécence, l'immodestie, voilà à cet égard ce qu'il lui faut combattre sans relâche, dans l'intérêt des mœurs et de la bourse même des fidèles : hors de là, qu'il laisse généralement à chacun toute latitude de se vêtir à son goût et à sa guise. Toujours capricieuses et variables, les modes ne se transforment-elles pas selon la diversité des lieux et des temps, et n'est-on pas obligé, malgré soi, de les subir au moins à la longue? Tel sermonnaire qui criait, sous Louis XIV, contre les manches étroites et les robes à paniers, eût déployé sa verve, il y a quelques années, contre les manches larges, et anathématiserait aujourd'hui les coupes à la Jeanne d'Arc. Ce qu'il importe, c'est d'obtenir, par des avis pleins de mesure et adroitement ménagés, que personne ne franchisse, en ce point, les limites naturelles de sa fortune ou de son rang social, ni pardessus tout celles d'une sévère décence : en visant plus haut, on dépasserait le but au lieu de l'atteindre, et l'on s'exposerait à de nombreux échecs.

plus rebelles aussi bien que les cœurs les plus endurcis. Un discours dépourvu de preuves serait donc un corps sans âme ou un édifice sans fondements.

En toutes choses, il faut d'abord bien se pénétrer du but auquel on veut atteindre. Celui que se propose le prédicateur est toujours ou religieux ou moral : c'est une vérité à établir, un devoir à proclamer, un préjugé à détruire, un vice à flétrir et à extirper. Ici on a à lutter contre les répugnances de la nature humaine; car, selon la remarque de saint Augustin, l'homme aime naturellement l'éclat de la vérité, mais il en redoute la censure : *Amant homines veritatem lucentem, oderunt eam redarguentem*. L'auditoire est comme l'ennemi qu'il s'agit de vaincre et de forcer, dans la citadelle où il se met à l'abri des coups de l'éloquence chrétienne. C'est en l'enveloppant à l'aide de démonstrations péremptoires, qu'on l'obligera de se rendre; autrement, les traits lancés contre lui n'auront ni force ni portée : *Telum imbelle et sine ictu.*

Il est inutile d'insister davantage sur l'incontestable nécessité des preuves dans le discours; de l'aveu de tout le monde, un sermon, lorsqu'il ne repose point sur une série de propositions bien coordonnées entre elles et conduisant à une conclusion logique, n'est plus, fût-il d'ailleurs parfaitement écrit et débité, qu'une masse de chairs sans muscles et sans os, un ballon gonflé de vent, un pathos ou un fatras d'autant plus sonore qu'il est plus vide, et d'autant moins profond qu'il est plus creux.

Mais, si l'on ne peut se dispenser d'arguments, il importe aussi de les bien choisir; de là en dépend le succès. Il y en a de l'ordre religieux, de l'ordre rationnel, de l'ordre sentimental et de l'ordre historique: quatre mines abondantes toujours exploitées et toujours inépuisables. Ici le point capital est d'en apprécier d'avance la force, la convenance, et l'effet probable sur l'auditoire. Dans l'enseignement de la religion, tout cède à l'autorité, parce que cet enseignement est révélé, et dès lors infaillible : humble servante de la foi, la raison n'a que le second rang. C'est donc dans l'Ecriture, parole sacrée et divine, qu'il faut généralement puiser les preuves qui établissent le dogme et la morale. Le fruit n'est jamais plus sain que sur l'arbre, ni l'eau plus pure qu'à sa source. Mais, quand on évangélise une paroisse incroyante, la raison et l'expérience, alors seules reconnues comme éléments de certitude, doivent intervenir en premier ordre (1). Si, du reste, peu de paroisses sont totalement livrées à l'esprit d'irréligion, il en est malheureusement trop où, dans le mélange, prédomine la proportion des incrédules et des indifférents. De là nécessité de varier les preuves selon les diverses classes d'auditeurs : ainsi se révèle le bon sens et le savoir-faire d'un homme habile. C'est surtout quand on se propose d'établir ou de défendre des vérités fondamentales, que, pour les imprimer fortement dans les cœurs, il faut présenter des raisonnements irréfutables et triomphants. Mais on ne discutera que bien rarement ces grandes vérités en présence des peuples : ils sont généralement convaincus qu'on n'en saurait douter, et cette conviction est chez eux cent fois plus énergique que celle qui résulterait des syllogismes les plus victorieux.

Qu'on ne craigne pas de trop multiplier les preuves à

(1) Loin de dédaigner la raison, on doit y recourir pour assurer les bases de la révélation. Ces deux lumières ont besoin de se prêter un mutuel secours. Avec un adversaire qui n'admet pas l'autorité de l'Ecriture ni celle de l'Eglise, il est indispensable de recourir à la voie de discussion, et de le guider vers la foi par le raisonnement.

l'appui de ce qu'on veut démontrer : le laboureur sème plus de grains qu'il n'en faut, parce que le tout ne lève pas. La variété des esprits répondant à celle des figures, un sermon doit être comme un festin copieux où chacun puisse choisir le mets le plus propre à satisfaire son goût. Faibles, peu concluants et peu nombreux, les arguments soulèveraient peut-être des doutes sur la certitude de nos dogmes, au lieu de les affermir. Si le ministre de la parole n'est pas vainqueur, la vérité paraîtra vaincue au grand détriment de ceux qui l'écoutent. Faisons, à cet égard, une longue étude de nos grands modèles dans l'éloquence de la chaire. L'argumentation de Bourdaloue est pressante, serrée, impitoyable. Tout en couvrant la trame de son discours des fleurs d'une élocution enchanteresse, Massillon n'en est pas moins un modèle de raisonnement. Bossuet, dans ses sermons, est toujours exact, précis, nerveux, appuyé sur l'Ecriture et les Pères; sa logique, ses pensées, sont d'une étonnante profondeur; l'aigle de Meaux plane au-dessus de la région commune des esprits, mais au sein des nuages par-delà lesquels il s'élance, on entend gronder les foudres de l'Evangile sur la tête des incrédules et des pécheurs.

Muni des armes que la religion lui met en main, le prêtre n'usera que sobrement des citations profanes, dans lesquelles ayant le soin de séparer *pretiosum à vili*, il prendra toujours les plus applicables et les plus frappantes : Plutarque, Pline et Sénèque le moraliste ne sont pas des autorités dans la chaire (1). Il faut puiser les faits dans l'Ecriture, l'histoire

(1) A cette question : Faut-il citer les auteurs du paganisme? saint François de Sales répond : *Je dis point du tout, ou si peu que rien. Il ne faut pas mettre l'idole de Dagon avec l'Arche d'alliance.* — A propos des histoires profanes, le saint évêque ajoute : « *Elles sont*

ecclésiastique et la vie des Saints. Le langage de l'exemple est toujours le plus efficace, et une pieuse légende touchera plus l'auditoire que les brillantes périodes d'un discours magnifique. C'est là, d'ordinaire, le meilleur et le plus irrécusable des raisonnements. Les traits édifiants stimulent l'attention, raniment l'intérêt, se gravent au fond des esprits et des cœurs, où ils opèrent sans effort la conviction et la persuasion : une bonne action vaut mieux que dix preuves. Mais on doit bannir de la tribune évangélique, trône auguste de la vérité, toute anecdocte apocryphe et controuvée. Les faits faux ou suspects font douter des véritables, qui seuls édifient. Que notre prédication ressemble à un or épuré sept fois par le creuset, *purgatum septuplùm*.

Après le choix des preuves vient l'ordre de leur classement respectif. Or, on les disposera de telle sorte qu'elles aillent toujours *crescendo*, et qu'on finisse par les plus fortes et les plus irrésistibles, car c'est ce que l'orateur dit en dernier lieu qui reste le plus longtemps dans l'esprit ; puis on les enchaînera l'une à l'autre, selon les principes d'une bonne méthode, sans laquelle on ne composerait jamais un discours solide, concluant, persuasif, capable, en un mot, d'ébranler tous les auditeurs.

Enfin, que les preuves, dans leur exposé, soient claires, neuves et originales ; point de syllogisme ni d'autre genre d'argumentation en forme vis-à-vis du vulgaire. Ce bagage

*bonnes, mais il faut s'en servir comme l'on fait des champignons, fort peu, seulement pour réveiller l'appétit, et alors encore faut-il qu'elles soient bien apprêtées.* » Quant aux anciens philosophes, le principal avantage à relater leurs maximes ou sentences, c'est de faire rougir les lâches chrétiens qui refuseraient de pratiquer des devoirs et des vertus enseignés par des moralistes païens.

de l'école serait déplacé dans la prédication, dont la qualité première est d'être mise à la portée de tous ceux qui viennent l'entendre. Les philosophes eux-mêmes prennent plaisir à voir un orateur bannir les formules scolastiques, et se faire comprendre des petits comme des grands. Entre les raisonnements on choisira donc les plus accessibles à l'esprit des masses; ceux-là sont pour elles mille fois préférables aux axiomes mêmes de la métaphysique. Les proverbes aussi ont beaucoup de valeur lorsqu'on les applique avec sagacité et sans profusion; adages du peuple, ils font plus d'effet sur lui que les autorités les plus décisives: ainsi encore des comparaisons. En résumé, la manière de rendre les arguments saisissables, c'est de leur donner une forme intelligible, populaire et sentencieuse. Quelquefois aussi un trait de ridicule, lancé à propos, réussit mieux qu'une réfutation sérieuse ou de longues et savantes discussions; mais ce moyen étant de sa nature peu en harmonie avec la gravité de la chaire, on ne l'emploiera qu'avec une discrète réserve : ici l'usage touche de près à l'abus.

Tels sont, en matière de prédication, les principes généraux concernant la nécessité, le choix, l'arrangement et l'exposition des preuves oratoires; en s'y conformant on pourra, sans présomption, se promettre des succès, car les hommes ne résistent pas longtemps à celui qui leur apparait toujours armé de la parole divine, d'une raison ferme et d'une érudition bien nourrie. Si le nerf de l'argumentation et la puissance de la dialectique ne suffisent point seuls, toujours est-il qu'on ne saurait être orateur sans cette condition *sinè quâ non*. Celui qui en est dépourvu excitera bien, de temps à autre, les applaudissements de la multitude par des phrases pompeuses et retentissantes; mais ce vain fracas de popularité durera peu et sera tout à la fois, pour le prédicateur, le berceau et le tombeau de sa mémoire : *Periit memoria eorum cum sonitu.*

## PERSUASION.

Le curé basera ses instructions sur les seuls moyens de persuasion, afin de donner à ses paroissiens des habitudes de vertu spontanées et sincères. *La violence ne persuade personne ; elle détourne de la religion et la rend suspecte à bon droit. La vérité et la charité sont deux sœurs divines à qui Dieu a dit : Allez, et ne vous séparez jamais. Telle doit être la prédication de la religion dont l'amour est le sommaire. On cède quelquefois à la force ou à la peur, on plie sous elle, mais elle n'atteint pas la pensée et le cœur* (Lamennais). En matière de foi et de conscience, tout ce que produit la persuasion ou la conviction est bon et solide ; tout ce que la force impose, est mauvais et fragile. Ce n'est point par voie d'autorité et de commandement qu'on inspire les croyances et l'amour de la vertu; pour y réussir, il faut aller à l'intelligence et au cœur : quel succès aurez-vous si les âmes vous échappent ? La contrainte est de la compétence du pouvoir civil; la religion n'a à sa disposition que l'ascendant persuasif. En voulant subjuguer et terrifier les hommes, on ne fait d'eux que des hypocrites ou des esclaves qui brisent bientôt le joug sous lequel on les a courbés. Un prédicateur exclura donc tout système coercitif, pour ne tenir qu'à une soumission filiale et volontaire.

Quel beau spectacle de voir une paroisse entière réunie dans un même esprit par la seule influence de la foi et de la prédication ! On ne sait alors lequel admirer le plus, ou ce peuple faisant solennellement acte de sa raison et de son libre arbitre, en s'élevant ainsi au-dessus de tous les êtres visibles de la création ; ou cet homme lui-même qui, par ses pathétiques accents, fait converger vers un centre commun tant de volontés différentes, qu'aucune autre autorité ne saurait assouplir ou captiver. Aussi le triomphe de l'éloquence a-t-il toujours été regardé comme le plus noble de tous et le plus digne d'ambition.

Mais, sous l'empire de la foi, la parole humaine est radicalement impuissante à produire ce grand résultat ; elle a besoin d'être fortement trempée au foyer des inspirations surnaturelles par l'oraison, l'étude des Livres Saints et une vie tout évangélique. Lorsqu'une séve divine coule du cœur du prêtre dans celui des fidèles, il s'établit entre eux une identité de pensées et de sentiments : sans même se préoccuper du mérite et de l'éclat du discours, les auditeurs subjugués cèdent au pieux enthousiasme qui les entraîne vers des objets spirituels ; devenus comme étrangers à la terre, ils versent des larmes de repentir, de reconnaissance, d'amour, et se frappent la poitrine en jurant à Dieu de ne jamais plus déserter son service. Telles sont les victoires que remporte la persuasion fécondée par la grâce, victoires saintes et pacifiques dont nos églises ont été si souvent le théâtre. Quiconque a eu cette vision céleste, ne désespère plus de l'humanité, et il se croit déjà assez récompensé de ses travaux.

## QUEL USAGE PEUT-ON FAIRE DES SERMONS IMPRIMÉS?

Certes, il serait bien regrettable qu'on ne pût légitimement user du travail d'autrui ; car alors le passé ne profiterait pas à l'avenir, et le génie de chaque homme se consumerait dans le cercle étroit de l'individualité, au lieu de composer un trésor commun où viendraient puiser les moins enrichis des dons de Dieu.

Heureusement, il n'en est point ainsi dans les lettres, les sciences, les arts, ni dans tout ce qui se rattache à la religion. Lors donc qu'un prédicateur a reçu en partage tous les éléments de succès, et qu'il a été investi d'une sorte de royauté dans la carrière oratoire, ce n'est pas seulement pour lui-même et ses contemporains, mais c'est encore pour ceux qui lui survivront.—Les orateurs célèbres peuvent être utilisés de bien des manières : ils servent d'abord comme types d'imitation ; car, en fait d'éloquence, les bons modèles sont toujours plus efficaces que les beaux préceptes. C'est à ce foyer que la plupart des prédicateurs vont s'embraser du feu sacré de l'inspiration, c'est-à-dire, puiser les saines traditions sur l'art de bien dire appliqué à la chaire chrétienne. Sans doute, nous avons en ce genre des maîtres qui, jamais surpassés, ne seront que bien rarement égalés ; mais la beauté idéale nous déterminerait-elle à faire aucun effort, si elle ne dépassait la portée ordinaire?

Par cette étude générale, le prêtre s'initie aux splendeurs de l'éloquence et perfectionne son goût ; les chefs-d'œuvre des orateurs sacrés lui procurent en outre l'avantage de le familiariser avec l'esprit de méthode et d'analyse, par la nécessité même de se rendre compte de l'ensemble et des détails : en sorte que, après un certain temps passé dans la compagnie des grands auteurs, il éprouvera le besoin de classer convenablement les produits de son travail. C'est là un immense résultat, car un esprit net et logique est la première des conditions dans l'homme qui se propose de parler en public.

D'ailleurs, quelle foule innombrable d'idées religieuses et morales nos orateurs n'ont-ils pas remuées, que de plans ingénieux n'ont-ils pas enfantés! Que de beautés semées dans leurs magnifiques compositions! C'est la mine la plus riche à exploiter pour se former soi-même au talent de la parole; c'est une vaste prairie dont les fleurs offrent le miel de leur calice à l'abeille laborieuse qui saura le recueillir. Ici, se présente à nous un fonds inépuisable de matériaux à mettre en œuvre, je veux dire, des pensées fécondes et sublimes, en un mot, ce que les anciens nommaient *sylvam rerum* : quelle précieuse ressource pour notre stérilité! Là, nous trouvons, avec les secrets de l'art, cette noble simplicité, cette grandeur, cet éclat, cette harmonie de style, qui charment, entraînent, et semblent nous inviter nous-mêmes à prendre la plume pour essayer de suivre dans leur essor ces aigles de l'éloquence. Ailleurs dominent le pathétique et les passions oratoires, mises en jeu avec une véhémence toujours tempérée par la sagesse. Où rencontrer une meilleure école que celle de ces hommes éminents qui ont fourni la carrière avec tant de gloire? N'en retirât-on d'abord d'autre fruit que l'intime satisfaction de les lire et de les admirer, ce serait déjà, selon la judicieuse remarque de Quintilien, le signe d'un progrès véritable : *Ille se profecisse sciat cui Cicero valdè placebit.* Mais il est impossible qu'avec le temps on n'en devienne pas soi-même plus capable de penser et d'écrire, pour peu qu'on joigne d'aptitude intellectuelle au sentiment du beau.

Après avoir longtemps nourri votre esprit de ces lectures substantielles et vous en être assimilé le fonds par la méditation et de fréquentes analyses, faites un essai de vos propres forces, exercez-vous beaucoup à concevoir, à combiner des plans; c'est spécialement en ce point que se montre le talent et même le génie : confiez ensuite à la plume le fruit de vos inspirations. Il faut écrire beaucoup pour apprendre à bien parler. Cela fait, confrontez votre rédaction avec celle d'un orateur distingué, que vous apprécierez mieux encore quand vous aurez travaillé sur un sujet identique. Rencontrez-vous, dans les modèles de la chaire, quelque passage parfaitement adapté à votre but, ornez-en un prône ou un sermon, en vous persuadant que vous ne pouvez dire aussi bien. Pourquoi serait-il défendu de s'assimiler ces trésors devenus propriété publique ? Parce qu'une instruction éloquente et solide a dû produire, en son temps, de grands et salutaires effets, serait-ce une raison de la condamner à un éternel oubli ? N'est-ce pas plutôt un motif de l'employer de nouveau, comme on va prendre dans un arsenal des armes éprouvées ?

Toutefois, sans s'astreindre à une reproduction littérale, on peut se saisir de la pensée, et lui donner soi-même les développements qu'elle comporte. Souvent on a vu des esprits supérieurs reprendre ainsi en sous-œuvre le travail de leurs devanciers, dont ils s'appropriaient les richesses en leur donnant une formule plus heureuse. Dans la république des lettres, c'est un principe reconnu que le fond appartient à celui qui le fait le mieux valoir, et quand on dit : *cette pensée est de tel auteur*, cela signifie non pas qu'il l'a mise au jour pour la première fois, mais qu'en l'empruntant peut-être à un autre écrivain, ou au domaine de l'intelligence publique, il a su, avant de la remettre en circulation, lui imprimer le sceau de son originalité ou de son génie.

Ici une question se présente à résoudre : faut-il tirer de son propre fonds ses discours, plutôt que les emprunter intégralement aux sermonnaires qu'on a entre les mains ?

Et d'abord, tout prêtre absolument incapable de composer

devra, de préférence, appeler à son aide sa bibliothèque. Le point capital c'est que Jésus-Christ soit annoncé dignement, n'importe par qui. Sur ce fondement, dit saint Paul, chacun construit à sa manière; mais il vaut mieux s'en tenir à l'or et à l'argent d'autrui, qu'apporter soi-même des pierres brutes, du foin ou de la paille (1). C'est aussi une nécessité de recourir à l'emprunt lorsqu'on n'est pas de force à improviser, ou que le loisir manque pour la composition.

Le défaut de temps et de talent justifierait donc ce plagiat, chez des prêtres animés d'un vrai zèle pour le salut des âmes. Plusieurs Pères, notamment saint Augustin, n'improuvent pas, en général, la méthode de débiter en chaire des discours dont on ne serait point l'auteur. Telle n'est pas toutefois l'opinion universelle. En agir de la sorte c'est, selon saint Chrysostome et quelques autres Docteurs, dérober le bien d'autrui; c'est vouloir voler à l'aide de plumes et d'ailes étrangères. N'y a-t-il pas, au surplus, dans cette façon de procéder, risque presque certain pour un plagiaire d'être saisi comme un larron en flagrant délit? Il semble peu généreux et peu délicat de prendre le travail des autres tout fait, sans y rien mettre du sien, et de n'être qu'un simple écho de leur intelligence, à l'instar d'une machine à paroles. Comment, d'ailleurs, prêcher avec âme et onction des discours à la rédaction desquels on n'aurait eu aucune part? Un prône médiocre, mais à soi, vaut généralement mieux, il est plus naturel et fait plus de fruits. Enfin, en se contentant de piller çà et là, quand par un labeur sérieux on pourrait produire quelque chose, on se ravale au rôle de copiste, et l'on finit par endormir et paralyser ses moyens personnels. Toute faculté qui n'est pas exercée s'engourdit,

(1) *Lapides... ligna, fœnum, stipulam.* (1 Cor. 3, 12.)

se rouille, et finalement s'anéantit. Ainsi, pour apprendre à bien manier la parole, il faut travailler de son propre fonds. Lire beaucoup nos maîtres dans l'éloquence sacrée, extraire de leurs œuvres ce qu'on y trouve de plus saillant et de mieux assorti à l'intelligence de ses paroissiens, coordonner avec soin les matériaux amassés de la sorte, et s'en composer un utile répertoire auquel on puisse recourir pour suppléer à sa propre disette, telle est la meilleure méthode à suivre pour faire des emprunts aux orateurs anciens et modernes. Toutefois, nos illustres sermonaires n'ayant, le plus souvent, prêché qu'à la cour ou dans les cités importantes, il y aurait maladresse à répéter textuellement leurs discours dans une chaire de campagne, sans les avoir d'avance appropriés aux besoins d'un auditoire populaire, en écartant tout ce qui dépasserait le niveau de sa situation intellectuelle ou morale.

Il y a, généralement parlant, peu d'inconvénients à donner les sermons d'autrui dans une paroisse rurale, où d'ordinaire aucun des auditeurs n'est en état de découvrir le larcin. Pour un curé dépourvu de capacité, c'est même, nous l'avons dit, le meilleur parti à prendre, car les instructions qu'il ferait ne vaudraient certainement pas celles qu'il trouve toutes faites par de plus habiles que lui. Mais aller, en prédicateur ambulant, débiter partout comme siennes des productions dérobées, sans y avoir apporté d'autre travail personnel qu'un effort de mémoire; savourer même le parfum des éloges qu'on reçoit pour l'esprit d'autrui, s'en prévaloir comme de son industrie propre, c'est le *nec plùs ultrà* de la sottise et de l'impertinence. Aussi, le plagiaire doit-il s'attendre à être le point de mire des lazzis publics, dès que son grossier stratagème sera dévoilé par un laïque instruit, ou par quelque malin confrère. L'imprudence serait plus grande encore dans les villes, où les discours imprimés se trouvent entre les mains de tout le monde, et où plusieurs prêtres peuvent se rencontrer à la fois dans le même sujet et le même auteur. On a vu, à nos grandes solennités, le prédicateur du matin et celui du soir donner tous deux le même sermon. C'est apparemment dans un cas semblable que M. de La Motte disait à l'officier d'église qui avait chassé un chien dont les aboiements troublaient l'orateur en chaire: *Que ne laissiez-vous continuer ce pauvre animal? il criait au voleur!* (1)

(1) Peu de sujets ont plus exercé la verve satirique du public et des gens de lettres que le plagiat en matière de prédication. Les anecdotes et les bons mots ne manqueraient pas à l'appui de cette assertion; mais il faut laisser au lecteur intelligent le soin de les recueillir ou de les rappeler à sa mémoire et d'en faire son profit. Ce n'est pas seulement à la ville, c'est aussi à la campagne qu'on peut trouver quelquefois des juges et des censeurs dont la présence cause une surprise d'autant plus pénible qu'on s'y attendait moins. En voici un exemple : pendant le grand jubilé de 1826, un prêtre étant allé prêcher, dans une chapelle d'annexe, un sermon littéralement extrait de Bourdaloue, une simple paysanne de 14 ans, assez lettrée, il est vrai, vint, à la sortie de l'église, lui faire compliment sur la fidélité de sa mémoire en lui faisant observer, toutefois, qu'il n'avait donné que la moitié du sermon et que, sans doute, le lendemain il gratifierait ses auditeurs de la seconde partie. Il serait difficile de peindre la stupéfaction de l'ecclésiastique : interdit et déconcerté, il ne put même balbutier un mot de réplique à la jeune et maligne villageoise.

## CONVIENT-IL DE RÉPÉTER PÉRIODIQUEMENT SES SERMONS, OU BIEN DOIT-ON EN COMPOSER DE NOUVEAUX?

Il est des curés qui, une fois possesseurs d'une dominicale, la prêchent régulièrement chaque année, et *ne servent ainsi que du réchauffé* en fait de sermon. Un cours d'instructions pour trois années consécutives et embrassant toute la religion, suffirait sans doute ; mais répéter la même série de prônes pendant un quart de siècle, et d'une façon tellement identique qu'on pourrait indiquer d'avance ceux de tous les dimanches et fêtes, c'est lasser la patiente attention des auditeurs, et les éloigner, peut-être à toujours, de la chaire chrétienne (1). Ignore-t-on que le charme de la nouveauté est le meilleur appât pour attirer à l'église le peuple, dont il stimule la curiosité ? Les besoins des masses se modifiant sans cesse, on doit varier, dans une égale proportion, les moyens d'y pourvoir, sous peine de passer pour un prôneur monotone, insipide, assommant. Si l'on se décidait à reproduire d'anciens discours, il conviendrait d'en élaguer tout ce qu'ils présenteraient de suranné, de les retoucher et de les rajeunir pour leur imprimer un cachet d'actualité (2).

(1) Quels fruits pourraient produire des discours débités depuis vingt-cinq ans et connus d'avance des assistants? C'est bien là, dit Fénelon, le moyen de surprendre, d'étonner, d'attendrir, de saisir et de persuader les hommes!

(2) Ces remarques sur l'inconvénient des répétitions n'infirment pas ce que nous avons dit à l'article *Manière de procéder*. En effet, tout le monde comprend quelle différence il y a entre inculquer à plusieurs reprises certaines pensées ou des morceaux oratoires d'un grand effet, et ressasser éternellement, sans âme et sans goût, de

Sans doute, lorsqu'on se transporte en différents lieux pour y prêcher des stations, des missions ou des retraites, il est permis et même utile de répéter ses sermons, quand surtout ils ont eu déjà du succès, et qu'on n'est pas doué d'une assez grande fécondité pour les renouveler souvent. Néanmoins, on ne saurait disconvenir qu'il ne faille singulièrement diversifier les matières, et les assortir aux dispositions de l'auditoire. Autrement, ce serait ressembler à ces empiriques qui ne savent appliquer qu'un seul spécifique à tous les maux.

A la vérité, un curé qui connaît à fond sa paroisse ne pourrait, sans inconvénient, passer brusquement d'un genre à un autre ; mais il n'oubliera pas que rien n'est plus ennuyeux qu'une pâle et constante uniformité, et qu'il importe d'autant plus de changer de sujet qu'on change moins d'auditeurs.

## DURÉE DE LA PRÉDICATION.

On reproche quelquefois aux prédicateurs d'être trop longs dans leurs sermons : ne pourrait-on pas, avec autant de justice et de raison, se plaindre que l'attention des auditeurs est trop courte ? Quoiqu'il en soit de cette critique réciproque, plus ou moins fondée de part et d'autre, les discours qui dépassent la durée ordinaire, l'expérience le constate, rebutent par leur fatigante longueur, et c'est là une des causes principales du dégoût des peuples pour la parole de Dieu.

Ce défaut provient, le plus souvent, du manque absolu ou

vieux sermons stéréotypés dans le cerveau du prédicateur depuis le début de sa vie pastorale : dans le premier cas, on agit en homme de sens; dans le second, on fonctionne comme une mécanique.

de l'insuffisance de préparation : alors le pauvre orateur aux abois s'égare en mille détours pour ressaisir le fil de ses pensées éparses, il multiplie les phrases creuses et sonores, et revient continuellement sur ses pas, répétant à satiété ce qu'il a déjà dit. Vous croyez qu'il va quitter la chaire, quand tout à coup vous l'entendez, avec stupeur, énoncer seulement son sujet et le partager en deux ou trois points, se recommandant, selon la formule d'usage, à la favorable attention des assistants déjà épuisée. La suite du sermon répond au début, et lorsqu'on a l'indicible satisfaction de le voir enfin terminé, on se promet bien de n'y plus revenir. Pour éviter de faire ainsi la chasse aux idées dans le désert d'une élocution stérile, il faut se rappeler ce que nous avons dit de la préparation nécessaire au prédicateur et du danger de l'improvisation. Un homme d'esprit, avant de clore une lettre fort étendue, demandait grâce à son ami par ce post-scriptum : « *Excusez mes longueurs, je n'ai pas le temps d'être court*. Bien méditée, cette spirituelle et judicieuse réflexion vaut tout un livre.

L'excès en ce point vient encore de l'impatience à communiquer aux fidèles tout le fruit de ses études et de ses méditations. Pleins de bons désirs, et convaincus d'avance que tout cèdera à l'onction de leur langage et à la vigueur de leurs raisonnements, les jeunes prêtres se laissent facilement entraîner par leur zèle; ils passent en revue le dogme, la morale, les sacrements, les vices, les vertus, parlent *de omni re scibili et quibusdam aliis*, tant et si bien que le peuple, n'en pouvant plus, ne prête l'oreille qu'au timbre de l'horloge, adversaire implacable de l'exubérant orateur, avocat indulgent de l'auditoire fatigué.

Pour être écoutée avec une constante bienveillance, l'instruction a besoin de n'être pas prolongée outre mesure : aux estomacs faibles et mal disposés, il ne faut pas donner plus de nourriture qu'ils n'en peuvent supporter. Des femmes chargées de ménage et d'enfants, des serviteurs dont tous les moments sont comptés, la plupart des villageois enfin, sont dans l'impuissance d'écouter longtemps avec profit, et ne remporteraient, d'un incommensurable discours, que le ferme propos de n'en plus subir de pareils. Or, les laboureurs, les ouvriers, les domestiques et les mères de famille ne forment-ils pas, presque partout, le gros de l'assistance? Ont-ils le loisir d'entendre des sermons d'une heure? L'auraient-ils, leur attention ne pourrait guère se soutenir, habitués qu'ils sont à agir plutôt qu'à penser et à méditer. Une excessive longueur en chaire ne fatigue pas moins l'esprit qu'une trop forte alimentation ne surcharge l'organe digestif. Si l'on court de préférence aux messes basses, n'est-ce point d'ordinaire pour se soustraire à l'ennui d'un prône interminable? Les plaintes et les fréquents murmures du public à ce sujet commandent aux curés de ne pas excéder de convenables limites. « L'auditoire, nous a dit souvent un homme d'expérience, sait communément autant de gré au prédicateur de ce qu'il ne dit pas que de ce qu'il dit. » Une instruction briève et substantielle fait plaisir, et laisse après elle le désir d'en entendre une autre; tandis que la satiété produite par de longs sermons inspire, pour le pain de la parole, un dégoût semblable à celui des Juifs pour la manne du désert. L'auditeur n'a qu'une certaine dose de patience qu'il faut se garder de pousser à bout : le cœur de l'homme est comme les vases de la veuve de Sarepta; dès qu'il est plein, tout ce qu'on y verse en plus est perdu. Aussi, les assistants n'oublient-ils rien d'une courte homélie, tandis qu'il ne leur reste dans l'esprit aucun souvenir précis d'une traînante et fastidieuse amplification. « Croyez-moi,

» écrit saint François de Sales, c'est par expérience et longue » expérience que je vous dis ceci : Plus vous direz, moins » on retiendra. Quand un discours est trop long, la fin » fait oublier le milieu, et le milieu fait oublier le commen- » cement. » Nulle part il ne faut de surabondance ; le blé trop épais verse et ne mûrit point. Ce n'est pas ce qu'on mange qui nourrit et fortifie, c'est ce qu'on digère ; ce n'est pas ce qu'on entend qui profite, mais ce qu'on retient. Ici donc, soyez sobre plutôt que prodigue ou même libéral. Au surplus, on peut affirmer en général que trop grande abondance est disette. Quand la vigne, continue le saint évêque de Genève, produit beaucoup de bois, c'est alors qu'elle porte moins de fruits: la multiplicité des paroles n'engendre pas de grands effets. A force d'être chargée, la mémoire des auditeurs s'épuise comme s'éteint une mèche trop imbibée d'huile, et l'on noie les plantes en les arrosant démesurément. Un médiocre prédicateur est supportable pourvu qu'il soit bref; le plus éloquent fatigue quand il se montre prolixe.

Voilà ce qui a déterminé nos Docteurs et nos Évêques à réglementer la durée des instructions. Saint Ambroise s'exprimait ainsi à cet égard : *Nec nimiùm prolixus sit sermo, ne fastidium pariat. — Semi horæ tempus communiter non excedat.* C'est la limite fixée par la plupart des rituels et par saint François de Sales, qui était, en ce point comme en tant d'autres, d'une expérience consommée, due à sa haute sagacité et à son esprit d'observation. On n'a chance de se faire écouter sans ennui au delà du temps sus-indiqué, qu'autant qu'on possède un talent tout spécial pour intéresser, et qu'on parle devant un auditoire choisi. En résumé, il vaut mieux retrancher qu'ajouter, et tendre à la brièveté qu'à la longueur. Aussi, les homélies des Pères de l'Eglise, généralement courtes, doivent-elles, sous ce rapport non moins que sous tous autres, nous servir de modèles.

## QUALITÉS DU DISCOURS.

### SIMPLICITÉ ; INCONVÉNIENTS DES DISCOURS BRILLANTS ET FLEURIS.

Le prédicateur ne parle utilement qu'autant qu'il est compris. Si donc, par de grands mots et de grandes phrases, ou par l'exposition des sujets ardus de la métaphysique, il se rend inintelligible, il manque son but principal. Aussi, insistons-nous sur la nécessité de se placer toujours à la portée des auditeurs, en adaptant ses discours au degré de leur intelligence. Or, s'il se rencontre parfois des assemblées d'élite, il est incontestable que la presque totalité des réunions publiques se compose d'esprits fort communs, souvent incultes et tout à fait grossiers. Cette nombreuse catégorie formant en général, même dans les paroisses urbaines, les neuf-dixièmes de l'assistance, il s'en suit que le meilleur genre de prédication est celui que tout le monde comprend (1); de là, pour tout prédicateur habile et consciencieux, l'obligation de se faire peuple. Puisqu'on n'est compris qu'à la condition d'être simple, la simplicité est donc une des plus indispensables qualités du discours.

Faisons d'abord observer que la simplicité oratoire ne se

(1) *Maximè ut intelligantur elaborent* ( saint Augustin. ) — Quand il parle à la classe infime, le prédicateur, dit Muratori, doit s'abaisser jusqu'à terre. — Le peuple, selon saint Liguori, se compose de peu de gens instruits et de beaucoup d'ignorants.

confond nullement avec la trivialité du langage : elle bannit les expressions messéantes, tout en employant celles que le vulgaire entend le mieux, et alors même qu'on la voit descendre jusqu'aux derniers étages de la société, elle évite de se jeter dans la boue.

La parole divine devant être revêtue des formes les plus propres à la faire goûter aux paroissiens, et les mieux adaptées aux circonstances de temps, de lieux et de personnes, on pourra sans doute prêcher quelquefois avec splendeur et magnificence; mais ordinairement on abaissera les hauteurs de la foi au niveau de la multitude (1). Tantôt le prédicateur s'élèvera dans les régions célestes avec les savants, tantôt il descendra dans la plaine avec les esprits bornés qui rampent à terre. En général, fût-il capable de conceptions sublimes, il fera toujours mieux d'abonder dans le genre familier.

Par ignorants en matière religieuse nous entendons non-seulement les gens de la classe populaire, mais encore maintes personnes de cette catégorie sociale qu'on est convenu d'appeler le beau monde, et cette foule de demi-savants qui étalent avec une morgue inqualifiable, dans les villes et les campagnes, leur prétentieuse nullité. Semblables à un métal creux, ces docteurs fanfarons produisent grand bruit, et ils étourdissent les simples de leurs audacieux propos; mais veut-on les mettre à l'épreuve sur un sujet de religion, il est facile de reconnaître qu'ils n'en ont pas

(1) Saint Grégoire exprime cette pensée lorsqu'il dit, en parlant du pasteur : *Debet ad infirmitatem audientium, semetipsum contrahendo, descendere, ne, dùm parvis sublimia et idcircò non profutura loquitur, magis curet se ostendere quàm auditoribus prodesse.* Saint Augustin avait déjà fait cette remarque importante : *Melius est ut nos reprehendant grammatici, quàm non intelligant populi.*

même la moindre teinture, et qu'ils sont en réalité au-dessous des enfants les plus idiots du catéchisme. Sur trente auditeurs, lettrés ou illettrés, à peine en trouverez-vous un qui soit instruit dans la science de Dieu : il faut dès lors leur donner des enseignements qu'ils puissent comprendre. Telle est la règle posée par saint Paul, qui graduait sa prédication sur la portée intellectuelle des hommes qu'il évangélisait, parlant aux uns le langage de la simplicité, aux autres celui d'une sublime sagesse. Après le grand apôtre, saint Grégoire, ce maître éminent, nous trace encore notre ligne de conduite : *Pro qualitate audientium formari debet sermo*, dit-il, *ut singulis congruat.* Un prédicateur qui suit une marche opposée ou différente, laisse presque toujours les peuples dans une profonde ignorance de la religion, de ses dogmes, de ses préceptes et de ses sacrements.

Ce n'est point uniquement à raison de la situation des esprits qu'on doit tenir à la simplicité; c'est aussi pour répondre aux vœux des auditeurs. En se rendant au sermon, le fidèle se propose-t-il jamais d'assister à une parade oratoire, à un tournois littéraire, dont le but serait de faire couronner le plus habile et le plus éloquent ? non, certes : son sens droit et sa foi lui font comprendre que l'orateur sacré doit ambitionner d'autres triomphes, c'est-à-dire, l'instruction des ignorants, la conversion des pécheurs, la destruction des vices, des abus et des crimes qui souillent la face de la terre; c'est pourquoi il s'intéresse peu à ces combats de paroles que se livrent au-dessus de sa tête d'élégants et prétentieux discoureurs, plus soucieux de satisfaire leur vanité personnelle que de glorifier Jésus-Christ. Mais qu'un prêtre, à l'extérieur grave, paraisse dans la chaire de vérité pour y exprimer des convictions fortes et solides, attendrir les cœurs et provoquer, dans un langage simple et modeste, des larmes plutôt que des applaudissements; c'est celui-là qu'aimera le peuple, c'est autour de lui qu'il se pressera, parce qu'en éclairant son esprit affamé d'instruction, la parole évangélique touchera aussi son âme avide d'émotions pieuses. Un tel prédicateur plaira d'autant plus qu'il visera moins à plaire, et ses nombreuses conquêtes prouveront sans réplique qu'il a parfaitement compris et rempli sa noble tâche d'apôtre (1). D'ailleurs, la parole divine est par elle-même si

(1) On a fait du Père Bridaine un bel éloge en disant :

« C'était un orateur saintement populaire,
» Qui, content d'émouvoir, négligeait l'art de plaire.»

Un homme vraiment apostolique, c'était saint François Régis. Le bienheureux Liguori, citant son historien, s'exprime en ces termes :

« Nous trouvons dans la vie de saint Jean-François Régis (Lib. II, pag. 126,) que ses discours étaient fort simples. Il ne prétendait qu'à instruire le peuple, et cependant les nobles, les ecclésiastiques et les prêtres réguliers de la cité du Puy allaient à son catéchisme avec tant d'empressement que, deux ou trois heures avant qu'il commençât, toutes les places étaient prises, et les habitants de la ville, en général, aimaient mieux sa sainte simplicité que l'élégance étudiée des meilleurs prédicateurs. « C'est lui, disaient-ils, qui véritablement prêche Jésus-» Christ et sa divine parole; les autres ne viennent nous prêcher que leur » propre parole, qui est tout humaine. » Le fait qu'on raconte à ce sujet est digne d'attention. Un habile orateur donnait la station du carême dans la cathédrale de cette ville en même temps que le saint y faisait la mission. Tout étonné de voir les gens qui composaient auparavant son auditoire l'abandonner pour courir aux sermons d'*un ignorant*, il alla trouver le Père Provincial des Jésuites et lui dit que le P. Régis était un saint homme, mais que sa manière de prêcher ne convenait pas à la dignité de la chaire chrétienne et que la bassesse de son style déshonorait son ministère. «Avant de le condamner, lui fut-il répondu, »allons ensemble l'écouter.» Or il arriva que le Provincial se sentit si frappé de la force avec laquelle le pieux missionnaire expliquait les vérités évangéliques, qu'il ne fit que pleurer tout le temps du discours

resplendissante, qu'elle surpasse infiniment les plus brillantes fleurs littéraires et la science tout humaine des rhéteurs. Or, on l'obscurcit en la surchargeant de périodes et de figures, on l'énerve en la noyant dans un style diffus et compassé, où il serait aussi difficile de trouver une faute de syntaxe qu'une étincelle de véritable éloquence. Il y a de ces discours jolis et proprets, qui, selon l'expression pittoresque du cardinal Maury, coulent avec la monotone et assoupissante fluidité d'un *robinet d'eau tiède*. Est-ce ainsi que prêchaient notre Seigneur, les Apôtres, les Pères de l'Eglise, et les grands orateurs qui ont su remuer les peuples de tous les pays et de tous les siècles (1)?

de saint Régis, et qu'au lieu de le censurer, comme il en avait eu d'abord l'intention, il lui donna des éloges bien mérités.»

(1) *Sermo meus et prædicatio mea non in persuasibilibus humanæ sapientiæ verbis, sed in ostensione spiritûs et virtutis* (1. Cor. 2, 4.) *Sacra schola*, dit saint Basile, *rhetorum præcepta non loquitur*. — *Aget quantùm potest*, ajoute saint Augustin, *ut intelligatur, et obedienter cedatur*. — Quand les nuages sont trop élevés, dit saint Philippe de Néri, il ne faut pas espérer la pluie; de même les prédicateurs qui planent trop haut, ne répandront pas les eaux du salut sur leur auditoire. Cette pensée rappelle ces mots de saint Paul : *Nisi manifestum sermonem dederitis, quomodò sciatur id quod dicitur? Eritis in aera loquentes*. (1 Cor. c. 17.)

Les Pères les plus célèbres aimaient mieux employer dans leurs sermons les locutions usuelles, qu'un langage poli et recherché. C'est par la simplicité, dit saint Ambroise, que de pauvres pêcheurs ont converti le monde; s'ils avaient été orateurs, la ruine de l'idolâtrie et la conversion de l'univers eussent été mises sur le compte de leur éloquence. Le grand évêque d'Hippone pose en principe que les prédicateurs doivent parler d'une manière encore plus claire et plus sensible que les autres orateurs. La coutume, la bienséance et même le droit, défendant aux assistants de les interroger pour demander des explications touchant les points incompris, ils ont à craindre de ne pas s'accommoder suffisamment à leur capacité.

C'est d'après cette sage tradition que le concile de Trente (sess. V)

Ces autorités et ces exemples suffisent pour nous convaincre qu'il faut tendre, avant tout, à être compris et à toucher

ordonne aux pasteurs *ut plebes sibi commissas pro earum capacitate pascant salutaribus verbis.*

Préférant même, pour le peuple, le style bas et trivial au style obscur et pompeux, saint Liguori ne voulait que des sermons simples et proportionnés à l'intelligence bornée des gens de la campagne et de la classe inférieure des villes. Il assure avoir vu des contrées entières sanctifiées par des prédicateurs qui avaient adopté le genre familier, tandis que les stations de carême et les missions ont toutes été sans fruit quand on y faisait des discours *d'une haute conception et d'un style éclatant.* Le prêtre, selon lui, ne doit monter dans la tribune évangélique que pour se faire comprendre, se rendre utile et gagner des âmes à Dieu; l'orateur brillant n'aime point J.-C. J'ai lu, ajoute-t-il, beaucoup de vies de saints ouvriers, et je n'ai jamais vu qu'on en louât aucun pour avoir parlé d'une manière élégante et fleurie; je ne trouve d'éloges que pour ceux qui prêchaient avec une simplicité vraiment populaire. Ainsi agissait saint Thomas d'Aquin, qui abaissait son génie à la capacité de ses auditeurs : *Tàm apertus debet esse sermo docentis, ut ab indulgentiâ suâ nullos quamvis imperitos excludat.* Ainsi encore pensaient saint Vincent Ferrier, saint Ignace de Loyola, saint Philippe de Néri; ce dernier allait jusqu'à faire descendre de la chaire ceux de ses religieux qui s'exprimaient d'une façon trop relevée. Saint François de Sales se faisait comprendre des plus ignorants d'entre ses auditeurs, et avait le courage de blâmer même les prélats qui entouraient leur parole de trop d'ornements. Selon ce pieux pontife, l'excellent sermon est celui, non qui attire des louanges au prédicateur, mais qui fait changer de vie aux assistants. Bien qu'il prêchât à Paris devant un auditoire composé de princes, d'évêques et de cardinaux, il n'usait jamais de fleurs littéraires, se proposant de conquérir des âmes à J.-C. plutôt que la gloire et le renom d'un éloquent orateur. Ayant un jour péroré en présence de la Reine, il écrivait : *Je vous assure que je n'ai pas mieux prêché devant tant de princes et de princesses que je ne le fais dans notre pauvre petite église.* « Les prédicateurs avec tous » leurs beaux discours, disait Madame de Montpensier, se tiennent tou» jours guindés dans la région des nuages; Monsieur de Genève fond » sur sa proie, se saisit du cœur et s'en rend maître. » — Saint Vincent de Paul, qui, lui aussi, parlait dans la chaire en termes fort simples,

par une aimable et noble simplicité. Convenons toutefois qu'il est bien difficile de rapetisser à volonté sa parole, de réduire une profonde pensée aux proportions de la capacité des auditeurs, et de faire pénétrer les grandes vérités dans les intelligences les plus grossières et les plus obtuses. Le prêtre est comme l'aigle condamné à raser la terre, sans perdre néanmoins sa tendance instinctive et son aptitude à s'élancer vers le ciel, lorsqu'il le juge nécessaire, pour y entraîner les âmes (1). Quel ingénieux talent ne faut-il pas pour parler à des artisans ou à de simples servantes, de manière à ce qu'ils puissent rendre compte de l'instruction, en redire le fonds et les principaux détails! Voilà surtout la fin du prône; car c'est l'entretien familier d'un père qui instruit ses enfants, leur explique clairement ce qu'ils ont à croire et à faire, les exhorte à la pratique de la vertu et de tous leurs devoirs avec une sorte d'abandon, mais aussi avec une âme pleine de foi, de chaleur et d'amour, ce qui, du reste, n'exclut ni la grâce ni la dignité. Ce langage sans recherche et sans prétentions doit être celui d'une conversation aisée

exigeait de tous ses prêtres qu'ils fissent leurs sermons du style le plus familier. Ce n'est pas, remarquait-il, le faste des paroles qui contribue au salut des âmes, c'est la simplicité, l'humilité qui dispose le cœur à recevoir la grâce divine. J.-C., la sagesse éternelle, le grand modèle de la prédication chrétienne, n'employait cependant, pour expliquer ses sublimes mystères, que des locutions communes. Chercher, non à flatter les oreilles délicates, mais à émouvoir les cœurs, viser au fruit et au salut plutôt qu'à l'éclat des pensées et au choix des expressions, voilà le but de la mission pastorale. Autrement le prédicateur ne serait, selon l'énergique observation de saint Jean-Chrysostome et de saint Grégoire-le-Grand, que *miser et infelix proditor; adulterans verbum Dei.*

(1) *Ad præceptum elevabitur aquila, et in arduis ponet nidum suum* (Job. 39, 27.)

et décente, afin qu'on en saisisse le sens du premier coup et comme à la volée ; les expressions et les raisonnements seront toujours d'une simplicité et d'une netteté si parfaites, que personne n'ait jamais à demander d'explications quelconques. C'est là le caractère distinctif de la prédication de saint Augustin : Bossuet admire avec quel art sublime il savait abaisser les plus hauts mystères de la théologie à la portée des esprits les plus vulgaires. On sait que la population d'Hyppone était formée spécialement de laboureurs, de petits marchands et de mariniers, ressemblant à nos Bretons qui se livrent au cabotage sur les côtes de l'Océan ; cependant ce grand docteur parvenait à se faire entendre des plus bornés d'entre eux : aussi, ses sermons ou homélies sont-ils les plus familiers de tous ses ouvrages. Le genre simple était encore celui que préférait M. de Cheverus : *Il vaut mieux*, disait-il, *être compris d'une femme du peuple, que loué par un académicien*. Ce sont là d'illustres exemples à imiter, si l'on veut inculquer la science religieuse aux nombreux ignorants de notre époque (1).

Pour se rendre intelligible, le prédicateur exclura toute idée abstraite, toute discussion métaphysique et savante, tout raisonnement subtil, toute opinion spéculative, problé-

(1) Il ne faut pas craindre de faire des discours fort simples devant les gens du monde d'un certain rang, qui ne savent rien, ni même devant de beaux esprits qui savent tout, excepté la religion. On ne peut croire combien il se rencontre de ces ignorants dans la classe lettrée et fortunée. De doctes sermons leur conviennent aussi peu qu'aux hommes de la classe inférieure. Néanmoins, en présence d'un auditoire de ce genre, il sera expédient, comme nous l'avons indiqué déjà, de faire quelquefois des prédications relevées et à forme solennelle, pour acquérir une considération légitime et rehausser l'éclat du ministère.

matique ou conjecturale; il n'empruntera point ses termes à la nomenclature des sciences et des arts, ni même à l'école théologique. Cette technologie est insaisissable pour le peuple. Se renfermant dans le cercle des locutions ordinaires, il évitera tous les mots emphatiques, prétentieux ou ampoulés, selon le précepte d'Horace : *Projicit ampullas et sesquipedalia verba.* On doit se mettre en garde aussi contre le néologisme et les formules de l'argot romanesque si fort en vogue, de nos jours, parmi les forbans de la littérature française. Outre l'inconvénient de n'être point compris, l'orateur qui adopterait ce genre de roman-feuilleton courrait risque de se rendre aussi ridicule et aussi méprisable que ses inventeurs.

La vraie manière de prêcher avec succès, à la ville et principalement à la campagne, c'est de se plier au langage de la généralité des assistants, en n'employant que des expressions usitées dans l'idiome familier. Cette diction simple sans bassesse, populaire sans grossièreté, accessible à la conception de chacun, ou du moins mesurée sur l'intelligence du plus grand nombre, intéressera, instruira et touchera l'auditoire. Au reste, on s'interdira, avec la plus scrupuleuse sévérité, un style rampant et ignoble, qui serait de nature à dégoûter des plus sublimes vérités les hommes à oreilles délicates, dont un seul mot, contraire aux convenances ou à la grammaire, blesse la susceptibilité, déchire même le tympan (1).

(1) Malherbe, dans la maladie dont il mourut, refusait de se confesser, parce qu'on n'était point au temps de Pâques. Enfin, il s'y détermina, et on lui amena un jeune vicaire qui se mit en devoir de le disposer à la mort; mais en l'entretenant de l'autre vie et du bonheur du paradis, cet ecclésiastique employait des expressions si triviales et

Pour rendre palpables les vérités chrétiennes, on les revêtira de similitudes et de comparaisons empruntées à la nature ou aux usages de la vie civile, industrielle, domestique et champêtre : astres, fleuves, fontaines, arbres, fleurs, champs, semences, moissons, barques et pêcheurs, en un mot tous les objets physiques bien connus du vulgaire, fourniront une ample matière au discours, à l'orateur de nombreuses et utiles ressources. Ainsi procédait N. S. Jésus-Christ : bien qu'il possédât tous les trésors de la science et de la sagesse, il a choisi le genre familier et l'a consacré par son exemple; il recourait à des images sensibles, ou à des paraboles, pour inoculer sa divine morale aux âmes même les plus simples. Dédaignant la sublimité du langage dans la prédication de l'Evangile, saint Paul regardait le style pompeux et affecté comme une corruption de la vérité, une énervation de l'esprit de la croix (1). Ne se rencontre-t-il pas, en effet, des prédicateurs qu'on suivrait pendant vingt ans sans apprendre la religion à leur école?

Enfin, il est à propos d'étudier la manière de raisonner de la multitude. Ici les subtilités de la dialectique et de la scolastique n'ont que faire; c'est le bon sens dans toute sa verve et sa naïveté qu'il faut invoquer : n'est-ce pas lui, après tout, qui préserve les nations du désastreux fléau des systèmes philosophiques? Le peuple voit, sent, croit et agit, tandis que le savant rationaliste éparpille ses idées, consume son intelligence en de vaines abstractions, en raisonnements subtils,

si peu françaises, que le poëte agonisant se retourna et lui dit : «Monsieur, ne m'en parlez plus, car votre mauvais style suffirait pour »m'en dégoûter.»

(1) *Non in sublimitate sermonis, ut non evacuetur crux Christi.* (1 Cor. 1, 17.)

souvent incompris de lui-même, et va, après mille égarements d'esprit, se précipiter dans l'effroyable abîme du doute. La raison populaire est le levier à l'aide duquel on remue puissamment les masses. Les aphorismes, les sentences courtes et énergiques sont aussi d'un grand effet; les Livres Saints nous en offrent un trésor inépuisable. Ajoutez-y l'expérience des faits humains, ou comme on dit, *humanitaires;* elle sera toujours d'un grand poids aux yeux des gens sensés. On a beau faire, l'inflexible logique des événements domine toutes les volontés; c'est une loi providentielle qui étend son niveau sur tous, grands et petits, riches et pauvres, savants et ignorants. Quelle intarissable source d'enseignements et de démonstrations pour l'orateur dans les récits de l'histoire! Quel moyen naturel et efficace d'apprécier, de démasquer et de mettre à néant, les théories sans cesse renaissantes par lesquelles des sophistes cauteleux et perfides s'efforcent de séduire les simples! On s'aidera aussi avec non moins de succès des sentiments du cœur et des inspirations de la conscience. Il faut souvent, pour déterminer l'assistant à rentrer en lui-même, lui dérouler toutes les merveilles de son âme, faire appel à ces nobles facultés dont Dieu l'a doué afin de l'élever jusqu'à le connaître, l'aimer et le servir. Ce n'est jamais en vain qu'on se livre avec son auditoire à cette physiologie morale, et qu'on invoque ce qu'il y a dans l'homme de plus présent, de plus intime, de plus vivace, de plus indestructible, les attributs et les modifications de sa personnalité. Quiconque saura bien manier ces puissants ressorts exercera tôt ou tard une grande influence, et règnera par la persuasion.

D'après ce que nous venons de dire sur la simplicité, il est facile de se former une opinion au sujet des discours pompeux et fleuris. On restera convaincu comme nous que des instructions populaires, c'est-à-dire lucides, animées et nerveuses, sont généralement préférables aux sermons brillants. A quoi bon des choses sublimes, capables même de ravir les anges d'admiration, si de fait elles sont incomprises? Chercher à éblouir, avec la magie du talent et de l'éloquence, un public ignorant qui, ébahi peut-être de la beauté de la composition, n'en retire que l'éphémère satisfaction d'un enthousiasme stérile, c'est dévorer le temps en pure perte. Ne vaut-il pas mieux éclairer son intelligence que séduire son imagination; émouvoir sa sensibilité que captiver son attention par la recherche des mots, l'éclat des images et le prestige du style? Ne prêcher qu'agréablement et d'une manière spirituelle, c'est mal prêcher. Ils ne vont bien que dans les assemblées académiques ou parlementaires, ces discours d'apparat où tout est poli et soigné, où des pensées à facettes, des expressions solennelles et d'harmonieuses périodes flattent l'ouïe sans même effleurer la superficie du cœur. Les prédicateurs beaux-esprits manquent de force, de chaleur et d'onction; ils ne connaissent point ces mouvements pathétiques qui tiennent du prophète et remuent profondément les âmes : loin de les attendrir ou de les enflammer, ils les dessèchent et les glacent (1).

De même qu'il faut tenir au médecin qui guérit, plutôt

(1) N'imitez pas, disait un publiciste, ces prédicateurs brillants et fleuris, au geste mignon, à la phrase cadencée et prétentieuse, à l'air pieusement coquet, qu'on prendrait, avec leurs discours bourrés de rhétorique, pour des pédants en surplis ou en mozette. Imitez moins encore ceux qui, mettant dans leur toilette autant d'apprêts qu'une femme, prennent l'air indolent, les afféteries et le ton voluptueux d'une actrice.

Saint Grégoire de Naziance se plaignait déjà de son temps qu'on prêchât *non piscatorio, sed aristotelico more.* Le meilleur genre à

qu'à celui qui s'exprime bien; ainsi doit-on préférer un prêtre *convertisseur* à un parleur élégant qui transforme l'église en salon littéraire. Le rôle d'un homme apostolique n'est pas d'arrondir des périodes, d'accumuler les antithèses brillantes et symétriquement cadencées, d'amuser l'esprit par des idées fines et ingénieuses, de charmer l'oreille par une phraséologie farcie d'épithètes et d'ornements capricieux : toucher et ravir les cœurs, voilà le but de ses efforts; comme il n'a en vue que les immortels lauriers des Apôtres et l'incorruptible couronne de leur gloire, il rougirait de prostituer ses talents à une éloquence théâtrale, et d'être proclamé admirable par des bonnes gens qui ne l'auraient point compris.

L'affectation, l'enflure, l'étalage d'une science transcendante, la richesse et la variété des descriptions, qu'est-ce que tout cela pour des âmes oppressées sous le poids du crime ou des tribulations, aiguillonnées par le remords ou la douleur? On berce un instant ceux qu'il faudrait convertir

adopter, c'est le mode simple et apostolique, qui exclut la prétention au bel esprit, l'ambition du style et les figures outrées.

Saint Chrysostome condamne les sermons ornés de paroles suaves et de périodes faites au tour: *Nos non tonantia et poetica verba proferimus, nec eloquentiâ utimur sæculari sermone fucatâ, sed prædicamus Christum crucifixum.*

Selon saint Jérôme, les prédicateurs vaniteux qui visent au choix des mots, ressemblent à ces femmes qui ne cherchent à plaire aux hommes que par l'éblouissant éclat de leurs parures; et il ajoute : *Nihil virtute, nihil Deo dignum est in eis.*— Le style des sermons n'est pas le style académique. La simplicité sied mieux à la prédication que la profusion des ornements. Pour prêcher à des chrétiens, dit saint Ambroise, ni la pompe des phrases, ni le luxe des expressions ne sont nécessaires : *Prædicatio christiana non indiget pompâ et cultu sermonis; ideòque piscatores, homines imperiti, electi sunt qui evangelizarent.*

ou consoler, et, le sermon fini, ils se retrouvent les mêmes qu'auparavant; on sème des fleurs à pleines mains, et l'on n'en recueille d'autre fruit que de fades et futiles louanges. Mieux vaudrait un discours qui eût plus de corps et moins d'esprit (1).

Ces règles sur la simplicité oratoire et sur les discours fleuris, donneront lieu peut-être à certaines objections qu'il importe de prévenir et de réfuter.

Une pareille théorie, dira-t-on d'abord, est éminemment propre à favoriser la paresse; car, si l'on doit proscrire tout luxe de style et réduire l'instruction pastorale à une conversation familière, le premier venu sera capable de prêcher de la sorte, sans aucune préparation.

Cette difficulté ne saurait tenir devant un sérieux examen. 1° N'avons-nous pas dit qu'un curé ferait bien de donner

(1) « Les Apôtres, dit Fénelon, n'ont point cherché la vaine pompe » et les grâces frivoles des orateurs païens; ils ne se sont point atta- » chés aux raisonnements subtils des philosophes, qui faisaient tout » dépendre de ces raisonnements; ils se sont contentés de prêcher » Jésus-Christ avec simplicité. — Les prédicateurs de nos jours, » ajoute-t-il, doivent-ils être plus ornés dans leurs discours que saint » Pierre, saint Paul, saint Jacques, saint Jude et saint Jean? » (*Dial. sur l'éloquence.*)

M. de Cheverus, dans ses conseils sur la prédication, condamne l'affectation du langage, le style obscur et ampoulé, les phrases à prétention, les métaphores outrées, et toutes les expressions qui ressentent l'art et la recherche. L'urbanité, dit il, n'est pas de la profondeur, ni l'enflure du style de l'élévation; les obscurités ne servent le plus souvent qu'à cacher le vide des pensées et le dénuement du fond. Il ne veut pas qu'on jette au visage de ses auditeurs ces termes techniques de la théologie, ces néologismes et tous ces mots incompris qui nécessiteraient à l'église l'emploi d'un dictionnaire de fraîche date. Ce n'est qu'autant qu'un orateur serait illustre et jouirait d'une sorte d'autorité dictatoriale sur la langue, qu'il pourrait hasarder des mots qui n'ont pas cours.

chaque année cinq ou six discours d'apparat, afin de rehausser, au besoin, l'éclat de son ministère dans l'esprit des auditeurs, et de leur prouver que, s'il prêche habituellement avec simplicité, c'est pour descendre jusqu'à eux et leur être plus utile ? Or, compte-t-on pour rien plusieurs sermons consciencieusement travaillés ? Après vingt ans d'exercice pastoral, n'aurait-on pas formé un répertoire assez bien pourvu ? En outre, si quelques hommes se croient de force à parcourir avec succès la carrière de l'éloquence, n'ont-ils pas mille occasions de satisfaire leur désir ? Fêtes patronales du voisinage, octaves fondées dans les villes et les campagnes, stations d'Avent et de Carême, conférences, retraites et missions, telles sont les nombreuses issues ouvertes au zèle et au talent de nos futurs orateurs. Qu'à l'aide d'un opiniâtre labeur ils se façonnent à la composition ; qu'ils paraissent de temps en temps dans la chaire de vérité pour y essayer leurs forces et sonder l'opinion publique. Après cela, si, tout bien considéré, ils se lancent dans la haute mer et deviennent des prédicateurs célèbres, l'Eglise, en bénissant leurs efforts, s'enorgueillira de leurs succès. Mais ce sont là, ne l'oublions pas, des vocations exceptionnelles, et, de nos jours comme au siècle de Cicéron, dans la foule des hommes diserts, il s'en trouve bien peu d'éloquents.

2° Ce serait étrangement s'abuser de regarder la simplicité oratoire comme ennemie du travail. L'étude morale des hommes en général, et d'une paroisse en particulier, n'est-elle pas déjà, à elle seule, une tâche immense ? Il faut tant de finesse et d'observation pour explorer les secrets du cœur humain, que les peintures de mœurs dues à de grands maîtres, tels que Labruyère, etc., furent toujours accueillies comme des chefs-d'œuvre. Et puis, en préconisant le genre simple, nous sommes loin d'admettre, encore moins d'exalter, le genre ignare. Il est aussi nécessaire de méditer l'Ecriture, les Saints Pères, l'histoire, etc, pour faire utilement des instructions familières, que pour composer les plus pompeux discours (1).

4° Enfin, ce n'est pas tout de posséder les pensées, quand on veut les exprimer dans une forme tout-à-fait populaire, sans néanmoins tomber dans la trivialité : il faut peut-être ici plus de travail que pour parler le langage de la haute littérature à laquelle le prêtre se trouve initié par son éducation classique; et l'art est d'autant plus grand, qu'il disparaît sous les apparences du laisser-aller de la bonne conversation.

On ne saurait donc, sans fermer les yeux à l'évidence, persister à voir dans nos principes une sorte d'encouragement à la paresse.

Mais, poursuivra-t-on, vous tendez à étouffer le germe des talents et vous coupez les ailes au génie, en proscrivant sans pitié tout ce qu'il y a de relevé et de brillant dans l'éloquence !

Les observations ci-dessus prouvent certes assez que ce reproche est sans fondement. En prémunissant les jeunes ecclésiastiques contre des écarts où pourrait les emporter un zèle non éclairé par la science, nous proscrivons seulement le style nuageux, prétentieux, emphatique, qui, cachant sous d'éclatants dehors, le vide réel des pensées, introduirait dans la chaire de vérité un genre faux et mauvais,

(1) Il est à désirer qu'on ne puisse appliquer à aucun de ceux qui portent la parole au nom de l'Eglise, ce mordant quatrain d'un poëte satirique :

> Sous ce tombeau gît un auteur
> Dont en deux mots voici l'histoire :
> Il était ignorant comme un prédicateur,
> Et malin comme un auditoire.

aussi contraire à l'édification des peuples qu'aux véritables principes en matière d'éloquence. Au surplus, Dieu, qui donne le génie, sait toujours le pousser à sa destinée, et quand il marque une âme du sceau de l'apostolat, il faut bien tôt ou tard qu'elle accomplisse sa carrière. Qu'il paraisse des Bossuet, des Fénelon, des Massillon, des Bourdaloue, des Frayssinous, des Lacordaire, des Ravignan, comme il a paru autrefois des Chrysostome, des Ambroise, des Augustin, des Bernard, des Vincent Ferrier, et l'on n'aura jamais besoin ni de leur tracer des règles, ni de leur délivrer un passe-port. Il n'en est pas moins vrai, cependant, que la prédication requiert par-dessus tout le style simple, familier, et, le plus souvent même, tout à fait élémentaire.

Enfin, on dira peut-être qu'en dépouillant le ministère évangélique des charmes de l'élocution, on s'expose du moins à l'avilir aux yeux de ceux qui se piquent d'instruction et de délicatesse littéraire.

En fût-il ainsi, nous dirions encore qu'il vaut mieux travailler au salut de tous que chatouiller agréablement les oreilles de quelques-uns : le prédicateur ne doit-il pas avoir en vue la majorité plutôt que le petit nombre ? Mais cette supposition est purement gratuite, car tout homme doué d'un sens droit et d'un sincère amour pour ses semblables, applaudit volontiers aux efforts du prêtre qui se met à la portée des classes populaires, dans le but de les instruire et de les moraliser. C'est là, en effet, le beau spectacle que l'Eglise présente au monde, en perpétuant l'une des marques distinctives de la mission divine indiquée par Jésus-Christ même : *Pauperes evangelizantur*. Qui prend souci du pauvre et des enfants du peuple, si ce n'est l'humble pasteur aimant à leur parler le langage qu'ils comprennent toujours, celui de la simplicité qui va si bien au cœur ? Il y aurait beaucoup à dire sur un rôle si touchant ; mais c'est assez de faire entrevoir cette abondante source de réflexions. Placée à une telle hauteur, la question religieuse domine tout le reste. Quand un digne curé a pu réussir à régénérer sa paroisse, et à y faire fleurir toutes les vertus chrétiennes par l'ascendant d'une parole noblement et saintement familière, il faudrait manquer de sens pour lui reprocher de n'avoir pas fait de ses paroissiens autant d'adeptes en bonne littérature. Il a été simple, affectueux et paternel; il a rendu sa parole chère et respectable par la seule persuasion ; il s'est fait obéir de ceux qui n'eussent peut-être obéi à personne : ne demandez pas s'il a bien prêché. S'il n'a été ni rhéteur, ni académicien, du moins a-t-il été éloquent ; qu'exiger de plus ?

## ONCTION.

Le sentiment ayant bien plus d'empire sur les hommes que le raisonnement, pour les attirer à la piété et à la vertu, l'orateur cherchera à toucher non moins qu'à convaincre. En effet, c'est au cœur que gît réellement la plaie; une fois qu'il est gagné, la place est prise ; l'esprit ne songe plus à raisonner, la volonté se rend et la vérité triomphe. Mais pour aller droit au cœur, le langage doit partir du cœur; les paroles qui n'en émanent pas, vont expirer à l'oreille des assistants. Voilà pourquoi les orateurs qui prêchent avec plus d'âme que d'esprit et de talent, l'emportent toujours sur les autres. Heureux donc le prédicateur qui, à l'avantage de produire la conviction, joint le don précieux d'ébranler et d'émouvoir !

Un prêtre onctueux impressionne, amollit ceux qui l'écoutent, et brise la chaîne qui les tient liés à des habitudes perverses; en exhalant ces paroles de feu, ces sentiments profonds, ces soupirs enflammés que les morts entendent du fond de leurs tombeaux, il verse des larmes si vraies et si sincères qu'il attendrit les pécheurs les plus endurcis et les plus désespérés, leur arrache des sanglots de douleur et de componction, et finit par fondre la glace de leur opiniâtre indifférence. Son style vif, animé, plein de chaleur et de pathétique, parle à la fois à l'intelligence, au cœur et à l'imagination. Profondément pénétré de l'importance des vérités qu'il annonce, il fait partager à ses auditeurs les émotions qu'il ressent et les convictions qui l'animent, il éclaire, embrase, captive et entraîne; rien n'émeut comme l'air d'un homme visiblement ému : si le raisonnement ébauche la conversion, c'est l'onction qui l'achève. *Enseigner et émouvoir, donner de la lumière à l'entendement et de la chaleur à la volonté*, telle est, dit saint François de Sales, *toute la fin de la prédication.* Selon Fénelon, *un missionnaire qui sait effrayer et faire couler des larmes frappe bien plus au but de l'éloquence* que l'homme disert et l'élégant discoureur (1). Cette admirable faculté tire sa force du cœur bien plus que de l'esprit, parce que le cœur seul parle au cœur, tandis que la langue ne parle qu'à l'oreille. Il faut donc être touché et sentir vivement soi-même avant de songer à émouvoir les autres, et les prédicateurs froids ne sont propres qu'à éteindre dans les âmes l'heureuse flamme de la charité, quel que soit d'ailleurs le mérite littéraire de leurs

(1) *Illius doctoris libenter vocem audio qui non sibi plausum, sed mihi planctum moveat.* (S. Bernard.) — *Non plausus, sed lacrymas et suspiria.* (S. Jérôme.)

compositions (1). Aussi, est-ce faire injure à un orateur de le proclamer seulement *homme d'esprit* (2).

Qu'est-ce, après tout, que l'éloquence, sinon l'art de persuader la vérité et la vertu, de perfectionner les hommes en les rendant plus éclairés et meilleurs ? Un prêtre rempli de piété et de foi, surtout lorsqu'il joint à ces qualités une science acquise par un travail continuel, parle un langage qui ranime la ferveur, et l'échauffe à tel point qu'il attendrit et transporte son auditoire attentif. Comme une vive et brûlante lumière, son ardente parole illumine et gagne irrésistiblement les âmes, en les pénétrant de tous les sentiments qui débordent de la sienne propre : *Pectus est quod disertos facit.* Il ne suffit donc pas d'avoir de l'ordre, de la méthode, de la solidité dans le raisonnement, le tout accompagné d'une diction pure et agréable ; on doit, en outre, déployer des mouvements onctueux qui charment, touchent, remuent les hommes et réveillent en eux, avec l'amour de la vérité, le désir de la vertu. Le pathétique est le nerf de l'éloquence (3). Il faut saisir, animer, entraîner l'imagination, exciter les passions nobles, effrayer les consciences coupables, produire en elles ces profondes impressions qui déterminent à agir, et surmontent cette force d'inertie que l'assistance oppose habituellement au prédicateur. Par là un simple missionnaire s'élève au-dessus des plus habiles phrasiers : on voit qu'il tient à la religion du fond de ses entrailles ; la

(1).....*Si vis me flere dolendum est primùm ipsi tibi.....* (Horace.) —*Terreo quia terreor.* (S. Augustin.)

(2) Tourreil lisait à l'académie française des fragments de sa traduction de Démosthène ; tout à coup Racine, qui était présent, s'écria : « Oh ! le bourreau ! il donne de l'esprit à Démosthène ! »

(3) *Græci* παθητικὸν *nominant quo perturbantur animi et concitantur*, IN QUO UNO *regnat oratio.* (Cic. de Orat., 26.)

véhémente rapidité de son discours ne laisse pas le temps de respirer, et l'on est subjugué par l'ascendant de cette foi qui transporte les montagnes.

Mais quel peut être le fruit d'une prédication ressemblant à une froide et sèche leçon de théologie? Est-ce bien là le moyen de frapper et de convertir ? De même que la glace n'échauffe pas et qu'une nuée sans eau n'arrose point ; ainsi un tiède et apathique prédicateur est radicalement incapable d'émouvoir. Comment dire quelque chose de touchant, si l'on n'est touché soi-même? D'une âme aride il ne sort que des paroles mortes, privées de tout esprit de vie ; la voix n'est qu'un airain sonnant si le cœur ne l'anime. Rien de plus insipide qu'un orateur qui n'a ni vigueur ni sensibilité ; c'est une eau stagnante et sans fraîcheur ; ses fades sermons n'ont, sur les auditeurs, que la soporifique vertu de l'opium. Pour produire de l'effet, il faut s'attendrir et se passionner; autrement, on écrit ou l'on parle sans verve et sans feu, n'articulant que des phrases vides, incolores, inanimées, et, partant, impuissantes.

Certes, manquer à la fois d'énergie et de sentiment, ne pouvoir s'élever à l'enthousiasme, ne présenter que des abstractions métaphysiques d'une assoupissante sécheresse, des dissertations purement scolastiques, ne se montrer qu'un froid et plat moraliste, ce n'est pas être prédicateur. Vainement prêcheriez-vous d'une manière exacte, en style poli, avec des arguments en bonne forme et un geste irréprochable, si votre parole est sans séve, si vos raisonnements sentent le géomètre, si votre action oratoire est languissante et monotone, vous produirez tout au plus la conviction de la philosophie, mais non celle de l'éloquence. Quiconque n'a rien de neuf, de saillant, de pieux ou de tendre, ne réussira jamais à remuer les grandes puissances de l'âme, l'imagination, la sensibilité, la conscience. Peut-être recueillera-t-il quelques applaudissements de la part de certains puristes, pour avoir bien observé les règles de la syntaxe ou de la rhétorique, et s'être montré aussi incapable d'un solécisme que d'un trait de génie; mais qu'est-ce que ce genre de mérite, consistant à flatter agréablement les oreilles de tant d'hommes qui périssent faute de conversion? Des remords qui déchirent le cœur, des pleurs qui mouillent les paupières, des tressaillements de crainte, d'espérance et d'amour divin, voilà un noble objet d'ambition pour tout prêtre désireux de ne pas se réduire au triste rôle d'un déclamateur oiseux et stérile, ni de ressembler à une nuée sans foudre et sans pluie. Ce n'est pas le tout de plaire et de prouver : il faut peindre, saisir, entraîner par les accents de cette haute et mâle éloquence que Cicéron nomme *véritablement tragique;* il faut inspirer l'indignation contre l'ingratitude, l'horreur des vices bas et dégradants, tels que la débauche, l'impureté, l'inhumanité ; il faut exciter à la compassion pour la misère, à la pratique de la vertu, au goût de la piété et des choses de Dieu.

Laisser les auditeurs froids et insensibles, c'est donc manquer le but de la prédication. D'arides instructions, qui n'allument point en eux les ardeurs de la charité, ressemblent à des traits émoussés, aussi impropres à l'attaque qu'à la défense. Le ministre de Jésus-Christ doit vivifier ses préceptes d'une chaleur céleste qui s'insinue dans les cœurs, les dilate, les féconde et leur fasse produire d'abondantes œuvres de sainteté. Aussi, ne sont-ce pas les prédicateurs les plus illustres, au point de vue littéraire, qui opèrent le plus de conversions; et, relativement à la conquête des âmes, des prêtres obscurs, connus de Dieu seul, ont eu souvent la primauté sur eux.

Mais, demandera-t-on, comment devenir un orateur

onctueux et pathétique? Nous l'avons déjà dit, le moyen de toucher les autres, c'est d'être touché soi-même. Pas plus que le génie, l'onction n'est l'effet de l'étude. Ne voit-on pas chaque jour, chez les gens les plus grossiers et les plus incultes, des mouvements spontanés d'une vive et remarquable éloquence? Le mendiant lui-même qui implore la pitié publique pourrait quelquefois servir de modèle en ce genre. Quiconque a observé de près les mœurs populaires, et pris sur le fait certaines natures énergiques, a dû se persuader que l'homme est toujours éloquent lorsqu'il est fortement pénétré.

Une foi ferme, une ardente charité, un tendre dévouement aux intérêts temporels et éternels du prochain, telle est la source d'où jaillira le pathétique qui convient à la chaire chrétienne. Le prêtre doit être comme saint Paul, qui s'animait à la vue de l'idolâtrie d'Athènes. N'en doutez pas, chaque fois qu'on en pourra dire autant de vous-même, eussiez-vous la parole difficile, *imperitus sermone*, vous remporterez toujours quelque victoire signalée. Méditez donc solidement et longuement les vérités que vous devez enseigner, en sorte que cette méditation embrase votre cœur d'un feu surnaturel: *In meditatione meâ exardescet ignis.* Elevez-vous par l'oraison jusqu'au sommet du Sinaï, du Thabor ou du Calvaire, pour en redescendre au milieu des peuples tout rayonnant des splendeurs divines, et parler comme parlaient les prophètes lorsqu'un ange du Seigneur les avait touchés de ses ailes enflammées.

## AUTRES QUALITÉS DU DISCOURS.

Outre la simplicité et l'onction, dont nous avons traité dans les deux paragraphes précédents, le discours doit encore avoir quelques autres qualités qui, bien que déjà légèrement touchées, ont besoin d'être développées à part et en peu de mots.

*Sage économie du discours.* — Cette qualité, ou condition fondamentale, s'étend à l'ensemble et aux détails de la composition oratoire. Pour s'y conformer, il faut d'abord viser à un but spécial, exclusif, et, par conséquent, se renfermer dans l'unité de sujet. Ne montez jamais en chaire pour y traiter plusieurs matières à la fois, ou vous vous perdrez dans un nébuleux tourbillon d'idées vagues et sans liaison aucune. L'unité doit constamment prédominer dans un discours; n'est-elle pas, d'ailleurs, le premier mérite de toute œuvre littéraire?

Les sermons les mieux travaillés et les mieux étudiés, dit saint François de Sales, deviennent souvent inutiles, faute de tendre à un but particulier. Si l'on prêche plusieurs vérités ou plusieurs vertus à la fois, elles s'étouffent les unes les autres par leur multitude et leur variété, semblables à ces graines diverses qui profitent peu lorsqu'on les sème toutes ensemble dans le même terrain. Quand on n'a qu'un sujet et qu'un but, et que toutes les raisons et tous les efforts frappent là, l'impression, ajoute le docte et saint évêque, est beaucoup plus puissante.

Le sujet choisi et bien déterminé d'après la fin qu'on se propose, il faut se tracer un plan, et s'arrêter à deux ou trois points sur lesquels roulera tout le sermon. La meilleure division est celle qui se fait simplement, naturellement, ou plutôt, qui se trouve toute faite dans le sujet même, qui classe bien les matières et permet de retenir aisément tout l'ensemble. Tel est l'avis de Fénelon. On ne saurait dire, en effet, combien la distribution du discours vient en aide à la mémoire. Le prédicateur aurait beau amasser de nombreux matériaux et un trésor de connaissances parfaitement adaptées à ses vues, si tout cela est brut, mal digéré et sans ordre, il ne pourra s'énoncer que confusément et ne fera, loin de se rendre utile, qu'être à charge à ses auditeurs qui, ou ne le comprendront point, ou ne retiendront pas ce qu'il aura dit.

*Force et solidité.* — Le zèle est, sans contredit, le premier talent de l'orateur et l'âme de la prédication; il annonce l'homme apostolique, envoyé du ciel pour travailler au salut des peuples. Pour émouvoir fortement, le discours doit être nerveux, vif, chaleureux et populaire, surtout auprès des campagnards dans le cœur desquels il est si difficile d'éveiller la fibre de la sensibilité. Le sujet frappera d'autant plus qu'il aura été présenté d'une manière neuve et piquante, avec cette teinte d'originalité qui est toujours sûre de triompher de l'apathie des assistants.

Inutile, au reste, de faire remarquer que la force dont nous parlons ici gît dans les idées, leur enchaînement et leur expression, et non dans les éclats de la voix ou l'intempérance du geste. Ce serait prendre étrangement le change de vouloir suppléer par la puissance des poumons à la faiblesse de l'intelligence, et de croire qu'on a péroré à merveille quand on a vociféré, frappé la chaire, étendu les bras, et jeté en écumant, aux auditeurs éperdus, quelques médiocres tirades bien ou mal apprises. A voir certains prédicateurs au moment où ils descendent de la tribune sacrée, on dirait qu'ils viennent de se livrer à l'exercice du pugilat : leur visage est d'un rouge écarlate, la sueur ruisselle à flots de leurs membres agités, leur poitrine ne rend plus qu'un son voilé, enfin, pour nous servir ici d'un jeu de mots assez connu, tout indique qu'ils ont prêché *bien fort*, mais non pas *fort bien*.

*Précision.*— *Un bon discours*, dit Fénelon, *est celui où l'on ne peut rien retrancher sans couper dans le vif;* il faut en élaguer les redites et les superfluités, la profusion des mots et des images, adopter un style serré et concis, si l'on parle à un auditoire éclairé. Mais, le laconisme laissant au commun des esprits trop à travailler pour bien saisir l'orateur, il vaut mieux être abondant que brief en face des gens d'une conception dure et d'une épaisse intelligence : les auditeurs de cette classe, d'ordinaire peu pénétrants et fort distraits, perdent beaucoup de choses qu'ils comprendraient très-bien par un plus long développement. Etre fécond en détails pratiques pour le peuple, et précis pour le philosophe et le savant, telle est la règle qu'observera toujours un prédicateur judicieux.

*Facilité et lucidité.*— A quoi sert un discours embrouillé et mal su qui n'est qu'un amas confus où se noie l'attention des assistants condamnés à le subir ? Le sermon sera coulant, facile, clair comme une eau limpide jaillissant d'une source pure; rien ne lui donne autant de grâce et d'intérêt que la clarté du plan et la déduction bien graduée des raisonnements. Procéder sans suite dans les idées, sans logique dans l'exposé des preuves, c'est, comme nous l'avons exprimé déjà, s'aventurer à travers l'obscurité des nuages, et parler en pure perte : l'instruction est nulle quand elle est inintelligible; pour qu'on la goûte elle a besoin d'être nettement comprise, en sorte que l'auditeur n'en soit jamais réduit à deviner le prédicateur. Aussi la clarté est-elle regardée par les plus habiles maîtres comme la principale qualité des compositions oratoires : elle a la priorité sur la correction du style, l'élégance de l'élocution, la justesse et l'élévation des pensées, la finesse des réflexions, la solidité même des arguments.

## SOURCES DE L'ÉLOQUENCE CHRÉTIENNE.

### NÉCESSITÉ DE BASER LA PRÉDICATION SUR L'ÉCRITURE-SAINTE ET LES PÈRES DE L'ÉGLISE.

C'est un principe devenu presque trivial à force d'être répété, qu'il faut être instruit soi-même pour instruire les autres. Or, quelle science l'orateur chrétien doit-il enseigner aux peuples? la science de Dieu, de ses mystères et de ses volontés. Tel est donc l'objet capital de nos études. De là ces paroles si justes de saint Paul : « Je ne sais que Jésus-Christ crucifié ; » cette connaissance n'est-elle pas, en effet, le résumé de tout le christianisme? Mais, où trouver la plénitude de la science de Dieu? dans nos Livres Sacrés. C'est à cette source abondante que s'abreuvera le prédicateur, pour enrichir ses discours d'une sainte érudition. Là, tous les orateurs vraiment évangéliques ont puisé les eaux salutaires de la doctrine céleste dont ils arrosaient les cœurs des fidèles; aussi, ce divin trésor est-il nommé par saint Ambroise *Liber sacerdotalis*.

La Bible est comme le recueil des discours de Dieu, de ses oracles et de ses ordonnances; c'est le fondement de notre foi, la règle de nos devoirs, le principe de nos décisions, l'appui de nos espérances et le premier titre de notre grandeur. Sa lecture, celle du Nouveau-Testament en particulier, est la plus pure et la plus solide nourriture du peuple chrétien; mais, pour distribuer et faire goûter aux autres cet aliment spirituel, il est nécessaire de l'avoir longtemps savouré soi-même.

Il faut donc méditer l'Ecriture, se la rendre familière,

l'apprendre par cœur, en employer de préférence les expressions. Plus on l'étudie, plus on y trouve de beautés. Mine inépuisable, elle offre, dans la *Genèse*, les plus nobles images de la Divinité; dans les *Prophètes*, une énergie de langage et une sublimité de sentiment qui ravit; des traits touchants et des modèles achevés de vertu, dans les *Livres historiques*; des élévations affectives dans les *Psaumes*; dans les *Livres sapientiaux*, des maximes d'une admirable sagesse et d'excellentes règles de conduite; les hautes leçons et les profondes sentences du Sauveur dans l'*Evangile*, surtout dans saint Matthieu, et un fond immense de philosophie religieuse dans le grand Apôtre, dont saint Chrysostome lisait chaque semaine toutes les Epîtres.

Telle doit être, pour la prédication, la base de l'érudition sacerdotale. Un livre ou un sermon, dit saint Bernard, qui n'est pas flanqué de passages des Ecritures et des Pères de l'Eglise, est comme une ville sans défense, un corps sans âme, un mets sans saveur et sans goût : *Sermo presbyteri Scripturarum lectione conditus sit*. De nos jours, il est malheureux de l'avouer, l'Ecriture Sainte n'est que trop souvent bannie de la chaire; combien de discours vagues et purement humains, où l'on daigne à peine en citer de loin en loin quelques lambeaux! Cependant s'il n'en tire pas la substance de ses instructions, ou s'il ne les appuie pas sur la doctrine qui en émane, un prédicateur ôte par là même à sa parole l'éclat, la force et l'autorité qu'elle aurait pu revêtir. Il n'est plus alors l'écho fidèle de la voix de Dieu, le ministre du Verbe divin; c'est un profane qui souille d'accents mondains la tribune évangélique, un rhéteur faisant parade de sa vaine science. Saint Augustin, assurément, ne manquait pas de talents quand il fut promu à l'épiscopat; néanmoins, avant de commencer l'exercice de ses hautes fonctions, il supplia ardemment l'évêque Valère de lui accorder le temps nécessaire à l'étude des Livres Saints, tant il reconnaissait l'impossibilité de rendre son ministère fructueux sans cette étude préalable! Elle est, en effet, d'autant plus indispensable à l'orateur catholique, qu'elle lui fournira, presque à elle seule, ses moyens de preuve, ses exhortations, ses conseils, leur donnant, outre le charme et l'intérêt, une vertu toute divine. L'auditoire lui-même voit toujours avec plaisir mêler au sermon quelques fragments de l'Evangile, sans lesquels il serait immanquablement sec, glacial et sans onction.

Pour bien posséder la Sainte-Ecriture, il faut en faire la matière habituelle de ses méditations, en lire chaque jour un ou deux chapitres avec une attention respectueuse. Saint Jérôme, parlant de Népotien, lui rend ce glorieux témoignage: *Lectione assiduâ et meditatione divinâ pectus suum bibliothecam fecerat Christi.* On se livrera particulièrement à cette importante étude dans les commentaires orthodoxes les plus estimés, où se trouvent renfermées d'inappréciables richesses. Avec ces ouvrages, revêtus la plupart de la haute approbation de l'Eglise ou des écoles catholiques, nous pénètrerons, sans crainte de nous égarer et avec une merveilleuse facilité, dans les profondeurs de la science divine; et nous deviendrons ainsi capables de distribuer au peuple fidèle le pain de la parole qui fait vivre les âmes. Il serait superflu d'insister davantage sur la nécessité de connaître à fond les Lettres Sacrées pour éclairer, toucher et convertir; on consultera utilement à cet égard le cardinal Maury, dans son *Essai sur l'éloquence de la chaire*, à l'article *Emploi de l'Ecriture-Sainte*.

Après la Bible, les écrits des Pères de l'Eglise sont notre plus précieux héritage. Il nous faut y étudier la religion, afin d'être à même de la transmettre comme nous l'avons reçue d'eux : *Post Scripturas sacras, doctorum hominum tractatus lege*, dit saint Jérôme. Bien que les Pères ne jouissent pas de cette infaillibilité communiquée aux auteurs des Ecritures par l'inspiration d'en haut, ils n'en sont pas moins nos guides et notre boussole dans les obscurités de la doctrine; car, selon la remarque du Concile d'Ephèse, ils ont été suscités par la Providence pour être les lumières du monde, *Luminaria mundi.* Historiens des croyances de leur temps, ils en constatent la vérité; ils forment cette vénérable chaîne de la tradition, qui va de pair en autorité avec nos divins oracles, au moins par l'interprétation, et remonte de siècle en siècle, toujours uniforme, constante, inaltérable, jusqu'à sa céleste origine, c'est-à-dire la parole de Dieu et de J.-C. son fils. Par eux on explique ce que, dans le dogme et la morale, n'ont pas clairement défini les Ecritures; par eux encore l'Eglise triomphe des novateurs et édifie ses enfants. Combien la lecture de ces grands Docteurs est propre à nourrir la foi, à élever l'intelligence et à vivifier l'âme ! On y aspire le suc de la religion le plus vital et le plus pur après celui du Livre par excellence. En s'appropriant le fruit de tant de veilles, on enrichit son esprit d'idées vastes et sublimes, son cœur de pieuses inspirations, et de tous les nobles sentiments qui animaient ces hommes célèbres. Avec un immense profit pour lui-même, le prêtre y trouve encore de précieux avantages pour ses auditeurs. De cette source intarissable jaillissent des beautés de tout genre : la doctrine s'y présente, non pas à l'état sec et didactique, mais environnée de toutes les pompes et de tous les mouvements de la plus chaleureuse éloquence ; hautes et fécondes pensées, figures hardies, vives et touchantes images, comparaisons, similitudes aussi justes que variées et pittoresques, tout ce qui fait le philosophe et le *vir bonus dicendi peritus* s'y rencontre avec profusion. Saint Chrysostome, saint Ambroise, saint Augustin, saint Basile, saint Grégoire de Naziance et saint Bernard sont des orateurs sacrés de premier ordre, et les anciens oracles de la chaire évangélique les plus utiles à consulter. C'est Bourdaloue, parmi les modernes, qui fait dans ses sermons le plus fréquent usage des Pères de l'Eglise. Bossuet ne passait pas un jour sans lire saint Augustin, même dans le cours de ses visites pastorales : quel plus glorieux hommage le génie a-t-il jamais obtenu du génie ? L'évêque d'Hippone est effectivement un des principaux modèles à étudier comme prédicateur, sa manière est tendre, affectueuse, insinuante; et si, à raison des goûts populaires de son temps auxquels il lui fallait se conformer, le style de ses homélies n'est pas d'une latinité aussi pure que celui de ses autres écrits, ce léger désavantage est bien compensé par l'élévation des vues, la justesse des aperçus et l'ardeur électrique des sentiments (1).

(1) « Choisissez un Père qui ait plus d'harmonie avec la tournure de votre esprit, et celui-là, mettez-le en tête de tous les autres, et qu'il fasse vos délices. Aimez-vous la grandeur, c'est-à-dire, un faire ample, lumineux, magnifique? prenez saint Jean Chrysostome : Bossuet et Fénelon l'ont appelé le plus parfait modèle de l'orateur chrétien : « On trouve en lui, dit ce dernier, un jugement exquis, de nobles images, une morale douce et aimable. » Voulez-vous une chaleur et une véhémence qui rappellent Démosthènes? prenez parmi les Grecs saint Basile, et parmi les Latins Tertullien ou saint Cyprien. Voulez-vous une tendresse et un pathétique qui vous inondent l'âme et vous arrachent des larmes? prenez saint Augustin. « Il est, dit Fénelon, en même temps sublime et populaire; il monte aux principes les plus élevés avec les expressions les plus familières; il interroge, se fait interroger et répond. Sa prédication est une conversation entre lui et son auditoire. Les comparaisons s'offrent à lui, toujours propres à dissiper les doutes. Il descend jusqu'aux plus vulgaires préjugés du peuple pour les redresser. » Ce Père fut si cher à Bossuet, qu'il ne le quittait jamais, même en voyage. Nous lisons, dans sa vie,

Il importe donc, avant tout, de remplir son âme de l'Ecriture Sainte et des Pères de l'Eglise. S'il est vrai qu'il faut être instruit et touché pour instruire et toucher les autres; s'il est vrai qu'on parle éloquemment des choses dont le cœur est vivement

qu'il n'expliquait jamais un dogme, ne faisait pas une instruction, ne répondait pas à une demande, sans se servir des idées et des expressions de saint Augustin. Il y trouvait la défense de la loi, la doctrine des mœurs, et, ainsi qu'il le disait, toute l'antiquité. Quand il avait à composer un sermon, il prenait saint Augustin; quand il avait une erreur à combattre, un point de foi à démontrer, il lisait saint Augustin. Le génie de l'évêque de Meaux s'enflammait tellement du feu qui brille dans l'évêque d'Hippone, il s'identifiait tellement avec lui, qu'il prononça un jour à ce sujet cette remarquable sentence: « Quand on lit saint Augustin, on n'a pas le temps de considérer ses paroles, tant l'âme est transportée par la grandeur, par l'ordre et la profondeur de ses pensées! » Votre âme est-elle tendre, facile à recevoir les douces effusions de la piété? lisez saint Bernard. Il traite avec la plus suave onction les plus grands sujets de la religion, et sa veine n'est pas languissante; mais, quoique tendre, elle sait, quand il le faut, s'élever jusqu'au sublime. Voulez-vous savoir de quelle émotion l'âme de Bernard est capable? faites venir sur ses lèvres les doux noms de Jésus et de Marie: alors vous en verrez découler l'amour, il vous semblera qu'il a quitté les entraves de notre humanité pour brûler de la charité des bienheureux et parler le langage des Séraphins. Voulez-vous savoir quel est son zèle pour l'honneur et la gloire de la religion? lisez le traité *de Consideratione*, dédié au pape Eugène. En somme, je dirai avec Fénelon: « Saint Bernard a été un prodige dans un siècle barbare: on trouve en lui délicatesse, élévation, élégance, tendresse et véhémence. » Enfin, aimez-vous les ornements du discours? parcourez saint Ambroise, qui se servit de l'amour du beau pour gagner saint Augustin à l'amour du vrai. Voulez-vous admirer les mystères du christianisme exposés avec un style cicéronien? lisez saint Léon, et vous verrez pour ainsi dire revivre en lui l'âge d'or d'Auguste. Mais, quel que soit le Père que vous adopterez pour le vôtre, souvenez-vous que vous ne pourrez jamais vous passer de lui adjoindre le maître de tous les orateurs, saint Jean Chrysostome, si vous tenez à imprimer à vos compositions la véritable forme du discours. » (*Audisio*).

pénétré, l'étude approfondie de ces deux graves objets, l'exploitation de ces mines fécondes, est un préliminaire indispensable à quiconque veut réussir dans le ministère de la prédication. Ces trésors une fois acquis, un prêtre sage saura les répandre abondamment et toujours à propos sur l'assemblée chrétienne : il s'assimilera naturellement l'esprit, le style et les figures des Lettres-Sacrées, ainsi que la méthode large, solide, élevée et vigoureuse des saints Docteurs, comme on prend pour ainsi dire les habitudes d'un ami dont on subit l'influence, ou comme le tempérament se modifie selon la nature de l'atmosphère qu'on respire. Il y a donc peu de conseils à donner sur ce point, d'autant plus que la variété des esprits correspond dans les hommes à celle des visages. Toutefois, nous signalerons deux excès à éviter : ce serait de citer trop ou trop peu les paroles de l'Ecriture et des Pères. Quelques critiques ont reproché le premier de ces défauts à saint Bernard, dont le style est en effet continuellement tissu de passages tirés des Livres divins. Quelle que soit, au point de vue littéraire, la valeur de ce reproche, nous ne pouvons qu'admirer ce parterre émaillé de tant de fleurs dont ce génie étonnant nous fait respirer le doux parfum. D'ailleurs, quel inconvénient y avait-il à multiplier les textes latins dans des récits latins? Mais l'abus s'est produit plus tard, lorsque le français étant devenu usuel, les orateurs qui parlaient dans cette langue, offraient à leur auditoire des discours tout hérissés de grec et de latin. Voilà l'écueil dont on ne saurait se garer avec trop de soin. On ne doit point, dit saint Liguori, remplir ses sermons de citations latines, de textes de l'Ecriture et de passages des saints Pères ; à quoi cela sert-il pour des gens qui ne les comprennent pas? On s'attachera à saisir et à communiquer l'esprit plutôt que la lettre ; cependant ne concluons pas de là qu'il ne faille jamais citer. Il est des pensées saillantes, courtes et nerveuses, qui font dans un beau discours l'effet d'un diamant enchâssé dans l'or et l'argent; celles-ci, par exemple, de saint Augustin : *Qui fecit te sine te, non salvabit te sine te.— Indulgentiam tibi Deus promisit, crastinum diem tibi nemo promisit.— Unus est (latro pœnitens), ne desperes; unus est, ne confidas.*

La lecture de la vie des Saints n'est pas moins utile : là se trouvent mis en pratique tous les principes, toutes les règles de l'Evangile. L'histoire de ces pieux personnages renferme des traits vifs et touchants, des paroles d'édification qui portent dans les âmes le goût céleste de toutes les vertus. D'heureuses citations de quelques faits et exemples qui les ont illustrés embellissent un sermon et exaltent les sentiments des auditeurs. C'est par là que sainte Thérèse entretenait l'ardeur de sa foi et de sa piété; telle était son unique lecture, surtout au déclin de ses jours. Ainsi encore les pasteurs parviendront-ils à conserver en eux, et à inoculer à leurs ouailles, l'esprit de Dieu et la science qui fait les élus.

## DÉFAUTS A ÉVITER DANS LA PRÉDICATION.

En exposant, dans un précédent article, les qualités essentielles au prédicateur, nous avons déjà plus ou moins explicitement indiqué les défauts contre lesquels il doit se prémunir en chaire : dire ce qu'il faut être, n'est-ce point dire, en effet, ce qu'il importe de n'être pas? Toutefois, parmi les nombreux écueils dont se trouve hérissée sa carrière apostolique, c'est pour nous un devoir d'en signaler à son attention quelques-uns, concernant ou lui-même, ou les fonctionnaires civils, ou les particuliers, ou les paroissiens en général, ou enfin les incrédules et les sectaires.

1° Un pasteur se gardera d'initier jamais publiquement les fidèles à la connaissance de faits ou d'objets qui l'intéresseraient exclusivement : tracasseries, vexations, outrages, injustices, dénonciations, lettres anonymes et insolentes, désagréments quelconques, il supportera tout en silence et avec cette courageuse résignation qui sied si bien à un disciple du Dieu du Calvaire. La tribune sacrée n'est point un champ clos où il lui soit loisible de venir débattre de misérables questions d'intérêt, d'amour-propre ou d'injures personnelles : elle a reçu une plus haute destination ; ce serait en ravaler la majesté d'y entretenir le public de la pauvreté de son bénéfice et de la modicité de son casuel, des intrigues, des persécutions, des calomnies même auxquelles on pourrait être en butte. Portant la charité, l'indulgence et le désintéressement plus loin que ses adversaires eux-mêmes ne poussent la malice et la vengeance, le prêtre digne sait, au lieu de présenter son apologie, planer au-dessus des injures qu'il domine de toute la hauteur de son sacerdoce et de sa vertu ; c'est là son secret pour s'élever à la sublimité de sa mission, et en soutenir l'éclat à la face du monde témoin de sa généreuse conduite. Un respectable ecclésiastique qu'on excitait à écraser en chaire ses ennemis, répondit avec esprit et dignité : « Attendez un peu, je n'ai pas encore fini de prêcher » l'Evangile. » Cette noble réserve n'est-elle point, du reste, à ne parler qu'humainement, le meilleur moyen de désarmer ses antagonistes et de se concilier finalement leur estime ?

L'expérience démontre tous les jours que les curés dont la vie publique offre ainsi en spectacle un exemple permanent d'abnégation, de patience, d'amour et de pardon, gagnent bientôt, avec l'unanime affection de leurs paroissiens, une influence qu'ils n'eussent peut-être jamais obtenue sans cela. Telle a été constamment la manière d'agir du saint évêque de Genève, qui, aux incessantes vexations dirigées contre sa personne ou son caractère, ne répondait que par l'oubli, la générosité, la douceur et la politesse. Qu'un prêtre, au contraire, dédaignant de s'astreindre à une aussi louable retenue, s'avise de faire retentir le temple d'objets profanes, de griefs purement personnels, d'y exprimer un blâme ou seulement sa sensibilité, qu'arrivera-t-il? Il se donnera à lui-même la triste réputation d'homme irascible, passionné, vindicatif; il aigrira les auteurs de sa peine, offensés de s'être entendu signaler au prône; ou bien, ce qui est toujours fort maladroit, il éveillera chez eux le sentiment d'une secrète et maligne satisfaction, celle d'avoir réussi, au delà de leurs désirs, à mortifier *le curé*. Ne soyons pas du nombre de ces prédicateurs censurés par saint Jérôme, lesquels, insensibles aux outrages faits à Dieu et très-susceptibles sur le point de leur honneur propre, prennent feu aux critiques les plus légères, aux moindres imputations effleurant leur renommée, tandis qu'ils restent de sang-froid devant des crimes de lèse-majesté divine : *In Dei injuriis benigni sunt, in propriis contumeliis odia exercent.*

2° C'est surtout dans ses rapports avec les fonctionnaires publics, qu'un curé se trouve exposé quelquefois à la tentation de convertir la chaire en une sorte d'arène, où, maître suprême de la lutte, il espère décider le triomphe en sa faveur. A-t-il à se plaindre des abus de pouvoir d'un maire, ou de certaines mesures administratives qu'il croirait dictées par un esprit d'injustice ou d'animosité, qu'il n'aille pas en instruire les habitants de son village dans le lieu saint (1); ce

(1) *Videant ne, concionando, aliquid contumeliosè adversùs præfectos ecclesiasticos et civiles magistratus.... proferant. Quin potiùs*

serait, en blessant cruellement l'autorité supérieure, risquer fort de ne jamais obtenir qu'elle fit droit aux plus légitimes réclamations : son devoir, en de telles conjonctures, est d'en référer au premier pasteur, qui lui tracera la marche à suivre. Convient-il au ministre de l'Evangile de parler, dans une église, des conflits, des démêlés qui auraient pu surgir entre lui et les officiers municipaux, ou du retrait de quelque avantage communal, tel que supplément de traitement, pâtis, affouages, etc. ? Evidemment non ; c'est aux chefs de la hiérarchie civile qu'il faut s'adresser pour solliciter d'eux le redressement des excès de pouvoir et des abus d'autorité, après que, toutefois, l'évêque aura conseillé le recours. Le magistrat d'une commune se montrât-il vicieux, ce ne serait point là un motif de le signaler publiquement par des personnalités directes, ou même par de simples allusions; il est mille fois préférable, dans l'intérêt du bien, de lui donner à huis-clos quelques avis, selon le prudent conseil de l'Apôtre : *Corripe inter te et ipsum solum*. Que de fois, en perpétuant, au grand scandale de tous, les divisions entre les administrateurs spirituels et les administrateurs temporels, l'antagonisme des amours-propres froissés n'a-t-il pas, sous la fatale inspiration de la haine ou de la colère, provoqué la méfiance réciproque, le trouble, la désorganisation, au sein de paroisses où régnaient auparavant l'union, l'ordre et la paix (1) !

*auditores moneant ut præpositis etiam dyscolis pareant et obediant.* (Concile de Bordeaux de 1583.)

(1) Ce qu'osaient dire Ambroise à Théodose, Bossuet et Massillon en présence du grand Roi, ne saurait souvent, sans de graves inconvénients, se répéter aujourd'hui dans l'église du dernier hameau, devant des villageois ceints de l'écharpe municipale, ou pourvus d'une carte d'électeurs.

Quand Bourdaloue censurait les vices de la cour et gourman-

5° Les relations du prêtre avec les particuliers ne devront pas davantage influer sur le caractère de ses prônes ou de ses sermons. Nous avons eu déjà l'occasion de le dire ailleurs, tout ecclésiastique réputé pour avoir sous la main des espions ou des *rapporteuses*, et agir en conséquence, est perdu dans l'estime de ses paroissiens. Quel spectacle, en effet, que celui d'un héraut de la parole sainte, prostituant ses fonctions augustes aux misérables manœuvres de l'intrigue et de la coterie! Quel rôle indigne que celui d'un curé se faisant, contre tels et tels, le complaisant écho de mille récits plus ou moins exagérés, perfides ou absurdes! Il est bon, sans doute, que le pasteur sache tout ce qui se passe d'important au milieu de son troupeau, mais sans paraître curieux et sans avoir l'air d'épier ni d'être *aux écoutes*. Si son langage, dans la maison du Seigneur, trahissait l'exclusive influence de quelques familles ou de certaines dévotes dont il épouserait les antipathies et les préjugés, il verrait bientôt son ministère frappé de discrédit ou d'impuissance. Certes, l'éloquence pastorale a un trop vaste champ à parcourir pour en être jamais réduite à s'alimenter en dehors de sa sphère naturelle, à faire de la chaire sacrée un bureau ouvert à toutes les nouvelles, à tous les bruits, à tous les commérages d'une paroisse, ou une tribune de diatribes au service du curé contre ses adversaires. De tels abus seraient intolérables et scandaleux.

dait Louis XIV, ce superbe monarque, devenant plus grand que lui-même, répondait aux plaintes des courtisans : *Il a fait son devoir, c'est à nous de faire le nôtre.*

Loin d'accueillir ainsi ses admonestations, on épuiserait, de nos jours, tous les degrés de juridiction administrative ou judiciaire contre un curé qui voudrait, dans sa paroisse, remplir le rôle d'un Bourdaloue au petit pied, envers les moindres agents de l'autorité municipale.

4° La religion souffrant presque toujours des imprudences, des travers ou des écarts de ses représentants, aux yeux du peuple machinalement disposé à la confondre avec eux-mêmes et à lui imputer dès lors leurs moindres torts ou maladresses, le prédicateur, attentif à ne se permettre dans ses discours aucun procédé indigne de sa haute mission, évitera par-dessus tout d'entamer inconsidérément ces questions brûlantes dont le malencontreux examen pourrait seul mettre les esprits en fermentation. Il ne respectera pas avec moins de scrupule les susceptibilités de ses paroissiens envisagés collectivement, et les égards qui leur sont dus. Ainsi, quelque grave désordre venant à éclater au milieu d'eux, l'oblige-t-il à de sévères remontrances, il est opportun qu'il s'en abstienne en présence d'un public étranger ou pendant la grand'messe : autrement, piqués de ces intempestives sorties, ils s'imagineront que leur curé a saisi malignement et à dessein une circonstance aussi solennelle, pour les humilier à leurs propres yeux et les décrier dans l'opinion des communes d'alentour. Or, qui n'entrevoit les conséquences d'une telle prévention une fois accréditée? Mais si, au lieu de violer en ce point les règles de la plus vulgaire prudence, le pasteur a le tact de réprimander ses ouailles paternellement et en famille, par exemple à un office privé, à la prière ou au salut du soir, elles lui sauront alors un gré tout particulier de sa délicate réserve et de ses ménagements (1).

(1) Un motif à faire valoir pour justifier les réprimandes qu'un pasteur est quelquefois obligé d'adresser à ses ouailles, est indiqué par le prince des orateurs romains en ces termes : Quand vous aurez à dire des choses désagréables, montrez que vous y êtes forcé : *Si quid persequare acriùs, ut invitus et coactus facere videare* (De oratore).

S'il s'agit de graves excès à stygmatiser, le curé laissera croire qu'ils sont heureusement fort rares et supposera ses paroissiens inca-

C'est surtout quand il leur arrive d'être victimes d'un fléau, d'un désastre ou d'une catastrophe, qu'on doit, pour épargner leur sensibilité déjà si cruellement éprouvée, suspendre le blâme et l'ajourner à des temps meilleurs : est-il généreux d'écraser un homme à terre, et ne serait-ce pas un crime de lèse-humanité d'aggraver sans pitié le poids trop lourd de l'infortune ? *Afflicto non est addenda afflictio* (1). Loin de

pables de s'y livrer. On en dit toujours trop, d'ailleurs, sur certains crimes ou désordres à l'égard desquels le silence et l'oubli seraient préférables. Donnons plutôt à penser aux âmes pures qu'il ne se rencontre presque nulle part de ces monstres de lubricité et de scélératesse. Cette si sage précaution fera mieux apprécier aux assistants l'énormité d'un attentat, couvrira les coupables de confusion et réveillera plus efficacement des remords dans leurs consciences qu'une réprimande amère ou une violente sortie. Enfin, dans la réforme des vices et la répression des scandales, on devra ménager, avec un soin extrême, l'honneur des habitants, et ne point insulter à toute une paroisse pour les délits d'un seul individu. Les témoignages d'estime, d'affection et de confiance que donne le prêtre aux fidèles confiés à sa sollicitude, leur sont infiniment chers et sensibles, et produisent les plus merveilleux effets. Le dévouement et l'amour ne commandent-ils pas la reconnaissance et l'attachement ? Il est impossible qu'un peuple n'aime point un pasteur qui le chérit avec une vive tendresse.

« Mes enfants, demandait saint Paul aux Galates, suis-je donc devenu votre ennemi pour vous avoir dit la vérité? » Un bon curé tiendra à ses paroissiens le même langage ; il leur fera aisément comprendre que les flatter dans leurs égarements, au lieu de les réprimander, ce serait montrer, selon saint Chrysostome, une douceur condamnable, une cruelle condescendance, non la mansuétude et la charité du prêtre de Jésus-Christ. En procédant ainsi, s'il fait des blessures, ce ne seront pas de celles qui tuent, mais de celles qui guérissent, et il pourra dire comme l'Apôtre : Je me réjouis, non pas de ce que vous avez été contristés, mais de ce que cette tristesse a produit en vous la pénitence. »

(1) Il se rencontre des curés qui, au lieu de consoler leurs paroissiens aux jours de deuil et de calamité, et de les inviter dou-

céder à la mauvaise inspiration de lancer, en chaire, devant des gens du dehors, un flot de reproches à la fois odieux et mortifiants, c'est le cas, pour un curé habile, de montrer publiquement qu'il a une très-bonne opinion de ses paroissiens, en les supposant exempts des abus ou des vices qu'il attaque, en les louant à propos et en disant d'eux tout ce qui peut les relever dans l'esprit du voisinage. Une façon d'agir contraire à celle-là décèlerait un caractère aussi léger qu'imprudent. N'y aurait-il pas également, en notre siècle superbe, une inconcevable maladresse

cement à résipiscence, les exaspèrent par des observations insolites, renforcées des reproches les plus violents et les plus acerbes. Ils leur annoncent, avec une brutale crudité, que les grêles, les inondations, les grandes sécheresses, les épizooties dont Dieu les frappe, sont de justes vengeances du ciel, bien inférieures à celles que mériteraient leurs crimes, si le Seigneur les traitait avec une inflexible rigueur. « L'unique cause de la stérilité de vos champs, s'écrient-ils, c'est que vous n'avez point assisté aux processions annuelles des *Rogations*, pour obtenir que l'auteur de tout bien les bénît et les fécondât; c'est le travail obstiné du dimanche, c'est la danse, le jeu, la fréquentation des cabarets, c'est l'omission de vos pâques, l'infraction de tous vos devoirs religieux ! » — Sans doute, dans les secrets desseins de l'Eternel, les désastres publics peuvent bien n'être, et ne sont quelquefois, en réalité, qu'une punition de l'indifférence ou de l'ingratitude des hommes : l'Ecriture Sainte nous en offre plus d'un exemple ; mais, dans l'incertitude où nous demeurons à cet égard, le parti le plus prudent, le seul même qu'il faille adopter, c'est de laisser à leurs propres réflexions des consciences déjà naturellement repliées sur elles-mêmes, sans jamais les irriter ou les abattre au moment où elles ont le plus besoin de consolations. J'ai vu commettre, à ce sujet, d'incroyables bévues, qui ont soulevé des populations entières contre leurs curés. Que ceux qui seraient tentés de s'écarter ici des prescriptions de la sagesse, aient toujours présentes à l'esprit les déplorables conséquences qui résulteraient infailliblement de leur témérité. S'identifier avec son peuple, compatir à ses malheurs et à ses tristesses, voilà le devoir du bon pasteur.

à fulminer l'anathème contre les pécheurs, à déclarer hautement qu'une paroisse est démoralisée, perdue, livrée à la réprobation (1)? Jamais on ne verra un prêtre élevé à l'école des Ambroise, des Borromée, des François de Sales, des Vincent de Paul et des Liguori, donner dans de tels écarts.

Au cas où les réprimandes ne seraient point applicables à la généralité des fidèles, on ferait mieux d'adresser une admonestation particulière à l'oreille des seuls coupables, qui, du reste, l'accueilleraient avec beaucoup plus de docilité et de profit que si on la leur jetait à la face en pleine église. C'est l'heure alors de mettre en pratique, non plus ces paroles de saint Paul : *Increpa illos durè ;* mais bien celles-ci : *Argue, obsecra opportunè.... in omni patientiâ..... in spiritu lenitatis ;* et le ministre de Jésus-Christ qui aura à cœur de voir ses leçons et ses avis couronnés de succès, devra se rappeler cette remarquable sentence de saint Grégoire dans son Pastoral : *Difficile est ut qui non diligitur libenter audiatur.*

5° En combattant avec énergie l'incrédulité, le prédicateur, s'il veut ne pas ameuter contre lui des esprits d'ordinaire prévenus, ne hasardera aucune sortie furibonde contre la personne des incrédules ; loin de là, il exprimera le regret que ces hommes dont il se voit forcé, dans l'intérêt commun

(1) « C'est, dit Massillon, un défaut de sembler croire que tout est désespéré dans une paroisse et que Dieu l'a entièrement abandonnée. On ne doit pas plaindre les pécheurs comme étant déjà jugés, ni gémir de leur perte éternelle comme si elle était assurée. C'est une témérité que de prévenir les jugements secrets de la justice de Dieu, c'est faire un outrage à la puissance de la grâce et borner ses miséricordes. La conversion de Satan et de ses anges est la seule qu'il soit défendu d'espérer. Il y a, en effet, dans les trésors de la divine miséricorde tant de ressources qui nous sont inconnues! Le plus haut point de l'iniquité est souvent le premier moment de la grâce et le symptôme précurseur du retour. »

de la société, de la morale et de la religion, de flétrir les funestes doctrines, n'aient pas consacré à la défense de la vérité les talents qu'ils ont si tristement prostitués au service de l'erreur et du mensonge; il ira même jusqu'à leur prêter l'excuse de l'ignorance ou de la bonne foi, quand l'évidence ne démentira point cette charitable supposition: en captivant l'attention de leurs plus chauds adeptes, cette haute et délicate impartialité, dont des orateurs éminents ont souvent donné l'exemple, les ramènera insensiblement au respect, peut-être même à la pratique du christianisme, pour peu qu'il reste en eux de franchise et de loyauté. Une tactique diamétralement opposée ne ferait que les plonger plus à fond dans l'impiété, et les éloigner à jamais de la chaire évangélique.

6° Les paroisses où le protestantisme a ses ministres, ses temples et ses disciples, n'exigent pas de moindres précautions. Toute déclamation haineuse contre les cultes dissidents ou les sectaires, ne serait propre qu'à refouler ceux-ci jusqu'aux derniers confins de l'hérésie. A eux encore s'applique d'une manière spéciale ce que nous venons de dire au sujet des incrédules. Un langage toujours modéré, calme, digne, où respire une miséricordieuse tendresse, disposera plutôt leur intelligence à recevoir la vérité et leur cœur à s'y dévouer, que des agressions passionnées et blessantes. Non, ce n'est point en outrageant ses adversaires qu'on réussit à les convertir. Le doux apôtre du Chablais en avait acquis l'expérience pendant le cours de ses prédications; aussi disait-il avec un admirable bon sens : *Les sermons où l'on attaque de front la doctrine de nos frères séparés les effarouchent au lieu de les apprivoiser*. A l'exemple de saint François de Sales, M. de Cheverus, dans ses nombreuses conférences avec les protestants d'Amérique, usa constamment de la plus grande modération et de tous les procédés de bienveillance et de charité chrétienne. On ne le voyait échapper, au milieu même du feu de la discussion, ni reproches, ni invectives, ni aucun mot qui pût offenser ; toutes ses paroles, au contraire, respiraient l'affection et la bonté. Quoiqu'il triomphât ordinairement dans ses controverses avec eux, il avait la rare générosité de ne se prévaloir ni de leur faiblesse ni de leur défaite. Ces précautions et ces égards disposaient favorablement les curieux empressés à l'entendre, et lui conciliaient tous les cœurs. Ce qu'il ménageait par dessus tout, c'était l'amour-propre qui se met si volontiers de la partie, et dont le principe est de ne jamais s'avouer vaincu. Toujours calme et de sang-froid, il répondait aux emportements des ministres par la force des raisons; aux injures, par des preuves convaincantes présentées avec douceur et dignité. Si, pour riposter, il usait quelquefois d'une raillerie fine ou d'une ingénieuse et spirituelle rétorsion, elle n'était ni satirique ni injurieuse (1). Il ne voulait pas qu'on se permît de damner les hérétiques, dont plusieurs, même parmi les adultes, peuvent se sauver à l'aide de la bonne foi et d'une ignorance excusable devant Dieu, qui seul en est juge, et à qui nous devons en laisser le secret. Souvent il disait aux sectaires, qu'étrangers à notre

(1) Un jour, un ministre méthodiste, argumentant contre lui, s'avise de réunir, pour prouver sa thèse, divers passages de l'Ecriture Sainte qui n'avaient entre eux aucun rapport, et de tirer de cet amalgame de textes incohérents une conclusion qu'il présentait d'un ton victorieux : « Qu'avez-vous à répondre à cela? » s'écria-t-il. — Le prélat, sans s'émouvoir, répondit avec une innocente malice : « N'avez-vous » pas lu dans l'Ecriture que *Judas se pendit*? Eh bien! ajouta-t-il en » souriant, il est dit aussi dans l'Ecriture : *Allez, et faites de même.* » Cette saillie excita l'hilarité de l'assemblée et fit comprendre à tous, mieux qu'aucun raisonnement, l'absurdité des argumentations du ministre, et l'abus étrange qu'il faisait des citations de nos Livres Saints.

communion, ils étaient loin de l'être à ses affections, et qu'ils n'avaient pas de meilleur père ni de plus tendre ami que lui-même. Juifs, protestants, incrédules, il les soulageait tous, les regardant comme des frères, surtout dans le malheur. Aux catholiques, il ne se lassait pas de faire entendre que, pour réunir tous les hommes dans notre foi, nous devons les embrasser et les confondre dans notre charité. Enfin, un de ses vifs désirs était que la dissidence de croyances ou d'opinions ne fût plus désormais sur la terre une occasion de haine, ni un obstacle à la conciliation des esprits et à l'union des cœurs.

Puissent la conduite et les conseils des illustres évêques de Genève et de Boston nous servir à la fois de guide et de flambeau! Alors peut-être nous sera-t-il donné, comme récompense d'un zèle inspiré par la sagesse, de voir quelques-uns des fils de Luther et de Calvin redevenir, à nos fraternels accents, les enfants soumis de la sainte Eglise romaine, qui n'a jamais cessé d'être leur mère.

## ACTION ORATOIRE. — CRÉATION DE CHAIRES D'ÉLOQUENCE.

L'action oratoire comprend tout ce qui a rapport à la manière dont se produit extérieurement le discours, c'est-à-dire, la voix, le geste et la prononciation. La puissance d'un beau débit a quelque chose de magique, tandis que s'il est défectueux, il annulle l'effet des meilleures compositions. Cicéron et Quintilien nous ont transmis, à ce sujet, un jugement de Démosthène où la justesse s'allie à l'originalité : Quelle est, lui demandait-on un jour, la première partie de l'art oratoire? l'action, répondit-il; et la seconde? l'action; et la troisième? l'action. Telle est donc, selon le prince de l'éloquence antique, la condition par excellence pour être orateur. Que de grâce et de dignité ne donne-t-elle pas à la parole? Le ton de la voix, le geste, les yeux, ne sont pas moins que les phrases les interprètes de nos émotions et de nos pensées; souvent même ils causent une impression plus forte. Un regard expressif, un cri passionné, un mouvement énergique et fait à propos, produisent autant et plus d'effet que la richesse même du discours. Ce langage spontané de la nature traduit mieux nos sentiments que les mots, signes arbitraires et de pure convention (1).

Un harmonieux débit, une gesticulation souple, facile, modérée, une prononciation nette et distincte, un organe moelleux et sonore, une pose convenable, une modeste assurance, des dehors agréables, tout le concours des talents naturels et acquis rehausse étonnamment l'éclat de la tribune sacrée et le mérite de l'orateur. L'art dissimule les défauts du discours et tout ce qui pourrait choquer; quand on est content des manières du prédicateur, on s'occupe peu des imperfections réelles de son œuvre.

Ainsi, l'intérêt d'un sermon ne dépend pas moins des formes qui l'accompagnent que de sa valeur intrinsèque. Qu'on ne se laisse point arrêter ici par un vain scrupule. Certes, il est bien permis de ne point dédaigner l'emploi des grâces extérieures quand c'est dans le but d'instruire, de toucher et de convertir. La chaire a ses règles et ses bienséances dont

(1) Cependant un extérieur qui édifie et parle au cœur, peut remplacer l'action et même l'éloquence. Saint Charles, avec une poitrine faible, une voix désagréable, convertissait les peuples. Sa piété suppléait à la diction..... Un air saint et pénitent, un visage humilié et presque gémissant sous le poids du ministère, vous montre un Jonas, un Jean-Baptiste, un prophète dans le prédicateur. La loi paraît comme exprimée sur son front. Cette espèce d'éloquence parle, avant même que l'orateur ait commencé d'ouvrir la bouche.

l'observation n'est incompatible ni avec la piété ni avec l'humilité. On s'astreint aux prescriptions de la grammaire et de la logique ; pourquoi pas à celles de l'action ? Les Apôtres s'en passaient, il est vrai, mais les miracles et la plénitude du Saint-Esprit leur tenaient lieu d'art et de méthode. Ce sont là d'innocents stratagèmes dont se sert toujours avec avantage l'éloquence sacrée. Le séduisant prestige de notre Lacordaire n'est pas moins dû aux artifices oratoires qu'à la supériorité de ses conférences, lesquelles dans une autre bouche, n'attireraient assurément pas cette foule immense qui partout se presse pour l'entendre. On a vu des saints convertir par l'air seul de la vertu et le pathétique de l'action, bien plus que par le charme des paroles (1). Cela tient sans doute à l'infirmité de notre nature plus encline à juger des choses par la forme que par le fond; mais cette disposition native étant inhérente et irréformable en nous, il faut prendre l'homme tel qu'il est, avec l'influence d'une organisation qui soumet aux impressions extérieures son intelligence, incapable de jouir ici-bas de la pure intuition de la vérité.

La première condition pour réussir dans le débit oratoire, c'est de bannir l'affectation, la roideur, la gêne, en un mot de se montrer naturel : hors de là, tout est faux, guindé ou contraint, air, voix, geste, langage, élocution, figures; ce qui est contrefait ne saurait ni plaire, ni toucher. On ne doit donc point copier servilement un maître; ce serait dénaturer son propre talent sans acquérir celui du modèle, et

(1) On pressait le Père Renaud, oratorien, d'imprimer ses sermons ; « Très-volontiers, dit-il, pourvu qu'on imprime en même temps le prédicateur. »

Comme on admirait en présence d'Eschine l'immortel discours de Démosthène sur la *Couronne*, il s'écria : « Que serait-ce donc, si vous eussiez entendu les rugissements de cette bête fauve? »

perdre ce qu'on a de moyens en voulant s'assimiler le génie d'un autre. Après avoir reconnu son aptitude personnelle, on s'y conformera scrupuleusement, de peur de gâter, comme dit saint François de Sales, un bon original, pour en faire une mauvaise copie, ou de démolir un bâtiment peut-être beau, au risque d'en construire un contre toutes les règles du bon sens et du bon goût. Le point capital, c'est d'observer la marche et la manifestation de la nature, dont l'allure essentiellement libre ne souffre aucune entrave. Prêcher comme on parle, sauf l'animation, voilà le principe fondamental : ainsi, il serait absurde de se tourmenter pour dire chaleureusement des choses froides ; tandis qu'en s'escrimant, un tel prédicateur s'échauffe et sue, a dit un écrivain, il me glace le sang dans les veines. Ayons toujours un ton aisé, familier, insinuant, pour les passages ordinaires, mais plus vigoureux, plus solennel là où le discours s'élève et s'anime. Quiconque voudra exceller à peindre les passions, devra donc étudier d'avance les mouvements qu'elles inspirent, afin de ne point ressembler à l'écolier qui récite machinalement sa leçon (1).

(1) Fénelon dit : « Par exemple, remarquez ce que font les yeux, ce que font les mains, ce que fait tout le corps, et quelle est sa posture ; ce que fait la voix d'un homme quand il est pénétré de douleur, ou surpris à la vue d'un objet étonnant. Voilà la nature qui se montre à vous, vous n'avez qu'à la suivre. Si vous employez l'art, cachez-le si bien par l'imitation, qu'on le prenne pour la nature même. Mais, à dire le vrai, il en est des orateurs comme des poëtes qui font des élégies ou d'autres vers passionnés. Il faut sentir la passion pour la bien peindre ; l'art, quelque grand qu'il soit, ne parle point comme la passion véritable. Ainsi vous serez toujours un orateur très-imparfait, si vous n'êtes pénétré des sentiments que vous voulez peindre et inspirer aux autres ; et ce n'est pas par spiritualité que je dis ceci, je ne parle qu'en orateur. » (*Dialogue sur l'éloquence*).

Si l'éloquence tient plus de la nature que de l'art, celui-ci n'a pas moins à ses succès une part incontestable. Le sol même le plus fécond ne produirait-il pas, avec les bonnes plantes, des ronces et des épines qui les étoufferaient, s'il restait sans culture? On se gardera sans doute d'une indécente imitation du genre théâtral; rien de maniéré ne plaît; mais, pour corriger l'affectation aussi bien que la monotonie, il faut sérieusement apprendre à régler les éléments divers dont se compose l'action oratoire, et se souvenir que tout dans le prédicateur doit concourir à l'heureux effet de la prédication. C'est ainsi que l'illustre orateur d'Athènes était parvenu, à l'aide d'opiniâtres et persévérants efforts, à vaincre dans son organe un vice inné qui lui avait longtemps attiré les sifflets et les huées de ses chatouilleux concitoyens. Un si remarquable exemple prouve jusqu'où va l'énergie de l'homme, pour triompher des obstacles en apparence les plus invincibles.

L'imitation des bons maîtres est d'un grand secours, et si l'on doit s'abstenir de les copier servilement, pour ne point s'exposer à reproduire leurs défauts plutôt que leurs qualités (1), ce n'est pas moins un fait d'expérience que l'action oratoire sert infiniment à qui veut courir la même carrière, sans tomber dans les écarts d'un naturel inculte et quelquefois extravagant.

Des généralités passons aux détails.

*Voix*. L'organe oral joue un grand rôle dans la prédication; mais de tous les dons départis à l'orateur c'est celui

(1) En général, un peintre réussit mieux à saisir, à exagérer même les défauts, qu'à reproduire fidèlement les grâces d'un visage; aussi les plus malignes caricatures ont-elles toujours moins de prix que les portraits où la beauté s'allie à la ressemblance.

qui dépend le moins de sa volonté. Il y a des voix fortes, sonores et vibrantes, qui remuent l'auditeur jusqu'au fond des entrailles; il s'en trouve de moins puissantes, mais qui, douces et chaleureuses, ou aiguës et incisives, pénètrent comme un trait dans les âmes, et les tiennent suspendues à la parole sainte. Elles offrent tant de variétés et de nuances agréables ou fâcheuses, qu'il serait difficile de déterminer, théoriquement et *à priori*, quelles sont les meilleures pour l'éloquence sacrée ou profane : le sens de l'ouie reste législateur et juge suprême en ce point. Heureux ici le privilégié de la nature! avec moins de capacité intellectuelle, il aura toujours sur les peuples plus d'ascendant et de succès. On accuse les hommes de partialité à cet égard: la vogue, il est vrai, se porte souvent du côté d'un orateur à bel organe, tandis qu'un profond penseur, un écrivain éloquent est laissé dans l'oubli; mais en cela point d'injustice absolue, car ils ne font que subir cette irrésistible influence déjà signalée, obéissant, avec ou sans réflexion, à la loi instinctive de l'harmonie.

Néanmoins, pour n'être pas aussi favorisé de ce côté, on ne doit point se laisser abattre par le découragement. Dans la catégorie des voix comme dans celle des esprits, médiocrité n'est pas absence de mérite; si l'on rachète ce désavantage par la capacité et le travail, on réussira souvent mieux que ceux dont la puissance oratoire siègerait principalement dans la vigueur des poumons ou la mélodie du langage. Le public intelligent finit par se lasser de ce bruit de grosse caisse qui lui assourdit les oreilles, ou de ces paroles cadencées qui ne disent rien à l'esprit ni au cœur. Avis à tous de travailler, soit pour utiliser une nature heureuse, soit pour dompter une nature ingrate. Avouons-le, du reste, il y a des organes tellement disgracieux, sombres, voilés, glapissants, aigres, nazillards, etc., qu'il faut renoncer à les modifier ou à les vaincre. Celui qui en est réduit là n'est pas né orateur, assurément, mais il pourra encore suffire à l'instruction d'un auditoire vulgaire ou restreint, habitué à l'entendre.

Si la voix en elle-même est fort importante, la manière de la diriger ne l'est pas moins.

Toutes les émotions de l'âme ont un langage à elles propre; il n'en est pas à laquelle la nature n'ait attaché une inflexion particulière. Ce ton ou *accent* est destiné à faire passer dans les auditeurs les impressions dont l'orateur est lui-même pénétré : on n'y parvient qu'en employant les signes naturels qui révèlent ce qu'on pense et ce qu'on sent.

Tantôt pathétique et plaintif, tantôt doux et sensible, ou effrayant et lugubre, l'accent est subordonné au genre de sentiment qu'il s'agit d'exprimer. La terreur, la pitié, la joie, la tristesse, l'espérance, la crainte, la colère, la douceur, l'admiration, l'amour, la vengeance, ont tous leur manifestation particulière. La voix, en écho fidèle, devra représenter, par des modulations variées, les diverses nuances de sensations qu'éprouve le prédicateur; cela est tellement de rigueur, que, la fausser, surtout dans les émotions fortes, c'est prêter à rire aux assistants. Il faut donc fuir d'abord la soporifique monotonie du *recto tono*, cette insipide variante qui se borne à monter et à descendre la gamme sur la même échelle, sans quoi l'on prouverait qu'on n'a pas une étincelle du feu sacré, qu'on manque de naturel et de sentiment, qu'on n'est enfin qu'un automate. Evitons encore les détonations, dont la brusque dissonnance fait cruellement souffrir les auditeurs et cause aux femmes des spasmes nerveux. N'allons pas surtout imiter ces hommes violents qui ne sauraient pérorer sans crier ou *mugir*, et que déjà Cicéron vouait au ridicule en disant d'eux : *Latrant jàm quidem, non loquuntur oratores.*

Ce n'est pas dans la force des poumons ni dans la sonorité de la poitrine que gît l'éloquence, et le prêtre en chaire ne doit point faire assaut de puissance vocale avec le roi du désert. Des sermons ainsi vociférés, loin d'attendrir les assistants, n'ont d'autre effet que de les étourdir. Comme l'eau minérale en jaillissant à la surface porte avec elle des molécules de la substance qu'elle a traversée sous terre, de même, si votre voix passe par votre cœur, elle se produira au dehors, saturée des émotions les plus vives et les plus pénétrantes, vous serez véritablement un prédicateur onctueux : autrement on vous trouvera toujours sec et froid, même au milieu de la plus grande agitation ; car, nous l'avons dit, il n'y a que ce qui sort du cœur qui aille au cœur ; le reste, qu'on nous pardonne l'expression technique, se perd et s'absorbe dans les cavités de l'appareil auditif ? C'est là le secret du prestige qu'exerce l'accentuation ; prestige d'une si magique influence que le succès de la parole en dépend presque toujours.

La nature du discours déterminera le genre de l'action vocale : dans les controverses, par exemple, elle sera calme et modérée comme la discussion elle-même ; dans les sujets grands ou terribles, solennelle, animée, chaleureuse, foudroyante ; enfin douce, gracieuse et sympathique dans les matières où l'on veut attendrir et charmer, telles que la piété, la charité, l'espérance, etc..... Etaler de la sensibilité au milieu d'une dissertation théologique, dépeindre les horreurs de l'enfer ou du vice d'un air impassible et serein, les joies du paradis, d'un ton déclamatoire et courroucé, en un mot, déployer de la véhémence là où il ne faudrait qu'une attrayante onction, se montrer de glace quand on devrait être de feu, et *vice versâ*, n'est-ce pas évidemment prêcher à rebours du sens commun ? Pour bien rendre les images, on s'exprimera avec une mesure parfois lente et grave, parfois rapide ou légère. L'orateur sera donc tantôt comme un torrent impétueux, tantôt comme un fleuve au cours paisible. Rien de plus fatigant et de plus faux que la monotonie d'un accent constamment uniforme, surtout lorsqu'il s'agit d'inspirer aux assistants des sentiments contradictoires. Quant au diapason de la voix, il doit être en rapport avec l'étendue de l'église et le nombre des auditeurs : trop aigu, il dégénère en clameur désagréable pour l'oreille qu'il déchire; sur un ton moyen, il révèle une âme calme qui sait habituellement se posséder; suave et persuasif, il pénètre doucement les cœurs: il a encore l'avantage de ne point épuiser l'orateur, qui conserve ainsi la plénitude de son organe pour les passages où une grande véhémence est nécessaire. En s'élevant au-delà de sa portée naturelle, la voix devient aigre, rauque, criarde, elle perd dès lors son charme et sa puissance et enlève au meilleur discours tout son intérêt (1).

(1) Pour réussir, il faut calquer les tons du discours public sur ceux d'une conversation sérieuse et animée. Tout homme parlant d'un objet qui lui tient à cœur n'est-il pas presque toujours fort persuasif? En portant dans la chaire ce naturel aisé d'un entretien soutenu, on s'assurera d'infaillibles succès; tandis qu'on sera froid, guindé, ennuyeux, si l'on adopte une manière artificielle et affectée. On ne renoncera donc pas à sa voix ordinaire pour prendre un ton étudié qui ne vaut jamais celui de la nature, la meilleure maîtresse à consulter et à suivre. Ainsi les inflexions de voix et les modulations variées d'une conversation familière mais noble, formeront la base du débit; c'est le vrai moyen de se rendre agréable et touchant. Le prédicateur qui s'astreint à cette règle n'est point exposé à devenir monotone.

Il n'est pas d'émotion forte qui n'ait son intonation particulière: faussez, par exemple, le ton de la colère ou de la douleur, vous ferez rire aux éclats. On n'a en vue, quand on parle, que de faire passer dans l'âme de ses auditeurs les sentiments dont on est soi-même animé; mais on n'y réussit qu'en employant les signes indicateurs de ce qu'on sent, de ce qu'on dit. La justesse et l'harmonie des sons seront donc pour le prédicateur l'objet d'une étude toute spéciale.

*Prononciation.* L'articulation devra être nette et distincte surtout chez les prédicateurs doués d'un organe plein et sonore ; car, pour peu qu'ils aient de volubilité, ils sont sujets à tronquer les syllabes, tandis que ceux qui n'ont qu'un filet de voix se font aisément comprendre. La prononciation ne sera ni trop lente, ni trop rapide ; on observera fidèlement les pauses soit pour reprendre haleine, soit pour mieux fixer le sens des phrases. La précipitation étant un défaut commun aux débutants dans la chaire, ils s'efforceront de l'éviter non moins que le mauvais accent de certaines provinces.

Dans ce but, étudions, pour les imiter, ces personnes privilégiées qui semblent destinées à servir de modèles aux autres. De plus, faisons-nous examiner attentivement par un ami sincère, un censeur éclairé, qui aura la franchise de nous signaler les vices de notre langage. Il est aussi très-utile de s'accoutumer à bien lire à haute voix des ouvrages historiques, philosophiques ou purement littéraires, et surtout oratoires, afin de contracter insensiblement l'usage et l'habitude d'une intonation juste et d'une bonne prononciation.

Ce sont là les moyens les plus efficaces contre les défauts invétérés et dès lors d'une extirpation difficile (1).—Pour s'ap-

(1) Dans son *Essai sur l'éloquence de la chaire*, le cardinal Maury, dont nous empruntons souvent les judicieuses observations et que nous nous plaisons à citer comme autorité en cette matière, se résume ainsi sur le point particulier qui nous occupe, en s'adressant au commun des prédicateurs.

« Si, sans aspirer aux triomphes éclatants et rares d'une action oratoire qu'on puisse citer comme un modèle, vos facultés vous restreignent au seul espoir d'apprendre à éviter les défauts les plus ordinaires dans la déclamation, voici les moyens que l'art peut indiquer pour obtenir un succès si modeste. S'exciter à une confiance encourageante, en augurant favorablement du succès de son discours et en se disant à soi-même, au moment où on va le prononcer, qu'on peut

prendre à bien déclamer, de jeunes ecclésiastiques, suivant le conseil du sage Rollin, posent quelquefois devant les plus

se flatter d'intéresser l'auditoire, quelque éclairé qu'on le suppose, parce qu'aucun des assistants n'a dans cet instant aussi présente que l'orateur, à sa pensée, la matière qu'il va traiter ; se pénétrer profondément de son sujet, et se reporter à l'instant de la composition pour retrouver et reproduire dans l'esprit des auditeurs la première impression que firent vos idées et vos sentiments sur votre âme ; distribuer avec une sage économie dans toutes les parties du discours la chaleur dont on est animé, de peur de tomber dans la langueur en épuisant ses forces ; parler avec une religieuse autorité, mais sans aucune teinte d'orgueil, pour captiver à la fois l'attention et la bienveillance de l'auditoire ; éviter toute emphase, et l'astuce trop sensible de glisser rapidement sur un morceau faible, pour appuyer avec prétention sur les traits qu'on croit plus heureux ; s'interdire absolument la déclamation d'un acteur, et craindre d'introduire dans la chaire la pantomime théâtrale, qui n'y réussira jamais (*); être bien convaincu qu'on s'expose à ne plus produire aucun effet quand on veut tout faire valoir ; éviter la multiplicité des gestes, et ne jamais se permettre surtout celui du mot dans le mouvement général de la période ; se préserver de toute agitation, et ne jamais frapper la chaire ni des pieds ni des mains ; varier ses inflexions à chaque figure et ses intonations à chaque paragraphe ; imiter le plus qu'il est possible les accents simples et passionnés de la nature dans l'action comme dans la composition elle-même ; mêler enfin dans le courant du débit, toutes les fois qu'un trait oratoire l'exige, des repos ou des silences toujours frappants quand ils sont rares et bien placés : tels sont les innocents artifices qu'un orateur chrétien peut faire contribuer sans inconvenance aux saints triomphes de son ministère.»

(*) « Je me souviens d'avoir entendu Le Kain lire d'une manière déplorable l'oraison funèbre du grand Condé, en présence d'une société choisie qui s'était promis un très-grand plaisir de son premier essai en ce genre. Il défigurait totalement Bossuet, dont les morceaux les plus sublimes, exagérés avec emphase, étonnaient plus qu'ils ne plaisaient dans sa bouche. Le Kain s'en aperçut bientôt ; et il ne tarda point à comprendre que l'action oratoire d'un prédicateur devait être moins turbulente, sans être moins animée que la déclamation dramatique. Il voulut qu'un homme du métier lût devant lui quelques pages de ce chef-d'œuvre qu'il était si loin de faire valoir ; et reprenant ensuite la lecture mieux raisonnée du même discours, il y fit entrevoir quelques lueurs de son talent. La vérité ne me permet de le louer qu'avec cette mesure. Malgré la prévention très-favorable avec laquelle on l'écoutait, il parut à une distance infinie de l'enthousiasme qu'il inspirait dans ses rôles ; et il reconnut qu'un orateur ne devait pas, dit-il, *jouer* comme un comédien. »

habiles d'entre leurs collègues, tantôt debout et tantôt assis, en s'appuyant sur un fauteuil ou un bureau, simulacre d'une chaire : cet exercice est des plus avantageux à ceux qui veulent se livrer à la prédication.

Quand on se propose d'exercer le ministère de la parole dans une paroisse, on doit préalablement examiner l'étendue de l'église pour y proportionner la portée de son organe ; on pourra même en faire l'essai, avant de commencer la station ou le discours, afin de découvrir les points les plus sonores et d'éviter ceux où la voix irait s'absorber sans profit pour l'auditoire. C'est ainsi que le prédicateur règlera la force du son nécessaire pour remplir le local. Il sera parfaitement entendu si, au lieu de se tourner et de se pencher à droite et à gauche, il a soin de s'orienter vers le foyer de l'assemblée : « Votre organe, dit Maury qui l'avait souvent expérimenté, ne peut s'étendre que dans une sphère dont vous êtes le centre. » Les murs pleins, les ceintres, les piliers et les colonnes étant les objets de répercussion les plus favorables, c'est de ce côté qu'il faut se diriger pour en faire rayonner et vibrer l'écho d'une manière égale sur toute l'assistance.

*Geste*. On entend par geste tout ce qui se rapporte à la tenue du corps et aux mouvements qu'il exécute pendant le discours, auquel il communique de l'expression et de la vie ; car il est à la parole ce que la parole est elle-même à la pensée. Quand il se produit naturellement, il attire et fixe l'attention des auditeurs, les dispose même efficacement à la persuasion ; il rehausse singulièrement le mérite d'une composition et donne du prix à la plus médiocre.

En général, l'attitude, dont les pieds sont le pivot régulateur, doit être dégagée, noble et digne ,sans aucune afféterie ni recherche, excluant à la fois l'excessive timidité et l'assurance orgueilleuse (1). L'auditoire ne veut ni qu'on le brave, ni qu'on le redoute. Les dehors de la modestie, sage milieu entre ces deux excès, donnent du relief à l'orateur et préviennent favorablement envers lui. Repoussez donc tout air impérieux et hautain, pour revêtir un extérieur convenable, et péchez plutôt par la réserve que par la hardiesse du maintien. Cette observation, applicable aux vétérans même de la chaire, s'adresse surtout aux débutants qui, n'ayant pas comme eux l'autorité des années, doivent, jusque dans le port et la contenance, s'interdire absolument ce *laisser-aller*, ce *sans-façon* si choquant dans un jeune prêtre. C'est d'après ces principes généraux qu'il faut régler tout ce qui se rattache à la pose oratoire. Ici encore la nature est un puissant auxiliaire; n'est-ce pas à elle que nous devons la structure du corps et ces formes variées qui jouent un si

(1) « L'attitude du prédicateur, qui est par conséquent une partie très-importante de son action en public, dépend surtout en chaire de la position de ses pieds. Les anciens avaient analysé le vrai beau dans ses moindres nuances; ils savaient combien cet art si indifférent en apparence d'affermir les bases et d'assurer les balancements de son corps, influe sur toute la contenance d'un homme qui parle en public. Relativement aux pieds, dit Quintilien, il y a deux choses à observer, la pose et la marche. *In pedibus observantur status et incessus*. Lib. 2, cap. 3. En effet, sans cette précaution de bien poser ses pieds, un orateur ne peut plus avoir ni assurance, ni à-plomb, ni noblesse, ni maintien, ni grâce, ni fermeté dans sa manière de se mettre en scène avec son auditoire, devant lequel la posture qu'il prend doit être naturelle et libre, mais sans abandon et sans familiarité, composée et grave, et néanmoins sans apprêt comme sans gêne. Les jeunes prédicateurs sont loin de soupçonner que les pieds concourent presque autant que les mains à cet ensemble du geste, qui ne constitue point, mais qui relève singulièrement l'action oratoire, et que toute la souplesse du corps dépend de cette position, qui en détermine l'attitude et en règle la mobilité. » (Maury, *ibid.*)

grand rôle dans l'exercice de la parole ? Mais l'art, on le verra tout à l'heure, contribue éminemment à corriger une organisation défectueuse.

Selon la remarque de Cicéron, c'est principalement sur la figure et dans les yeux que se reflètent les diverses passions de l'âme: *Imago animi vultus, indices oculi.* « Rien, dit encore Fénelon, ne parle tant que le visage. » L'œil commande la colère ou la pitié, apaise ou enflamme les cœurs, répand la sérénité dans l'auditoire, ou bien y jette la terreur et l'épouvante. Le jeu du regard et de la physionomie a quelque chose de magnétique qui tient du prodige. Là donc devra se porter sérieusement l'attention des aspirants à l'éloquence; car, ajoute l'orateur romain, tout est là: *In ore sunt omnia.*

Les mouvements du corps ne seront ni violents, ni trop multipliés. Se courber, se pencher en avant de manière à faire craindre qu'on se précipite sur le public, pirouetter rapidement sur son axe, s'asseoir et se relever à tout propos, branler incessamment la tête avec un air de défi ou de menace, hausser les épaules en signe de mépris, s'essuyer à chaque instant la face comme un homme haletant et baigné de sueur, ce sont là autant de défauts sévèrement proscrits dans la chaire chrétienne. Rappelons-nous l'obligation d'honorer notre ministère en toutes choses, dans celles même qui ne sembleraient qu'accessoires, minutieuses et arbitraires : *Ministerium meum honorificabo.* Le prêtre s'efforcera de faire oublier l'homme en bannissant toute manifestation extérieure où se trahirait l'emportement, la légèreté, la fatuité, le pédantisme et le grotesque. Le meilleur guide à suivre, c'est le naturel perfectionné par l'éducation.

Le jeu des bras, auquel on donne proprement le nom de *geste* ou de *gesticulation*, est encore un objet à ne point négliger. Ce mouvement est tellement dans la nature, que les hommes sont parvenus à le transformer en langage véritable et complet pour remplacer, chez les sourds-muets, l'usage de l'ouie et de la parole: problème insoluble au premier coup-d'œil, et qui a été ainsi merveilleusement résolu dans l'intérêt de l'humanité. Nous savons quel cas les anciens faisaient de la pantomime oratoire, et combien chez eux cet art était cultivé par quiconque voulait devenir homme public.

Le prédicateur aura donc sa gesticulation comme son maintien; l'essentiel est qu'elle soit convenable : elle ne doit être ni d'une ennuyeuse uniformité, ni d'une langueur efféminée, ni d'une affectation scénique, ni d'une repoussante rudesse qui ferait de l'éloquence un pugilat. On s'étudiera à n'avoir que des gestes faciles et libres, nobles et gracieux, toujours en harmonie avec le discours, de telle sorte qu'on ne montre pas la terre en parlant du ciel, ni le ciel en parlant de l'enfer, etc. A voir certains prédicateurs étendre continuellement les bras dans le sens horizontal, on dirait qu'ils vont se jeter à la nage sur l'auditoire: c'est un grave défaut; ceux-ci frappent sans cesse la chaire comme pour en faire jaillir le pathétique; c'est encore un défaut : ceux-là exécutent un perpétuel mouvement de rotation; autre défaut, non moins blâmable que les deux premiers.

Obéissant à l'impulsion du bras, dont la nature l'a constituée l'interprète, la main a pour office de compléter, par son expansion ou son rétrécissement, la traduction mimique de la pensée: or ce sont les doigts qui, cédant aux ressorts cachés qu'elle concentre et fait mouvoir, lui servent d'instruments par la souplesse de leurs articulations; les dilater ou les resserrer outre mesure, c'est un double extrême à éviter. Qu'en général la main se montre entr'ouverte, épanouie, rarement étendue, plus rarement encore tout à fait comprimée ; et que toujours le signe par elle accusé, indique ou achève, en l'accompagnant, l'idée que va développer l'orateur ou dont il veut livrer les conséquences aux méditations et à la sagacité de l'auditoire. Nous citerions le P. Lacordaire pour type du genre, si, en cela comme en tout le reste, il n'était inimitable.

Sans entrer dans plus de détails, disons que des gestes faux, outrés, à contre-sens, sont un supplice pour les assistants, un sujet d'amère critique contre l'orateur, et, pour le discours même, une cause inévitable de stérilité : à l'exemple de Bossuet, il faut en être sobre, et mieux vaudrait, s'il était possible, rester immobile que gesticuler d'une façon monotone, exagérée, disgracieuse ou ridicule. Quand on fait une consciencieuse étude de toutes les branches de l'art oratoire, force est bien de convenir que la bonne gesticulation n'est pas la moins difficile. C'est encore l'une de celles qui s'apprennent beaucoup plus par la vue des bons modèles que par des leçons purement théoriques : aussi, n'eût-il d'autre motif, le jeune ecclésiastique regardera comme très-heureuse pour lui toute occasion de voir et d'entendre nos grands prédicateurs.

## CRÉATION DES CHAIRES D'ÉLOQUENCE.

Le talent de la parole étant indispensable à tous ceux qui sont destinés à paraître en public, concluons de là que l'institution d'une chaire d'éloquence sacrée dans chaque séminaire est une œuvre très-importante, et même d'une plus urgente nécessité de nos jours que dans les siècles antérieurs. Jusqu'ici, cette partie si intéressante de l'éducation cléricale nous paraît avoir été généralement négligée, ou trop peu cultivée : souvent le prêtre, au sortir des bancs de l'école, n'est, sous le rapport de la prédication, que ce qu'il se fait lui-même, n'ayant reçu à cet égard que de faibles et vagues notions.

Evangéliser les peuples avec toute la dignité qu'exige cette noble mission, voilà, sans aucun doute, le devoir par excellence, celui qui a sur tous les autres la priorité comme la primauté. Or, c'est l'art non moins que la nature qui fait le prédicateur; d'où il suit qu'un bon maître est nécessaire pour initier les lévites aux principes de l'éloquence et leur en montrer l'application : ils profiteront mieux à son école expérimentale que dans la lecture de Quintilien; la pratique n'est-elle pas, en effet, toujours supérieure à la théorie? Un professeur d'une mûre expérience et d'un goût éprouvé apprendra à ses élèves à garder en chaire une attitude aisée sans abandon, souple sans mollesse, ferme sans roideur; à bien accentuer les divers mouvements de l'âme; à réformer les vices de langage et de prononciation ; à régler les variétés du son, les intonations, le développement, les modulations et suspensions de la voix, ces mesures et ces demi-tons harmonieux que Tullius appelait, avec tant de justesse et d'esprit, les différentes couleurs de la parole ; à corriger l'affectation, la monotonie, la lenteur ou la précipitation du débit; enfin à combiner les repos d'après les exigences du discours et la force organique de celui qui le prononce. Pour tout dire en un mot, le maître, en ouvrant à ses disciples les trésors de l'éloquence, leur révèlera les mille secrets et artifices de la science oratoire.

Avec tous ces moyens, on ne parviendra pas sans doute à former beaucoup de prédicateurs distingués : de tout temps les orateurs de premier ordre ont été aussi rares que les héros; mais du moins réussira-t-on à dresser bon nombre d'hommes de mérite pour la chaire, et à prévenir ou à écarter ainsi cette foule d'abus, de travers et de défauts, imputables à ces ecclésiastiques qui souvent ne soupçonnent même pas, en ce point, les règles et les bienséances les plus élémentaires.

En faut-il davantage pour déterminer et provoquer cette belle innovation que les amis de l'Eglise voudraient, de toute l'ardeur de leurs vœux, voir bientôt se réaliser d'un bout à l'autre du royaume très-chrétien? Certes, nous en sommes intimement convaincus, ce n'est pas la bonne volonté qui manque aux respectables chefs de la phalange lévitique : quel obstacle donc les entrave ou les arrête dans l'accomplissement d'une œuvre dont ils comprennent si bien la haute importance? Serait-ce, par exemple, la pénurie d'hommes spéciaux? Mais, bien que les foudres d'éloquence n'abondent pas en notre temps, il s'y rencontre cependant encore des prêtres fort distingués, lesquels, pour n'être pas eux-mêmes des prédicateurs d'élite, n'en sont pas, du reste, moins propres à former les autres à l'art oratoire. Auprès de Corneille, de Racine et de Voltaire, La Harpe était assurément un assez mince poëte; et pourtant on s'accorde volontiers à le regarder, lui, comme le meilleur critique de son époque, et ses *Leçons de littérature* comme un chef-d'œuvre du genre. Si les maîtres, tels que nous les souhaitons, sont généralement rares, il n'y en a pas non plus disette au point qu'on n'en puisse trouver quelques-uns dans la plupart de nos 80 diocèses. En effet, que de sujets capables végètent et s'enrouillent dans l'obscurité d'une paroisse rurale, qui, s'ils étaient utilisés, aujourd'hui surtout que les vides du sanctuaire commencent à se combler, rendraient sous ce rapport d'éminents services, en préparant de dignes hérauts à la parole évangélique.

La création des chaires d'éloquence serait, d'ailleurs, un acheminement heureux à ces établissements de hautes études, si impérieusement réclamés par les besoins de la religion et du corps ecclésiastique. Enfin ce banal reproche d'ignorance et d'obscurantisme qu'on nous jette quelquefois à la face, ne tarderait pas, faute de prétexte, à disparaître entièrement; car, on ne saurait le nier, c'est la prédication qui, en produisant au dehors le clergé contemporain, lui assure, avec un ascendant réel, cette haute considération morale si indispensable au succès de sa mission dans le monde. Or, nous aimons à le proclamer, car cela double notre espoir, c'est à nos premiers pasteurs que sont réservés à cet égard l'honneur de l'initiative et la gloire du succès.

Sous l'influence d'une préoccupation malheureusement trop justifiée par les circonstances, et que pouvait à peine amortir la récente apparition de l'abbé Frayssinous, le cardinal Maury, regrettant les illustres prédicateurs du siècle de Louis XIV, terminait, il y a quarante ans, son remarquable *Essai* par cette plainte amère et décourageante :

« Où sont aujourd'hui les successeurs de ces grands » hommes, et les disciples destinés à exercer dans leur patrie » le ministère de la parole qu'ils ont rendu si difficile ? Nos » chaires sont presque partout muettes, la plupart de nos » maisons d'éducation ecclésiastique sont encore désertes. » La génération qui perpétuait, au moins en partie, les » triomphes de l'éloquence sacrée, va s'engloutir tout entière » sous nos yeux dans la nuit du tombeau. Les grandes études » et la concurrence qui soutenaient une si utile émulation » dans cette carrière, viennent à peine de se ranimer ; et » tout nous fait craindre que l'Eglise de France ne puisse de » longtemps remonter à cette éclatante renommée où des

» orateurs sans rivaux comme sans modèles avaient su » l'élever, en signalant la tribune évangélique parmi les » plus magnifiques monuments de notre gloire littéraire. »

Après l'éloquent admirateur de Bossuet, nous sera-t-il permis, à nous qui n'avons ici d'autre autorité que celle de notre entier dévouement à la sainte Eglise et à nos frères dans le sacerdoce, nous sera-t-il permis de dire aux vénérables membres de l'épiscopat français, avec l'accent de la plus respectueuse confiance :

La décadence de la chaire, visible malgré l'éclat que font rejaillir sur elle quelques hommes dont le génie sauveur en est, pour ainsi parler, le palladium, tient surtout, de nos jours, à l'absence d'une bonne théorie de l'art oratoire fortifiée par la pratique. Des leçons de rhétorique, souvent incomplètes et déjà presque oubliées lors de l'entrée en exercice dans le ministère qu'elles devancent de cinq années au moins, pourraient-elles opposer un remède au mal que nous constatons ? Non, évidemment. Pour être un jour à la hauteur de leurs grandes et solennelles obligations, il faut que les lévites s'exercent à les bien remplir non moins qu'à les bien connaître. A la tête de tous ces devoirs figure la prédication comme un des plus importants, des plus difficiles et aussi des plus honorables; or le clergé ne s'en acquittera dignement qu'autant que des cours spéciaux d'éloquence auront précédé son début dans la carrière pastorale. Pontifes de Jésus-Christ, dignes successeurs des Basile, des Grégoire de Nazi-ance, des Chrysostome, des Ambroise et des Augustin, qui se formèrent avec tant d'ardeur aux célèbres écoles d'Athènes, de Constantinople, d'Antioche, d'Alexandrie, de Rome ou de Milan, établissez donc, dans tous vos séminaires diocésains, des centres animés, allumez-y des foyers ardents, d'où rayonneront le salut et la bénédiction sur toutes les paroisses du royaume : peut-être en sortira-t-il un jour quelque héritier de ces grands noms qui sont la gloire de la Religion, l'honneur de l'esprit humain, l'admiration du monde et la joie du ciel. Que, par vous et sous vos nobles auspices, l'Eglise de France d'aujourd'hui soit la digne sœur de l'Eglise de France d'autrefois ! Que cette portion choisie du patrimoine de saint Pierre redevienne encore le plus beau fleuron de la chrétienté !

---

# CHAPITRE V.

## CATÉCHISME.

SON IMPORTANCE ; MANIÈRE DE LE FAIRE ; NÉCESSITÉ DE LE DIVISER.

I° Le modeste et pieux rôle de catéchiste est aussi un des plus importants et des plus honorables de l'état pastoral : on y trouve, il est vrai, moins de satisfaction pour l'amour-propre que dans des prédications d'éclat ; mais il présente des résultats bien plus heureux, puisqu'il a pour fin directe la formation chrétienne de la jeunesse, espérance de l'Eglise et de la société. Le catéchisme, si simple en apparence, si exigu dans son format, est le plus beau des livres après celui de l'Evangile ; il résume dans sa féconde brièveté tout ce qu'il faut savoir de la doctrine de J.-C., dogmes, morale et culte ; c'est le code régulateur de nos croyances, de nos mœurs, de nos devoirs et de nos droits, en sorte que le villageois, la femme du peuple, possédant les principes de foi et de conduite renfermés dans ce petit manuel, connaissent à fond les différentes obligations qu'ils ont à remplir (1). D'Alembert a dit: A la faveur des lumières que la religion du Christ a répandues, le peuple est plus instruit, plus décidé sur les graves questions qui intéressent l'humanité, que toutes les sectes de philosophie; le catéchisme à la main, il résoudra la plupart des grands problèmes de la vie humaine. Les lettrés de notre siècle, les membres de nos sociétés savantes, les professeurs de nos académies, tous ces hommes d'une science présomptueuse, sont généralement sceptiques et indécis sur une foule de points dogmatiques ou moraux du plus haut intérêt; tandis que nos chrétiens les moins versés dans les connaissances religieuses, sont plus éclairés et plus fermes que ne l'étaient tous les Socrates de la docte antiquité, sur l'unité de Dieu, l'immortalité de l'âme, l'origine du mal, la liberté de l'homme, sa déchéance et sa réhabilitation, énigmes insolubles par la seule force de la raison naturelle, et qui ont défié la sagacité des génies les plus profonds ou les plus subtils, depuis Platon jusqu'au moderne philosophe de Kœnigsberg. Si, avec les notions inculquées par le clergé aux classes populaires, on ne devient pas précisément érudit en matière de religion, du moins est-on suffisamment instruit des croyances et des devoirs principaux dont la pratique constitue

(1) Pour savoir le catéchisme, il n'est pas besoin d'une étude laborieuse et fatigante par sa longueur; il suffit de quelques moments d'attention. L'ouvrier peut l'apprendre sans dérober à ses travaux le temps qu'ils réclament; le père de famille, en gagnant le pain qu'attendent ses enfants; le laboureur, le vigneron, sans négliger la culture de son champ ou de sa vigne; et le berger, en gardant son troupeau: l'esprit le plus borné, en un mot, peut étudier et retenir cette indispensable science, base de la foi, de la probité, de la pureté des mœurs, et qui seule supplée à toutes les autres connaissances auxquelles la plupart des hommes sont condamnés à demeurer toujours étrangers.

l'homme de bien ; mais, fût-il académicien, il n'est en réalité qu'un orgueilleux idiot, celui qui ignore le catéchisme (1).

Il n'y a donc pas lieu de s'étonner que de grands évêques et de hauts personnages dont s'honore l'Eglise, aient fait un si grand cas de cet enseignement, le regardant à juste titre comme une des plus intéressantes fonctions du sacerdoce. L'Apôtre distribuait le lait de la doctrine à tous les néophytes, ne rougissant pas de descendre jusqu'à leur niveau. Le génie du désert, le docte traducteur des Livres Sacrés, Jérôme catéchisait les petits et bégayait avec eux les éléments de la foi. Il en fut de même de saint Grégoire-le-grand qui, malgré ses sollicitudes pour le gouvernement de l'Eglise universelle, consacrait encore bien des heures à l'éducation religieuse de la jeunesse romaine. L'éloquent évêque d'Hippone, si renommé dans tout le monde catholique par la profondeur et la variété de ses connaissances, n'a point cru avilir ses talents en traçant à un simple catéchiste de Carthage, dans ses deux livres *De catechisandis rudibus*, les règles à observer pour l'instruction des ignorants.

(1) Dans le poëme récemment publié par M. Désiré Carrière, *le curé de Valneige* s'exprime ainsi, à propos de l'instruction religieuse qu'il donne aux enfants :

Pour éclairer leur âme et nourrir leur croyance,
Je n'emprunte jamais à l'altière science
Ces mots toujours si froids et si vides souvent !
Non, non ; je n'ai qu'un livre ; et ce livre savant,
C'est l'humble Catéchisme, au sublime langage :
Incomparable écrit, dont une seule page
Dit sur l'homme et sur Dieu bien plus de vérités
Que tous ces vains écrits par l'orgueil inventés,
Et fait, par ses conseils, plus d'âmes vertueuses
Que la morale humaine et ses phrases pompeuses.
Ecoute, philosophe !.... Avec sa simple foi,
L'enfant que j'interroge est plus instruit que toi.

Il est rapporté de saint Vincent-Ferrier qu'il éprouvait le plus vif plaisir à converser avec les enfants, à leur apprendre le signe de la croix, à leur faire réciter l'oraison dominicale, la salutation angélique, les principaux mystères de la religion, le symbole des Apôtres et les commandements de Dieu. Issu d'une illustre famille, neveu d'un pape et très-digne de le devenir lui-même, saint Charles ne regardait pas cette humble fonction comme au-dessous de sa haute dignité (1). Saint François de Sales, pendant la durée de son épiscopat, avait l'usage de catéchiser, tous les dimanches et fêtes, dans sa cathédrale; et quand des occupations indispensables l'empêchaient de remplir ce devoir si cher à son cœur, il se faisait remplacer par le premier dignitaire de son chapitre (2). Gerson, qui occupe un rang si distingué dans la république des lettres, qui a éclairé la postérité de tant d'ouvrages savants, qui fut grand chancelier de la première université du monde, ne crut point s'abaisser en initiant les enfants aux rudiments de la foi. « Ils appartiendront toute leur vie au Seigneur, disait-il, s'ils se donnent à lui de bonne heure. » Quelques esprits superficiels l'ayant raillé de ce qu'il se ravalait à un si bas office, il les réduisit au silence en leur

(1) C'est saint Charles Borromée qui fit porter ce canon dans un concile de 1565 : *Parochi, singulis dominicis et aliis festis diebus, pueris singulis in suis parochiis initia fidei tradant, eosque ad obedientiam primùm Deo, deindè parentibus præstandam erudiant.*

(2) Combien de fois ne l'a-t-on pas vu, après avoir porté la parole sainte devant les princes et les rois, redescendre aux enfants pour leur inoculer les vérités élémentaires de la religion! Avec quelle tendresse pastorale ne recommandait-il pas à ses prêtres de veiller sur ces jeunes cœurs, et de les former à la piété dès le premier âge! *Les anges des petits enfants*, disait-il, *aiment d'un particulier amour ceux qui les élèvent dans la crainte de Dieu, et qui font couler dans leurs tendres âmes la sainte dévotion.*

montrant J.-C. embrassant et bénissant les petits qu'on lui présentait. D'autres encore lui faisant observer qu'il concourrait beaucoup mieux au salut des hommes par des prédications publiques : « Qu'y a-t-il donc, leur répliqua-t-il, de plus grand et de plus utile que d'arracher ces jeunes âmes au démon et à l'enfer? Oui, sans doute, je pourrais travailler avec plus d'éclat, mais non avec plus d'efficacité et de fruit (1). » Il demanda, par son testament, que tous ceux qu'il avait catéchisés fissent pour lui à Dieu cette prière, d'une simplicité vraiment admirable: *Mon Dieu, mon Créateur, ayez pitié de votre pauvre serviteur Jean Gerson!* (2). On sait encore que l'Aigle de Meaux ne dédaignait pas cet obscur ministère, non plus que le Cygne de Cambray: dans leurs

(1) *Id quidem fortè pomposiùs, sed non efficaciùs neque fructuosiùs. Nescio prorsùs si quidquam majus esse potest quàm tales parvulorum animas quasi plantare aut rigare ut eis det incrementum Christus.*

(2) « Faire le catéchisme à l'enfance, ce n'est point, — dit ce grand homme, — ravaler sa dignité. Serait-ce un emploi avilissant pour moi d'être gouverneur du fils d'un monarque, de l'héritier présomptif de la couronne? Non, sans doute; c'est là au contraire la plus honorable des fonctions. Et n'est-ce donc point envers des enfants de Dieu, des héritiers du royaume céleste, que s'exerce l'important devoir de l'instruction, toutes les fois qu'on catéchise la jeunesse? On traite Gerson de pauvre vieillard qui tombe dans l'enfance, — ajoute l'illustre chancelier, — parce qu'il s'occupe sans cesse des enfants et leur consacre tous ses loisirs et ses moyens. Mais, répliquait-il, est-ce donc consumer en vain son temps et enfouir ses talents, d'arracher ces jeunes âmes à la contagion et à la perversité, d'élever dans le jardin de l'Eglise ces tendres rejetons, de les cultiver et de les arroser pour en faire les délices de J.-C.? *Si vel sic sola anima in mense vel anno salvatur, non perdita est occupatio.* »

Dans la dernière maladie de Gerson, les enfants se rendaient à l'église Saint-Paul de Lyon où, tant que sa santé le lui avait permis, il leur avait fait le catéchisme tous les jours; et là ces petits anges, à genoux au pied du Saint-Sacrement, répétaient plusieurs fois la touchante prière que nous venons de citer.

visites pastorales, ces deux illustres prélats n'avaient pas de plus douce occupation que celle d'enseigner les petits enfants des campagnes. Le célèbre historien Fleury, si remarquable par sa vaste érudition, imitait leur exemple; il est l'auteur de cet excellent *Catéchisme historique* qu'on trouve entre les mains de la jeunesse française, et dont nous ne saurions trop recommander la propagation (1).

(1) Les délices de saint Ignace de Loyola étaient d'appeler auprès de lui une troupe d'enfants et de leur faire le catéchisme. Son frère en eut du chagrin, trouvant qu'il s'avilissait trop pour un gentilhomme, et qu'il déshonorait sa famille; et, pour l'en détourner, il lui disait que personne ne viendrait l'entendre. *Quand il ne se présenterait qu'un seul enfant au catéchisme*, répondit l'apôtre chevalier, *ce serait toujours pour moi un assez grand auditoire.*

L'éducation religieuse de l'enfance fut toujours le grand objet de ses soins. Lorsqu'il eut été nommé Général de la Société de Jésus, il s'obligea par vœu, ainsi que ses autres compagnons, à enseigner aux petits la doctrine chrétienne. Il commença, dès son entrée en charge, par faire le catéchisme dans une église de Rome. Bien que ces instructions ne fussent destinées qu'aux enfants, toutes sortes de personnes y venaient, même des hommes et des femmes de qualité, des théologiens et des canonistes. Exposant en italien les mystères de la foi et les commandements de Dieu d'une manière claire et proportionnée à l'intelligence du peuple, il mêlait à ses explications des traits de morale vifs et touchants; et quoiqu'il ne sût pas bien parler la langue italienne, il faisait tant d'impression sur les esprits, qu'après l'avoir entendu on se retirait en silence les larmes aux yeux et la componction dans le cœur: la douleur était quelquefois si sensible, que ceux qui voulaient se confesser à la fin du catéchisme, pouvaient à peine prononcer une parole. Il continua cet exercice durant quarante-six jours dans la même église; et c'est à son exemple qu'en débutant les supérieurs de la Compagnie s'y livrent pendant quarante jours.

Les bulles données par les papes Paul III et Jules III, en faveur de la Compagnie de Jésus, font mention expresse qu'une de ses principales fonctions c'est d'instruire les peuples, soit en prêchant dans la chaire la parole de Dieu, soit en enseignant les premiers éléments de la

Or, si les docteurs et les princes de l'Eglise se sont fait gloire de catéchiser l'enfance, serait-il concevable qu'un

religion aux enfants et aux hommes simples et grossiers : *Verbum Dei publicè prædicando, pueros et personas rudes ea quæ ad christianam hominis institutionem sunt necessaria docendo.* On y loue surtout le zèle de la Société à se dévouer au catéchisme, tâche la moins brillante en apparence, mais en réalité la plus utile : *Primo aspectu minùs speciosam, cùm tamen reverà nulla sit fructuosior, vel proximis ad ædificationem, vel catechistis ad caritatis et humilitatis simul officia exercenda.*

Bellarmin, ayant été nommé archevêque de Capoue, s'appliqua sérieusement à connaître les besoins de son diocèse. Il s'aperçut bientôt que la principale source des désordres était l'ignorance, provenant surtout du peu de zèle de certains pasteurs à instruire leur troupeau : après avoir publié contre cet abus de très-sages ordonnances, il recommanda instamment à ses curés de faire souvent des instructions familières et des catéchismes ; et, pour les y animer par l'exemple, il rassemblait les enfants dans sa cathédrale, leur y donnait comme une bonne mère le lait de la doctrine chrétienne, descendant jusqu'aux explications les plus simples et distribuant, de temps à autre, de petites récompenses à ceux qui avaient le mieux répondu.

Ce qui augmenta encore son ardeur pour ce saint et salutaire exercice, c'est un fait particulier qui le convainquit de plus en plus de la profonde ignorance, non-seulement des gens grossiers de la campagne, mais aussi des habitants de la ville, et même des personnes les plus avancées en âge. Sa pratique ordinaire, le jeudi saint, était de laver les pieds à douze pauvres. Une année il se rencontra, parmi ceux auxquels il allait rendre ce divin office de charité, un vieillard de près de cent ans : le pieux archevêque l'accueillit avec une grande bonté ; et comme il avait coutume de faire toujours un peu de catéchisme auparavant, il l'exhorta d'une manière tendre et pleine d'onction à bien employer ce qui lui restait d'une si longue vie pour mériter l'éternité bienheureuse. Il le pria ensuite de réciter le Symbole des Apôtres. Le vieillard lui répondit qu'il ne le savait point, ajoutant que ce n'était pas que son grand âge le lui eût fait oublier, mais qu'il ne l'avait jamais su. Bellarmin, à ces mots, fut saisi de douleur ; et le pauvre centenaire s'en apercevant à l'altération de

prêtre allât jusqu'à rougir d'une occupation dont se tenaient honorés tant de grands hommes? En affectant une sorte de mépris pour ces intéressantes créatures, loin de se grandir lui-même, ne se montrerait-il pas plus petit qu'elles devant Dieu? et mériterait-il le beau titre de pasteur et de père, celui qui, n'aspirant qu'à des fonctions brillantes, se déchargerait sur un vicaire ou un instituteur de ce devoir sans éclat, sous prétexte qu'il ne s'allie pas avec la hauteur de sa position? Certes, il n'est pas de soin plus digne du zèle

son visage, lui allégua pour excuse que s'il l'ignorait, c'est que personne ne le lui avait enseigné. Cette observation affecta si vivement le saint prélat que, suffoqué par la violence de sa peine, il perdit un instant l'usage de la parole. Enfin, poussant un profond soupir et versant des larmes en abondance, il s'écria, tout ému : « Quoi! dans
» l'espace de cent ans, il ne s'est pas trouvé à Capoue un seul homme
» qui enseignât à ce pauvre chrétien les articles fondamentaux de la
» foi! Combien y a-t-il peut-être de vieillards aussi blancs que
» celui-ci, et aussi peu instruits de ce qui est nécessaire au salut!
» Malheur, malheur à tant de pasteurs négligents! quel compte ne
» rendront-ils pas un jour des âmes qui leur sont confiées, et qui
» périssent misérablement faute d'instruction! »

Voilà ce qui exaltait le zèle de l'homme de Dieu. Pour remédier à l'ignorance si déplorable dont il avait sous les yeux le triste spectacle, il assemblait les curés dans son palais, leur recommandait dans les termes les plus touchants l'important ministère du catéchisme, et leur traçait les règles à suivre pour s'en bien acquitter. Nous avons déjà remarqué qu'il leur donnait lui-même l'exemple; mais là ne se bornait pas son ardeur pour l'enseignement religieux : il allait dans les paroisses, réunissait les enfants dans l'église, et leur expliquait le catéchisme d'une manière si paternelle et si proportionnée à leur capacité, qu'ils en étaient émus jusqu'au fond de l'âme. Dès qu'on annonçait l'Archevêque, les personnes de tout âge accouraient avec les enfants, et Bellarmin profitait de cette affluence pour leur donner familièrement à tous d'onctueuses instructions qui produisaient des fruits admirables. *(Voir les vies de saint Ignace et de Bellarmin).*

sacerdotal, que l'instruction de l'enfance et du bas peuple ; et il devrait être frappé d'interdit, l'ecclésiastique assez misérable pour laisser végéter ses jeunes paroissiens dans l'ignorance des vérités de l'Evangile (1) : qui ne sait que l'abandon du christianisme est complet partout où il y a disette de cet enseignement ? Rien de plus déplorable, hélas ! que la situation des localités restées incultes sous ce rapport ; un demi-siècle suffirait à peine pour y réparer les tristes effets de l'incurie des pasteurs : la fréquence d'un si utile exercice est, au contraire, la pierre de touche des bons curés, dont les paroisses brillent comme des modèles au milieu des autres. Quelle meilleure école pour enraciner dans les cœurs les principes sacrés de la religion et de la morale! De même que de la race d'Abraham est issu un peuple innombrable de croyants, ainsi il sortira, des catéchismes d'un prêtre pieux et dévoué, plusieurs générations d'enfants chrétiens qui, chefs de famille à leur tour, perpétueront, par l'efficacité du bon exemple, l'esprit de foi et de vertu au sein des populations (2).

(1) Le petit nombre d'assistants au catéchisme ne serait pas une raison légitime pour s'en dispenser. Fenaison, moisson, vendanges, n'en justifieraient même pas la suspension. La Congrégation du concile de Trente a rendu, en 1744, sous le pontificat de Benoît XIV, un décret qui en condamne toute interruption, *n'y vînt-il qu'une seule personne.* Clément XI défend à cet égard jusqu'aux moindres vacances, comme préjudiciables à la jeunesse, n'exceptant que Pâques, la Pentecôte et Noël : ajoutant l'exemple au précepte, ce vénérable Pape, si pénétré de l'importance du catéchisme, s'arrêtait quelquefois dans les rues de Rome pour le faire aux petits enfants.

(2) Pour encourager la pratique du catéchisme, le pape Paul V a accordé des indulgences à tous ceux qui l'étudient et qui l'expliquent; à ceux qui y assistent ou qui y conduisent les jeunes gens ; aux parents eux-mêmes qui l'apprennent à leurs enfants. Il est, selon ce grand et saint pontife, la source de ces eaux de salut qui coulent toujours limpides dans les veines de la société chrétienne. La foi, la

II° Pour faire convenablement le catéchisme, il faut d'abord le préparer presque à l'égal du prône. C'est en lui donnant du charme et de l'intérêt, qu'on fixera la mobilité si fugitive de l'enfance. L'avenir religieux de la classe adolescente dépendant, en grande partie, de la manière de l'instruire, on ne saurait dès-lors trop bien soigner le catéchisme: « Si le peuple, dit M. de Cheverus, y va si peu, n'est-ce pas parce qu'on le fait mal ? »

piété et les mœurs fleurissent partout où les pasteurs sont animés d'un véritable zèle pour l'instruction religieuse du peuple.

Voici la liste des diverses indulgences octroyées par l'Eglise à cet égard :

1° A tous les instituteurs qui, aux jours de fêtes, conduiront leurs élèves dans les endroits où s'enseigne le catéchisme, et qui le leur enseigneront, pour chaque fois *sept ans* d'indulgence. *Item*, à ceux qui, les jours ouvriers, l'expliqueront dans leurs écoles, pour chaque fois *cent jours* d'indulgence. (*Décret de Paul V, du* 6 *octobre* 1606.)

2° A tous les pères et mères de famille qui dans leur maison enseigneront à leurs domestiques le catéchisme, pour chaque fois *cent jours* d'indulgence. (*Ibid.*)

3° A tous les chrétiens qui pendant une demi-heure s'appliqueront à étudier le catéchisme, afin de l'enseigner aux autres ou de l'apprendre eux-mêmes, pour chaque fois *cent jours* d'indulgence. (*Ibid.*)

4° A tous les fidèles qui auront l'habitude de se réunir dans une école ou dans l'église, pour y apprendre le catéchisme, s'ils se confessent à toutes les fêtes de la Sainte Vierge, *trois ans* d'indulgence dans chacune de ces fêtes; et à ceux qui sont d'âge à communier, s'ils reçoivent la sainte Eucharistie avec dévotion, une indulgence de *sept ans*. (*Ibid.*)

5° Indulgence de *sept ans* et de *sept quarantaines* à tous les fidèles, pour chaque fois que s'étant confessés et ayant communié ils assisteront au catéchisme. (*Bref de Clément XII, du* 27 *juin* 1735.)

6° A tous ceux qui auront l'usage d'assister aux instructions du catéchisme ou de l'enseigner (pourvu que ces personnes se confessent, qu'elles communient, et qu'elles fassent des prières pour la concorde entre les princes chrétiens, l'extirpation des hérésies et l'exaltation de notre sainte mère l'Eglise), indulgence plénière aux jours de *Noël*, de *Pâques* et des *Apôtres* saint Pierre et saint Paul.

Un autre moyen de succès, déjà indiqué dans le chapitre de la première communion, c'est de s'attacher le cœur des enfants en leur témoignant une affection tout expansive. La douceur et la bonté, accompagnées de quelques caresses, sont comme un aimant qui les attire à l'église. Le curé montrera donc à tous un visage gai et ouvert, beaucoup d'aménité, et même une certaine familiarité, pourvu qu'elle soit tempérée par cette gravité sacerdotale dont, en aucun cas, il ne doit s'affranchir. Il les récréera à propos par de piquants et agréables traits d'histoire, qui feront passer en eux sans dégoût des vérités souvent bien sérieuses pour un âge aussi tendre, et graveront dans leur esprit les détails et les beautés de la religion. On sait combien leur imagination est légère, impatiente et vagabonde : or, pour la captiver et la satisfaire, il faut la stimuler par le charme et la variété des récits, que chacun d'eux s'empressera de redire ensuite au sein de sa famille où ils produiront les plus heureux effets; car, comme tout ce qui intéresse les enfants intéresse par cela seul les parents, il n'est pas rare de voir ceux-ci assister en grand nombre au catéchisme, attirés par l'appât de la curiosité. Mais ne leur parlons jamais sur le ton de la plaisanterie et du badinage, en leur adressant des interrogations puériles ou risibles : il y va de notre dignité personnelle et de l'autorité même de notre ministère.

Gourmander, effrayer ou maltraiter les enfants, c'est un procédé non moins maladroit que peu évangélique : la sévérité, les reproches et les menaces les aigrissent, les hébètent, leur inspirent de l'aversion pour le catéchisme et la personne du prêtre : *Difficile est*, répéterons-nous avec saint Grégoire, *ut, qui non diligitur, libenter audiatur.* Qu'en résulte-t-il? Ils ne vont aux instructions que par contrainte, comme des esclaves à la chaîne; et, pareils à des oiseaux captifs dans une cage, ils soupirent impatiemment après l'instant de la délivrance. Le curé, à leurs yeux, est une espèce de geôlier, un tyran de l'enfance, et non le bon pasteur ou le père. On ne saurait, sans doute, se dispenser d'user quelquefois de fermeté pour maintenir parmi eux l'ordre et la discipline; mais un mot sévère, un visage mécontent, un simple signe, ne suffisent-ils pas ordinairement pour leur commander le respect et l'attention? Notre Sauveur n'a-t-il pas prodigué au jeune âge les soins de la plus bienveillante tendresse? Un prêtre donc qui brutaliserait et terrifierait les petits, au lieu de les bénir et de les caresser à l'exemple du divin Maître, ne réussirait qu'à les décourager et à se faire exécrer de toute la jeunesse. Le bon curé, au contraire, à force de zèle, de douceur et de longanimité, amène à bien les moins souples et les moins dociles, comme on apprivoise les êtres les plus sauvages.

Il est, j'en conviens, des enfants d'un naturel extrêmement difficile et rétif, d'une fort tardive intelligence et d'un cœur prématurément dépravé; envers eux on usera d'une constante et inaltérable patience, ne cessant, selon l'affectueux conseil de saint Augustin, de leur témoigner *fraternum, paternum, maternumque amorem.*

Enfin, pour aiguillonner l'ardeur, encourager l'application et les progrès, le pasteur accordera de temps en temps des louanges publiques et de petites récompenses en livres de piété, en cantiques spirituels et en images de dévotion.

III° On distribuera graduellement l'instruction aux enfants comme les aliments à un nourrisson. Le catéchisme embrassant les divers degrés de la jeunesse, depuis six ans jusqu'à quinze, l'enseignement doit monter par échelons et s'adapter à la portée de to ı de donner aux uns le lait, aux autres le pain de ctrine. Difficilement réussirait-on à le proportionner à lture intellectuelle de chacun, si l'on n'établissait plusie sections. L'âge, le caractère et la capacité naturelle eront un curé à former ces différentes catégories.

A l'égard des petits, il s'abaissera à leur manière de voir, de sentir et de comprendre, redeviendra enfant avec eux en leur parlant le langage des nourrices et des mères, scrupuleusement attentif à éviter toute expression ridicule ou messéante. Il ne se rendra bien intelligible à leur esprit qu'autant qu'il dissèquera devant eux et leur fera palper en quelque sorte les notions premières de la foi. C'est dans ces instructions élémentaires qu'on apprend aux enfants l'alphabet de la religion, dont on perfectionne la connaissance dans les catéchismes supérieurs. A mesure que le curé verra leur raison grandir et se développer, il élargira le cercle de ses leçons, et pourra embrasser la doctrine chrétienne tout entière.

Alors vient l'âge de la première communion. Les adolescents ont besoin d'une nourriture plus substantielle, c'est-à-dire, d'explications plus savantes. Il faut qu'ils puissent se rendre compte de leur croyance, et prendre part à quelques-uns de ces entretiens religieux qui ont lieu dans le monde parmi les gens de leur classe (1). C'est le moment de

(1) Les enfants retenant bien mieux les réalités que les réflexions et les raisonnements, un catéchiste habile se servira de tous les faits qui peuvent aider à graver ses leçons dans leur esprit. Ainsi, une personne vient-elle à mourir? il leur demandera si tout son être va descendre avec elle dans le tombeau, ce que deviendra son corps, où ira son âme. Veut-il faire comprendre la résurrection de la chair? il emploiera, avec saint Paul, la comparaison du grain de blé qu'on

s'adresser à l'intelligence plutôt qu [illegible] ;moire, en abandonnant la lettre pour l'esprit : car, [illegible] r comme un écho des mots incompris, est-ce bien là s [illegible] ? et n'est-ce point pour n'avoir eu qu'une connaissance [illegible] ale et superficielle du catéchisme, que l'ont si vite pe [illegible] tant de chrétiens qui, se présentant à confesse pour le mariage, connaissent à peine, d'une manière confuse, l'Esprit-Saint, Jésus-Christ, le sacrifice de la Messe, le Symbole des Apôtres et l'Oraison dominicale ?

Pour s'assurer si ses explications sont comprises, le curé

sème et laisse pourrir dans la terre, pour qu'il germe ensuite, croisse et se multiplie. Faut-il expliquer le mystère de la Sainte-Trinité? il dépeindra le baptême de J.-C. sur le bord du Jourdain ; le Père faisant entendre du ciel cette voix : Celui-ci est mon fils bien aimé, écoutez-le! le Saint-Esprit s'abaissant sur lui en forme de colombe. Voilà les trois personnes, distinctes par la différence de leurs actions. Raconter aux enfants, dit Fénelon, de belles histoires, qu'ils viendront ensuite redire à leurs familles, cela occupe leur imagination, excite leur curiosité et leur attention, jette de la variété et fait mieux retenir les explications données, outre l'avantage d'amener au catéchisme beaucoup de personnes qui y sont attirées par le plaisir d'entendre des faits qu'elles ne connaissent point. Des catéchismes ainsi faits intéressent beaucoup la population d'une paroisse, et lui font trouver la religion aimable et auguste.

Les preuves palpables, les comparaisons familières, les images sensibles et tirées de ce qui frappe tous les jours les yeux, sont aussi très-propres à fixer l'esprit des enfants et à leur faire comprendre les instructions élémentaires. S'agit-il de leur prouver l'existence de Dieu? On peut leur dire : Voyez cette maison; certes, elle ne s'est point bâtie toute seule ; cette montre, ce n'est pas elle qui s'est faite ; la terre et le ciel, ils ne se sont pas formés d'eux-mêmes ; c'est Dieu qui les a créés, comme tout ce qu'ils renferment. Le catéchiste qui veut rendre ses leçons utiles et dignes d'être écoutées, doit donc les semer de traits historiques, de similitudes et de paraboles.

On ne peut guère faire usage du catéchisme du concile de Trente, parce que, ajoute l'Archevêque de Cambrai, il est un peu trop mêlé de termes théologiques qui ne sont pas saisis par les personnes simples.

les entremêlera d'interrogations auxquelles il fera répondre les enfants; il leur proposera à cet effet des difficultés à résoudre, leur tendra même des piéges innocents pour les surprendre et acquérir la preuve qu'ils ont bien ou mal saisi ce que, trop souvent, ils ne possèdent que par routine. Cette méthode, au surplus, joint à l'avantage de les rendre attentifs celui d'exercer leur pénétration. On se gardera, toutefois, de leur poser des questions ardues, subtiles et purement scolastiques; ici on ne s'adresse point à des élèves en théologie.

Par ces moyens et d'autres encore que suggéreront l'expérience et le zèle, nous donnerons une instruction solide aux jeunes gens confiés à nos soins; quand nous les présenterons à la table sainte, nous aurons la consolation de voir en eux la maturité de l'esprit unie aux graces naïves de l'adolescence. Ils connaîtront assez bien les vérités de la foi pour être, à l'occasion, en état de les expliquer et de les défendre, comme de petits apôtres, au milieu de leurs concitoyens.

Mais cette instruction ne doit point finir à la première communion. Les enfants ont besoin de ne pas oublier ce qu'ils savent déjà, et d'apprendre ce qu'ils ne savent pas encore. C'est au *Catéchisme de persévérance* qu'il faut les convier, les amener, les retenir, par les bons procédés à l'aide desquels on gagnera de plus en plus leur confiance filiale, par l'intérêt croissant de l'enseignement et des commentaires qui l'accompagnent, enfin, par des récompenses décernées à propos. Cette période de la vie est extrêmement critique, car c'est l'âge des passions naissantes, et alors déjà un vague sentiment de liberté commence à agiter les cœurs prêts à secouer les entraves de l'enfance. A ces périlleuses tendances il est nécessaire d'opposer, comme il a été dit, la fréquentation des sacrements et l'assiduité aux instructions : celles-ci se développeront encore davantage, et si le catéchisme diocésain en est toujours la base, les explications du moins devront être données dans une sphère plus large et plus haute. C'est aussi à cette époque qu'un pasteur habile saura, pour flétrir les préjugés ordinaires du monde et les désastreuses théories de l'impiété, les passer en revue, devant ses intéressants auditeurs. Il s'attachera également à leur inspirer un goût décidé pour la vertu et une vive horreur pour le vice ; il les prémunira contre les mauvaises compagnies, les funestes lectures, les divertissements dangereux, et, en général, contre tout ce qui serait écueil pour les mœurs d'une jeunesse inexpérimentée. C'est là, sans doute, une pénible tâche qui exige des curés beaucoup de travail, de patience et de dévouement ; mais, en revanche, qu'elle est importante et méritoire ! Dieu, songeons-y bien, nous demandera compte de tout ce que nous aurons omis de faire pour la sanctification de ces âmes si précieuses, par lui commises à notre pastorale vigilance. Aujourd'hui plus que jamais, c'est un impérieux devoir de renforcer l'enseignement religieux de l'adolescence, pour la soustraire à l'action pestilentielle de l'atmosphère qu'elle respire.

IV° Quand un curé s'apercevra que la classe adulte de ses paroissiens croupit dans l'ignorance de la religion, il l'instruira habituellement, à l'imitation de M. de Cheverus, sous la forme de catéchismes déguisés. Pendant qu'il gouvernait le diocèse de Montauban, ce digne évêque avait eu lieu de remarquer que non-seulement le bas peuple, mais encore des hommes du monde versés dans les sciences et les arts, ou ceux même qui professaient une certaine piété, vivaient étrangers aux vérités fondamentales de la foi. Il résolut donc de faire tous les dimanches le catéchisme au lieu du prône, mais sans le dire, pour ne froisser aucune susceptibilité. Il s'en acquitta avec tant d'intérêt et de bonheur, il sut y répandre tant de charmes, que toutes les classes de la société éprouvaient une véritable jouissance à venir l'entendre. Grands et petits, protestants ou catholiques, tous se pressaient autour de la chaire pour recueillir ses moindres paroles, puis célébraient à l'envi ses touchants discours. Une fois maître de ses auditeurs et sûr de ne pas compromettre le succès de sa prédication, il leur révéla son innocent secret : « Si je vous » avais annoncé en commençant, leur dit-il, que je ferais le » catéchisme tous les dimanches, vous auriez regardé » comme au-dessous de vous d'y assister, pensant que cela » n'était bon que pour des enfants; cependant voilà six » mois que je ne fais pas autre chose, et ces instructions » vous ont intéressés. Apprenez donc que le catéchisme est » le livre des vieillards comme des enfants; des savants » comme des ignorants : tous y trouvent à s'instruire, à » admirer, à imiter, et il n'y a qu'un absurde préjugé qui » regarde le catéchisme avec dédain. » Il continua ce pieux exercice, et tous y assistèrent avec la même avidité et le même empressement. — L'incontestable supériorité de ces explications claires et simples vient de ce qu'on y parle au peuple avec aisance, familiarité, détails, et qu'ainsi les principes de la religion et de la morale s'enracinent sans difficulté dans les esprits les moins intelligents. Ce n'est donc pas sans raison qu'un saint prêtre regardait un bon catéchiste comme plus utile à une paroisse qu'un illustre prédicateur.

---

## CHAPITRE VI.

### ÉDUCATION DES JEUNES FILLES; NÉCESSITÉ DE LA CONFIER A DES SOEURS D'ÉCOLE.

Le prêtre accomplira avec d'autant plus de succès la difficile et laborieuse tâche du catéchisme, qu'il sera mieux secondé par les personnes commises, dans les paroisses, à la direction des enfants de l'un et de l'autre sexe. A l'égard des garçons, ce travail préparatoire rentre naturellement dans les attributions de l'instituteur, dont nous avons parlé dans *Le Guide des Curés*, article *Jurisprudence des écoles*. Mais, relativement aux jeunes filles, la chose devient plus délicate, et c'est le cas d'examiner un point d'une importance et d'un intérêt fort graves, qui eût peut-être mieux trouvé sa place ailleurs. Quels sont donc, en ce qui concerne l'instruction religieuse des enfants du sexe féminin, les meilleurs auxiliaires des pasteurs; en d'autres termes, à qui, dans les campagnes surtout, doit-on confier l'éducation des filles? à des hommes ou à des femmes? et, parmi ces dernières, aux mères de famille ou aux personnes munies de brevets *ad hoc?* aux institutrices laïques ou aux Sœurs d'école? Pour bien résoudre cette question, il faut l'envisager attentivement sous toutes ses faces.

1° Posons d'abord en principe qu'un homme est incapable d'élever convenablement des filles. Pour cela, il faudrait avoir fait une étude approfondie de leur caractère, de leur aptitude et de leurs diverses inclinations; car elles ont des qualités et des défauts d'un genre tout à fait à part, ce qui faisait dire à Fénelon que *des femmes seules peuvent policer des femmes*. Sans doute, elles ont naturellement plus de modestie et de piété, de douceur, de sensibilité, d'affection, de dévouement, de compassion tendre, d'insinuation, de finesse et de sagacité que les hommes; mais, par contre, elles sont d'une humeur inégale, capricieuse, rancunière, impérieuse et caustique, d'une indiscrète et insatiable curiosité. La dissimulation, l'artifice et l'intrigue semblent innés en elles, et comme inséparables de leur nature. Elles se montrent suffisantes, prétentieuses, fières et susceptibles, au point que leur orgueil se cabre contre toute opposition qui contrarie tant soit peu leurs goûts ou leurs vues. On connaît encore leur passion prononcée pour les amusements, les plaisirs et les parures. Ajoutez à cela qu'elles sont souvent d'un jugement faux, d'un esprit vain et futile, d'une imagination parfois exaltée jusqu'à l'extravagance. Or, est-ce bien à un homme, à un maître sortant de l'Ecole normale, et qui souvent n'a pas même atteint l'âge de majorité, qu'on pourrait confier la mission de découvrir et de rectifier dans les jeunes personnes des défauts qu'il soupçonne à peine? Saura-t-il les accoutumer à l'amour de la franchise et de la vérité, à l'horreur de la duplicité et du mensonge; leur inspirer la pudeur, la circonspection, la bienveillance et cette douce pitié pour l'infortune et la misère? Est-il bien capable d'ouvrir leur intelligence au goût des choses de Dieu, à l'esprit religieux, à cette affectueuse et solide piété dans laquelle, comme nous l'avons déjà fait observer, presque toutes les qualités précieuses de la femme ont leurs racines? Redressera-t-il en elles les écarts de l'imagination et les bouderies du caractère? enfin ennoblira-t-il les sentiments de leur cœur? Impuissant à démêler ces prédispositions et ces travers qu'elles savent masquer si habilement, l'instituteur, même vertueux, n'exercera aucune action préventive ou répressive à l'égard de leurs imperfections.

Il n'y a que des femmes, croyons-le bien, qui sauront deviner les défauts des filles, corriger leur naturel et gagner leur confiance en leur montrant de l'intérêt et de l'affection; elles seules les rendront pieuses, soumises, patientes et dociles, en les pénétrant de la salutaire pensée de la présence de Dieu; elles seules leur communiqueront cette gravité de mœurs, cette haute réserve dans la conduite, cette aménité, cette exquise politesse, ce bon ton et ce savoir-vivre qui doivent être leur apanage: n'est-on pas même obligé de convenir qu'elles seules encore élèvent bien les hommes, en tout ce qui concerne les rapports de la vie sociale?

Aux vertus religieuses et morales, une fille doit joindre l'amour du travail, l'économie, l'ordre, la propreté, le goût pour la bonne tenue d'une maison; qualités d'une si haute importance chez les femmes, que l'accroissement ou le dépérissement de la fortune sont entre leurs mains et dépendent d'elles presque exclusivement. Cet esprit d'exactitude qui sait tout approprier, ranger chaque chose à sa place, pourvoir aux besoins du ménage pour toutes les saisons, et en ordonner sagement la dépense, contribue singulièrement à la prospérité et au bonheur des familles. Mais un homme oserait-il bien prétendre à se constituer maître en fait de gouvernement intérieur et d'administration domestique? Est-ce lui qui apprendra à de petites écolières à confectionner des vêtements, à travailler la laine et le lin, à manier l'aiguille, la quenouille ou le fuseau, à exercer le tricot, la couture, le raccommodage, à se montrer en tout soigneuses et attentives, à rendre plus tard un mari heureux, à bien élever des enfants, à descendre avec un soin vigilant aux mille détails d'une maison (1). L'éducation donnée par un instituteur aux personnes du sexe sera donc nécessairement incomplète, négligée, mauvaise même, en ce sens qu'elle ne satisfera ni aux besoins de ses élèves, ni aux devoirs qu'elles sont appelées à remplir. Cette prétendue éducation finie, il faudra la recommencer à nouveaux frais. Le seul service qu'un maître pourrait rendre aux jeunes filles, ce serait de leur inculquer les principes de lecture, d'écriture, d'arithmétique et de grammaire; avec une bonne méthode il pourra les instruire à fond, mais non les bien élever. De plus, pour réussir en ce point, il faut les stimuler, les encourager par des paroles de bonté et des marques de vive tendresse; or, il n'y a qu'une femme qui puisse donner à une adolescente d'innocentes caresses, des témoignages d'amitié, ou même certaines punitions. Qui ne comprend que tout cela serait intolérable dans un homme?

Enfin, ne serait-ce pas le comble de l'imprudence de confier des filles à la tutelle d'un célibataire de 18 à 20 ans? Que d'attentats aux mœurs nos tribunaux n'ont-ils point révélés? Que de mystères d'iniquité n'auraient-ils pas à flétrir, si on les livrait tous à la publicité ou à la vindicte des lois? Le bulletin des assises est là pour le démontrer (2).

(1) La fille vertueuse et bonne ménagère, qui se renferme dans le cercle des devoirs et des occupations domestiques, de la culture du potager, etc..., vaut mille fois mieux qu'une savante et belle parleuse.

(2) Il y a quelques années, dans un chef lieu judiciaire que, par délicatesse, nous nous abstiendrons de désigner, *trois attentats à la pudeur envers de jeunes écolières de la part de leurs maîtres* furent

S'il ne se commet pas de crimes bien caractérisés, il y aura du moins des tentatives lubriques ou indécentes; et, sensibles à ces actes comme à de flatteuses attentions, les enfants, dans leur ignorante simplicité, prendront peut-être ces coupables faveurs pour des témoignages d'estime et de prédilection.

2° Mais les mères, dira-t-on, ne sont-elles pas les institutrices par excellence, puisque c'est la nature qui les donne? Non: car, pour en remplir la charge, elles auraient préalablement besoin d'être elles-mêmes bien élevées; or, outre qu'à la campagne et dans la classe ouvrière elles n'ont point de temps disponible, elles manquent généralement des qualités constitutives d'une bonne éducation: à peine en est-il une sur vingt qui pourrait la donner tant soit peu convenable. Toutes les autres n'enseigneront que ce qu'elles savent, ce qu'elles pensent et ce qu'elles font. Au lieu des maximes évangéliques et morales, n'inculqueront-elles pas des idées fausses, des préjugés dangereux, des tendances funestes? Combien de mères, loin de régler le langage de leurs filles et de leur inspirer une délicate réserve dans leur conduite, s'expriment en paroles libres et sont pour elles une détestable école! Combien, dans les villes, négligeant de leur apprendre à mener une vie sérieuse et agissante, consument tous leurs jours en passe-temps inutiles, en frivoles causeries, en jeux et visites superflus! Nombre de femmes favorisent plutôt qu'elles ne combattent la

soumis au jury *dans une seule et même session*. Ce fait a d'autant plus de gravité que personne n'ignore l'extrême indulgence des chefs préposés au maintien de la discipline parmi les instituteurs; en effet, pour éviter le scandale et ne point déconsidérer dans l'esprit des familles une corporation qui a besoin de toute leur confiance, les comités d'arrondissement et les inspecteurs ne laissent poursuivre d'ordinaire que ces flagrants délits dont l'impunité soulèverait l'indignation générale.

passion de leurs enfants pour la parure, leur insinuent la vanité, le plus subtil des poisons pour les personnes du sexe, remplissent leur imagination volage de futilités, les entretiennent follement de leurs grâces corporelles, leur suggèrent même de chercher à plaire par leurs attraits, au lieu de leur faire sentir le danger d'une beauté fragile. De pareilles marâtres sont un vrai scandale au sein de leurs familles par l'inconvenance des propos, ou par d'autres défauts tels que mensonges, médisances, soupçons, censures, disputes, jalousies, inimitiés, humeur bisarre et incompatible, fausse dévotion, etc...

Serait-ce bien d'elles qu'on pourrait recevoir une bonne éducation domestique? Ainsi pétries et façonnées, les jeunes personnes seront nécessairement de tristes copies d'un triste original. Témoins oculaires et permanents de la vie d'une semblable maîtresse, imprégnées de son esprit et de tous ses instincts, elles s'identifieront complétement avec elle, en fait de principes, de sentiments et d'inclinations, au point de n'être bientôt plus que d'affligeants *fac-simile*. C'est une exception bien rare, et presque un miracle, qu'une fille ne ressemble point à sa mère.

3º Des institutrices laïques pourront-elles du moins remplir, auprès des jeunes personnes de la campagne et des classes moyenne et populaire des cités, ce délicat et difficile office auquel ne saurait souvent suffire la sollicitude maternelle? Non encore, en thèse générale, et en voici brièvement les raisons.

D'abord, les filles qui n'embrassent point le célibat religieux sont la plupart appelées au mariage; or, elles deviennent presque toujours impropres à l'enseignement dès qu'elles ont pris le titre d'épouses: la complication simultanée des devoirs de famille, des quotidiennes exigences du ménage et de tous les soucis domestiques, absorbe trop leurs affections, leurs pensées, leurs loisirs, pour qu'elles puissent désormais les consacrer utilement à des soins étrangers. Premier inconvénient.

Ensuite, elles ne savent point se concilier, au même degré que les Sœurs, ni l'ascendant sur l'esprit des élèves, ni l'estime des parents; conditions qui importent tant aux succès de l'éducation : il leur manque, pour cela, la sainteté du caractère et l'imposante gravité de l'habit. Second inconvénient.

Et puis, sauf d'honorables exceptions, ne se laissent-elles point guider souvent par des vues intéressées, conséquemment moins pures, moins appréciées des familles chrétiennes, aux yeux desquelles leur rôle, si noble en lui-même, emprunte ainsi un cachet mercenaire qui le paralyse en le dépouillant de la considération dont il devrait toujours se montrer entouré? Ne les voit-on pas, dès lors, alléchées par l'appât d'émoluments plus *confortables*, voyager, institutrices cosmopolites, de commune en commune, abandonnant sans scrupule l'éducation par elles commencée, aux suites fâcheuses de leur instabilité. Troisième inconvénient.

Enfin, combien d'entre elles, volages de caractère, fantasques dans leurs goûts, légères dans leurs mœurs, sacrifient à de vains caprices de coquetterie, à des intrigues secrètes, les devoirs de leur position, et n'offrent plus ces hautes garanties de vertu avant tout requises chez les maîtresses de l'enfance! Combien encore, philosophes en jupons, et lectrices plus assidues des romans à la mode que de l'Evangile ou de l'Imitation de Jésus-Christ, sont moins propres à faire connaître, aimer, pratiquer la religion à leurs élèves, qu'à leur en inspirer, par l'exemple d'une vie mondaine, le dégoût, l'éloignement, peut-être même l'horreur! Quatrième inconvénient.

Il faut le reconnaître, bien qu'au centre de nos villes et en quelques endroits privilégiés plusieurs soient, sous tous les rapports, de véritables types à citer, les institutrices laïques ne conviennent point généralement dans les localités rurales, ni pour les enfants du peuple.

4° A qui donc confier l'importante mission d'instruire, de former et de diriger les jeunes villageoises et les filles du prolétaire? aux congrégations enseignantes, seules capables de bien l'accomplir.

C'est à leur école, en effet, qu'elles apprendront à servir Dieu, à goûter la piété, à s'attacher aux occupations de leur ressort, à devenir des modèles de douceur, d'urbanité, de patience et de soumission; à plier comme des roseaux, en tout ce qui ne blesse pas la conscience, devant l'autorité absolue d'un père, à faire des sacrifices aux capricieuses exigences d'un mari, etc... Ici rien de frivole ou d'inconsidéré, point de vues basses ou mercenaires; tout, au contraire, porte l'empreinte de la plus religieuse dignité, du plus entier dévouement, du désintéressement le plus généreux, tout respire la tendresse, la charité, la vertu; jamais ou presque jamais de contradiction entre le précepte et la pratique, toujours harmonie parfaite de la conduite avec les leçons: inestimable avantage du triple vœu de pauvreté, d'obéissance et de chasteté, qui est à la fois la triple égide des institutrices, des élèves et des parents! Si, de nos jours, les femmes sont incomparablement meilleures que les hommes, ne doit-on pas l'attribuer à la manière éminemment chrétienne avec laquelle les ont élevées des personnes vouées au célibat? Aussi ce genre d'enseignement est-il celui dont les familles aient à s'applaudir davantage. N'est-ce pas encore pour le même motif que, par une simple inspiration du bon sens, la généralité de nos communes donne la préférence aux Religieuses sur les Séculières? Oui, nous l'affirmons sans craindre un démenti, dans toute l'étendue de la France les écoles du sexe seraient confiées à des Sœurs enseignantes, si les communautés étaient pourvues de sujets au prorata des besoins.

Pour constater la différence des résultats dans l'éducation donnée par les Religieuses et les institutrices laïques, il suffit de l'apprécier à l'issue de la première communion. Les premières rendent aux familles des adolescentes pieuses, délicates et soumises, à la société des femmes laborieuses et sages, à l'humanité des mères tendres et fidèles, à l'Eglise des enfants de consolation, et au ciel des prédestinées; en considérant l'œuvre des secondes, d'ordinaire que verrez-vous? un essaim de jeunes personnes volages, évaporées, amies du luxe, du monde et de ses joies, et qui, un jour, se montreront bien plus occupées de toilette que de ménage, plus soucieuses d'attirer les regards du public que dévouées à leur époux, que pénétrées de respect pour les sacrements ou enivrées du bonheur de recevoir Jésus-Christ dans leur âme.

Concluons avec Fénelon: L'éducation des filles est de la plus haute importance, car elles forment la moitié du genre humain; bonne, elle produira des fruits admirables; mauvaise, elle aurait de bien plus désastreux effets que celle des hommes. Que le clergé, aidé du concours des fidèles, s'empresse donc d'établir partout des Sœurs institutrices; c'est un des plus grands bienfaits dont il puisse doter chaque paroisse du royaume.

## CHAPITRE VII.

### DIMANCHE (1).

Le dimanche est le jour de Dieu et la fête de l'univers, le symbole commémoratif de la création, ce grand événement

(1) Il ne suffit pas de rendre gloire à Dieu par le culte de la pensée et du sentiment, ni même par des exercices de religion pratiqués à part et en secret. Etant composé de deux natures, des sens et de l'intelligence, l'homme devait faire hommage à Dieu de tout son être et l'honorer par des rites ou cérémonies, tels que le dimanche. Le Seigneur a droit à une gloire extérieure, à de publics et solennels témoignages de la reconnaissance des nations. Sans doute, le cœur de l'homme, quand il est pur, forme toujours le plus beau sanctuaire de la Divinité; mais il n'eût rejailli, pour la glorification de l'Eternel ici-bas, aucun éclat de l'expression de nos vœux intimes ou de nos protestations privées. Il importait donc à la fois pour l'homme et la société, qu'un jour spécial fût consacré à manifester publiquement leurs sentiments habituels d'adoration, de confiance et d'amour. Quel magnifique spectacle que celui de toute une population venant en corps offrir ses prières, ses vœux et ses louanges au souverain distributeur de tous biens, dans le but de désarmer sa justice, et de s'attirer les bénédictions de sa clémence! Cette universelle suspension du travail et des affaires, ce repos général, ces hommages simultanés, ces unanimes sacrifices de tant de peuples qui élèvent partout leur esprit vers le Très-Haut, sont l'hymne la plus grandiose et la plus sublime que la terre pouvait adresser au ciel et chanter à Dieu.

que le genre humain tout entier devrait avoir à cœur de célébrer dans les mille langues qu'il parle; c'est la solennelle profession de la croyance sociale à l'existence de la Divinité; c'est le jour où les créatures humaines adressent au Créateur d'unanimes hommages d'adoration et d'amour, pour les faire redescendre en grâces et en bénédictions sur elles. Il était bien juste que l'homme prélevât sur chaque semaine tout l'intervalle entre deux soleils pour le consacrer, comme témoignage de dépendance et de gratitude, à la gloire du suprême dispensateur. Ce tribut solennel au Roi des rois de la part de ses humbles et respectueux sujets, est une dette bien facile à acquitter, puisqu'il revendique seulement la septième partie de leur existence, un jour par semaine, quatre environ par mois, cinquante-deux par année.

L'institution divine du dimanche remonte à l'origine des temps et au berceau du monde. Tous les peuples en ont fait un article de foi dans leurs codes de législation religieuse et civile. C'est un dogme universel sur lequel sont fondées toutes les religions tant anciennes que modernes; il est commun à toutes les nations qui, bien que différenciées par des croyances, des mœurs et des préjugés souvent contradictoires, s'accordent sur ce point; pas une contrée, pas une secte qui, depuis les Patriarches jusqu'à nous, n'aient admis la distribution septénaire des jours dans leurs calendriers : c'est, en un mot, une tradition, une pratique, aussi vieille que le monde, enracinée dans les mœurs de l'univers entier, et sans doute léguée par Adam à sa postérité. Il n'y a pas jusqu'aux sauvages les plus incivilisés qui ne destinent quelques moments de la semaine au culte de leurs Dieux. Les Juifs chôment le samedi, les Chrétiens le dimanche, les Mahométans le vendredi. Les lundi et mercredi sont affectés, chez divers peuples, au culte de certaines idoles ; le mardi est observé en Guinée et en Nigritie, le jeudi au Mogol, sauf quelques altérations. Le dimanche a traversé les siècles, entouré d'une vénération profonde et constante (1).

De tous les actes de soumission, celui qui s'est le mieux maintenu dans le cœur des mortels, celui dont Dieu s'est montré le plus jaloux, c'est l'observation du septième jour.

Or, en le consacrant à un repos périodique à la fois réparateur et sacré, le Seigneur a autant consulté les besoins physiques de la nature que les intérêts de sa propre gloire. L'homme n'est point fait pour fonctionner sans interruption, à l'instar d'un instrument mécanique. La religion, qui commande le repos après l'action, est ici d'accord avec l'hygiène et l'économie animale (2). Sachant bien jusqu'où peut aller

(1) Les Dieux, dit Platon, touchés de compassion pour le genre humain condamné par sa nature au labeur, nous ont ménagé des intervalles de repos dans la succession régulière des fêtes instituées en leur honneur.— C'est encore la remarque de Cicéron, qui regarde la suspension du travail comme un bienfait pour les esclaves. Hésiode et Homère invitent à la vénération du septième jour. La loi septénaire du repos a laissé, chez tous les peuples primitifs, non-seulement des traces profondes, mais une empreinte indélébile. On la rencontre chez les anciens Chinois, Indiens, Assyriens, Perses, Chaldéens, Egyptiens, Phéniciens, Arabes, Germains, Bretons, etc... Les Péruviens et même les peuplades sauvages des régions polaires ont connu la division du temps en semaines de sept jours.

(2) « La férie du Dimanche, a dit le comte de Tascher, pair de France, est une garantie de repos pour les nombreuses créatures que la Providence condamne à obtenir leur subsistance au prix d'un pénible labeur. Ce besoin social est tellement réel qu'il n'a pu être méconnu par le gouvernement le plus déraisonnable qui ait pesé sur la France, celui de 1792. Lorsqu'il voulut anéantir l'observation du dimanche, il eut soin d'en transporter le repos obligé à un jour périodique de sa nouvelle semaine. A une époque meilleure, un des premiers actes du puissant génie qui a ramené l'ordre en France, et

notre vigueur, la divine sagesse a mesuré le travail sur notre organisation intime et l'a calculé dans de justes proportions pour ménager notre faiblesse; ainsi elle nous ordonne de faire halte et de stationner : de là le chômage hebdomadaire. L'intermittence de chaque nuit n'a été destinée qu'à fournir au lendemain; celle du septième jour a pour effet de rétablir l'équilibre et de réparer plus abondamment la déperdition des forces qu'use vite une occupation continue. Le laboureur qui creuse péniblement un sillon, et reste pendant six longues journées attaché à la glèbe, se verrait bientôt épuisé si son labeur était sans relâche et sans fin. L'artisan ne saurait avoir sans cesse à la main l'instrument de son métier; accablé de fatigue, il soupire après le repos. Quiconque gagne son pain à la sueur de son front, a besoin de le manger en paix de temps en temps. Par conséquent la trêve dominicale, à part toute idée divine, n'est pas moins une loi de la nature que de la morale et de la religion; c'est pour tous les êtres vivants un impérieux besoin, un bienfait providentiel, en sorte que, si elle n'existait pas, il faudrait

qui savait si bien quelles idées pouvaient l'y maintenir, un de ses premiers actes, dis-je, a été de donner à la France le concordat qui rétablit le repos du dimanche. » (*Discours prononcé à la chambre des Pairs*, le 2 juillet 1838).—« Le repos du dimanche, ajoute M. Cousin, est réclamé par l'humanité, par la morale et par la religion. Le gouvernement s'honore en témoignant un sincère et profond respect pour la religion du pays. »

« Quoi donc, s'écrie l'éloquent Chrysostome, serions-nous arrivés à cette profondeur d'irréligion et d'impiété où les jours ne suffiraient plus aux œuvres de la terre, et où nous ne saurions en réserver un seul à celles du ciel? Ah! loin de nous, loin de nos familles et de nos mœurs une si déplorable prévarication! Gravez de plus en plus dans vos cœurs cette immuable et divine loi qui retranche un jour, chaque semaine, aux affaires du temps, pour le consacrer exclusivement aux méditations de l'éternité. »

l'inventer, au moins à titre d'institution bienfaisante et sociale. Telle est la remarque faite par des penseurs attentifs et judicieux, qui en regardent l'observance comme une sauvegarde de la santé publique. L'animal lui-même succomberait sous le poids d'un travail ininterrompu. Les *décades* de la Révolution dépassaient tellement l'étendue des forces humaines, que le bœuf ne résistait pas à cette prolongation de fatigue. —Le dimanche est surtout protecteur de la liberté du pauvre et de l'artisan, contre l'égoïsme de ces maîtres cupides et sans entrailles qui, par un indigne abus de puissance, voudraient exploiter les travailleurs au gré de leurs vils intérêts ou de leurs passions anti-chrétiennes; ainsi, en permettant à l'ouvrier une suspension dans son labeur pour respirer librement quelques heures par semaine, il empêche de le traiter comme une machine ou de l'abrutir comme une bête de somme (1).

(1) Pour mieux apprécier l'abus désastreux d'un travail continu relativement à la santé publique, il suffit d'examiner un peu attentivement le déplorable sort des classes populaires. Quelle affreuse condition pour l'homme des champs de porter incessamment, pendant une semaine tout entière, le poids de la chaleur et du jour, exposé à l'intempérie des saisons! Quelle pire destinée que celle du bûcheron qui défriche les forêts, mangeant à peine un pain noir arrosé de ses sueurs et si souvent de ses larmes! Peut-on voir sans pitié le mineur descendre dans les profondeurs de la terre, privé d'air et de soleil, et n'aspirant que des exhalaisons méphitiques? Le travail immodéré, les excès habituels de fatigue, ruinent même des tempéraments de bronze et poussent rapidement à la consomption, quelquefois même à l'hébêtement. Outre le repos nocturne et quotidien qui ne répare qu'à demi les pertes, il faut un repos hebdomadaire pour rétablir l'équilibre rompu par une incessante contention de corps ou d'esprit. Aussi a-t-on remarqué qu'un trop grand intervalle entre les jours de chômage devenait accablant pour la santé des ouvriers. Celui donc qui, au mépris du christianisme, profane les dimanches, commet un

Le dimanche n'est-il pas encore un relâche nécessaire aux peines d'esprit, aux tracas des affaires, aux agitations du cœur et aux nombreux chagrins de la vie (1)? Le loisir qu'il assure à tous est si propre à dilater l'âme, à rafraîchir les sens, à délasser des soucis ou de cette accablante monotonie d'occupations, surtout dans les campagnes où rien ne vient distraire le villageois, où, pour lui, les jours suivent les jours avec la plus insipide uniformité! grâce à la périodique alternative du travail et du repos, l'existence est moins amère, moins lourde, et cette opportune distraction ramène ainsi un peu de calme et de contentement au sein des familles ouvrières. Joignez à cela les consolations que retire le pauvre peuple des cérémonies du culte : l'heureux délassement pour l'homme de peine dans le si rude chemin de la vie! qu'elles sont touchantes pour lui nos augustes solennités! Aussi voyez la sombre tristesse du dimanche dans les provinces gangrénées par la lèpre du philosophisme, à côté de ces visages qu'épanouit la joie au milieu des pays catholiques où les jours fériés sont observés scrupuleusement : dans nos paroisses pratiquement chrétiennes, une teinte rose de satisfaction et de bien-être anime les physionomies, tandis qu'ailleurs c'est l'ignoble aspect du vice et de la débauche avec leur morose et hideux cynisme.

Il ne fallait pas que le repos dominical fût dépouillé de toute obligation et de tout reflet religieux ; car il n'aurait offert,

acte préjudiciable à l'humanité ; il mérite la qualification non-seulement d'homme irréligieux, mais encore de mauvais citoyen.

(1) Il n'y a pas jusqu'aux hommes d'études qui n'aient un impérieux besoin du repos pour délasser leur cerveau fatigué. Un célèbre médecin disait que si l'on pouvait trouver un remède qui suspendît sans danger la faculté de penser, ce serait le plus heureux spécifique contre les maladies des gens de lettres.

en réalité, qu'un dangereux loisir aux passions : au lieu de retremper les forces de l'ouvrier, de ranimer son ardeur au travail, d'entretenir l'esprit de famille, de développer les bons penchants, il serait devenu une infaillible cause de dégradation physique et morale. Mais rien ne contribue autant que les pieux exercices prescrits par l'Eglise à faire de l'homme un être intelligent et vertueux à la fois. C'est pour lui une source sacrée où il vient puiser l'amour de Dieu et du prochain, nourrir et vivifier le sentiment de ses devoirs; c'est un frein spirituel qui l'empêche de se pencher exclusivement vers la terre, d'y concentrer son âme et de matérialiser ses affections et ses mœurs. Nos rapports avec le ciel étant comme suspendus par les occupations de la semaine, le dimanche sert de contrepoids à la prédominance des intérêts purement temporels, dont il a pour but de nous dégager, en substituant des pensées saintes aux idées trop profanes qui nous absorbent. L'exact observateur de cette loi salutaire se replie sur lui-même, médite ses obligations et s'occupe sérieusement de son salut : quelle vigueur naturelle ne ressent-il pas en ce jour d'adoration et de recueillement, pour continuer les combats de la vie et travailler efficacement à la perfection de son cœur (1)! Ignore-t-on, d'ailleurs, que la religion s'éteint faute de pratique, comme la science faute de culture (2)?

(1) « L'homme, dit Cormenin, ne vit pas seulement de pain; il vit aussi de bonnes paroles, de bonnes actions et d'amour. Il n'est pas seulement une bête de travail, il est aussi une créature de Dieu. Il n'est pas seulement un corps, il est aussi un esprit. Il n'a pas seulement des besoins sensuels, des appétits grossiers, il a aussi des besoins intellectuels et moraux, des appétits du cœur, des soupirs vers un autre monde plus éclairé et meilleur ». (*Entretiens du village.*)

(2) « C'est principalement de la sanctification des fêtes, dit Bossuet,

Le repos dominical une fois aboli, l'homme ne tarde point à oublier son créateur. En proie à la fièvre de la cupidité, il abjurera bientôt le ciel pour ensevelir toutes ses espérances dans la boue, et n'aura plus d'autre religion que l'or et la satisfaction de ses appétits sensuels : désirs, goûts, sentiments, tout en lui sera dévoré par le mercantilisme et l'industrie. Mais cette hebdomadaire solennité rallume dans le cœur du chrétien fidèle sa première énergie et l'étincelle de l'intelligence incréée, en lui rappelant qu'il vient de Dieu et doit retourner à Dieu; il la consacre à la prière, à des lectures pieuses, à de graves réflexions, enfin à la sanctification de la vie présente pour parvenir au bonheur de la vie future. Aussi ont-elles toujours été les plus morales les contrées où le jour du Seigneur fût constamment le mieux gardé (1).

Sans dimanche, la mission et l'influence du pasteur sont frappées de nullité; il perd à tout jamais son action sur les consciences, parce que, impuissant à réunir ses ouailles autour de la chaire de vérité, il ne saurait plus dès lors leur

que dépend le culte du Seigneur, dont le sentiment se dissiperait dans les occupations continuelles de la vie, si Dieu n'avait consacré des jours pour y penser plus sérieusement et renouveler en soi-même l'esprit de religion. »

(1) On trouve peu de populations aussi impies et dépravées que celles des environs de Paris, pour lesquelles il n'y a plus de dimanche, et partant, plus d'église ni de prédication. Par suite du défaut d'enseignement religieux, il règne au milieu d'elles une ignorance stupide et une incroyable antipathie pour tout ce qui tient à l'ordre spirituel et moral. Ces villageois sont, la plupart, de hideux athées, ne reconnaissant plus d'autre Providence que leurs bras, leur bêche ou leur faucille. « *Je ne connais d'autres Dieux,* disait un paysan à un curé de Versailles, *que mes champs, mon fumier, ma charrue, avec le soleil et la pluie pour mûrir mes moissons!* » L'homme n'observant plus de dimanche est une espèce de brute humaine qui met de côté l'âme et Dieu comme choses dont il n'a que faire.

faire entendre la voix qu'elles ont tant besoin d'écouter. Or, un peuple qui vit sans doctrine n'aura plus de sève religieuse, ni de barrière contre la fougue de ses passions ; de la plus crasse ignorance, il tombera bientôt dans l'abrutissement de l'état sauvage. N'est-ce pas au prône de leur curé que les paroissiens puisent l'amour du travail, de l'ordre, de l'économie, le respect des bonnes mœurs, les maximes de délicatesse et de probité, la foi du serment, la soumission aux lois ? N'est-ce pas là encore que le prolétaire apprend ses obligations de fils, de frère, d'époux, de père, de citoyen, d'homme vraiment vertueux et utile ? La tempérance et la santé, l'instruction, l'intelligence, l'adresse même, découlent chez lui de l'élément religieux, comme les conséquences d'un principe ; aussi l'artisan chrétien, à force d'activité, d'épargnes et de privations, conduit-il presque toujours à bonne fin ses entreprises. Les personnes qui ont à leur service des ouvriers et des domestiques, ne peuvent donc trop veiller à la stricte observation du dimanche, ne fût-ce que dans leur propre intérêt, soit rural, soit manufacturier : les offices et les enseignements de l'église entretiendront parmi leurs serviteurs des goûts purs, des sentiments honnêtes, des habitudes laborieuses et frugales ; tandis que ceux qui vivent en dehors des notions et de la pratique de la foi, sont ordinairement paresseux, déloyaux, prodigues, dissolus et pervers ; insouciants pour tout ce qui appartient au maître, ils négligent leur tâche et ne prennent aucun souci des choses confiées à leur vigilance. C'est ce qui explique les trop justes plaintes qu'on ne cesse d'articuler contre les individus employés dans les exploitations industrielles ou agricoles.

Si l'observation du dimanche, disait un publiciste, n'était qu'une institution humaine, ce serait du moins la plus capable de moraliser et de civiliser les hommes. Par les instructions qu'on y donne au peuple, on épure et l'on polit ses mœurs, on adoucit l'âpreté de son caractère. Tous y reçoivent l'enseignement qui leur convient. En ce jour précieux, un pasteur combat le vice et prêche la vertu : il apprend au pauvre la résignation, au riche la compassion et la générosité, au vieillard le moyen de sanctifier le déclin de sa vie, à l'enfant le respect et la docilité, au domestique le dévouement pour ceux qu'il sert, aux époux l'obligation de la fidélité conjugale; en un mot, il inculque à tous la sainte loi de Dieu. Supprimez le dimanche, et les crimes augmenteront dans une progression et une intensité effrayantes; car, quelle moralité peut-il y avoir dans une société qui foule aux pieds l'Evangile? Comment des fils obéiront-ils à des parents, des subalternes à des chefs qui se font un infâme jeu de les instruire à se moquer des plus sages observances, et à secouer toute espèce de joug, excepté celui de leur despotisme? Honorera-t-il les maîtres de la terre, celui qui méprise le souverain du ciel? Des serviteurs affranchis de la crainte de Dieu ne tarderont pas à trahir ceux qui leur commandent, si, d'exemple et de parole, ces derniers les autorisent à violer leur propre conscience : *Ad oculum servientes.* Un des plus grands malheurs de la jeunesse et des classes pauvres, c'est d'être témoins du mépris qu'affectent les riches et les pères de famille pour la sanctification du dimanche; le peuple se sent-il disposé à garder ce jour trois fois saint, lorsqu'il le voit continuellement enfreint par des hommes d'un rang supérieur, lesquels, honteusement cloués à la matière, se rient de toute pratique de dévotion, et prennent en pitié quiconque a le courage et le bon sens de s'y assujettir?

On est donc fondé à dire que la religion est toute dans le dimanche, comme le rayon dans le foyer et le fruit dans son germe; là gît le principe vital du catholicisme, qui ne peut pas plus se soutenir parmi nous sans les fêtes du culte, que l'animation dans le corps humain quand l'âme en est séparée. Cette grande loi, selon qu'elle est suivie ou méconnue, est une question de vie ou de mort; c'est comme le cachet de la valeur morale des peuples et le thermomètre religieux du monde. Il y a lieu d'espérer le retour des populations fidèles à son observance, fussent-elles en proie à la démoralisation; mais aussi peut-on sonner l'agonie de la foi partout où ce solennel précepte est tombé dans l'oubli, car dès lors plus de ressources ni de remède (1). Certes il est moins difficile de christianiser des hordes sauvages que de convertir des paroisses qui l'ont abdiqué: ces dernières ressemblent à des malades chez lesquels le pouls ne bat plus; parmi elles il n'y a pas même, à beaucoup près, autant de croyance positive que chez les idolâtres et les disciples de Mahomet, qui jamais n'ont cessé de consacrer à Dieu un jour par semaine. Christianisme et dimanche sont deux principes tellement corrélatifs et identiques, que celui-ci ne peut disparaître sans que celui-là ne s'éclipse en même temps.

Oui, s'il y a un point capital, éminemment digne de l'entière sollicitude des pasteurs, c'est la sanctification du repos septénaire, pivot sur lequel roule tout l'édifice évan-

(1) Ils le savaient bien ces hommes de triste mémoire qu'il ne faut pas confondre avec la nation française, et qui donnèrent au monde le plus affreux des scandales, celui d'effacer le jour de Dieu du calendrier : un satanique instinct leur fit comprendre que, pour anéantir le vieux culte de nos ayeux, il fallait préalablement supprimer le dimanche et accoutumer le peuple à s'en passer. Si, effectivement, la décade eût triomphé, c'en était fait du catholicisme en France; nos impies révolutionnaires auraient pu se vanter, avec raison, d'y avoir détrôné et enterré l'Eglise. Mais, malgré les flots de sang que fit répandre la décade, on ne put accréditer dans les mœurs populaires cette monstrueuse innovation.

gélique. Temples, culte, sacerdoce, divinité même, à quoi bon tout cela pour une nation qui rejetterait les saints jours ? Travailler ou contribuer à leur abolition, c'est attaquer au cœur le christianisme et se rendre coupable du plus énorme attentat ; c'est un mal d'une étendue et d'une profondeur désespérantes, une abominable impiété qui équivaut à l'apostasie. Que le clergé, jetant le cri d'alarme du haut des 40,000 chaires qu'il occupe en France, donne à sa voix l'éclat du tonnerre pour fulminer l'anathème contre un si lamentable sacrilége et le vouer à l'exécration de l'univers; qu'il proclame partout et répète sans cesse cette grande maxime non moins sociale que chrétienne : Sans dimanche point de culte, sans culte point de religion, et par conséquent aussi point de morale ni de société (1). La violation de la loi dominicale, voilà donc le monstrueux abus à l'extinction duquel doit travailler de toutes ses forces tout prêtre qui sent battre dans sa poitrine un cœur catholique. Si ce crime venait à se naturaliser en France, on pourrait y prédire la ruine inévitable et prochaine des antiques croyances de nos pères; c'est là une de ces puissantes convictions qu'il faudrait pouvoir graver dans l'âme de chaque fidèle avec un burin d'acier.

(1) On a lieu d'observer que tous les grands crimes ou délits, tels que meurtres, suicides, avortements, incendies, abus de confiance, escroqueries, attentats aux mœurs, adultères, faux de tout genre, vols domestiques, etc., se sont singulièrement multipliés depuis la profanation si générale du dimanche; voilà ce que révèlent les comptes rendus de la Justice et les diverses statistiques. Il pensait donc vrai et juste l'écrivain qui a dit : *L'enfer, la confession et le dimanche sont les forteresses du catholicisme et les boulevards de la morale.*

## RESPECT DES PEUPLES CHRÉTIENS POUR L'OBSERVANCE DU DIMANCHE.

Le dimanche est un jour chômé par plus de 300 millions de chrétiens disséminés sur la surface du globe. Cinq cent mille cloches annoncent, dans les deux hémisphères, cette périodique solennité aux enfants du Christ, qui se pressent partout dans les temples pour offrir à Dieu leurs hommages et leurs adorations. Du Tage au Volga, de la Laponie à la Grèce, il n'est pas un peuple, pas une province qui ne gardent religieusement le dimanche.

L'hérésie elle-même professe un respect sacré pour ce jour qui, chez elle, a passé dans les institutions civiles et les mœurs des familles. Bien que l'Angleterre et les Etats-Unis soient des contrées industrielles et mercantiles, où règnent l'indifférence et l'incrédulité, ils montrent une scrupuleuse et presque judaïque exactitude pour l'observance dominicale, empreinte là d'un caractère et d'une rigueur sabbatiques. En parcourant les grandes cités, on lit en grosses lettres sur tous les magasins et les boutiques : *Fermé le dimanche*. Allez à Londres, cette gigantesque métropole, ce centre d'affaires colossales et d'innombrables intérêts; le dimanche, tout mouvement commercial est suspendu par obéissance au Seigneur. Au milieu de ce port immense et le plus actif de l'univers, où des milliers de vaisseaux débarquent sans cesse les produits des cinq parties du monde, on voit régner un repos complet, interrompu seulement par les cloches des églises et les flots pressés de la multitude qui va les remplir. Là, du moins, il y a un autre frein que celui des baïonnettes pour contenir les populations. Partout où la loi divine est exécutée avec une aussi solennelle docilité, Dieu lui-même, si j'ose le dire, se charge de faire la police. Promenez-vous le dimanche dans une ville de Suisse, vous errez dans des rues désertes et sur des places abandonnées. En face de ce silence dominical, vous prendriez ce jour de joie pour un jour d'expiation : l'observance en est tellement sévère dans les états protestants, que la chasse, les voyages, la musique, les billards, les cafés et les jeux publics y sont interdits, ou du moins considérés comme scandaleux (1). Aussi en visitant notre sol, tous les étrangers sont-ils choqués de la flagrante violation du dimanche, et nous jugent-ils un peuple sans religion et sans Dieu : un pays qui abdique à ce point tout devoir religieux n'est-il pas, effectivement, la plus significative expression de l'athéisme pratique? Rien, à leurs yeux, ne défigure tant le royaume très-chrétien que la publicité de ce désordre, inouï partout ailleurs, et qu'ils s'étonnent, à bon droit, de rencontrer chez une nation réputée la plus catholique que le soleil ait jadis éclairée dans toute la chrétienté.

(1) Les journaux ont rapporté, il y a quelques années, que des enfants de 10 à 13 ans s'étant mis à jouer dans les rues de Londres un jour de dimanche, furent amenés devant le bureau de police pour infraction à la loi : leur jeunesse seule les sauva de l'application d'une pénalité. En cette capitale on se fait un scrupule d'y fabriquer du pain et d'y débiter de la viande durant ce jour de repos. Le puritanisme, chez les disciples de Luther et de Calvin, va jusqu'à proscrire tout divertissement extérieur ; ne permettant que la lecture de la Bible, il tient dans une sévère immobilité les classes populaires. Plus sage et plus modéré, le catholicisme en ami du bien-être et de la santé de la classe ouvrière, autorise les amusements et les plaisirs innocemment récréatifs.

## ÉTAT DE LA FRANCE RELATIVEMENT A L'OBSERVANCE DU DIMANCHE.

Isolés, à cet égard, du reste de l'Europe, nous avons seuls le triste privilége d'être régis par un code athée et de voir en quelque sorte sanctionner légalement au milieu de nous l'abolition du dimanche (1). En vérité, c'est là un outrage sanglant à la croyance de tous les peuples civilisés, et comme une audacieuse abjuration de la Divinité. Les annales humaines n'offrent pas d'exemple d'un pareil sacrilége qui, en se perpétuant, fera de la France la dernière des nations, le scandale et le fléau du monde. Oui, si notre infortunée patrie persiste dans cet odieux système de profanation, nous assisterons bientôt à ses funérailles, ou du moins faut-il s'attendre à quelque grande catastrophe. Certes, s'il est un crime que le ciel doive punir, c'est celui qui provoque le peuple à l'impiété et lui apprend à se passer de Dieu (2).

(1) Quand les Algériens virent leurs vainqueurs ne point célébrer le dimanche et ne rendre aucun hommage public à Dieu, ils en eurent horreur et finirent par croire que la nation française était un peuple d'athées. Telle a été une des principales causes de leur antipathie persévérante. Les peuples les plus sauvages ont su respecter cette grande loi, et ils voient des ennemis déclarés du culte et de la divinité dans tous ceux qui vivent sans fêtes religieuses. L'émir Abdel-Kader, ce chef des barbares, donna à nos compatriotes une bien humiliante leçon de respect, en défendant à ses Arabes de faire travailler, le jour du Seigneur, les Français détenus comme prisonniers de guerre dans ses états.

(2) Le Gouvernement lui-même, il nous est pénible de le déclarer, trop souvent a toléré les travaux le jour du dimanche, les laissant exécuter par ses agents jusqu'au fronton et sur les combles de nos églises, pendant les grandes solennités; tout Paris pourrait l'attester. Or,

Ce triste spectacle jette dans un découragement indéfinissable non-seulement les personnes ferventes, mais quiconque attache de l'importance à la conservation du christianisme au milieu de nous. On a l'âme profondément nâvrée quand on considère, en tant de provinces, cette solitude de nos temples complétement désertés par les hommes. Semblables à des bergers sans troupeau, combien de curés, chantant la messe et psalmodiant les vêpres dans des nefs vides, sentent leur cœur se resserrer et vont pleurer solitairement, entre le vestibule et l'autel, sur l'exil de la foi et la décadence des mœurs! Que de Français, catholiques par le baptême, mais apostats par leur conduite, ne connaissent plus le chemin de la maison du Seigneur! On n'aperçoit, en maintes localités, d'autres signes de religion que l'église, vieux monument qui semble dire: Ici jadis on servait Dieu. A peine y voyez-vous apparaître, à de longs intervalles, quelques individus pour les grandes solennités de l'année, pour la cérémonie d'une première communion, d'un mariage, des funérailles d'un parent ou d'un ami, etc... En venant ainsi mêler, de loin en loin, leurs tièdes adorations aux prières des fidèles, la plupart de ces prétendus chrétiens, vrais païens au fond par les sentiments et les mœurs, ont encore la prétention de croire que le Très-Haut doit se tenir pour satisfait de leurs rares hommages. Vainement donc la voix évangélique retentit dans l'enceinte de tant d'églises, ne pouvant atteindre que de pauvres femmes saintement affamées

n'est-ce point là autoriser et habituer le peuple à violer les lois de Dieu, au lieu de lui en insinuer l'observance? Chose étrange! la vérité l'effraie, le bien seul l'épouvante. Il y a longtemps qu'on lui a justement reproché de tenir plus à un tarif de douane qu'à un précepte de morale, plus au budget qu'au Décalogue.

de la parol lélas ! ils sont bien nombreux au sein des villes, êtes gens selon le monde, qui se croient suffisamm ieux parce qu'ils ont reçu le baptême et fait jadis, dan r jeunesse, une première communion qui fut peut-être la dernière!

On voit presque partout, aux jours fériés, les usines et les fabriques en activité permanente ; les magasins, comptoirs et boutiques sont ouverts pendant toute la durée des offices divins; l'étalage des marchandises invite à acheter, à vendre et à trafiquer, comme on le faisait la veille (1) ; on ne se doute même pas si c'est dimanche ; les portefaix emballent, déchargent ou transportent les divers produits des manufactures ; les charrois du commerce circulent de toutes parts, à travers les rues et les routes encombrées; la population, comme une fourmilière, se mêle, s'agite, se croise en tout sens sur la voie publique ; les places et les promenades sont couvertes d'une foule d'oisifs s'occupant des plaisirs et des amusements qui rempliront la journée. Dans les ateliers, l'homme de métier ne suspend point ses occupations : on entend retentir le marteau du forgeron, qui bat le fer sur l'enclume au moment même où l'airain sacré appelle les fidèles à la prière ; les ouvriers se rendent au travail avec la hache, la scie, le rabot, le ciseau, la truelle ou le hoyau à la main, comme en un jour profane.

(1) Celui qui tient sa boutique ouverte le dimanche empêche son voisin de fermer la sienne, pour maintenir sa clientèle ; il le force ainsi à travailler quand il aurait besoin de repos et que la religion le lui procure. Il y a là, à son égard, une sorte de contrainte arbitraire et illégale qui constitue bien plutôt l'abus que la liberté. Ce n'est pas violer celle-ci d'obliger les marchands à fermer leurs magasins. La vraie liberté c'est le respect et l'obéissance aux lois du pays, le triomphe de la religion et de la morale, de l'esprit de conservation sur les idées d'anarchie et de désordre.

Si, de la rue, vous pénétrez dans l'intér. aisons, que voyez-vous? Sans songer même au cult négociant conclut un marché, révise ses livres d ierce, suppute les chances de pertes ou de gains; l cat prépare ses causes, l'avoué ses procédures, le notaire rédige ses actes, l'huissier ses exploits, etc.... Observe-t-on, matériellement du moins, le repos dominical, c'est, non pas comme œuvre moralisatrice et sanctifiante, mais pour le consacrer aux plaisirs, aux jeux, à la danse et à la débauche; c'est la dégradante et meurtrière oisiveté des ignobles tavernes et des lupanars : en d'autres termes, on fait des solennités religieuses les saturnales du démon et de l'enfer (1). Le dimanche est aujourd'hui, dans le jargon des classes populacières, synonyme de licence et d'excès en tout genre. Les usines et les ateliers occupent toute la matinée (2); aussitôt qu'ils sont fermés, commencent le désordre et le crime : l'après-midi de

(1) Nos prôneurs d'une liberté illimitée poussent souvent le scrupule jusqu'à n'oser, surtout dans les campagnes, prescrire, à une certaine heure du soir, la fermeture des salles de danses et des lieux de boissons. Ils tremblent de violer l'indépendance individuelle en interrompant le bruit des verres et des chants nocturnes, et d'envoyer coucher les libertins et les vagabonds pour le plaisir ou le repos des honnêtes gens et des paisibles citoyens. Ils croiraient encore exercer une sorte de contrainte par corps, et porter atteinte à l'inviolabilité des personnes, s'ils suspendaient le droit de s'enivrer pendant l'office paroissial.

(2) Toutefois, en accusant les méfaits des industriels, ne passons point sous silence les vices des prolétaires, souvent dépravés, fourbes et fripons, autant que leurs maîtres sont égoïstes. Depuis qu'ils ne font plus de dimanche, leurs églises sont les cabarets, leurs exercices religieux des débauches et des orgies. La violation de la loi dominicale est d'ailleurs tout entière à leur désavantage; car, en travaillant sept jours, ils ne reçoivent que pour six. Le manufacturier, qui sait calculer à merveille ses intérêts, a soin de réduire le salaire dans la proportion de l'accroissement du travail et de l'engorgement des marchandises; en effet, plus il y a de fabrication, plus aussi diminue la valeur des pro-

chaque fête est absorbé par des orgies ruineuses, de bruyantes réunions des deux sexes, et des actes d'immoralité; aussi, les mœurs publiques sont-elles dissolues, les races dégradées et abruties.

Autrefois, du moins, les prévarications étaient renfermées dans les villes où souvent même on les dérobait aux regards; mais la contagion du mauvais exemple a envahi les campagnes et tend à s'y universaliser. Prodige effrayant d'ingratitude! c'est précisément à l'époque où l'on recueille abondamment les bienfaits de la libéralité divine, que le culte reste dans l'abandon. Le laboureur, jadis si religieux, arrose de sueurs impies le champ qu'il cultive, porte la faulx dans ses prairies et ses moissons, récolte et charrie ses grains : calculant bassement ce que chaque heure ravie au saint repos peut lui valoir de profit, il contraint au travail ses ouvriers et ses enfants, au mépris de la loi du Seigneur. Il est des localités rurales où l'on ne reconnaît plus de dimanche : au lieu de prendre le chemin de l'église, on suit celui du café et du cabaret; et là, à la place des psaumes de David et de nos hymnes sacrées, on hurle d'obscènes chansons, comme si l'unique fin de la trêve hebdomadaire était de se démoraliser.

## NÉCESSITÉ SPÉCIALE DU DIMANCHE POUR L'OUVRIER DE FABRIQUE.

C'est surtout pour l'ouvrier des fabriques et des manufactures que le repos dominical est plus nécessaire. Rien ne

duits et de la main-d'œuvre. Aussi les classes ouvrières sont-elles plus malheureuses depuis la suppression du dimanche, laquelle n'a profité qu'aux fabricants et aux consommateurs.

ruine la santé et n'abrége l'existence comme l'exploitation non interrompue de ces forçats de l'aristocratie commerciale, bien plus à plaindre que les serfs des barons du moyen âge. Par suite de notre industrialisme cupide, le prolétariat de nos jours n'est-il pas, en réalité, pire que l'ancien esclavage ? Est-il vrai de dire qu'ils sont libres de droit, ces malheureux placés dans une servitude absolue de fait, et souvent même privés de pain ? La contrainte, sans doute, n'agit plus directement sur eux à coups de fouet ; mais la faim n'est-elle pas plus cruelle encore que la flagellation ? Qui ne préférerait le sort des paysans russes à celui de ces serfs de la spéculation moderne, attachés à la navette, ou tournant la manivelle au profit de leurs avides suzerains ? Il y a, particulièrement dans nos usines à feu, des métiers dont l'exercice est comme un arrêt de mort prochaine contre les infortunés ouvriers, vrais martyrs de l'industrie et de la civilisation (1). S'ils ne jouissent du bénéfice d'aucun chômage, et qu'on les condamne à garder leur collier de misère, pendant les jours mêmes consacrés par l'Eglise à la suspension des travaux manuels et à l'adoration, ne sera-ce point violer envers eux tous les principes de la religion et de l'humanité ? Ne sont-ils pas des membres de la grande famille chrétienne, doués comme nous d'une âme

(1) Certes, la différence entre l'esclave ancien et le prolétaire moderne n'est point en faveur de ce dernier ; si les travailleurs étaient la propriété de l'aristocratie manufacturière, elle aurait du moins intérêt à les ménager davantage. Mais l'industriel d'aujourd'hui envisageant l'ouvrier comme un simple producteur, n'en fait cas que tant qu'il peut l'exploiter au profit de son commerce, et il le renvoie inhumainement sans récompense et sans pain, dès que ses bras affaiblis sont devenus impropres au travail, pour le remplacer par un autre plus valide et dont il jugera la main d'œuvre plus lucrative à sa fabrication.

intelligente et immortelle, et conséquemment obligés de croire et de prier comme nous? En passant leur vie sans célébrer de dimanche, ils se dégraderont sous le triple rapport physique, moral, intellectuel; et leur triste condition sera inférieure à celle des animaux : « Un peuple sans religion, dit Hume, ne diffère guères des bêtes brutes. » Aussi a-t-on lieu de remarquer que les populations manufacturières dégénèrent vite, se dépravent et tombent en dissolution.

Rien de plus misérable, dans notre ordre social, que le pauvre artisan; on ne voit plus en lui qu'un instrument de fabrication et de tissage, une machine qui fonctionne, une roue qui accélère le mouvement, un levier qui soulève, un marteau qui brise la pierre, un laminoir qui allonge ou distend les métaux, une enclume servant à façonner le fer et l'acier, une bête de somme enfin. Voilà présentement tout le cas que l'on fait de ces créatures humaines, descendues au dernier terme de la dégradation (1)! La religion seule pourrait les rele-

(1) Le dimanche est, en beaucoup d'endroits, non plus le jour de la prière, mais le jour, par excellence, du brigandage et de la dépravation. On n'a, pour s'en convaincre, qu'à consulter les archives de la Justice. Les audiences criminelles et correctionnelles apprennent que la plupart des crimes ou délits déférés aux tribunaux et au jury, se préméditent ou se commettent le dimanche. Nombre d'hommes et de jeunes gens ne vont plus aux offices ni aux prédications. Quand, toutefois, ils y assistent, aux grandes solennités, c'est par une machinale habitude et non par un sentiment de foi à la divinité du culte qu'on y pratique; semblables au frivole peuple d'Athènes sur la place publique, ils viennent pour y voir ou y entendre du nouveau. On se hâte de sortir de l'église pour se précipiter dans les cabarets où l'on se dégrade jusqu'à l'ivresse, où l'on se corrompt jusqu'à la débauche : là s'excitent les haines, s'élèvent les rixes sanglantes, se forment les coupables associations et se trament les complots. On commet plus

ver de cet état de déchéance, ou en empêcher l'aggravation ; mais leurs chefs, despotes impies non moins qu'inhumains et rapaces, ne voient dans l'abrutissant travail qu'ils leur imposent que l'accroissement et le bon marché de la production ; exclusivement soucieux de leurs intérêts matériels, ils sont d'une complète indifférence au sujet de la santé, de la moralité, du bien-être de ces malheureux.

## SOIN DES CURÉS A PRÉVENIR DANS LA JEUNESSE LE VICE DE L'IVROGNERIE, SURTOUT LES DIMANCHES ET FÊTES.

Prétendre anéantir complétement l'ivrognerie parmi les hommes, ce serait, je le sais, vouloir essayer d'arrêter le flux de l'océan. Ce vice, malheureusement, durera autant que le monde et souillera toujours l'humanité dans quelques-uns de ses membres ; mais le zèle des pasteurs à éclairer leurs paroissiens sur ses funestes conséquences, contribuera efficacement, sinon à les en corriger, du moins à les en préserver. Pour convertir un intempérant, il ne faut pas moins qu'un miracle moral de la part de Celui qui seul manie les cœurs comme le potier pétrit l'argile : de là ressort l'énorme grièveté d'un penchant qui dégénère en une impérieuse et fatale nécessité ; la mort seule ou l'indigence y met fin. La plupart des hommes asservis à cette passion promettent bien de s'amender ; mais peu d'entre eux tiennent parole. Il est d'expérience que les pays atteints de la lèpre de l'ivrognerie sont comme irrémédiablement perdus.

de péchés les jours fériés que dans tout le reste de la semaine ; au lieu d'être des heures de grâce et de bénédiction, les dimanches ne sont plus, selon l'expression du P. Lejeune, que des fêtes de Bacchus, de Cérès et de Vénus.

Profondément gravées dans le cœur des jeunes gens, les réflexions suivantes seront pour eux un puissant préservatif contre ce vice hideux, qui voudrait faire du dimanche son auxiliaire et son complice. Santé, raison, honneur, fortune, bonheur, humanité même, tout vient s'engloutir dans ce gouffre sans fond.

1° *Santé.* La tempérance est le principe et la source de la santé et de la longévité : *Mater sanitatis est abstinentia.* L'homme sobre brille de l'éclat de la jeunesse et jouit d'une grande énergie vitale jusque sous les glaces de l'âge. Une séve abondante circule encore dans toutes ses veines au déclin de ses jours, d'ordinaire calmes et sereins.

L'intempérance, au contraire, use le corps et mine insensiblement la santé, autant qu'elle émousse l'esprit et abâtardit le génie. L'homme du peuple, livré à la débauche, ne saurait plus manier la hache ni la pioche ; il devient prématurément impropre à tout genre de travail. Voyez ces ivrognes blasés à la suite de copieuses libations de vins ou d'autres liquides spiritueux : ils ont, après quelques années d'excès, l'estomac brûlé par les boissons incendiaires dont ils ont fait un si déplorable usage. L'organisation la plus robuste ne peut résister longtemps à l'irritante et délétère action d'un sang en ébullition continuelle. Ces violentes collisions intestines, souvent reproduites, dérangent l'économie et brisent vite un corps, fût-il d'airain. Comme les ressorts et les rouages d'une machine finissent par ne plus pouvoir fonctionner quand ils sont exposés à des chocs brusques et perpétuels, ainsi le feu de l'ivresse corrode, énerve et détraque les organes humains. C'est, de toutes les passions, la plus homicide : *Plus occidit gula quàm gladius.* Que de maladies, d'incapacités et de morts causées par les excès d'intempérance ! La plupart des buveurs et des épicuriens périssent suffoqués par le vin, foudroyés d'un coup apoplectique : les uns sont atteints de goutte ou de paralysie; les autres tombent du mal caduc à la suite d'une orgie, et de là dans un état de complète imbécillité. L'acrimonie des humeurs, les inflammations, les fièvres, les crispations musculaires et nerveuses, les tremblements convulsifs, voilà les tristes effets de l'incessant abus de la boisson. Aussi, les êtres enclins à ces excès, portant sur leur face à la fois livide et couperosée l'empreinte de ce détestable penchant, meurent-ils avant l'âge, accablés d'infirmités précoces (1).

On voit bien, exceptionnellement, quelques hommes intempérants dont l'organisation de fer résiste à la destructive action des spiritueux, et semble donner un démenti à nos observations sur la brièveté de la vie de quiconque s'y adonne outre mesure. Mais il sera toujours vrai de dire que l'habitude de l'ivrognerie irrite et dévore le tempéramment, et qu'ainsi elle abrége le cours des années. Au surplus, ces Silènes, sous les apparences de la vigueur, sont souvent de véritables sépulcres ne recèlant déjà plus qu'un cadavre; ils ressemblent à ces vieux arbres encore verts, dont l'intérieur est vermoulu, qui ne tardent pas à se couronner de branches arides et desséchées.

S'il est surtout un liquide pernicieux pour la santé et qui empoisonne l'espèce humaine, c'est l'eau-de-vie, que les sauvages appellent *eau de feu* et qu'on nommerait encore, avec plus de raison, *eau de mort*. Cette corrosive liqueur et la poudre à canon sont les deux inventions les plus homicides

(1) Il y a peu de finages et de grands chemins où des hommes ivres n'aient succombé à l'intempérance. Une partie des croix qu'on voit dans les campagnes ou sur les routes, ne témoignent-elles pas que de fameux ivrognes ont été là frappés de mort à la suite d'une débauche?

qu'on ait jamais faites : celle-ci pour tuer les autres, celle-là pour se tuer soi-même. Elle est pour les peuples de l'Occident ce qu'est l'opium pour les Orientaux. Le plus grand des services à rendre à l'humanité, serait d'arrêter dans ses progrès l'effrayante consommation des boissons alcooliques, dont l'usage détruit plus d'hommes que la guerre même.

2° *Raison.* Point de vice qui hébète l'intelligence à l'égal de l'ivrognerie. Il échauffe et épaissit les fibres cérébrales, matérialise les sentiments et les inclinations, paralyse les facultés, et conduit à une sorte d'idiotisme. Il n'en saurait être autrement : le cerveau d'un buveur, étant dans un état permanent de surexcitation, se trouve comme asphyxié par les vapeurs du vin et ne peut plus lier deux idées ensemble ; voilà pourquoi certains individus, après des libations excessives, tombent dans une morne stupidité et n'ont plus que les instincts et les appétits de la bête. Le raisonnement et la persuasion n'ont plus de prise sur ces êtres dégradés. Insensibles à toute considération d'honneur, de santé, de fortune et de salut, ils ne songent qu'à leurs ignobles jouissances, pareils à ces animaux qui, se repaissant à loisir pendant leur vie, se trouvent heureux jusqu'au moment où on les tue. Pour eux, boire c'est jouir, vivre c'est végéter en brute. Tel est, cependant, le vice grossier qu'on trouve partout enraciné dans les mœurs populaires : lorsqu'on pénètre dans les bas fonds de la société, on rougit d'appartenir à l'espèce humaine en voyant ses semblables, des chrétiens comme soi, se deshonorer par des excès dont l'animal est incapable.

3° *Honneur.* Rien au monde ne ravale davantage la sublime nature de l'homme. Telle était, sous l'empire même du paganisme, l'ignominie de ce penchant, que, pour en imprimer l'horreur dans le cœur de leurs fils, les Romains enivraient des esclaves, puis les leur montraient en cet état, afin de les dégoûter par le spectacle de leurs cyniques extravagances. La vue seule d'hommes ivres, le délire de leur raison, l'infamie de leurs propos, l'impudence de leur conduite, ne font-ils pas bouillonner d'indignation le sang dans les veines? N'est-on pas profondément humilié à la rencontre d'un de ces êtres vils sortant du cabaret, le teint blafard, la voix rauque et avinée, trébuchant sous le poids du liquide, ou gisant immobile au coin d'une borne? Quand on porte au front la royauté du titre de chrétien et qu'on a le sentiment de sa dignité, n'est-ce pas le comble de la dégradation de descendre si bas?

4° *Fortune*. L'incurable passion que nous flétrissons ici a pour effet, non-seulement d'avilir l'humanité, mais encore d'engendrer l'indigence; ruineuse entre toutes, c'est elle qui fond le patrimoine des familles, dissipe l'héritage des aïeux et produit le paupérisme, cette affreuse plaie de nos sociétés modernes (1). Combien de femmes et d'enfants condamnés à la faim et réduits au désespoir! Que d'expropriations forcées et de ventes par autorité de justice, pour solder les dettes de la débauche! Aussi ses tristes esclaves voient-ils

(1) L'expérience démontre que les campagnes où le peuple est adonné à l'usage immodéré de la boisson sont toutes rongées par le chancre du paupérisme, qui s'étend et s'accroît proportionnellement aux excès de l'intempérance. On vit au jour le jour; jamais d'économies ni de réserves. La consommation du dimanche épuise tous les profits du labeur, toutes les épargnes de la semaine; elle dévore même jusqu'aux moindres ressources procurées par la charité compatissante. Ce n'est point, en général, l'occupation qui fait défaut à la classe ouvrière, elle en trouvera toujours assez pour gagner du pain: ce qui lui manque, c'est la religion qu'on lui a arrachée et qu'il faut lui rendre; elle seule lui donnera des mœurs, de l'ordre et l'amour du travail, vrai piédestal de la fortune.

bientôt la misère assiéger la porte de leur maison, et finissent-ils la plupart sur le pavé des rues, le grabat des hôpitaux ou la paille des cachots. L'ivrognerie et l'impureté, voilà les deux grands vices qui peuplent les bagnes, les cimetières et les enfers. Presque tous ces vagabonds et ces oisifs dont regorgent nos cités et nos campagnes, et qui ne vivent plus qu'à la faveur de coupables industries, les mendiants, les repris de justice et les suicides ne sont-ils pas, le plus souvent, d'anciens ivrognes qui ont dévoré l'hoirie paternelle dans les honteuses joies de la crapule ?

5° *Bonheur*. De là encore, en grande partie, les calamités et les peines dont se trouvent affligés de tant de manières les pauvres humains, qui les doivent bien moins à l'infirmité de leur nature qu'à la criminelle violence de leurs penchants. C'est, pour les classes populaires, la source principale des maux, des désordres et des déchirements intérieurs. Il faut avoir été témoin du cortége des troubles domestiques et de tous les malheurs que traîne à sa suite une habitude aussi dépravée, pour en calculer les lugubres et lamentables conséquences. Point d'affection filiale envers un chef de famille qu'elle tyrannise; enfants de la misère et de l'infortune, ses fils le méprisent, l'abhorrent et le maudissent. Tous tremblent en sa présence comme devant une bête féroce, tous fuient pour se mettre à l'abri de sa colère. Les imprécations et les blasphèmes qui retentissent à leurs oreilles, les emportements et les brutalités dont ils sont souvent les victimes, leur font demander au ciel comme un bienfait la mort de ce *parâtre*. Parlerai-je de l'affreuse position d'une pauvre femme, ou plutôt d'une martyre, alliée à ce misérable abruti par le vin (1)?

(1) Il vaudrait mille fois mieux donner à une honnête jeune personne un suaire que le voile nuptial, s'il s'agissait de l'unir à un ivrogne. J'ai

Horrible image de la désolation et de l'enfer, une telle famille est en proie à la haine, à l'anarchie, à la guerre; il s'y passe des scènes atroces où quelquefois le sang coule, et dont le meurtre est le dénouement. Nos feuilles judiciaires enregistrent chaque jour de ces drames épouvantables, où des maris scélérats ont fait expirer sous les coups de leur fureur d'innocentes et douces compagnes; où d'indignes fils, monstres dénaturés, ont traîné par ses cheveux blancs un père vertueux, et foulé sous leurs pieds le généreux sein qui les avait nourris. O nature, frémissez! religion, voilez-vous de deuil! Que de défis homicides, parricides même, a souvent prononcés l'ivrogne dans un farouche délire! Cabaret, voilà tes œuvres et tes victimes! s'écrie un éloquent évêque (1). Il est des lieux où le débordement des mœurs est tel, à cet égard, qu'on n'a rien vu de semblable depuis les siècles payens. Ne craignons pas de l'affirmer, la désorganisation morale des classes inférieures, qui s'agrandit et devient de jour en jour plus alarmante, le malheur des mariages, les divorces, l'abrutissement des masses, sont imputables à cet exécrable vice.

6° *Humanité.* L'homme qui se livre à l'ivrognerie est aussi dur qu'immoral. Les cruelles angoisses d'une famille aux abois ne touchent aucunement ce père sans entrailles et sans cœur. Imprévoyant pour la semaine qui va suivre, ou même pour le simple lendemain, il n'est préoccupé que

vu de bonnes et vertueuses mères, se réjouissant du mariage de leurs filles comme du plus heureux événement de leur vie, partir satisfaites pour leur acheter la toilette et les cadeaux de circonstance : ce n'était que joie, festins, bonheur. Pauvres mères trop confiantes! elles ne se doutaient pas qu'il eût été préférable pour elles d'étendre un drap de mort sur les chers objets de leur affection, et de célébrer leurs funérailles plutôt que leur hymen.

(1) Monseigneur Giraud, archevêque de Cambray.

d'une seule pensée, celle de satisfaire ses ignobles instincts; il travaille çà et là trois ou quatre jours, dans l'unique but de se procurer la grossière jouissance d'une débauche, abandonnant, à cet effet, à la merci de la bienfaisance publique ceux aux besoins desquels il devrait veiller et pourvoir. Moins sensible que la bête, qui a du naturel pour ses petits, lui, laisse les siens sans aliments, sans chaussures, sans vêtements, sans asile, en proie aux douleurs du froid et de la faim, pour aller boire dans une orgie les sueurs de son front, les larmes, le sang de sa femme et de ses enfants amaigris, pendant qu'il n'aura chez lui ni un morceau de pain noir à leur donner, ni de quoi payer le loyer du galetas où ils languissent misérablement! Ce qui appauvrit le peuple, il faut bien le reconnaître, c'est la dépravation plutôt que les calamités et l'énormité des exigences du fisc. Les ouragans et la grêle qui ravagent les champs, si péniblement cultivés par nos laboureurs, sont moins à craindre que l'épidémique fléau dont nous parlons : à force d'économie, d'ordre, de travail et de frugalité, on parvient à en réparer peu à peu les déplorables suites. Au surplus, ces sinistres ne détruisent les moissons que de loin en loin; tandis que l'ivrognerie ruine incessamment et infailliblement toute paroisse où elle a pris racine. On entend souvent la classe inférieure se plaindre des impôts qui pèsent si lourdement sur elle : mais que de chefs de maison, payant à peine dix francs de contributions à l'Etat, soldent à la buvette un écot annuel de plus de 100 francs! Combien ne voit-on pas d'ouvriers et de domestiques dévorer ainsi le montant de leurs journées et de leurs gages! La misère des masses, encore une fois, provient de leur inconduite, bien plutôt que de l'égoïsme des grands ou de l'excès de population. Donnez à des buveurs de l'occupation, un gagne-pain, de la fortune même; ils auront promptement tout englouti dans le gouffre de la débauche. Malheur donc aux générations imprégnées de cette effrayante contagion! Les jeunes gens, ayant sans cesse sous les yeux de pernicieux exemples, deviendront immanquablement à leur tour les chefs de familles au sein desquelles, avec l'ivrognerie, se perpétueront le paupérisme, la démoralisation, et l'abrutissement (1).

Voilà un des abus qu'il faut flageller le plus rudement du haut de la chaire chrétienne, au risque d'exciter les clameurs des hommes intempérants et dissolus. Le bon sens et la justice du peuple pardonneront volontiers un peu de chaleur et d'indignation, à un zèle enfanté par la conviction des inévitables suites d'un vice aussi capital. L'absolution ne doit point descendre sur ces fronts marqués du signe de la brute. L'accès du festin eucharistique sera également interdit à ces êtres immondes, s'il n'y avait point de leur part d'amendement exemplaire. Il est juste, en effet, qu'ils restent sous le poids de l'anathème; aux saints seuls les choses saintes:

(1) Les économistes et les incrédules du dernier siècle ont souvent reproché à l'Eglise de *ruiner le peuple en dimanches et en fêtes;* cette fréquence des jours de chômage est, disaient-ils, un vol fait à la misère. Aujourd'hui les fêtes sont très-rares et les dimanches supprimés de fait pour une grande partie du peuple. Qu'en est-il advenu? Pour l'homme il n'y a plus d'intermittences au labeur comme école de moralisation, mais il y en a deux ou trois par semaine pour la débauche et le cabaret; le pain destiné à nourrir la famille est dévoré par les copieuses libations et les orgies des lundis et des mardis. Dans les folles prévisions de leur courte sagesse ils avaient cru, ces imprudents et aveugles novateurs, qu'en retranchant au profit du travail 60 jours consacrés à Dieu, ils augmenteraient d'un sixième les gains de la classe ouvrière; vaine attente et faux calculs! A la place d'un repos moralisateur et sanctifiant, l'ouvrier n'a plus désormais, l'expérience le prouve, que le honteux repos d'une fainéantise alimentée par le vice même qu'elle engendre! Qu'on juge de là s'il a gagné au change.

arrière donc les indignes qui se vautrent dans la fange du désordre, et qui éteignent le flambeau de leur intelligence dans les vapeurs de l'ivresse! On ne peut s'asseoir à la table de J.-C. et à la table des démons. Et oseraient-ils bien goûter le pain du ciel, ceux-là qui ne méritent même pas de manger celui de la terre?

### CONCLUSION. — AVIS PRATIQUES.

De la trop fidèle peinture esquissée dans les pages précédentes, il suit qu'un travail continu, sans suspension ni trêve, serait encore préférable à cet infâme repos au sein duquel la classe ouvrière profane si effrontément la sainteté du dimanche; aussi, selon la remarque de saint Augustin, mieux vaudrait-il labourer la terre le jour du Seigneur, que se livrer à de coupables plaisirs : *Meliùs totâ die foderent quàm totâ die saltarent*. Toutefois, la déplorable extension de cet abus, loin de décourager le zèle des pasteurs doit le centupler; et, si invétéré que puisse être le mal, il cèdera tôt ou tard à leurs efforts concertés et persévérants. Mais, pour atteindre plus sûrement au but, ils devront s'aider ici de l'utile coopération de l'autorité locale, des familles, des chefs de fabriques ou des jeunes gens eux-mêmes.

1° En dehors de la prédication, c'est surtout par de bons et sages règlements de police, énergiquement exécutés au moyen de procès-verbaux, de poursuites en contraventions et d'amendes, qu'on pourra prévenir ou réprimer les désastreux effets de la profanation dominicale, et détourner la jeunesse aussi bien que l'âge mûr de ces ignobles tavernes où ils vont perdre tout sentiment de la dignité humaine et boire à longs traits la ruine, le déshonneur, le désespoir et la mort : la contrainte disciplinaire doit suppléer à l'impuissance de la persuasion. L'imposant et double intérêt de la religion et du bien social exige impérieusement la fermeture de ces lieux pendant les offices divins, ainsi qu'aux heures de la nuit. Le curé fera bien dès lors de s'entendre à cet égard avec le maire dont, au besoin, il saura stimuler adroitement la vigilance, en lui laissant toutefois sa pleine liberté d'action.

Rien ne s'oppose à ce qu'ils agissent de concert. Quel homme de sens, d'intelligence ou de cœur, oserait voir un empiétement clérical dans le dévouement du prêtre à se montrer ici le gardien auxiliaire de l'ordre et de la morale publique, en faveur de la société, qui est la cause de tous et de chacun ? Son insouciance en matière aussi grave ne le livrerait-elle pas, à plus juste titre, au mépris et au blâme de ses concitoyens? Nous savons des communes où de cet utile et si désirable accord des magistrats municipaux avec le pasteur, ont résulté, malgré des obstacles en apparence invincibles, d'étonnants avantages : grâce à une louable fermeté, les dérèglements publics ont cessé, la moralité des habitudes a succédé insensiblement à la dépravation, et les paroisses dès longtemps appauvries se sont bientôt aperçues avec bonheur qu'elles devaient à l'exacte observance du repos dominical, le retour de l'aisance et de la paix, la disparition de la licence et de tous les désordres qui lui servent de cortége. Pourquoi donc des essais si heureux en tel endroit ne seraient-ils pas un jour, en tel autre, couronnés d'un succès égal? A l'œuvre donc! car on n'est point reçu à se retrancher derrière la prévision d'un échec, quand on n'a pas même hasardé la moindre tentative; et certes la simple évantualité de la réussite vaut bien qu'on se donne quelque peine pour l'obtenir.

2° Le concours des familles chrétiennes ne sera pas moins efficace que celui de l'autorité locale. Mais en quoi devra-t-il consister ? Le voici : Le curé les pressera de s'associer entre elles, de former une pieuse confédération, une ligue sainte contre le travail du dimanche : elles s'engageraient réciproquement à s'interdire ce jour-là, sauf bien entendu les cas d'urgence et de nécessité, tout acte extérieur de la vie civile; à n'employer ni ouvriers ni manœuvres; à ne rien vendre, acheter ou échanger; à ne faire aucune emplète ou provision chez les individus qui affectent, en dépit de la plus auguste des lois, d'ouvrir leurs ateliers, boutiques ou magasins. Les marchands de leur côté s'obligeraient, en vertu d'une sorte de concordat librement consenti, et dont plusieurs cités importantes ont déjà pris l'initiative, à s'abstenir alors des opérations du négoce et de toute espèce de trafic. Soyons-en convaincus, si, dans nos villes et nos campagnes, venait à s'organiser et à prévaloir ce système évangélique, la société ne tarderait pas à en recueillir les fruits. Nous en soumettons l'idée, avec espoir et confiance, aux lumières et à la prudente sagacité de nos frères dans le sacerdoce. Il serait également bon d'inviter les familles à procurer à leurs enfants, au sein même du foyer domestique, d'innocentes récréations qui leur ôteraient jusqu'au prétexte d'en chercher ailleurs de moins pures.

3° Si, parmi les propriétaires d'usines et de manufactures, la religion compte encore un trop grand nombre d'adversaires, dont l'ignorance explique d'ailleurs l'aveugle hostilité, il s'en rencontre plus d'un, nous aimons à le reconnaître, qui, sincèrement dévoués à son triomphe ici-bas, sont disposés à le seconder de leur mieux, ou qui, du moins, en comprennent la salutaire influence et la désirent plutôt qu'ils ne la redoutent. Un prêtre doué de tact et de savoir-vivre, ne sera pas embarrassé de s'assurer, dans ces honorables industriels, d'utiles et puissants coopérateurs; sans peine il obtiendra d'eux qu'ils laissent à tous les travailleurs le loisir et la liberté d'accomplir les devoirs religieux, qu'ils les y encouragent même par de paternelles exhortations; et, pour se donner une nouvelle chance de succès, il pourra proposer à leur imitation l'exemple des manufacturiers Hollandais, qui ont adopté pour règle de ne payer la semaine aux ouvriers que le mercredi, afin de les mettre à même, dans leur intérêt et celui de leur famille, de faire un plus utile emploi de leur salaire. Des catholiques, fussent-ils indifférents ou tiédes, rougiraient-ils de se montrer aussi sages, aussi amis du bien-être populaire que ces philantropes protestants? Gardons-nous bien de négliger un tel élément de succès.

4° Enfin un autre moyen de maintenir chez les jeunes gens le repos et la sanctification du saint jour, c'est de les astreindre entre eux à la fidèle observance des prescriptions communes par des associations particulières, analogues à ces sociétés de tempérance qui en Allemagne, en Angleterre, en Irlande, ont déjà produit des effets admirables et incontestés. La noble émulation du devoir et de la vertu les portera à respecter les douces chaînes qu'ils auront acceptées de leur plein gré. Dans les instructions spéciales qu'il leur adressera, le pasteur, afin de les exciter à la persévérance, leur signalera les funestes suites de la profanation du dimanche et du chômage du lundi, étalant devant eux, avec énergie, le hideux et trop véridique tableau de cette double prévarication. Puis, pour détourner autant que possible les parents de jeter sans pitié leurs pauvres enfants aux serres de ce vautour qu'on appelle l'industrie, il peindra sous de chaudes couleurs ces immenses et fétides réceptacles où femmes, vieillards, filles, jeunes hommes, vivent entassés dans une dégoûtante promiscuité de sexes, en proie à la misère et victimes de la démoralisation la plus éhontée. Il leur montrera comment le cynisme de l'atelier alimente et consomme l'œuvre dégradante du cabaret. Il les exhortera à diriger de préférence ces chers adolescents vers l'agriculture, aujourd'hui trop abandonnée, ou vers des métiers exempts de périls pour les mœurs et la foi, dans l'exercice desquels ils pourront, tout en gagnant honnêtement leur vie, conserver intactes les traditions chrétiennes, seules capables de vivifier la société et de régénérer le monde. Mère nourricière de la grande famille humaine, l'agriculture n'est-elle pas effectivement, à ce titre, l'une des plus honorables professions de l'homme ici-bas, l'une de celles où la dépense modérée des forces entretient, en les retrempant sans cesse, la vigueur de la santé ? Que voit-on, au contraire, dans l'antre méphitique de la plupart des manufactures? Des natures livides, étiolées, flétries; des femmes dont le plus grand nombre ayant perdu, avec la décence et la pudeur, cette grâce ingénue qui en était l'indice et comme le miroir, ont tristement dépouillé les plus nobles attributs de leur sexe, et sont devenues un monstrueux *je ne sais quoi* qui n'a plus de nom dans aucune langue. Là s'éteint d'ordinaire le sublime sentiment de la fraternité et de la maternité, le plus indestructible de tous; là on décime le corps social, dans une considérable portion de ses membres; là enfin s'opère scandaleusement, avec la coupable complicité de parents dénaturés et cupides, la traite des enfants, plus odieuse mille fois que la traite des Nègres. Quel thème fécond à exploiter pour un curé désireux par dessus tout du salut de ses paroissiens et dévoué de cœur à leur bien-être moral et matériel !

# CHAPITRE VIII.

## CÉRÉMONIES RELIGIEUSES.

Les belles cérémonies du culte catholique sont, avec la prédication, un des moyens les plus efficaces de faire revenir et d'attirer dans nos temples ceux qui les ont désertés ou qui les visitent rarement. Rien ne captive autant l'attention et la curiosité de la foule que la pompe des fêtes religieuses, revêtues de toute la magnificence qu'elles comportent, et célébrées par le prêtre et les autres officiants avec une dignité vraiment majestueuse. C'est l'attrait le plus puissant et le plus magique pour ramener au pied des autels les peuples égarés, leur insinuer une morale dont l'austérité les eût effrayés peut-être, les saisir d'admiration et réveiller leur foi languissante et assoupie. Peu capables, à cause de la matérialité de leurs sentiments, de se faire une idée grandiose de nos sacrés mystères trop inaccessibles à leur faible intelligence, ils sont vivement frappés du spectacle de ces imposantes manifestations, quand elles se produisent à leurs regards empreintes du sceau de la décence et de la gravité; et ils se sentent bientôt épris des rites augustes qui se déploient devant eux avec tant d'éclat. Aussi leur respect et leur exactitude à se rendre aux offices divins, sont-ils en proportion du soin que prend chaque curé de donner à ces derniers toute la splendeur possible.

Les solennités ne pénètrent les paroissiens d'une pieuse vénération qu'autant qu'elles les atteignent au cœur à travers le prisme éblouissant des cérémonies. Un culte triste, froid, mesquin, ne parle ni au sens ni à l'âme; loin de ranimer le feu de la croyance et les nobles ardeurs de la piété, loin d'offrir le moindre attrait, le plus mince intérêt, il n'est propre qu'à dégoûter de l'accomplissement des devoirs religieux, et de la participation aux actes les plus nécessaires de la vie chrétienne. De là l'indifférence générale et cette apostasie pratique dont nous avons la douleur d'être les témoins (1). Le culte étant l'expression de la religion, c'est-à-

(1) Comment nos sublimes mystères ne deviendraient-ils pas indifférents ou même méprisables aux yeux du public, quand il les voit traités si cavalièrement par des ministres qui s'acquittent mal de leurs fonctions, ou du moins accomplissent sans grâce et sans piété tout ce qu'il y a de plus solennel et de plus grand dans la religion catholique? Si ce prêtre, se disent tout bas les fidèles, croyait à la présence réelle du Rédempteur au saint sacrifice, ne le célèbrerait-il pas avec plus de recueillement et de dévotion? montrerait-il aussi peu de révérence devant le corps adorable de son Dieu et de son juge? Ah! ce n'est pas sans raison qu'un respectable évêque se plaignait, dans une retraite ecclésiastique, que certains curés eussent fait perdre au peuple la foi par la manière indécente et précipitée dont ils disaient la messe : *Qui missam præcipitat, in infernum præcipitat.* Agir ainsi n'est-ce pas, en effet, faire croire que le précieux sang de Jésus-Christ vaut à peine ce peu d'argent donné à celui qui le dispense ici-bas?

Le pieux Louis de Gonzague avait du sacrifice de l'autel une si haute idée qu'il ne croyait pas que ce fût trop de trois jours pour se disposer à la célébration de la messe et à la sainte communion.

Sainte Thérèse était pénétrée, elle aussi, d'un tel respect pour tout ce qui tient au culte, qu'elle disait : «Je donnerais volontiers ma vie pour la plus petite cérémonie de l'Eglise.»

L'admirable Vincent de Paul immolait avec tant de ferveur et de redire, de la gratitude et de l'absolue dépendance de l'homme envers la Divinité, n'est-il pas de toute convenance de le rendre magnifique et digne du Maître suprême auquel il s'adresse ? Oui, certes ; il faut qu'à l'imposant aspect de nos fêtes catholiques le peuple s'écrie émerveillé : *Dieu seul est grand!* et qu'il comprenne enfin qu'à Dieu seul appartiennent exclusivement ses hommages et sa soumission. La tâche de tous ceux qui sont ici-bas chargés de la direction des autres, est donc de faire naître ou de réveiller en eux, par tous moyens, de vifs sentiments de repentir, de confiance et d'anéantissement devant l'infinie Majesté. Mais, enveloppée dans les sens, notre âme a besoin qu'on lui parle par les sens ; que des objets sensibles aident sa foi, raniment son espoir, excitent sa reconnaissance, ravivent son amour, alimentent sa piété, soutiennent sa faiblesse et fixent son attention. A la ferveur même il faut une continuelle nourriture pour ne pas se refroidir et s'éteindre : c'est le culte qui la réchauffe et l'entretient. Quelle douce émotion, quel pieux attendrissement dans les grandes solennités, pendant les saluts, les processions, à la vue du Saint des Saints présenté à l'adoration publique, quand le sanctuaire brille de feux

cueillement la victime de propitiation, qu'il inspirait de la dévotion aux assistants eux-mêmes. « Mon Dieu, s'écriaient-ils, que ce prêtre dit bien la messe ! il faut que ce soit un saint homme. » Tel était le langage du peuple au sortir du divin sacrifice, offert au ciel par cet ange de la terre. Naïveté plus éloquente que les plus beaux discours, en faveur du respect pour les choses saintes.

La noble et pieuse attitude du célébrant fait sentir aux chrétiens les moins fervents la sublimité de l'Eucharistie, la grandeur mystique de nos temples et l'incomparable majesté du Très-Haut. Mais si la dignité, dans l'exercice du culte, édifie et commande l'admiration, rien non plus ne choque les fidèles, ne déshonore la religion et n'avilit le ministère, comme l'indécence et la familiarité.

étincelants et de l'éclat des ornements sacerdotaux, qu'une foule immense, prosternée aux pieds des autels dans l'attitude du recueillement, fait retentir les voûtes sacrées d'un chant mélodieux ou grave, et monter jusqu'au trône de l'Eternel ses hymnes et ses vœux ! Un tel spectacle ravit l'âme et la transporte ; il enflamme l'imagination et produit l'enthousiasme (1). Que de fois la splendeur de nos cérémonies, la suavité de nos cantiques, ont touché les cœurs les plus glacés et les plus insensibles, arraché des larmes involontaires aux impies même les plus forcenés ! Dans le dernier siècle, les coryphées du philosophisme, Rousseau, Voltaire, Bolingbroke, Fréderic,

(1) Entre autres cérémonies du culte catholique, M. de Fontanes a magnifiquement décrit la célébration du saint sacrifice dans les alexandrins suivants, dont La Harpe a dit que « ce sont là vingt des » plus beaux vers de la langue française. »

. . . . . . . . . . . . . . . . . . . . . . . . . . . . . . . . . . . . . . .

O moment solennel ! ce peuple prosterné,
Ce temple dont la mousse a couvert les portiques,
Ses vieux murs, son jour sombre et ses vitraux gothiques,
Cette lampe d'airain qui, dans l'antiquité,
Symbole du soleil et de l'éternité,
Luit devant le Très-Haut, jour et nuit suspendue ;
La majesté d'un Dieu parmi nous descendue,
Les pleurs, les vœux, l'encens qui monte vers l'autel,
Et de jeunes beautés qui, sous l'œil maternel,
Adoucissent encor par leur voix innocente
De la religion la pompe attendrissante ;
Cet orgue qui se taît, ce silence pieux,
L'invisible union de la terre et des cieux,
Tout enflamme, agrandit, émeut l'homme sensible :
Il croit avoir franchi ce monde inaccessible,
Où, sur des harpes d'or, l'immortel Séraphin
Aux pieds de Jéhovah chante l'hymne sans fin.
Alors de toutes parts un Dieu se fait entendre ;
Il se cache au savant, se révèle au cœur tendre :
Il doit moins se prouver qu'il ne doit se sentir.

furent vaincus par cette irrésistible magie : alors ils ne pouvaient se défendre d'un saisissement religieux, et on les a quelquefois surpris versant furtivement des pleurs avec toute l'effusion d'une âme attendrie (1).

Mais, pour obtenir ces heureux résultats, il est indispensable que l'esprit de foi rayonne, comme d'un foyer, de toutes les pompes religieuses, lesquelles sans cela ne seraient plus que des évolutions mécaniques, de simples marches et contre-marches, des manœuvres étudiées, enfin une sorte de parade, fussent-elles d'ailleurs exécutées avec ordre et précision (2). Le culte doit être non pas un vain simulacre,

(1) Assistant un jour à une messe solennelle et pontificale célébrée par l'évêque de Breslaw, le grand Fréderic, ému et ravi, s'écria devant le prélat : « Nous autres protestants, nous traitons Dieu sans façon dans notre culte; mais vous, catholiques, vous le servez véritablement en Dieu. »

Le Roi de Prusse décédé fût tellement frappé des cérémonies de Saint-Sulpice et de Notre-Dame de Paris, en 1814, qu'il donna ordre aux ministres, en arrivant à Berlin, d'inventer une liturgie pour les fêtes protestantes. Tant il est vrai qu'on ressent la plus vive impression religieuse en assistant aux exercices du culte, quand ils sont célébrés avec toute la pompe et la dignité convenables.

(2) Parmi les clercs ou ministres inférieurs du culte se trouvent, par fois, des individus bien peu capables d'inspirer du goût et de la vénération pour les offices religieux. On se voit trop souvent obligé d'employer des jeunes gens dissipés et indévots, brusques dans leur démarche, inconsidérés dans leurs mouvements, sans dignité comme sans modestie, ayant toujours le rire sur les lèvres, l'égarement dans les yeux, l'étourderie dans le maintien, balbutiant plutôt que récitant les louanges de Dieu, courant sur le chant des psaumes pour gagner plus vite la fin des offices dont la durée les importune, défigurant, tronquant les cérémonies saintes, avec un air de se jouer des choses les plus vénérables. Aussi le premier soin d'un curé dévoré de zèle pour la maison du Seigneur, sera-t-il de former des ministres subalternes et de les bien pénétrer de la majesté du Dieu qu'ils ont l'insigne honneur d'approcher et de servir; de veiller à ce qu'ils ne se

mais une éclatante manifestation de la créature envers son créateur. Religion du cœur et de l'esprit, le christianisme ne tient pas aux semblants d'une piété factice; il repousse le pharisaïsme et l'hypocrisie des faux hommages comme une odieuse imposture. L'homme, dans les honneurs qu'on lui rend, est obligé de se contenter de démonstrations purement extérieures, mais Dieu ne se paye pas de belles protestations; c'est là un pâle cérémonial que dédaigne et répudie sa sainteté inaltérable, s'il manque de réalité. Soumission de l'intelligence, sacrifice de la volonté, fidèle et sincère expression des affections et des sentiments, voilà ce qu'exige avant tout des mortels Celui qui ne veut que des adorateurs en esprit et en vérité.

Le culte doit être aussi moral que spirituel, c'est-à-dire qu'il doit se traduire en œuvres de vertu, et contribuer à l'amélioration du chrétien pratiquant. Ce serait au fond bien peu de chose, si tout se bornait là, que la décoration des temples et l'appareil des cérémonies. La religion, en effet, n'entend pas qu'on ira placer exclusivement sa confiance dans un objet bénit, un autel privilégié, une cire allumée, les images d'un saint, ou dans tel lieu de dévotion, telle observance ou formule de prières; ce sont là des fils conducteurs à la piété, mais non la piété elle-même. Toute démonstration qui, réduite à des actes purement liturgiques, n'aurait pas pour résultat effectif de régler les penchants, d'épurer les affections, d'amender la conduite, de renou-

familiarisent point avec nos églises et leurs dépendances; de les habituer à un respectueux silence dans le lieu saint; d'exiger, en un mot, qu'ils soient graves, décents et recueillis. Le résultat spécial de ces sages précautions sera d'attirer au pied des autels nombre de parents, heureux et fiers de voir leurs enfants s'acquitter à qui mieux de leurs pieuses fonctions.

veler et de pacifier la conscience; tout culte enfin qui, laissant au dedans de l'homme le germe de la corruption, resterait sans influence sur son perfectionnement moral, serait indigne des chrétiens et déshonorerait la Divinité. A quoi bon de pieux dehors si l'intérieur est gangréné par le vice ? Non, la vraie piété n'est point compatible avec la perversité de l'âme et la dépravation des mœurs ; l'offrande de l'amour et de l'adoration, les sentiments d'un cœur pur et droit glorifient seuls le Seigneur : c'est là par excellence le sacrifice d'agréable odeur, l'holocauste véritablement digne de l'homme de Dieu.

## DU PLAIN-CHANT ET DES CANTIQUES.

L'histoire sacrée rapporte que les Babyloniens étaient si touchés des ravissants cantiques des Hébreux en captivité, qu'ils ne se lassaient pas de les entendre. Emerveillés, quoique idolâtres, de la majesté de ces hymnes en l'honneur du vrai Dieu, ils se sentaient tellement épris de la religion sublime qui les inspirait que, dégoûtés des ridicules chants mythologiques de leurs prêtres, ils se mêlaient dans les rangs des infortunées tribus pour célébrer avec elles, sur les bords de l'Euphrate, la gloire du Seigneur. Les vainqueurs unissaient même leurs voix aux plaintifs accents des vaincus, inconsolables à la vue des ruines de leur patrie. Cette grave et touchante mélodie des enfants de Sion avait attendri ces dominateurs superbes et gagné leurs cœurs au Dieu d'Israël. C'était encore pour ce peuple malheureux une source de consolations qui, en tempérant l'amertume de ses souvenirs, lui faisait supporter courageusement les rigueurs de l'exil. Rien en effet, dit saint Augustin, de plus propre à exalter le sentiment religieux et à transporter l'âme vers le ciel, que la divine psalmodie : c'est un charme qui soutient l'homme dans cette vallée de douleur, allége le poids de son affliction et de ses ennuis, enfin une ressource assurée dans les misères d'un long et triste pèlerinage. En s'exprimant ainsi le saint docteur obéissait à une conviction fondée sur son expérience personnelle. Les hymnes de l'église de Milan l'avaient autrefois ému jusqu'aux larmes; il parle admirativement, dans ses ouvrages, de ce magique talisman qui ne contribua pas moins que les prédications d'Ambroise à le ramener au giron de l'Eglise. Quoi de plus puissant qu'une prière chantée à haute voix et en chœur, pour nous élever à Dieu et faire passer en nous les sentiments d'une piété tendre et affectueuse! Voyez l'effet produit, jusques sur des villageois grossiers et insensibles, par une messe, un salut gravement célébrés; tant est grand sur l'âme le pouvoir de l'harmonie!

Rien, au contraire, n'inspire aux peuples plus d'éloignement et de mépris pour les saints mystères qu'un chant mesquin ou mal exécuté. Quand, au lieu de moelleuses et douces modulations, on n'entend que des sons rauques, discordants, des cris sauvages qui écorchent l'oreille, loin d'éprouver de l'attrait pour les divins offices, n'en est-on pas repoussé par un invincible dégoût? A peine alors nos grandes solennités sont-elles fréquentées. Or, un des moyens les plus capables de ramener les indifférents à l'église, c'est d'y former un bon chœur qui exécute convenablement les chants religieux. Que trouverez-vous ici-bas qui surpasse la mélodie des voix humaines? Sous les arceaux frémissants de nos basiliques, elle cause à ceux qui l'écoutent et s'y associent mentalement, la plus noble, la plus délicieuse impression. Ah! que nos proses et nos hymnes apparaîtraient belles, si elles étaient bien chantées! Combien nos psaumes et nos antiennes intéresseraient, exécutés avec ensemble (1)! N'est-ce point en partie à l'inqualifiable négligence dont trop souvent on a fait preuve à cet égard, qu'il faut imputer la désertion de nos temples, où tout est devenu fastidieux en devenant pitoyable?

Les plus chers intérêts de la religion nous invitent tous à travailler à la restauration du chant ecclésiastique (2), qui tombe en décadence non-seulement dans nos campagnes, mais même au sein des villes. Pour y parvenir, chaque curé établirait

(1) «Je n'ai jamais entendu ce chant grave et pathétique, entonné par les prêtres et répondu affectueusement par une infinité de voix d'hommes, de femmes, de jeunes filles et d'enfants, sans que mes entrailles ne s'en soient émues, n'en aient tressailli et que les larmes ne m'en soient venues aux yeux...» (Diderot, *Essai sur la peinture.*)

(2) Un curé s'attachera à populariser dans sa paroisse le plain-chant qui est l'accent naturel de la religion catholique et la véritable expression de ses croyances. A l'exemple de J.-C., qui jadis chassa du temple les marchands et leurs balances, il bannira du sanctuaire oratorios et motets, orchestres et instruments de musique. A l'opéra les symphonies, à l'église son chant propre. C'est une sorte de sacrilége de convertir nos offices et nos saluts en salles de concert. Rien ne vaut, pour la foi et le cœur, la simple et populaire majesté du chant grégorien, qu'il faut rappeler à son caractère grave et primitif, en le retrempant à sa vraie source. N'est-ce pas pour en avoir abandonné les traditions que nos nefs sont devenues, en tant de lieux, vides et silencieuses? Qu'y a-t-il de comparable à notre vieux et sublime *Dies iræ*, au *Vexilla Regis*, au *Pange lingua?* etc..... La musique tue la foi et le recueillement, engendre la dissipation et la vanité, inspire des idées mondaines, trouble la piété et amortit l'ardeur de la prière. Une hymne ou une prose apprise de la bouche des ayeux au foyer paternel, pour être ensuite répétée en chœur avec la grande voix du peuple, produit devant nos autels un admirable élan d'enthousiasme qui transporte toute l'assistance. Nos plus beaux motets, quand le public n'y prend point part, le laissent froid et insensible; ils frappent à faux et dès lors manquent tout à fait leur but. C'est donc avec justesse que le chevalier Joseph Bard disait naguère que *la musique est le supplice de la foi et du bon goût*, et qu'il concluait à la restauration de notre beau chant ecclésiastique du moyen-âge.

dans sa paroisse une petite manécanterie ou maîtrise, en réunissant les enfants au presbytère ou à l'école. Il lui serait si aisé de démêler parmi eux les organes agréables et sonores, et de les déterminer à recevoir des leçons de musique vocale! Secondé par l'instituteur, il cultiverait et assouplirait les voix de ces jeunes élèves qui, après avoir appris sous sa direction les éléments de l'intonation et du rhythme, deviendraient bientôt les choristes de son église, et même au besoin de petits maîtres de chapelle. L'harmonieux concert de leurs accents si purs et si frais, produirait au milieu du sanctuaire un effet vraiment magnifique, et bercerait l'assistance dans une sorte de ravissement. Si le clergé néglige de recourir à l'emploi de ce moyen, dont la facile exécution garantit d'avance le succès, il est à craindre que bientôt on ne puisse plus dire que des messes basses et psalmodier les vêpres.

Un pasteur prétexterait-il que sa mission n'est pas de professer le chant à la jeunesse ? — Mais lui sièrait-il bien de dédaigner une fonction que des saints et d'illustres pontifes se sont fait un honneur et un devoir de remplir? Saint Grégoire pape et saint Germain de Paris croyaient-ils se dégrader en enseignant le chant au peuple et à de simples adolescents? Hé quoi! ce serait une petitesse indigne d'un prêtre d'exercer des enfants à consacrer à Dieu leurs voix innocentes et suaves, et de les former au plain-chant pour constituer un bon lutrin, remarquable par la justesse et l'accord! N'hésitons pas à le dire, celui-là serait un insensé ou un homme sans foi, qui croirait s'avilir en concourant de la sorte à la splendeur du culte du Dieu trois fois saint.

A l'enseignement du plain-chant, il convient d'associer celui des cantiques. Par là les jeunes gens s'accoutument à s'entretenir saintement et à vivre dans une mutuelle édification. Le grand apôtre et, après lui, la plupart des Saints-

Pères préconisent le chant des psaumes et des hymnes (1). C'est un antidote aux chansons obscènes et lascives, dont l'infaillible résultat est d'infiltrer dans les cœurs un poison impur et délétère : on n'en préviendra les funestes suites qu'en leur substituant des accents religieux qui, goûtés et répétés dans tous les âges, laisseront au fond des âmes encore vierges de salutaires et de vivifiantes impressions. Le chant n'est-il pas, d'ailleurs, le délassement le plus récréatif pour l'ouvrier et l'artisan ? Disons plus, c'est même pour eux un besoin, une nécessité dont on ne pourrait les priver sans inconvénients ; car ils se permettraient bientôt des airs lubriques et licencieux, si on leur refusait l'innocent plaisir d'en moduler de sacrés.

Il y a d'autant plus d'avantage à apprendre des cantiques aux enfants qu'ils se font toujours une fête de les redire au sein de la famille, heureuse elle-même de les répéter en chœur avec eux auprès du foyer domestique, pendant les longues soirées d'hiver. Initions-les donc dès cette vie à l'éternelle occupation des anges dans le ciel, afin qu'unissant nos voix aux leurs nous puissions dire en toute vérité : *Benedicam Dominum in omni tempore, semper laus ejus in ore meo.*

(1) Du temps de saint Cyprien, on chantait aux repas et aux festins des psaumes et des hymnes, et le saint docteur en recommandait l'usage. Les villageois contemporains de saint Basile répétaient dans les campagnes la doxologie *Gloria Patri*, etc. Saint Jérôme rapporte que, à la fin du IVe siècle, on entendait partout retentir, au milieu des travaux champêtres de la Palestine, l'*Alleluia* et les cantiques de David; c'étaient les chants de joie du laboureur, du moissonneur et du vigneron : *Quòcumque te verteris,* dit-il, *arator stivam tenens, alleluia decantat; sudans messor psalmis se avocat ; et curvâ attondens vites falce vinitor, aliquod Davidicum canit. Hæc sunt in hâc provinciâ carmina ; hæ, ut vulgò dicitur, amatoriæ cantiones.* Saint Chrysostome adresse aux pères de famille la recommandation suivante : *Filios et uxores edoceatis talia cantica decantare.*

# CHAPITRE IX.

## ASSOCIATIONS PIEUSES.

Grande est de nos jours l'indifférence pour tout ce qu'on appelle dévotions populaires; il n'y a pas jusqu'au prêtre lui-même qui, parfois, ne se laisse aller sur ce point aux préjugés du siècle. Oui, plusieurs membres du clergé partagent les communes préventions contre les associations pieuses, ou du moins ne savent pas apprécier les immenses avantages que la religion peut en retirer. Et pourtant les faits ne parlent-ils point assez haut en leur faveur? C'est la respectable compagnie de Jésus qui les institua presque toutes et les répandit sur la surface du monde catholique, les dirigeant elle-même avec une haute sagesse et d'étonnants succès. Après l'inique et lâche suppression de cette société célèbre qui vit, en 1762, tous ses membres se disperser çà et là victimes du plus infernal complot, la piété et l'esprit de foi se refroidirent et s'altérèrent à un tel point, parmi les classes inférieures, qu'à Paris, dans le court espace de dix-huit années, il y eût moitié moins de communions pascales qu'auparavant. N'en doutons pas, les malheurs de l'Eglise aux temps modernes datent, en grande partie, de la destruction des Jésuites, si longtemps les glorieux champions du catholicisme dans l'univers;

et de la fatale invasion du philosophisme qui, en les proscrivant, savait bien qu'avec eux il chassait la religion, et qu'il ne tarderait pas à savourer les fruits de son œuvre satanique. Je saisis avec empressement cette circonstance pour payer, à l'une de nos plus illustres et de nos plus regrettables congrégations, le tribut de mon affection sincère et de mon profond respect.

Nous l'avons dit plus haut, le peuple a besoin de pratiques extérieures pour s'attacher au christianisme : un culte tout spirituel ou rationnel conviendrait peut-être à la minime catégorie des hommes supérieurs, mais non aux masses, qui forment le gros de l'humanité, et dont l'intelligence moins subtile ne s'ouvre qu'à l'expressif langage des sens et des manifestations purement physiques. Or, le plus sûr moyen d'accréditer et de propager les observances religieuses, c est d'organiser des confréries ou associations particulières. La noble émulation du bien, suivie bientôt de l'édification mutuelle, en sera le premier résultat ; le respect humain, ce fantôme idéal qui ferme à tant d'âmes douées d'ailleurs de bonnes dispositions les avenues de la piété, s'évanouira peu à peu ; et des paroisses qu'on avait cru mortes à la foi, renaîtront de leurs cendres, à l'étonnement des impies, à la joie des fidèles, à la consolation des pasteurs. Quelle personne, en effet, de l'un ou de l'autre sexe, rougirait de s'astreindre à des actes de dévotion qu'elle verrait accomplir sous ses yeux, par un frère ou une sœur, par un parent ou un ami, par un simple concitoyen ou même un étranger auxquels la lieraient de cœur et d'esprit les nœuds d'une fraternelle union? Comme, au berçeau de l'Eglise, l'héroïque exemple d'un confesseur de la foi enfantait des légions de martyrs ; ainsi verrait-on le modeste troupeau des chrétiens d'élite se convertir insensiblement, dans chaque localité, en une imposante phalange d'apôtres fervents et courageux, dont le nombre s'accroîtrait tous les jours. Ce serait un germe fécond de salut, une pépinière de bons catholiques, une garde-d'honneur de la morale et de la religion.

Les indulgences particulières, ordinairement attachées pour chaque confrérie à l'assidue réception des sacrements, en amèneraient la fréquentation. On se ferait une sainte habitude de remplir exactement tous ses devoirs; nourris dans des sentiments de paix et de concorde, les paroissiens formeraient autant de frères et se fonderaient en une seule famille; enfin la vertu règnerait avec toute la liberté des enfants de Dieu, et le vice, réduit à cacher ses turpitudes, n'oserait lever la tête. Les associations régénératrices à l'influence desquelles on devrait ces inappréciables avantages pourraient donc, à juste titre, être regardées comme le rempart de la croyance et de la piété, dans les paroisses favorisées d'une si utile institution.

Qu'on ne l'oublie pas, d'ailleurs, les observances quotidiennes, qui trouvent là leur aliment et leur ressort, sont à la foi populaire ce que sont les racines à un arbre. Montesquieu en fait judicieusement la remarque dans son *Esprit des lois*, où il dit que rien n'attache tant un peuple à une religion que la multitude des pratiques dont elle est chargée; on tient beaucoup aux choses dont on est continuellement occupé. C'est ainsi qu'il explique la tenacité que montrent les Juifs pour leur culte, quoique mélangé depuis tant de siècles avec ceux de toutes les nations du monde.

Avant d'ériger des associations, un curé consultera les dispositions spéciales de ses paroissiens, qui ont quelquefois une préférence pour telle ou telle mieux connue d'eux, ou plus en harmonie avec leurs goûts. Il se gardera bien d'en établir un trop grand nombre, afin de ne les point détruire les unes par les autres ; car en tout l'excès est une cause de ruine. Il vaut beaucoup mieux soutenir les anciennes qu'en former de nouvelles. Si des abus venaient à se glisser dans quelques-unes, on retrancherait avec prudence ces abus, sans supprimer les confréries elles-mêmes ; et s'il y avait lieu de prendre à ce sujet un parti d'une certaine gravité, ce serait le cas de consulter l'Evêque, à qui seul appartient, dans son diocèse, le droit de dissoudre aussi bien que d'instituer des associations religieuses.

---

# CHAPITRE X.

## PROPAGATION DE LA FOI.

La privation du christianisme est, de toutes les infortunes, celle qui doit le plus émouvoir nos entrailles; rien d'aussi lamentable que le sort de ces peuples assis, depuis des siècles, dans les ombres de la mort. Quoi de plus digne de notre commisération que le spectacle de tant d'êtres déchus qui, ayant avec nous communauté de nature et d'origine, et faits comme nous à l'image de Dieu, n'ont part néanmoins ni aux mêmes consolations de la vie, ni aux mêmes espérances de l'immortalité? Malheureuses créatures, prosternées devant de stupides idoles, errant souvent au sein des forêts, tombées au dernier degré d'abrutissement, sans frein dans leurs terribles vengeances, dévorant la chair et buvant avec délices le sang de leurs semblables! Où trouver une plus grande calamité, une misère plus profonde? Pour travailler dignement à leur résurrection intellectuelle et morale il faut envoyer de pacifiques conquérants planter au milieu d'elles l'arbre civilisateur de la croix. Allant arroser de leurs sueurs, quelquefois même de leur sang, ces contrées inhospitalières et barbares, n'ont-ils pas droit du moins au secours de notre argent et de nos prières? et ne devons-nous pas concourir avec joie à cette œuvre de transformation?

L'Europe entière comprend aujourd'hui la haute importance de la propagation de la foi : il n'est plus d'Etat qui ne s'honore d'expédier à ses frais des missionnaires dans les pays infidèles. L'Hérésie elle-même qui, de concert avec l'Incrédulité, déclamait avec tant de véhémence autrefois contre le prosélytisme fanatique de l'Eglise romaine, s'est éprise d'une belle ardeur pour la conversion du monde; parodiant nos missions catholiques, on la voit faire d'immenses sacrifices pour assurer la prospérité d'établissements analogues qu'elle prétend fonder au prix de son argent. L'Angleterre seule dépense chaque année plus de 40 millions pour propager l'erreur sur tous les points du globe (1). La France, si compatissante à toutes les infortunes, cette nation la plus foncièrement chrétienne et la plus généreuse de l'univers, devait donc ici comme partout ailleurs prendre l'initiative du dévouement, pour étendre le règne de la vérité et de la charité en des régions jusqu'alors frappées d'une sorte de malédiction céleste. A elle qui se glorifie justement de marcher en tête de la civilisation religieuse, n'appartenait-il pas de songer la première à christianiser des Païens et des Sauvages, à seconder des apôtres sublimes qui vont proclamer au loin le principe de la fraternité universelle, le retour à l'unité de la grande famille humaine et à la communion de tous en Jésus-Christ ?

(1) On s'étonne, au premier coup-d'œil, que tant de sacrifices soient frappés d'une si déplorable stérilité, et que les missions anglaises n'aboutissent guères qu'à jeter çà et là aux peuples des bibles incomprises ; mais cet étonnement cesse quand on considère que l'Eglise catholique, seule vraie épouse de J.-C., est seule aussi douée d'une vraie fécondité, et qu'en perdant la foi l'Hérésie perd également la charité qui inspire le prosélytisme divin. Nos missionnaires travaillent pour le ciel, les protestants pour la terre ; voilà pourquoi les premiers visent à gagner des âmes, et les seconds de l'argent.

Non, non ! la patrie des nobles cœurs, la fille aînée de l'Eglise, ne pouvait méconnaître sa vocation providentielle pour le double triomphe de l'humanité et de la religion ! Aussi est-ce dans son sein qu'a pris naissance cette magnifique Association qui a fait bénir sur tant de plages lointaines le nom catholique et français. Du reste, l'intérêt religieux est en ce point d'accord avec les autres intérêts politiques, scientifiques et matériels, comme l'avait déjà bien prouvé, depuis deux siècles, le résultat des missions apostoliques dans les divers continents. C'est par elle que la France est devenue grande aux yeux des barbares, admirateurs de la sagesse de ses institutions et de la majesté de sa puissance. A elle nous devons cet honorable protectorat que nous sommes en possession d'exercer sur des pays soumis à la domination des infidèles, ces alliances avec des peuples nouveaux, ces relations de commerce et d'échange de nos produits industriels. La prédication de l'Evangile conquiert des âmes à Dieu et des sauvages à la civilisation, abolit les usages cruels et les superstitions absurdes. De là encore la connaissance des langues et des littératures étrangères, l'acquisition de documents pour l'histoire, de richesses pour nos musées. Aussi Louis XIV, Colbert et Louvois ont-ils tenu aux missions autant par zèle pour la grandeur du royaume, que pour l'accroissement du catholicisme. La triple voix de l'humanité, de la religion et de la patrie proclame cette œuvre comme éminemment philanthropique, chrétienne et française. Enfants privilégiés du Christianisme, les Sauvages vous réclament leur part à la rédemption du monde à laquelle a droit le genre humain tout entier ; refuseriez-vous de faire couler sur eux, pour les régénérer, une goutte du sang de notre commun Sauveur ?

Les missionnaires, ces indomptables ouvriers, se sont arrachés à leur patrie, à leurs amis, à leur famille pour devenir les libérateurs de ces peuplades dont ils consentent à partager la vie grossière et misérable, afin de les instruire des choses du ciel ; ils subissent dans des régions inconnues, inaccessibles, sous des climats brûlants ou glacés, faim, soif, nudité, persécutions : haletants de fatigue, ils succombent souvent minés par les privations, quand ils ne périssent pas sous la hache du bourreau ; mais ils quittent ce monde avec joie, en voyant poindre sur ces contrées ténébreuses l'aurore du grand jour de l'Evangile. Tel est le prix des âmes ! tel est le zèle qui dévore ces héroïques enfants de la croix !

Mais, quelque chétive que soit leur existence et celle de leurs chers néophytes, du moins faut-il la soutenir. Les frais de nourriture, de vêtements, de transport par terre et par mer, les déboursés indispensables pour tous les objets relatifs au culte divin, les aumônes à distribuer aux indigents, aux malades, aux vierges chrétiennes exposées à la séduction, les églises et les écoles à établir, les catéchistes à entretenir au sein de tant de chrétientés ; mille autres besoins qu'on ne saurait énumérer, réclament impérieusement l'assistance de nos cotisations, sous peine de voir s'arrêter au milieu des entraves, la sainte entreprise si heureusement commencée.

Le clergé ne saurait donc faire trop d'efforts pour animer et étendre la Propagation de la foi ; institution la plus importante et la plus humanitaire qu'ait enfantée le XIX^e^ siècle ; œuvre éminemment apostolique, destinée à produire d'incalculables fruits spirituels, parmi les peuples qui en sont les fondateurs comme parmi ceux qui en sont l'objet et le but. Si cette grande confédération de zèle pour continuer le ministère du divin libérateur n'a pas encore atteint au degré de prospérité vers lequel elle marche, elle y arrivera certainement le jour où tous nos efforts seront réunis, et où toute la puissance morale du corps ecclésiastique lui sera acquise, surtout dans notre patrie, son pays natal. Il y a en France une séve exubérante de charité et de dévouement qui se révèle par toutes sortes de bonnes actions. Quelle direction plus utile pouvons-nous imprimer à ce noble mouvement des cœurs, que celle dont nous parlons? Assister ces peuples abrutis dans l'infidélité, et ces pauvres chrétientés naissantes ou orphelines de prêtres, en leur envoyant des missionnaires ou des secours matériels, oh! c'est bien là pratiquer d'une manière sublime le précepte de l'amour évangélique. Or, telle est la force des associations, et surtout de celle qui nous occupe en ce moment, qu'il n'est pas moins facile aux petits qu'aux grands de faire parvenir par elle leur modeste offrande jusqu'aux extrémités de la terre. Le sou que vous donnez chez vous sera reçu à la Chine ou au Tonking. Voilà un merveilleux moyen de participation universelle aux grandes œuvres. Sous la loi de grâce, le denier de la veuve pèse autant dans la balance de Dieu que tout l'or du riche, parce qu'il y a, dans l'obole des pauvres, de l'amour, des sueurs, des veilles et des fatigues. Mais que pourraient ces dons légers, s'ils n'étaient centralisés par l'esprit d'association? On l'a bien compris, surtout dans les temps modernes; aussi, entre les autres caractères qui la distinguent, notre époque sera-t-elle signalée par l'avènement des classes inférieures à la puissance morale de l'aumône et au soulagement de l'humanité, dans les deux mondes: c'est là, reconnaissons-le, une sorte d'anoblissement pour le peuple, et un droit nouveau qui certes vaut bien ceux qu'on lui a fait payer de son sang, en attendant qu'on daigne lui en octroyer l'exercice.

Secourir les églises établies, aider les apôtres de J.-C. à porter sa connaissance en pays infidèles, prêter assistance à tant de frères infortunés vivant au milieu de l'hérésie et du paganisme, conserver, perpétuer la foi parmi eux, éclairer ces innombrables aveugles plongés dans les ténèbres de l'idolâtrie, n'est-ce pas là continuer l'œuvre de la rédemption ? Quel vaste champ ouvert au zèle des fidèles ! Il n'y a en Jésus-Christ ni grecs, ni barbares, ni nationaux, ni étrangers. L'Orient n'est plus catholique, l'Afrique ne l'est pas davantage, quoiqu'on y ait relevé le siége d'Augustin; les îles de la mer du sud et le grand continent de l'Australie n'ont pas encore été régénérés par l'Evangile. L'immense étendue des terres à défricher a de quoi effrayer quiconque l'envisage avec les yeux de la chair; mais la foi, qui transporte les montagnes, ne voit ici rien d'impossible.

Quelques chrétiens obscurs et modestes donnèrent naissance, il y a 25 ou 30 ans, à l'œuvre que nous recommandons, laquelle, depuis, a reçu d'immenses développements. Comment un si faible début a-t-il pu avoir de si magnifiques résultats? Que de milliers d'âmes amenées à la vérité, à la croyance, au baptême, au salut! Qu'est-ce que donner du pain à des affamés, en comparaison de l'avenir qu'on leur prépare par la prédication de la divine parole, ce céleste aliment des cœurs? Voilà le triomphe de la charité! « Mettez, dit saint Paul, chaque dimanche quelque chose en réserve, afin que quand je passerai chez vous, je me charge de votre offrande et l'envoie aux saints qui sont à Jérusalem. » (1 Corinth., 16.) Nos aumônes intercèderont pour nous auprès de Dieu. Les infidèles qui nous devront le bonheur de la foi et de la gloire éternelle s'intéresseront à la sanctification de leurs religieux bienfaiteurs. Si les nouveaux convertis reçoivent avec attendrissement et gratitude les témoignages de pieuse sympathie de leurs frères d'Europe; ils ne seront pas moins reconnaissants dans le séjour des élus, où les cœurs réunis en

Dieu n'en deviennent que plus tendres et plus sensibles. Monseigneur Gagelin, sur le point d'être martyrisé, disait : « Écrivez aux membres de la Propagation de la foi que dans le ciel je ne les oublierai pas. »

Puisse-t-elle se répandre partout, cette merveilleuse invention si digne de l'Evangile et si féconde en espérances de salut ! Il ne doit pas y avoir une seule paroisse où elle ne jette ses racines, ni une famille où elle ne compte des associés : elle sera pour tous une source de bénédictions. Au lieu de ralentir l'ardeur pour les autres œuvres, elle ne fera que l'accroître davantage encore. Elle bénira ces pauvres ouvriers, ouvrières, serviteurs et servantes qui auront sanctifié leur humble salaire de chaque semaine par cette minime offrande ; ces pieux enfants qui l'auront prélevée sur le nécessaire de leurs jeux; ces parents chrétiens qui auront cherché dans cette aumône une nouvelle consécration de leur famille à la foi de J.-C. Oui, cette œuvre admirable deviendra pour tous un sujet de joie, d'espérances, de richesses spirituelles et d'éternelle félicité. C'est, dit un savant et vertueux Prélat (1), l'association la plus catholique du monde après l'Eglise elle-même, la plus noble institution de charité chrétienne, dans les temps modernes, et celle qui honore au plus haut degré notre France.

C'est donc, pour le répéter encore une fois, au nom de la religion, au nom de l'humanité, au nom de la patrie, que nous sollicitons ici le dévouement du clergé, en le conviant à faire lui-même appel au peuple chrétien. Que nul ne prétexte la modicité de sa fortune ; mais que tous à l'envi cherchent à étendre le royaume de Dieu par leur charité. Cette aumône est le prix de vos sueurs, j'en conviens ; mais refuserez-vous

(1) Monseigneur Parisis, évêque de Langres.

de travailler ainsi à ce qui a coûté tout le sang du Rédempteur ? Et de quel don, au surplus, s'agit-il ? d'un sou par semaine et d'une prière, en échange de quoi vous recevrez les trésors les plus précieux de l'ordre spirituel, des indulgences multipliées que les Papes Pie VII, Léon XII, Pie VIII et Grégoire XVI, ont attachées, avec tant de munificence, à cette belle œuvre. Ce sou est une pierre à l'immense édifice du catholicisme; car par là chacun évangélise : la veuve, l'artisan, l'ouvrier, le laboureur peuvent y contribuer pour quelque chose, et comme tous ont reçu du ciel indistinctement les bienfaits du Christianisme, tous aussi s'empresseront de les procurer à ceux qui ont le malheur d'en être dépourvus.

---

## CHAPITRE XI.

### UTILITÉ DES RETRAITES POUR LES PAROISSES.

Un des moyens les plus propres à régénérer la foi dans les localités qui l'ont perdue, c'est de leur procurer la faveur d'une retraite et de quelques prédications extraordinaires. Les peuples, on le sait, s'accoutument à la voix du pasteur laquelle, à force d'être entendue, finit par devenir monotone et par là même impuissante à émouvoir et à convertir. Il est grand, de nos jours, le nombre des paroisses qui, sans être positivement incroyantes et perverses, végètent tristement dans l'oubli des devoirs et des pratiques chrétiennes, et s'endorment dans une tranquille impénitence. Des discours spéciaux et solennels prononcés par des prêtres étrangers, produiraient sur les esprits les moins bien disposés une salutaire impression, secoueraient la torpeur des âmes les plus absorbées par les soins de la vie matérielle, et, comme un coup de tonnerre au milieu d'une nuit profonde, ils éveilleraient en sursaut, par leur force et leur éclat, les individus engourdis dans une léthargique indifférence. Leur effet ordinaire est de troubler la fatale sécurité des pécheurs, de ranimer le sentiment religieux assoupi, de dissiper les doutes semés par l'incrédulité, de retirer de la fange du vice ceux qui y étaient plongés depuis longues années, enfin de sanctifier toute une population, à l'instar de ces orages qui purifient l'atmosphère infectée de miasmes pestilentiels. Il y a chez tous les hommes un besoin de croire, car le doute est une fatigue et la foi un repos; la vie déréglée a aussi sa lassitude: on sent généralement la nécessité de mettre un terme au malaise de sa conscience et de revenir à une conduite meilleure. Or, dans ces jours salutaires, les chaleureuses voix dont l'accent retentit du haut de la chaire paroissiale, émeuvent et surexcitent les chrétiens apathiques, rappellent les égarés, et déterminent les inconvertis à un prompt et franc retour vers la religion. Que de fois, à la suite d'une retraite de quelques semaines, n'a-t-on pas vu éclater une révolution morale tout à fait inespérée, et reparaître la foi dans des lieux qui auparavant affichaient pour elle un mépris public !

Pour réussir, ces petites missions, dont la durée sera de quinze à vingt jours, veulent être faites par des hommes pieux, éclairés, habiles et prudents. Si aux alentours se rencontraient deux ou trois curés réunissant ces qualités, ils pourraient chaque année procurer le bénéfice d'une retraite à toutes les paroisses circonvoisines, et opérer ainsi les plus abondants fruits de salut (1).

(1) Pendant une retraite ou une mission, on passe en revue son intérieur, ses habitudes, ses passions, et les péchés qu'elles ont produits ; on fait une confession générale de toute sa vie; à l'aide d'un examen sévère, on découvre bien des ignorances, des égarements, des sacriléges, des chutes, sur lesquels on était resté indifférent; on se remémore les lieux et les occasions où la fidélité s'est démentie, où la fragilité s'est laissé surprendre. Déchiré par le remords, le pécheur gémit sur les plaies de son âme et cherche à réparer ses fautes. Aussi des vices corrigés, des scandales finis, des restitutions opérées, des haines éteintes, des réconciliations effectuées, sont-ils toujours les heureux résultats d'une mission ou d'une retraite.

C'est surtout pendant l'Avent et le Carême que la parole de Dieu doit couler à flots de la tribune sainte : voilà, par excellence, *tempus acceptabile, dies salutis.* L'Octave des morts, les Quarante-Heures, les fêtes patronales, celles des congrégations et des confréries, sont aussi des époques favorables pour ces pieux exercices; alors le zèle des pasteurs se déploie le plus utilement. Mais les curés feront bien de s'échanger pour les confessions et d'encourager leurs paroissiens à s'adresser à des ecclésiastiques du dehors, afin de leur assurer l'avantage de mettre plus de franchise dans la déclaration de tant de misères, qu'il coûte trop de révéler à un confesseur qui connaît ses pénitents. On ne peut assez apprécier l'importance de ce conseil (1).

Lorsqu'un pasteur croira devoir appeler à son aide des confesseurs et des prédicateurs, dans le but de réveiller la foi de ses ouailles et de les ramener à la pratique des sacrements, il se gardera de choisir des prêtres rigoristes ; car ils produiraient plus de mal que de bien dans la paroisse qu'ils évangéliseraient. Il éloignera pareillement tous ces casuistes relâchés qui font bon marché de la morale, élargissant le chemin du ciel au mépris des saints oracles : ils ne pourraient que remplir l'office de corrupteurs de la saine morale. Son choix tombera de préférence sur ces confrères éclairés qui joignent à la charité d'un père la sage discrétion d'un habile médecin (2).

(1) On se confesse volontiers à des prêtres qui ne font que passer ou dont on n'est point connu ; on vide alors entièrement son cœur ; on purifie, on tranquillise une conscience souillée, troublée par de justes inquiétudes ; c'est alors que, pour réparer le défaut de sincérité, on rectifie, on complète ces aveux équivoques et imparfaits qui ont voilé et amoindri la culpabilité des actes.

(2) Les retraites et les missions paroissiales, malgré les précieux avan-

## CHAPITRE XII.

—

### NÉCESSITÉ DES RETRAITES POUR CONSERVER LA PIÉTÉ ET L'ESPRIT ECCLÉSIASTIQUE.

La retraite est un temps de silence, de recueillement, de méditation, de repentir et de pardon, destiné à servir de

tages qui y sont attachés, rencontrent cependant quelquefois de l'opposition de la part de certains curés, qui semblent craindre que des confrères ou des religieux, venus pour évangéliser leurs peuples, n'aperçoivent leurs fautes personnelles dans les fonctions du ministère: delà ils repoussent ces précieuses faveurs sous divers prétextes. La ferveur de ces jours de salut n'est, dit-on, qu'un feu de paille, leurs effets n'ont point de durée. — A la vérité, l'inconstance est une de nos grandes misères; mais n'y aurait-il pour le mal qu'une trêve d'un ou de deux ans, ne serait-ce pas déjà un très-grand bien? Et puis les pasteurs des localités favorisées de ces grâces particulières, font-ils tous leurs efforts pour en entretenir le foyer, pour en conserver et augmenter les résultats? Ces ecclésiastiques peu zélés, qui suivent aussi pour eux-mêmes des exercices analogues, en gardent-ils toujours fidèlement les fruits? Loin de répudier les retraites que nous préconisons ici, il serait, au contraire, très-avantageux, pour en renouveler l'efficacité, de les recommencer de temps en temps, par exemple, au bout de trois années. — Les missions, dit-on encore, troublent les paroisses. — Ainsi, pour éviter ce prétendu inconvénient, il ne faut plus inquiéter les consciences; il faut, par un silence coupable, encourager les pécheurs à s'endormir du sommeil du péché! mais n'est-ce pas les laisser dans une paix trompeuse, dans une fatale sécurité qui les pousserait infailliblement à la damnation éternelle?

frein au relâchement, de terme aux abus, de remède et d'expiation au péché, et de tombeau aux passions. C'est pourquoi les moralistes chrétiens l'appellent le réveil de l'âme, la visite du cœur, le jugement de la conscience, la terreur du vice, l'école du salut et l'échelle du ciel.

Le secours des retraites est particulièrement nécessaire au prêtre séculier; car il sacrifie ses jours aux soins de sa paroisse, aux fonctions de son ministère et à mille affaires diverses qui, bien que temporelles et profanes, rentrent plus ou moins directement dans le cercle de ses attributions. Il est donc juste qu'il interrompe les agitations de la vie active et qu'il aille respirer un peu dans le repos de la solitude, pour se livrer à la révision de sa conscience et de sa conduite, à la méditation des vérités éternelles, à la douleur de ses fragilités et à la purification de son cœur. En nous conférant la grâce du sacerdoce, Dieu ne nous a point dépouillés de cette nature terrestre si prompte, hélas! à se flétrir par les souillures de l'humanité. On ne peut s'imaginer combien l'homme, ici-bas, se laisse impressionner par la dangereuse atmosphère qui l'enveloppe.

Le pasteur même le plus régulier épouse naturellement et comme à son insu les goûts et les sentiments de ceux avec lesquels il se trouve en habituelles relations; sa piété décline avec les années, son zèle s'amortit et s'éteint, son goût pour les fonctions saintes tend, par l'usage journalier, à dégénérer en routine: inévitable résultat de ses rapports continuels avec le monde, lesquels, desséchant peu à peu son cœur, altèrent en lui l'esprit ecclésiastique. De là cet état d'indolence et d'insensibilité qui mène rapidement au dépérissement moral et religieux. Les prêtres séculiers feront donc bien, chaque année, de s'arracher à la tumultueuse dissipation du siècle et à l'étourdissement qu'elle produit, pour passer quelques jours d'une vie silencieuse, retirée et méditative. Ils se déroberont momentanément aux pensées mondaines, aux affaires profanes, pour vaquer à Dieu seul et se retremper, semblables à ces astres bienfaisants qui ne s'éclipsent aux regards que pour reparaître ensuite plus radieux, afin de nous faire mieux apprécier leur bénigne influence. Telles sont les retraites ecclésiastiques, dont le but principal est de prévenir l'imminent danger de la tiédeur et de la négligence; de réparer les brèches causées à la vertu, à la piété du ministre des autels, par son perpétuel contact avec les hommes; de le rétablir enfin dans cet heureux état de grâce et de fidélité où il se trouvait quand, par l'organe de l'Evêque, Jésus-Christ lui dit comme à saint Pierre : *Pasce oves meas !*

Saint Bernard, écrivant au pape Eugène, lui disait : « Tout ce que vous faites est louable, je le suppose ; mais, en faisant du bien aux autres, veillez à ne vous point faire de mal à vous-même ; ne soyez pas le seul privé des soins que votre zèle vous inspire ; en pensant à autrui, gardez-vous de vous oublier personnellement. Ne vous donnez pas tout entier ni toujours à l'action, mais réservez pour la méditation des vérités éternelles une partie de votre cœur et de votre temps (1). » Voilà aussi ce que devrait souvent se dire à

(1) Les saints fondateurs d'ordres solitaires ou cloîtrés, dont les religieux vivaient isolés des misères terrestres et ressemblaient à des anges plutôt qu'à des hommes, ont tous prescrit des retraites à leurs disciples dans les règles si sages qu'ils leur ont laissées : il était enjoint à ceux-ci d'employer un certain temps de chaque année à se recueillir, à se ranimer dans les sentiments de ferveur et l'esprit de leur sainte profession. Ainsi en ont agi tous les patriarches des ordres monastiques qui ont fait de la retraite un point essentiel de leurs constitutions. Ces grands serviteurs de Dieu ont cru cet exercice nécessaire même aux religieux tout à fait séquestrés du siècle,

lui-même le prêtre livré sans cesse aux occupations extérieures; mais cette salutaire leçon, il oublie de se l'adresser. Comme ces canaux qui se vident pour fertiliser les terres qu'ils arrosent, un curé s'épuise au profit de ses paroissiens en leur sacrifiant tout ce qu'il a, sans rien retenir pour lui. Au sein de l'agitation qui l'entoure et l'absorbe, il perd insensiblement ces habitudes de recueillement, cette infatigable ardeur, cette ponctuelle fidélité à toutes les pratiques religieuses, cette pureté d'âme et cette hauteur de perfection qui caractérisent le pasteur accompli; et comme on ne s'arrête pas en fait de relâchement, que, tout au contraire, la décadence va toujours s'empirant, bientôt il en arrive à une complète

assujétis à une austère discipline, voués à la prière, dépouillés de tous les biens et de toutes les espérances mondaines, soustraits à tous les dangers du dehors. Ils jugeaient que les pieux cénobites eux-mêmes courraient risque de se relâcher au fond de leur cloître et de déchoir de leur première ferveur, malgré tous les secours dont ils étaient environnés, sans quelques jours de méditations particulières dans le but de s'interroger en silence, de se réveiller de leur langueur, de prévenir de nouvelles chutes et de renaître au primitif esprit de leur saint institut. Or, comment des prêtres séculiers sans cesse entourés du spectacle de la corruption, assaillis de continuels dangers, obligés de vivre au milieu du relâchement et des séductions du monde, abandonnés à eux seuls dans la solitude des campagnes, sujets à la tiédeur et à l'indolence, exposés aux orages de toutes les passions, pourraient-ils se croire à l'abri, s'ils ne se ménageaient un certain temps de recueillement estimé si nécessaire aux âmes les plus ferventes et les plus retirées? comment regarderaient-ils la retraite comme une pratique indifférente où il entre plus de zèle que de nécessité? Si ce remède est jugé utile ou même indispensable à des solitaires qui devraient n'en avoir pas besoin, combien à plus forte raison l'est-il à nous, appelés à être des modèles de régularité pour le troupeau dont nous sommes les conducteurs et les chefs, à nous qu'astreignent à tant de sainteté et de perfection le sublime caractère et la divine autorité dont nous a revêtus l'onction sacerdotale!

insouciance de ses devoirs et à un état de profonde apathie où il se berce sans inquiétudes ni remords.

Or, dans l'hypothèse même qu'il aurait été assez heureux pour éviter, au milieu de la contagion du monde, toute chute capitale, tout sacrilége abus, la retraite ne lui serait pas moins indispensable pour lui faire secouer la poussière du siècle, le tirer de la torpeur où il sommeillait, et retremper sa ferveur. Quand un vaisseau a été longtemps en mer, il a besoin de se radouber et de renouveler, avec son agrès, tous ses approvisionnements d'eau et de vivres, sans quoi il ne pourrait poursuivre sa navigation. Il en est de même du pasteur qui a vu s'affaiblir, dans le commerce des créatures, le vivifiant esprit de son état; il lui faut, sous peine de dépérir, réitérer ses provisions spirituelles. Il mettrait son salut en péril, s'il n'opposait un prompt et énergique remède à cette triste situation, si voisine de la mort. Ce remède, c'est une retraite annuelle, faite dans ces maisons qui furent le berceau de notre éducation ecclésiastique. Là il nous sera donné de raviver nos forces défaillantes, notre foi ébranlée et notre dévotion qui languit; là, devant Dieu et loin du monde, dans le calme des sens et de l'imagination, on met en regard les règles avec sa conduite, ses actes avec ses obligations, et l'on reconnaît bientôt qu'il y a une immense distance entre ce qu'on est et ce qu'on devrait être. C'est là qu'on forme le projet d'une existence plus sérieuse, plus occupée et plus sacerdotale, qu'on se purifie des souillures de la terre, qu'on reprend des goûts, des habitudes, des mœurs plus régulières, enfin tous ces sentiments de ferveur primitive qui nous rendaient le joug du Seigneur si doux et si léger, aux beaux jours de notre ordination.

Quand, après l'emploi de tous les moyens curatifs que prescrit l'art médical, un malade n'aperçoit aucun symptôme d'amélioration dans son état, et qu'au contraire son dépérissement devient de plus en plus sensible, il ne lui reste qu'une dernière ressource pour guérir, c'est d'aller revoir le soleil qui éclaira son berceau. Ainsi doit agir le prêtre qui sent s'éteindre en lui la vie spirituelle. Qu'il retourne dans cet asile tutélaire où il puisa les prémices de sa vocation et passa l'heureux temps de son noviciat clérical. Il ne pourra, sans un saisissement religieux, franchir le seuil de cette pacifique demeure où il suça si longtemps le lait pur de la piété, et où tout parle à ses yeux comme à son âme. En voyant ces différents lieux, témoins muets de ses plus solennelles actions, par exemple la place où coula sur sa tête l'onction sainte, ces autels au pied desquels il fut honoré d'un caractère indélébile et fit, entre les mains de son évêque, ses serments de fidélité à Dieu et à l'Eglise, il lui sera impossible de retenir ses larmes et de se défendre de l'émotion d'un tel spectacle. A peine aura-t-il passé quelques jours dans cette ravissante solitude, respirant l'air natal du sacerdoce et en puisant la séve à sa source première, qu'il sentira se rafraîchir en lui la grâce de l'ordination et renaître les délicieux sentiments de son innocence lévitique. Ajoutez à cela le salutaire effet de ces prédications solennelles et continues qui retentissent si efficacement au fond des cœurs, et les réveillent par degrés du léthargique sommeil de l'indifférence. Que de vérités méconnues et de devoirs oubliés elles nous rappellent! Que d'infidélités et d'omissions elles nous signalent! Qu'on se trouve loin alors de la sainteté qu'exige de nous l'Agneau sans tache! Convaincu que cette prétendue régularité qui nous rassurait n'était qu'apparente, et qu'on n'a en réalité que l'écorce de la vertu, on réchauffe sa tiédeur, on s'épure, on se retrempe et l'on sort de ce nouveau cénacle embrâsé d'un feu divin, rempli d'une sainte ivresse et de toutes les grâces de l'esprit sanctificateur. Les retraites arrachent le prêtre à la torpeur, le tirent par de fortes secousses d'un assoupissement de plusieurs années, et l'empêchent de se replonger dans l'indolence d'une vie oiseuse. Elles touchent, remuent et entraînent par tous les sentiments religieux qu'elles développent, par les vives et profondes impressions qu'elles excitent; la ferveur de chacun s'y accroît de la ferveur de tous; en un mot, on s'y enflamme au contact électrique de l'ardeur et de l'enthousiasme qui animent les nombreux membres de ces édifiantes réunions. Tout y parle énergiquement à l'âme, sermons, conseils, observations, exemples, cérémonies, prières, silence et solitude. Aussi plus d'un pasteur oublieux, apathique et négligent, s'y est-il vu miraculeusement régénéré. L'ouverture seule d'une retraite par cette simple parole de l'Apôtre dont un prédicateur emprunte la voix : *Surge, qui dormis!* produit une incroyable sensation; elle trouble tout-à-coup le trompeur repos des cœurs engourdis, ouvre comme par enchantement les yeux aux aveugles spirituels, les fait rentrer en eux-mêmes pour sonder la profondeur de leur mal, les livre aux angoisses du remords, aux terreurs de la conscience, et les soustrait ainsi heureusement à ce sombre marasme qui, depuis longues années, les minait en secret. Ah! que de fruits de salut et de sainteté produisent ces pieuses assemblées dans ceux qui y participent dignement! Qu'elles sont propres à ressusciter et à perpétuer l'esprit ecclésiastique! Il n'en est point où la grâce divine ne fortifie assez l'humaine faiblesse de certains curés pour les empêcher désormais de mollir et de chanceler.

Un second effet non moins salutaire des retraites, c'est de nous guérir des passions et des vices éclos en nous du frottement pestilentiel du monde. Quoique nous soyons envoyés près de lui pour le réformer et le sanctifier, plus habile que nous autres, il ne réussit que trop souvent à nous séduire et à nous perdre, et, dans le temps même où nous nous efforçons de cicatriser ses plaies, il nous infecte de son poison. Presque toutes les infidélités des prêtres, les désordres en matière de mœurs et les effrayantes chutes, heureusement rares, qui profanent le sanctuaire et répandent le scandale au sein des populations, ont pour cause la contagion du siècle. Or, de tous les moyens que Dieu tient en réserve dans les trésors de sa miséricorde pour relever son ministre et le remonter au rang sublime d'où il est tombé, la retraite est le plus excellent et le plus efficace; c'est même l'unique remède aux grands maux. On sait les émotions et l'ébranlement général qu'excitent parmi les peuples les rapides exercices d'une mission qui, d'ordinaire, attendrit jusqu'aux pécheurs les plus endurcis. Une bonne retraite produit de semblables résultats sur les ecclésiastiques égarés et infidèles; c'est la planche de salut offerte, par la divine Providence, aux lévites prévaricateurs. Pendant cette volontaire séquestration du monde et ces longues heures de prières, de méditations et de prédications où la mort, le jugement, l'enfer et l'éternité viennent successivement faire retentir de terribles leçons à l'oreille de celui qui a foulé aux pieds ses obligations les plus rigoureuses, il s'opère en son âme un trouble mystérieux, une salutaire agitation qui la pousse à résipiscence. Il sent le besoin, pour être en repos avec lui-même, de mettre un terme au malaise de sa conscience, devenu pire qu'une maladie. Pour y parvenir, il s'enferme seul avec Dieu, fouille dans le dédale de ses pensées, pénètre jusqu'aux sources les plus lointaines du mal, scrute en un mot le fonds inépuisable de sa misère. Le sévère examen de sa vie privée et pastorale, et l'exacte revue de tout son intérieur lui font, hélas! découvrir nombre de travers et d'écarts jusqu'alors inaperçus, et déplorer amèrement bien des fautes dont il n'avait pris aucun souci ; il a le bonheur de trouver là un Ananie qui, comme le charitable Samaritain, accueille le pauvre blessé, le réconforte, bande et guérit ses plaies. Il s'épanche donc avec confiance dans son sein miséricordieux pour s'y laver entièrement de ses moindres taches. Non content d'expier ses faiblesses passées, il se met en garde contre les rechutes à venir ; c'est pourquoi il songe avec une attention scrupuleuse aux différents lieux et occasions où sa fidélité s'est démentie, où sa fragilité s'est laissé surprendre, porte une main réparatrice sur tous les endroits faibles de son cœur, et corrige ses défauts et ses imperfections.

Le pilote qui a vu sa frêle barque se briser parmi les écueils, est moins audacieux, moins téméraire dans ses voyages de long cours ; instruit par ses propres malheurs, il consulte sa boussole pour éviter les parages dangereux, sonde par avance les plages inconnues où il risquerait de faire naufrage, et se fraie ainsi une route plus sûre à travers les abîmes de l'océan. A son exemple, le prêtre se rappellera les périls qu'il a courus, les séductions auxquelles il a succombé dans le monde, et recherchera tous les moyens capables de lui en épargner de nouvelles qui pourraient compromettre ou son honneur ou son salut. C'est dans cette halte entre le présent et l'avenir qu'il écoute la voix du remords, déplore l'abus des choses saintes et ses faux pas en matière de vertu, et forme le sincère propos de consacrer le reste de ses jours à la pratique des devoirs de son auguste état. Il faut, a dit un pieux prédicateur, un miracle ou une retraite pour retirer du désordre un prêtre égaré; il serait, sans cet énergique élément de régénération, radicalement impuissant à rentrer dans la bonne voie. Elle est donc une inspiration du ciel, cette heureuse pensée qui, dans chaque diocèse de France, a suggéré à nos premiers pasteurs l'établissement d'une retraite annuelle pour leur clergé respectif. Ils ont voulu par là prévenir le dépérissement de la piété parmi les membres du sacerdoce, retremper ceux qui sont mous, tièdes et languissants; accroître l'activité de leur zèle dans les fonctions du ministère, et stimuler leur ardeur pour la sanctification des âmes. Leur but encore est de les relever des funestes chutes qu'ils auraient faites dans la société des pécheurs, et de leur rendre, avec le calme d'une bonne conscience, le seul bonheur que l'on puisse goûter ici-bas. Non, rien ne repose et ne soulage comme une confession bien faite au milieu de si touchants exercices. Du haut des cieux découle, sur tous ceux qui ont dignement accompli cet important devoir, un fleuve de bénédictions, de paix et de vie, qui transforme l'Eglise et ses ministres. Il faut avoir été témoin des admirables effets des retraites ecclésiastiques pour en apprécier la haute utilité (1).

(1) Aussi n'y a-t-il que les prêtres infidèles qui fuient les retraites, dans le but d'échapper aux justes alarmes qui les poursuivent. Il leur faudrait rentrer attentivement en eux-mêmes, examiner le déplorable état de leur âme, soulever le voile qui en cache les replis intimes, subir le supplice des remords qu'une retraite sème toujours dans la conscience des coupables, sortir enfin de la fausse paix où ils sont endormis. Ils aiment donc mieux distraire leur imagination, enivrer et séduire leur cœur, s'étourdir pour n'être pas à charge à eux-mêmes, et se débarrasser, à tout prix, de souvenirs qui les importunent. Or, quand une fois un clergé a répudié le salutaire usage des retraites, c'en est fait de lui.— Vers la fin du dix-huitième siècle, l'évêque de Lisieux ayant voulu en rétablir l'usage dans son diocèse, 70 prêtres s'y refusèrent et portèrent plainte comme d'abus devant le Parlement, contre la sage ordonnance du Prélat; aussi la Révolution était-elle imminente avec le scandale de toutes ses apostasies.

Pour rendre ces exercices profitables, il ne faut s'y occuper que de la grande affaire qu'on a à traiter avec Dieu, de soi-même et de soi seul. Qu'on n'y songe à rien autre chose, en disant comme Néhémie :

# CHAPITRE XIII.

## VIE COMMUNE DES ECCLÉSIASTIQUES.

Le système de la communauté de vie avait généralement prévalu parmi les ecclésiastiques de la primitive Eglise. Alors

*Opus grande ego facio, et non possum descendere.* (Esd., livr. II, 6.) Le recueillement et le silence, voilà l'âme d'une retraite, et ce n'est qu'à cette condition qu'elle fructifiera. Point de conversations dissipantes : *Fuge, tace, quiesce,* dit Dieu à saint Arsène. — *Intrate soli, manete soli, exite alii*, ajoute saint Bernard. Par là l'esprit médite et le cœur s'émeut. Le Seigneur ne parle à l'âme qu'autant qu'elle est dans un calme profond ; c'est la solitude et le silence qui concentrent et fortifient ses sentiments et ses facultés.

Une autre cause qui fait manquer ou du moins diminue le fruit des retraites, c'est qu'on les fait non par conviction de ses besoins spirituels, mais par forme et déférence à l'ordre des supérieurs. On y garde, il est vrai, les dehors de la régularité ; mais tous les jours qu'on y passe sont des jours de dégoût, de tristesse et de lassitude. C'est plutôt alors une pénitence obligée à laquelle on se résigne, qu'un remède efficace pour le salut. — Ou bien, encore, on se borne à coucher sur le papier un plan de bonnes résolutions, de vagues désirs d'une vie moins mondaine et plus ecclésiastique. Ainsi quelquefois s'écoule toute la carrière d'un prêtre sans qu'il ait fait une seule bonne retraite, lorsqu'enfin arrive le dernier des jours où venant, comme les vierges folles, frapper à la porte des miséricordes divines, il entend son arrêt de mort dans cette terrible réponse : *Il est trop tard !*

les évêques vivaient avec leurs prêtres et leurs diacres dans une espèce de cloître contigu à la basilique ou église principale. Cette réunion a reçu successivement diverses dénominations, celle particulièrement de presbytère. C'est ainsi que vécurent saint Ambroise à Milan, saint Martin à Tours, saint Hilaire à Poitiers et saint Remi à Reims, etc., etc. On comprend que, à l'aide de ce régime, le clergé avait des mœurs graves, des habitudes d'austérité, de désintéressement et d'abnégation qui lui conciliaient universellement la vénération des peuples. Dans cette retraite simultanée, évêques, prêtres et clercs inférieurs, tous se soutenaient, s'encourageaient et s'édifiaient mutuellement; il n'y a donc pas lieu de s'étonner que tant de saints aient acquis et perfectionné là leur vertu. Depuis, on s'est écarté de cet antique usage, et la plupart des titulaires ecclésiastiques ont vécu individuellement et à part. Aujourd'hui encore tous les curés habitent isolément chacun leur paroisse, même ceux des localités rurales les moins populeuses : il n'y a d'exception à cet usage que dans les paroisses importantes et pourvues de vicaires, lesquels vivent généralement avec les pasteurs. La suppression de cette communauté de vie a eu de fâcheuses conséquences pour l'esprit sacerdotal, et c'est ce qui nous fait ardemment désirer de la voir établir non-seulement pour les jeunes vicaires sans exception, mais encore pour la plupart des curés des petites succursales, surtout si elles ne présentaient pas l'avantage d'une maison presbytérale. Cette mesure nous semble suffisamment justifiée par les raisons suivantes.

1° Il y a des jeunes gens tardifs à se former, et même qui ne se mûrissent jamais entièrement : l'âge, l'étude, les conseils et l'expérience n'ont pas toujours suffi pour en faire de vertueux et habiles pasteurs. Un long noviciat à l'école d'un bon curé qui leur sera donné pour guide et pour modèle, pourra seul former, à la longue, leur caractère, fixer leur inconstance, corriger leurs travers et éclairer leur jeunesse. Et que deviendront-ils si, après un an de vicariat, on les isole au fond des campagnes, sans conseillers et sans chefs, eux irréfléchis, maladroits et impétueux? Aussi, combien de jeunes gens devenus à 30 ans un sujet de désolation pour l'Eglise, et qui eussent été des modèles de sagesse s'ils avaient été plusieurs années sous la discipline d'un prêtre expérimenté! La vie d'un homme régulier et prudent qu'on a constamment en spectacle, exerce une bien puissante action sur l'avenir des débutants dans la carrière ecclésiastique, et peut fournir aux diocèses bon nombre de sujets qui honoreraient leur ministère dans le gouvernement des paroisses.

2° Il se rencontre aussi parfois des ecclésiastiques de mœurs faibles et incapables de se soutenir seuls. N'ayant point sondé suffisamment leur cœur ni éprouvé leurs forces dans les années de leur éducation cléricale, ils sentent plus tard l'urgent besoin de consolider leur vertu et d'affermir leurs pas chancelants, en venant placer leur fragilité sous la sauvegarde et le patronage d'un vertueux curé. L'isolement et l'indépendance, l'absence de direction et de bons exemples, l'effervescence de l'âge et les séductions du monde, leur font justement craindre de dévier du sentier des devoirs. Et n'est-ce pas en effet un prodige surhumain que, jeté dans les campagnes et livré à lui seul dès l'âge de 25 ans, un jeune ecclésiastique puisse se maintenir toujours pur et irréprochable, sans faire le moindre faux pas? On ne saurait croire combien la multiplication de ces abris épargnerait de fragilités aux jeunes prêtres, de douleurs à l'Eglise et d'humiliations au corps sacerdotal! C'est dans ces fraternelles communautés que les évêques placeraient leurs sujets les plus médiocres en vertu comme en talents ou en expérience.

3° L'enseignement donné dans les séminaires, tout perfectionné qu'il puisse être, est incapable à lui seul de former un curé. C'est sans doute une excellente théorie, mais qui suppléera difficilement à la pratique ; il faut nécessairement y joindre la science expérimentale, fruit du temps et de l'observation, qui fait les pasteurs accomplis. Un exercice de dix à douze ans serait quelquefois nécessaire pour le si difficile apprentissage du ministère des âmes que saint Grégoire-le-grand appelle l'art des arts. C'est là une vérité de simple bon sens appréciée jusque par de simples villageois qui ont souvent peur de l'administration d'un curé novice ; et, il est juste d'en convenir, cette peur n'est pas, en général, dénuée de fondement. Les écarts de zèle, les bévues, reprochés au jeune clergé, ont eu précisément pour cause son impéritie, imputable au système, beaucoup trop suivi dans la plupart des diocèses, d'improviser des curés avec des prêtres fraîchement sortis des bancs de l'école, ou n'ayant vicarié que quelques mois. L'étourderie et la fougue sont, on le sait, le partage de la jeunesse : aussi, que d'essais téméraires, que de maladresses, avant d'avoir acquis la haute sagesse qu'exige l'administration d'une paroisse ! Ne placez jamais définitivement à sa tête qu'un ecclésiastique déjà éprouvé, ayant passé un assez long temps sous la tutelle d'un pasteur plein de vertu et d'expérience, qui aura rempli auprès de lui l'office de père et de maître, de conseiller et de guide : alors seulement comptez sur sa prudence et son habileté, car la bonne direction imprimée au débutant, pendant ses premières années, réagira sur toute sa vie pastorale et administrative.

Dans la constitution présente de l'Eglise de France il y a

beaucoup de paroisses et peu de vicariats; on pourrait citer plusieurs diocèses qui n'en comptent pas vingt à vingt-cinq salariés par le trésor public. Dès lors les Évêques peuvent rarement prolonger au-delà de deux ans le stage des vicaires, auxquels doivent en succéder d'autres qui n'auront fait, comme leurs devanciers, qu'un noviciat insuffisant. Pour obvier à ce fâcheux état de choses, nos prélats feraient bien de réunir les desservants de petites succursales dans le presbytère de la paroisse la plus considérable du voisinage, où ils vivraient en commun sous la direction du curé établi leur chef; ces succursales seraient ainsi comme transformées de fait en vicariats. Les avantages de cette mesure sont tellement supérieurs à ses inconvénients, qu'il n'y a point à balancer sur son emploi. Par là les Évêques se créeraient une nombreuse pépinière d'excellents sujets, qui pourvoiraient abondamment aux besoins des vacances successives, et ils ne se verraient pas dans la pénible nécessité de nommer à des titres paroissiaux des vicaires dont la maturité laisse tant à désirer. Ajoutons que, dans ces communautés, les jeunes prêtres trouveraient un moyen de perfectionner leurs études souvent précipitées ou incomplètes, une garantie de fidélité à leurs devoirs, enfin un salutaire abri à leur fragilité (1).

(1) Ce système de placement présente plusieurs autres avantages qui mériteraient aussi d'être pris en considération : il allègerait les charges des jeunes curés en les dispensant d'établir un ménage et de subvenir aux frais de son entretien. Il en serait de même des communes, ainsi affranchies de l'obligation d'acquérir un presbytère et d'effectuer les réparations que souvent il nécessite, sans qu'elles puissent y pourvoir.

C'est là, au surplus, un simple projet que nous soumettons humblement aux méditations de nos vénérables chefs diocésains.

# CHAPITRE XIV.

## PRÉSENCE DU CURÉ DANS SA PAROISSE; INCONVÉNIENTS DES ABSENCES ET DES VOYAGES.

S'il est une obligation clairement formulée par les lois divines et humaines, c'est celle de la constante résidence du pasteur au sein du bercail confié à sa sollicitude. Le nom que les fidèles se plaisent à lui donner sans cesse, la nature de ses fonctions, la grande responsabilité qui pèse sur lui, tout lui commande impérieusement de vivre avec les enfants dont se compose sa famille, de veiller attentivement sur eux, d'éclairer leur intelligence, de former leur cœur, d'épurer leurs mœurs, de pourvoir en véritable père à tous leurs besoins, et de les diriger dans la voie de l'immortalité. Aucun motif ne saurait autoriser des absences fréquentes, parce qu'elles ont des conséquences trop funestes aux intérêts spirituels des âmes qu'il est de notre devoir de toujours consoler et guérir. Comment énumérer les abus auxquels ne songe pas à remédier le prêtre qui ne reste presque jamais dans sa paroisse! les maux qu'il ne peut prévenir ou soulager! les malades surtout qui tombent dans l'éternité, avant que la charité du représentant de J.-C. les ait préparés à paraître devant le tribunal suprême! Ah! quand on comprend sa mission et qu'on a encore conservé une étincelle de foi, on s'alarme à la pensée des immenses besoins qu'éprouvent aujourd'hui les peuples, et l'on se tient comme une sentinelle vigilante en face de l'ennemi prêt à fondre sur le troupeau. Le bon pasteur ne se trouve jamais en sûreté de conscience hors de son poste; aussi évite-t-il, comme un grave danger, toute occasion de dissipation et de voyages qui exposerait le dernier de ses enfants à manquer des secours de son ministère. Des absences momentanées n'offrissent-elles en apparence aucun inconvénient, nous devons nous souvenir que, par sa seule présence, un curé exerce sur ses paroissiens une influence éminemment répressive du mal; tandis que ceux-ci se croient émancipés quand l'œil de l'homme de Dieu n'est plus là pour surveiller leur conduite et censurer leurs désordres.

Ces vérités ne seront point contestées par les esprits droits et observateurs; inutile donc d'entrer dans de nouvelles considérations que chacun peut aisément tirer de son expérience personnelle. Au lieu de chercher à démontrer l'évidence, arrêtons-nous plutôt à signaler les déplorables résultats qu'entraîne, pour le prêtre lui-même, l'habitude d'une vie oisive et nomade.

La négligence de l'étude est, d'ordinaire, le premier inconvénient des voyages. A l'ecclésiastique possédé de cette manie, ne parlez ni de théologie, ni d'Ecriture-Sainte; ne vantez devant lui aucun ouvrage de philosophie, de littérature ou d'histoire; il a pris en dégoût les livres et donnera toujours aux plaisirs la prééminence. Or celui qui vit ainsi complétement désœuvré, négligeant tout à fait la culture des sciences humaines et religieuses, arrive bientôt aux limites de l'ignorance : en lui les connaissances antérieurement acquises s'effacent insensiblement, sa mémoire s'oblitère et s'éteint, ses idées se confondent, et il devient prématurément incapable de l'exercice même de ses fonctions sacrées. Il ne donne à ses ouailles qu'un enseignement inexact et insuffisant; peut-être encore avilira-t-il la parole sainte en ne leur adressant que des prônes mal digérés, insipides et ennuyeux. De cette triste conséquence en naît une autre non moins affligeante : la perte du temps, cette chose si précieuse, selon la remarque de saint Bernard, et dont néanmoins on fait si peu de cas : *Nihil pretiosius tempore; sed heu! nihil hodiè vilius reputatur* (1).

En nous établissant pasteur du troupeau qu'elle remettait à notre garde, l'Eglise ne nous a-t-elle pas ordonné de lui consacrer nos soins et nos instants? Le temps n'est donc plus à nous, puisque nous le devons tout entier aux brebis réunies sous notre houlette. Un prêtre paresseux ou ami des courses périodiques et fréquentes, ne connaît pas

(1) Voici, sur les absences des curés, l'opinion des théologiens citée par Collet dans son *Traité des devoirs d'un pasteur*: — *Si Parochus rationabiliter judicaverit nihil imminere periculi, quia nullus infirmatur, potest abesse per aliquas horas. Abesse verò totâ die, etiam quandò nullus infirmatur, raro in anno, nec laudo, nec vitupero. Abesse autem per duos aut tres dies, etiam nullo infirmante, et nullâ aliâ causâ justificante, habet valdè de rationabili esse mortale, propter multa quæ possunt eo tempore evenire, maximè in villis* (villages), *ubi non est alius sacerdos à parocho*. Le pasteur fidèle, ajoute le même auteur, qui connaît tout le prix d'une âme rachetée du sang de J.-C. et qui est bien persuadé qu'il doit sacrifier, je ne dis pas une récréation frivole, mais sa vie même, pour la dernière de ses ouailles, trouvera cette décision pleine de sagesse et de raison. Demander, dit-il ailleurs, si un curé doit rester habituellement dans sa paroisse, c'est demander si un berger doit veiller sur ses brebis, si un capitaine doit être à la tête de sa troupe, un médecin auprès de ses malades, une sentinelle à son poste ou un pilote au gouvernail de son vaisseau. Un prêtre à charge d'âmes n'a point d'heures libres; son dévoir est de résider du matin au soir au milieu de son peuple, pour être accessible aux besoins de tous.

le prix des si rapides heures de la vie; toute occupation sérieuse lui étant importune, il s'en abstient pour se livrer à ses goûts favoris et aux plaisirs de son choix. Ne comprenant pas le besoin de réparer les lacunes de son éducation tronquée et d'acquérir un savoir plus étendu, il s'aveugle jusqu'à s'imaginer qu'il sera toujours assez instruit pour diriger les humbles villageois commis à ses soins; cela lui suffit. Que lui importent et la nécessité de mettre la science cléricale au niveau de celle du siècle afin de ne pas rester en arrière, et l'honneur du sacerdoce, et les intérêts sacrés de la religion qui doivent être si chers à ses ministres! un besoin le domine, celui de se repaître de continuelles jouissances, de distractions sans cesse renouvelées. Se concentrer dans sa paroisse est à ses yeux une mort véritable; ses jours y sont semés d'ennuis et d'inutilités; il promène avec dégoût son indolence dans toutes les parties de sa maison, et il arrive au soir sans avoir donné le moindre instant à un labeur vraiment profitable : pour lui le presbytère est une prison, la retraite un tourment, le travail un supplice. Que dis-je? le prêtre fainéant et vagabond, dont j'esquisse le portrait, ne se doute même pas que nous n'avons le droit de vivre de l'autel qu'en travaillant pour l'autel; que le saint concile de Trente (sess. 23, ch. 5), sanctionnant l'unanime opinion des Docteurs, l'oblige à restitution dans la proportion de ses absences; que le plus rigoureux des devoirs imposés à notre conscience est de nous dévouer tout entiers au salut des âmes, *Suprema lex salus populi esto;* et que ce temps consumé en courses inutiles n'est point à nous, mais à l'Eglise, mais aux fidèles qui nous en demanderont un compte sévère et s'élèveront contre nous, au jour des éternelles justices. Ces graves pensées ne frappent plus que faiblement, elles effleurent à peine l'ecclésiastique dont la vie se passe en voyages et tourbillonne dans un cercle de perpétuels rendez-vous.

Qu'il nous soit permis d'appuyer ici de nouveau sur une considération déjà touchée précédemment. Au milieu de ce honteux désœuvrement et de ces absences qui souvent se réitèrent plusieurs fois par semaine, que devient la malheureuse paroisse livrée à la merci d'un tel pasteur ? elle ressemble à une terre en friche ; les ronces et les épines y croissent de toutes parts ; aucune rosée bienfaisante n'en féconde l'aridité ; point d'inspection des écoles, point de ces visites si consolantes au cœur des malades étendus sur un lit de douleur ; peu ou pas de prières, excepté celles du bréviaire dont on précipite la récitation sur tous les chemins : on enseigne mal et rarement; la jeunesse croupit dans l'ignorance ou du moins grandit sans instruction forte et solide ; on confesse à la hâte, avec répugnance et peut-être en murmurant ; il arrive même que des enfants meurent privés du sacrement de la régénération spirituelle, et que des moribonds s'endorment du dernier sommeil avant d'avoir été munis des indispensables secours de la religion. Tout le peuple végète au milieu d'un abandon fatal dont on aperçoit bientôt les sinistres conséquences dans l'extinction de la foi, la dépravation des mœurs et la désertion générale des pratiques du culte.

Celui qui se rend coupable d'un tel abus oserait-il bien, après cela, pousser l'illusion jusqu'à se persuader qu'il n'a rien à redouter, sous ce rapport, devant le souverain scrutateur des âmes ? Si jamais il en arrivait là, ce serait le comble du malheur, et, comme l'impie Balthazar, ami des joies et des banquets, il pourrait lire sa sentence tracée par une invisible main sur les murs de tous les presbytères.

Un autre effet qui a pour cause cette habituelle dissipation, c'est le mépris du sacerdoce de la part des gens du monde. Et certes, quelle estime conserveraient-ils pour un curé qui, ennemi du recueillement et de la prière, du cabinet et des livres, languit dans une permanente oisiveté, ou qui, par dégoût de la résidence, se décide à errer constamment sur les voies publiques, à frapper aux portes des maisons curiales et même laïques, dans lesquelles il se répand avec une indiscrétion des plus condamnables ? La renommée d'homme de fêtes, d'amusements et de bonne chère qu'il ne tarde pas à s'attirer, est-elle bien honorable pour l'Eglise ? Se montre-t-il vraiment digne et de la sainteté de son caractère et de l'incomparable sublimité de sa mission, en se complaisant à dévorer ses loisirs dans le vide d'une existence toute mondaine, à disserter pertinemment sur la qualité des vins, sur la savante organisation d'un dîner ou sur les différents jeux de société auxquels il aime à prendre part? Sans doute il faut au prêtre quelques délassements, il a parfois besoin d'aller déposer ses peines et ses douleurs dans le sein d'un ami, pour le prier d'en alléger le fardeau : mais en justifiant la nécessité de quelques visites, cette considération n'en excuse pas la fréquence ; et l'on n'est point pour cela autorisé à passer en excursions plusieurs jours de chaque semaine, ni à prodiguer, dans des voyages sans fin, les courts moments d'une carrière elle-même si limitée. Croit-on que les peuples voyent d'un œil indifférent ces absences multipliées et ces nombreuses réunions, suivies de copieux banquets ? N'entend-on pas souvent à ce sujet, jusque dans les campagnes, force plaintes ou plaisanteries s'échapper de toutes les bouches ? Ne nous faisons pas illusion : les gens du monde, croyants ou incroyants, censurent amèrement les courses réitérées d'un pasteur, ainsi que les repas qu'il donne ou qu'il va prendre au dehors ; leurs murmures éclatent ensuite au sein d tions, toujours si disposées à rendre le corps entier s es fautes de quelques individus (1).

Quelle triste é ore pour les élèves du sanctuaire et pour ceux qui, r' nt enrôlés dans les rangs de la tribu sacrée, sont encl upart à copier servilement les usages et la manière de de leurs aînés dans le sacerdoce ! De proche en proche tagion se communique et atteint les plus fervents et le zélés : légitimé en quelque sorte par l'exemple, le go s voyages, dégénérant en passion, s'infiltre bientôt d ut le voisinage ecclésiastique, s'étend et se généralise. habitude une fois formée, rien ne peut plus attacher curé à son presbytère dont le séjour lui devient insuppo able : accablé de sa propre oisiveté, ne sachant que faire ni comment tuer le temps, il cède à l'irrésistible besoin de se produire, recherche incessamment des conversations futiles, des sociétés ou jeux dissipants, pour s'étourdir, s'arracher aux remords et se distraire des ennuis qui l'assiègent dans l'isolement de sa demeure. Réunions profanes, plaisirs, allées et venues hebdomadaires, voilà ce qui va désormais absorber tous les moments de l'infidèle gardien à qui le Sauveur a dit : Pais mes agneaux ! C'est ainsi que se naturalise un abus dont les résultats peuvent être si nuisibles au clergé et aux intérêts spirituels des paroisses.

Je ne parle pas des effets moraux de cette conduite sur le pasteur lui-même : c'est le sujet d'un sérieux examen au tribunal de sa conscience. Hélas ! plus d'un lévite dont le début dans le ministère présageait à l'Eglise de grandes consolations, a démenti de si heureux commencements en trompant les espérances de son évêque ! Jetés aujour-

(1) Voir, au tome Ier, le chapitre intitulé : *Repas ecclésiastiques*.

d'hui dans le tourbillon du siéc urs ne paraissent sensibles qu'aux satisfactions qu'il , et finissent par mener une vie exclusivement te moins innocente peut-être que celle du peuple confi tutelle pastorale. Ajoutez à cela que, par la multip leurs visites, ils se rendent, en outre, fatigants et in s à ceux de leurs confrères plus amis du travail et de. Combien de fois ces derniers ont eu lieu de regre perte de moments précieux que leur avaient ravi sans pule ces hommes oisifs! Un jeune ecclésiastique, qui con le prix du temps et la haute importance du savoir pour le gé de notre époque, veut-il acquérir ce qui lui manque uiser à longs traits aux sources du génie? eh bien! il n le pourra : sa porte s'ouvre plusieurs fois la semaine, et il voit paraître un collègue désœuvré qui, embarrassé de l'emploi de ses heures, s'en vient, pour les occuper, lui dérober les irréparables instants qu'il se proposait de consacrer à des travaux utiles. Le voisinage de pareils êtres, incapables d'apprécier à leur valeur les avantages et les pures jouissances du cabinet, n'est-il pas un tourment pour le prêtre laborieux qui fait son charme et ses délices de la culture des sciences? n'est-ce point l'épée de Damoclès toujours suspendue sur sa tête amie de la méditation? Pendant que tout dans l'univers s'assujettit à la sévère loi du travail, eux seuls prétendent s'y soustraire, pour traîner de plaisirs en plaisirs, d'assemblée en assemblée, de presbytère en presbytère, le poids de leur personne et de leur fainéantise : *Sudant agricolæ*, s'écrie saint Bernard indigné, *putant et fodiunt vinitores; illi madent deliciis, copiis affluunt otiosi!* et le pieux abbé fulmine contre eux cette énergique sentence : *In labore hominum non sunt, in labore dæmonum erunt.* Enfin ce n'est qu'au milieu de son peuple qu'un curé, en sûreté vis-à-vis de lui-même, peut s'abriter contre les mille dangers quil'entourent ; c'est là comme l'inexpugnable rempart de sa fragilité. La retraite, la prière et l'étude, voilà la triple cuirasse dont il doit s'armer : *Triplex æs circà pectus*. A ce prix, seulement, il dominera les orages de son âme et restera vainqueur dans la lutte qu'il ne cessera d'avoir avec ses passions jusqu'à la tombe. Si aux tentations du dedans, trop redoutables déjà, il ajoute imprudemment les séductions du dehors, il sera bientôt, soyez-en sûr, non plus l'homme de Dieu, mais une croix pour ses paroissiens, une pierre d'achoppement pour la vertu de ses coopérateurs, un scandale pour le monde, une calamité pour l'Eglise.

Est-ce à dire qu'il ne faille presque jamais sortir de chez soi, ni visiter des amis et des confrères? Non, assurément; ce serait pousser le rigorisme jusqu'à l'absurdité. Constamment occupé d'objets graves et sérieux, le prêtre a besoin de repos, de délassements, de promenades récréatives ; c'est une trêve à la monotonie de sa solitude et aux soucis de sa position ; un allégement indispensable au lourd fardeau du ministère sous la pesanteur duquel il ne tarderait pas à succomber, s'il ne s'accordait de temps en temps quelque innocente distraction. N'est-il pas, d'ailleurs, obligé d'entretenir des rapports de bon voisinage avec ses collègues d'alentour, de fréquenter notamment celui qu'il a choisi pour directeur, afin de s'affermir, en profitant des sages conseils de sa vieille expérience, dans la ferveur et la pratique des devoirs sacerdotaux? Certes, des absences motivées par des considérations de cette nature sont bien légitimes et même fort louables; mais d'incessantes excursions qui auraient pour cause le dégoût du travail et l'horreur des livres, et pour but la dissipation ou la table, seraient absolument incompatibles avec la vie cléricale, fondée sur le recueillement, la mortification et le renoncement aux joies de la terre. Déserter sa cure presque continuellement, la quitter le lundi matin pour n'y rentrer que le samedi soir ; se permettre des courses de pur agrément pendant que, peut-être, l'ennemi du salut sème à profusion l'ivraie dans le champ laissé inculte, ou égorge le troupeau au milieu du bercail sans gardien, est-ce là, je le demande, accomplir ses obligations de prêtre, de père et de pasteur (1)? Qu'on y réfléchisse, un seul jour d'absence peut décider du sort éternel d'une âme placée sous notre responsabilité. Ne nous éloignons donc jamais de nos paroisses sans motifs plausibles, et sans avoir préalablement, selon l'expresse recommandation du concile de Trente (2), sollicité la permission de l'évêque diocésain, au cas où le voyage devrait se prolonger.

(1) Telle fut, au rapport de Collet, l'importante leçon qu'un pieux et savant curé de campagne donna à M. de Persin de Montgaillard, évêque de Saint-Pons, qui, malgré toutes ses répugnances, l'avait forçé en quelque sorte d'entendre sa confession. Ce prélat interrogé par lui sur les raisons qui le conduisaient à Paris, répondit qu'il allait faire une visite d'amitié à sa famille qu'il n'avait pas vue depuis longtemps. — « Monseigneur, répliqua le curé, un évêque a une épouse et des enfants, et tout cela se trouve dans son diocèse : quel malheur pour lui si son absence occasionnait la perte, ou même l'affaiblissement du plus petit d'entre eux ! » — M. de Persin fut moins surpris qu'édifié de cette espèce de réprimande. Après sa messe, il reprit la route de Saint-Pons, et conta son aventure à qui voulut l'entendre. Il ne faut assurément ni grande science, ni méditation profonde, pour voir qu'on lui avait parlé juste.

(2) Les seuls motifs qui dispensent légitimement de la résidence sont, d'après ce saint concile, *christiana charitas*, *urgens necessitas, debita obedientia, evidens Ecclesiæ vel rei publicæ utilitas*. Avec une de ces raisons et la permission de l'évêque, un pasteur peut s'absenter quand il a d'avance pourvu à l'administration de sa paroisse.

# CHAPITRE XV.

## DES MARIAGES.

### DEVOIRS DU CURÉ PAR RAPPORT AUX MARIAGES.

L'homme n'acquiert que par le mariage le droit de propager son espèce : ôtez cette institution fondamentale, vous détruisez la famille, base indispensable de toute société régulière, et vous introduisez parmi les êtres doués d'intelligence et de moralité la hideuse promiscuité des brutes. Aussi, le mariage a-t-il été considéré chez toutes les nations comme la pierre angulaire de l'édifice religieux et social, et si, dans les pays où règne la servitude, l'union matrimoniale est interdite au malheureux esclave, c'est que son maître le considère non comme une créature semblable à lui, mais comme une chose qui lui appartient avec tous ses produits, au même titre que le bétail de ses étables.

L'alliance de l'homme avec la femme est donc un des actes les plus importants de la vie : il ne devient légitime qu'autant qu'il est soumis aux lois naturelle, religieuse et civile.

Toutefois, on doit dire que chez les différents peuples, à cette phase de l'existence n'a cessé de présider la religion, chargée au nom du ciel d'exercer et d'interpréter tous les pouvoirs et tous les droits qui y avaient rapport. Le divin rédempteur, qui est venu régénérer le monde, ne pouvait manquer d'enrichir d'une bénédiction spéciale le mariage qui en est la base ou le pivot : de simple contrat il l'éleva à la dignité de sacrement. C'est au pied des autels et en présence du Dieu vivant que les chrétiens ont toujours formé les nœuds sacrés de la vie conjugale : au moment d'unir leurs cœurs par l'indissoluble lien d'un mutuel amour, ils sentent le besoin de garanties réciproques pour l'avenir ; aussi invoquent-ils le Très-Haut, comme protecteur de leur faiblesse, comme témoin de la foi jurée et comme vengeur redoutable de la foi violée.

Si le mariage est essentiellement et avant tout un acte de conscience et de religion, il n'est pas moins, dans ses suites, une question décisive pour le bonheur ou le malheur des époux, le sort futur des enfants, la prospérité ou la décadence de l'Etat, la gloire ou l'humiliation de l'Eglise. Il serait donc absurde et odieux de refuser au prêtre la part qu'il doit revendiquer en ce point si important. L'intervention divine dans l'engagement des noces a toujours été visiblement représentée : aux temps primitifs, c'étaient les patriarches qui, investis comme pères de famille des attributions du sacerdoce, bénissaient, de la part du Dieu tout-puissant, l'union de leurs fils dans laquelle entrait la religion comme élément principal ; cela se voyait même au milieu des ténèbres de la gentilité et jusque chez les tribus sauvages descendues au plus bas degré de l'incivilisation. Depuis l'ère chrétienne, c'est le prêtre qui reçoit les serments des fiancés, au nom de la sainte et fidèle épouse de Jésus-Christ. Il faut passer par le temple avant d'entrer légitimement dans la maison nuptiale, dont le sacrement est en quelque façon la porte. Qui jadis eût osé se dire époux et père sans bénédiction sacramentelle ? De nos jours même, malgré le dépérissement de la foi dans les âmes, le monde n'honore véritablement l'état conjugal qu'autant que l'Eglise y est intervenue par la présence et l'action spirituelle de ses ministres.

Mais le rôle du curé ne se borne pas à sanctionner les alliances ; il doit travailler à les sanctifier et à les rendre heureuses, autant qu'il dépend de lui. Pour y réussir, il aura soin d'instruire les fidèles de l'institution divine du mariage, de son élévation à la dignité de sacrement, des obligations qu'il impose, ainsi que des motifs nobles et purs qui doivent les diriger dans leurs projets d'établissement (1); il signalera les inconvénients et les terribles conséquences des unions d'intérêt, de convenances ou de caprices (2): qui ne sait que les époux mal assortis deviennent l'un pour l'autre de véritables démons ? En inculquant aux enfants l'obligation de consulter les auteurs de leurs jours et d'obtempérer à leurs désirs dans une question si sérieuse, il recommandera, d'un autre côté, aux parents de n'user de leur autorité qu'avec une sage modération et une tendresse vraiment chrétienne; car, s'il est dangereux de céder à tout désir, il ne l'est pas moins de s'y refuser obstinément, et de pousser au désespoir de malheureux jeunes gens

(1) *Filii sanctorum sumus, et non possumus ità conjungi sicut et gentes quæ ignorant Deum* (Tob. 8, 5).

(2) A l'époque de mercantilisme où nous sommes, le mariage est pour le grand nombre un vrai trafic, un contrat de vente ou de louage, une société commerciale. On stipule de l'argent, on se donne la main, mais non le cœur. C'est un marché dans toute la force du terme : la dot d'abord, la femme ensuite, qui livre son bien pour faire accepter sa personne. Le bien dissipé, comme il arrive souvent, la personne devient insupportable et la ruine amène la séparation.

dominés par une inclination invincible. Le pasteur n'oubliera pas surtout d'inviter ces derniers à demander instamment à Dieu la grâce de bien connaître sa volonté, afin de ne point s'engager témérairement dans une voie qui, jonchée de fleurs pour l'imagination, est bien souvent, en réalité, hérissée de ronces et d'épines. On convient encore assez volontiers que telle ou telle carrière exige une vocation spéciale ; mais, quant au mariage, on s'y croit généralement appelé, avant toute réflexion : de là cette foule d'insensés qui s'y précipitent en aveugles, sans même attendre l'âge de l'expérience et de la maturité ; de là aussi tant de choix faits inconsidérément. Si l'on invoquait les lumières d'en haut et qu'on agît d'après les inspirations de la grâce divine, on obtiendrait l'esprit de sagesse et de discernement ; les maris trouveraient de bonnes femmes et les femmes de bons maris, parce qu'on mettrait en première ligne les qualités religieuses et morales, la probité avant l'or, la vertu avant l'éclat de la beauté.

Pour donner à ces observations toute l'importance qu'elles méritent, on ne se lassera point de répéter aux fidèles que le mariage est un engagement irrévocable qui enchaîne la vie entière, un contrat par lequel on stipule le bonheur ou le malheur de son avenir en ce monde et même dans l'autre ; qu'il est la source de la famille, comme celle-ci est le noyau de l'Eglise et de l'Etat ; qu'il forme dès lors la commune et la paroisse, la province et le diocèse, le royaume temporel et spirituel ; qu'ainsi, avec de pures et religieuses unions, nous aurons des familles vertueuses et chrétiennes, des villages paisibles et laborieux où l'aisance récompensera l'économie, la tempérance et le travail ; de florissantes cités où l'industrie et le commerce s'abriteront sous la protection de l'ordre et de la bonne foi, en un mot, une société brillante d'honneur et de moralité.

Il sera très-utile aussi d'exposer quelquefois aux fidèles la si naïve et si touchante histoire de Tobie.

En dehors des instructions publiques, on ne manquera pas non plus de diriger, par de sages conseils, les adultes qui se disposent au mariage. Assurément, les entrevues et les fréquentations préliminaires ne sauraient être interdites à ceux dont l'existence sera bientôt mise en commun ; mais ces assiduités étant souvent périlleuses pour la vertu, c'est aux parents d'empêcher, en exerçant sur leurs enfants une vigilance continue, qu'ils ne préludent par le vice et la corruption à l'auguste cérémonie sacramentelle, seule capable de leur conférer les droits et les priviléges conjugaux ; c'est aux pasteurs d'exciter la sollicitude et la surveillance des parents, d'ordinaire trop confiants, trop mous, trop peu chrétiens eux-mêmes, pour s'opposer à tout ce qui flétrirait la pudeur dans le cœur des jeunes fiancés.

Le tribunal de la pénitence est une immense ressource contre les faiblesses de l'âge, surtout à cette critique époque de transition. On doit y inviter et y attirer les futurs époux assez à temps pour qu'ils puissent, à la fois, régler convenablement tout le passé, et trouver dans le salutaire exercice de la confession un frein à leurs convoitises. Ceux qui auront eu le bonheur d'écouter la voix pastorale, s'avanceront ainsi vers l'autel du Dieu vivant, parés des grâces de l'innocence, pour y recevoir dignement le sacrement d'union, et attirer sur leur nouvelle carrière l'effusion des bénédictions célestes.

C'est encore un devoir spécial de veiller à ce qu'une si imposante cérémonie ne soit point profanée par le maintien peu décent, les conversations bruyantes, la bouffonne gaieté des assistants ou de cette foule de curieux qui, affluant ordinairement dans les églises en pareille circonstance, y insultent par leur irrévérence au Dieu du ciel et au pieux recueillement de leurs concitoyens. Rappelez à l'ordre et, au besoin, congédiez même cette tourbe de jeunes filles désœuvrées et de femmes sans réserve dont les jaseries incessantes troublent la paix du sanctuaire. C'est là un affligeant scandale, surtout au sein des villes où l'on voit alors accourir dans la nef sainte une multitude de gens qui, à les entendre, n'ont jamais le temps d'y paraître le dimanche. Quant au festin nuptial et aux réjouissances qui l'accompagnent ou le suivent, le bon pasteur usera prudemment de son influence sur les familles, pour obtenir qu'on en bannisse tout ce qui serait contraire aux lois divines et ecclésiastiques, à la décence et à la piété : *Gaudete in Domino semper*. Du reste, personne n'ignore combien est sage la défense canonique faite aux prêtres d'assister aux repas de noces, et de quelle servitude elle les affranchit.

Répétons encore un dernier avis, déjà donné ailleurs, relativement aux négociations matrimoniales. Chacun doit se renfermer dans le cercle de ses attributions. Le prêtre est appelé à bénir, à sanctifier les unions, non à les conclure. Il y aura donc sagesse de sa part à répondre en ce sens à ceux qui viendraient le prier de s'entremettre dans ces sortes d'affaires. Quiconque s'occupe d'objets étrangers à ses fonctions mérite la qualification d'intrigant. Après tout, rien n'étant plus grave que le mariage et ses conséquences, ce serait le comble de l'imprudence de s'immiscer, sans y être strictement tenu, dans de telles combinaisons et d'en assumer la lourde responsabilité.

Le Code qui nous régit n'empêche pas sans doute la religion d'intervenir dans la solennité conjugale; mais il ne s'en occupe aucunement : en France le mariage est entièrement sécularisé, comme toute autre convention, avec la différence qu'il se contracte par devant l'officier public. De là cette dénomination de *mariage civil*, qui est tout à fait impropre, fausse même, puisqu'ici l'alliance n'est valide et complète qu'autant qu'elle est formée sous les auspices de l'Eglise. Sans contester les effets civils que le Code a eus en vue, on ne peut donc reconnaître à un acte purement légal, dépourvu de toute sanction et de tout caractère religieux, une qualité que le prêtre seul a pouvoir et mission de lui conférer.

Le but du législateur a été, apparemment, de coordonner les dispositions relatives à cet important objet avec le système général du droit français, savoir, la séparation absolue du temporel d'avec le spirituel, en laissant chaque citoyen à ses inspirations pour ce qui concerne le culte et la conscience. D'après ce principe, on a dit avec raison qu'en France la loi est *athée;* puis quelques-uns, repoussant cette qualification comme flétrissante, se sont bornés à déclarer que la loi est *laïque*. Quoiqu'il en soit de ces discussions, il est trop avéré qu'aux yeux de plusieurs le mariage n'est autre chose qu'une association, une sorte de convention commerciale, où l'on stipule la communauté d'existence et l'apport de tant de sacs d'écus. Voilà avec quelle irrévérence on a traité le plus sacré de tous les liens, depuis que l'intervention de l'Eglise a été facultative du côté des futurs conjoints. De là, cet abaissement de la dignité de l'homme, qui s'en va décroissant à mesure que la religion a moins de part dans les sentiments qui déterminent les actions les plus solennelles : de là encore le malheur des alliances ; car l'hymen dure plus longtemps que l'amour, et quand des époux grossiers n'ont vu dans la mutuelle possession que l'enivrement des sens, quand Dieu n'a été pour rien dans cette donation réciproque, ils ne manquent pas de porter ailleurs leurs affections dès que le charme extérieur disparaît, ou que certains défauts, inconnus auparavant, viennent à se révéler. Ainsi s'est avili le mariage depuis qu'il a cessé d'avoir, aux regards des peuples, le caractère auguste de sacrement, qui était si propre à l'ennoblir !

Tout en convenant du nombre fort restreint de ceux qui vivent dans ce concubinage légalisé, principalement en usage parmi les gens abrutis des classes inférieures, on ne saurait toutefois nier que l'union purement civile ne soit pour l'Église de France un sujet de grande douleur, une calamité pour le royaume, enfin une véritable apostasie dont les suites sont incalculables. N'ignorant pas, quelque dégénérés qu'on les suppose, que la religion voit en eux des concubinaires et les flétrit comme tels, les malheureux qui s'unissent de la sorte la prennent en haine : d'indifférents qu'ils étaient peut-être, ils se montrent des ennemis acharnés, résolus à tout pour se donner raison dans leur égarement. Les voilà donc étrangers aux moindres pratiques du culte, et ne parlant de Dieu que pour le blasphémer, de la foi que pour la maudire, du prêtre que pour le bafouer! Que devient la morale dans ce naufrage des croyances? L'Etat pourra-t-il compter pour bons citoyens ces enfants renégats de l'Eglise? Ce n'est pas tout : ils propageront leur espèce ; les petits auxquels ils donneront l'existence, penseront, parleront, vivront absolument comme eux. Ainsi se perpétuent au sein des sociétés, et pour leur malheur, ces races perverses où se maintiennent toutes les traditions d'ignominie, et où le génie du mal recrute incessamment des instruments pour tous les crimes, des leviers pour les émeutes et des machines à révolutions. Au surplus, le mauvais exemple se répand en dehors de ces détestables lignées : de proche en proche il trouve des imitateurs et ne tarde pas, s'il n'est combattu dès l'origine, à envahir une commune, un pays entier ; or, du moment qu'un abus passe en mode, on n'en rougit plus, on va même jusqu'à s'en prévaloir, ou du moins se croit-on absous du reproche d'immoralité. C'est surtout dans les petites localités que les scandales deviennent contagieux, parce qu'ils y sont en évidence. Au milieu de nos grandes villes, un homme vicieux de plus n'est qu'un filet d'eau sale dans un fleuve déjà bourbeux ; il en est différemment dans les campagnes : mal vu d'abord et condamné à l'isolement, le mauvais sujet finit par avoir quelques adeptes ; il en résulte un parti, celui du vice et de l'irréligion, animé d'un prosélytisme d'autant plus ardent qu'il aspire à se créer une opinion publique et une sorte d'honneur infâme, pour compenser, dans les âmes flétries, les consolations et la gloire de la vertu.

Rien donc de plus urgent, de plus digne de la sollicitude d'un bon curé, que d'arracher au désordre ces misérables décorés civilement du nom d'époux, mais dont l'alliance n'est, aux yeux de la religion, qu'un honteux accouplement, une souche de familles bâtardes, fléau de la morale et de la société. Non ! ce n'est jamais pleinement, franchement et sans une espèce de remords, qu'un homme appelle une femme sa femme et un enfant son enfant, si le prêtre n'a point béni son union. Quel bienfait d'assurer à de pauvres filles le titre de mères et d'épouses ; à d'innocentes créatures un nom, un guide, un protecteur, en leur donnant un père ! Qu'il est heureux pour ces petits infortunés de remonter au rang des autres citoyens, et d'effacer la flétrissure qui les eût à jamais souillés ! D'ailleurs, guérir cette lèpre qui gangrène les entrailles du corps social, c'est rendre à notre patrie aussi bien qu'au catholicisme un signalé service. L'union purement légale est un scandale inouï donné par des chrétiens en plein soleil de l'Evangile, un monstrueux phénomène, une insulte aux croyances et aux coutumes de tous les peuples, aux traditions de tous les siècles ! On aura beau plaider cette triste cause, toujours il demeurera certain que la loi ne peut ni suppléer le sacrement, ni se substituer à la religion dans le domaine de la conscience ; que l'officier civil, sans caractère sacré comme sans mission divine, n'est pas investi du droit de dispenser la grâce, de bénir au nom du ciel, de légitimer devant l'Eglise la cohabitation des époux et la naissance des enfants (1). Dans les paroisses où cet usage anti-religieux et anti-social s'est malheureusement introduit, les curés doivent protester, avec énergie et persévérance, contre une aussi énorme prévarication : n'ont-ils pas à faire valoir les raisons les plus pressantes, tirées de la foi, de la morale, de l'honneur des familles, des suites funestes qu'entraînent presque toujours ces mariages que la religion n'a point formés ? Cette dernière considération surtout est importante,

(1) Qu'on ne dise pas que nous méconnaissons ici les droits civils et que nous mettons en opposition l'Eglise et l'Etat. C'est là une vieille absurdité dont le bon sens public a fait depuis longtemps justice. Chaque autorité restant dans sa sphère, il n'y a aucune lutte possible. Le magistrat constate le consentement mutuel des époux, il les déclare unis au nom de la loi, et, en conséquence, leur alliance jouit des effets civils. Voilà tout ce que peut faire le représentant du pouvoir laïc ; pour aller au-delà, pour atteindre la conscience par un lien réel, effectif, légitime, il faut l'action du pouvoir spirituel, lequel n'a pas seulement mission de *bénir* l'union matrimoniale, mais de la former, de la *parfaire*, en recevant et en consacrant l'adhésion réciproque des parties. L'Eglise n'exclut pas les formalités préliminaires de la loi ; la loi n'exclut pas l'intervention de l'Eglise, puisque son domaine finit là où commence celui de la conscience et de la morale. Il n'y a donc ni conflit, ni droit méconnu.

par l'impression qu'elle peut produire sur ceux-là mêmes qui resteraient insensibles à toute autre. On n'est jamais indifférent à sa propre félicité, à la paix de son ménage, aux vices de son époux, à l'infidélité de son épouse, à l'opprobre et aux larmes de ses enfants; or, le bonheur, la concorde et la vertu ne règnent que là où domine la crainte de Dieu. Tous ces biens n'entrent dans les familles qu'avec la bénédiction d'en haut: une femme n'est honorée de son mari, respectée de ses fils ou de ses filles et considérée du monde lui-même, qu'à cette condition; autrement elle traînera, dans la honte et le désespoir, la pesante chaîne de son existence avilie.

Le pasteur ne se contentera pas d'instruire et d'exhorter en public; il agira encore, directement ou par quelques pieux intermédiaires, auprès des personnes engagées dans cette voie déplorable, afin de les décider à régulariser leur position en se réconciliant avec l'Eglise. Quelle reconnaissance alors ne lui voueront pas ces vieux pécheurs qu'il aura éclairés, convertis, réhabilités devant Dieu et devant les hommes!

## SOCIÉTÉ DE SAINT-FRANÇOIS-RÉGIS.

L'Association de Saint-François-Régis a été fondée dans le but de cicatriser une profonde plaie qui, s'il n'y était apporté un remède efficace, amènerait tôt ou tard l'entière désorganisation du corps social. Cette plaie c'est le concubinage, destructif à la fois de la famille, de la société, de la religion. Quelle garantie une pareille union peut-elle offrir à la pauvre mère et à sa malheureuse progéniture ? Au moindre caprice, dégoût ou désaccord, le concubinaire abandonnera, pour une autre, la misérable créature objet de sa première passion, ainsi que les tristes fruits qu'il en aura reçus, lesquels bientôt, multipliés à l'infini et vivant sans nom, sans protecteur et sans moyens d'existence, formeront au sein de la société une nation à part, n'ayant ni passé, ni présent, ni avenir. Cette œuvre de haute moralité tend une main secourable à mille infortunés, déclare une guerre sans trève à un vice infâme et s'efforce d'en amoindrir les lamentables ravages : noble et sainte croisade contre la plus honteuse des dépravations, elle est bien digne, assurément, de la religion qui l'a inspirée à ses honorables fondateurs; car elle répond à l'un des grands besoins de notre époque. Et, pour ne parler ici que de la France, combien cette admirable société n'y a-t-elle pas transformé de gens dissolus en amis de l'ordre et des mœurs, en bons pères de famille, en honnêtes artisans (1) qui, s'ils avaient continué à vivre dans le libertinage, seraient restés ou devenus des êtres dégradés et pervertis, abandonnant leurs enfants sur la voie publique, les poussant au crime ou les jetant dans les hospices!

Les difficultés du mariage dans notre état social ne sont

(1) Voici, à ce sujet, un fait fort remarquable, allégué à la tribune par M. de Villeneuve-Bargemont, d'après le témoignage du vénérable président de la Société de Saint-Régis de Paris, M. Gossin, ancien conseiller à la cour royale :

Une famille pauvre avait longtemps vécu dans le désordre; mais, cédant aux sages conseils de l'Œuvre de Saint-Régis, elle s'était réhabilitée par un mariage civil et religieux. Peu de temps après, la femme trouve dans la rue une somme de 3,000 francs en billets de banque. Elle les porte à son mari. Ils étaient bien pauvres et la tentation bien forte! — « Ceci nous enrichirait, se disent-ils à la fois; mais, *maintenant que nous sommes devenus honnêtes gens, nous ne pouvons le garder.* » La somme fût donc remise au curé de la paroisse, le propriétaire retrouvé, et 500 francs récompensèrent le ménage *redevenu honnête.*

pas, convenons-en, étrangères à l'extension d'un si grave désordre. Pour prendre femme il ne suffit pas, en effet, d'aller à la mairie et à l'église; une foule d'actes préalables sont requis : tantôt le consentement notarié des pères et mères, ou la délibération d'un conseil de famille en cas de minorité ; tantôt une dispense civile ou en cour de Rome, s'il y a parenté ou alliance dans les degrés prohibés ; enfin, une décision judiciaire pour constater la date ou le lieu de la naissance des futurs époux. Il est des mariages dont les frais s'élèvent à plus de 100 et de 200 francs : or ne seraient-ils pas, par cela seul, impossibles à un grand nombre de pauvres qui, pour ménager démarches, formalités et papier timbré, trouvent plus expédient d'adopter l'ignoble système du concubinage ? Que feraient, je le demande, la plupart des indigents de nos grandes villes, ne sachant ni lire ni écrire, si l'utile et bienfaisante association de Saint-Régis n'était là pour leur venir en aide et régulariser leur position (1) ?

(1) L'utilité de l'association de Saint-Régis est devenue, pour tous les hommes droits et sensés, si incontestable et si manifeste, que, s'unissant aux vœux des zélateurs de cette œuvre éminemment moralisatrice et chrétienne, le conseil municipal de Paris, le conseil général de la Seine et l'Institut de France, ont exprimé hautement le désir de voir les mariages des pauvres désormais affranchis des frais jusque-là nécessités par les formalités légales. Or, une pétition rédigée dans ce sens par la Société de Saint-Régis de Nancy, présentée d'abord à la chambre des pairs par M. de Tascher, puis au palais législatif par M. de Villeneuve-Bargemont, vient d'être, grâce aux nobles efforts de ce dernier et avec le concours du Gouvernement, couronnée d'un plein succès. Il a été décidé qu'à partir du 1er janvier 1847, seraient dispensés des droits de timbre, d'enregistrement et d'expédition, les extraits des registres de l'état civil et ceux du greffe des tribunaux de paix, de première instance et de cour royale, demandés par les indigents pour la célébration de leur mariage et la légitimation de leurs enfants. Cette mesure n'est pas moins honorable

# CHAPITRE XVI.

## DES MAUVAIS LIVRES.

Une des plus déplorables calamités contemporaines ce sont les ravages causés par l'abus de la presse; mal ef-

pour les hommes généreux qui en avaient pris l'initiative, que pour les législateurs qui en ont proposé, soutenu et voté l'adoption.

L'illustre auteur du *Paupérisme* a éloquemment signalé, du haut de la tribune, les maux auxquels est venue remédier la charitable association dont il préconisait le dévouement : « Nous savons tous, » a-t-il dit, que l'édifice des sociétés chrétiennes repose sur la » base sacrée d'un légitime mariage, et qu'on ne saurait ébranler » celle-ci sans remettre en question la civilisation tout entière. Per- » sonne n'ignore également les funestes résultats qu'entraînent les » unions immorales, trop nombreuses au sein des classes indigentes. » C'est un fait constaté par les annales judiciaires que, sur quatre » accusés devant les cours d'assises et devant les tribunaux correc- » tionnels, trois au moins vivent dans le désordre. Il n'est pas moins » avéré que le plus grand nombre des enfants trouvés et abandonnés » proviennent de cette source impure. Il n'en pouvait être autrement. » Toute violation de l'une des grandes lois de l'univers moral entraîne » nécessairement les désordres sociaux les plus funestes. Le mal pro- » duit le mal, comme le bien produit le bien : c'est dans ce principe » éternel que se résume toujours l'action de la Providence sur la » terre. »

L'orateur a ensuite exposé que « le but de la Société de Saint-

frayant qui mine les trônes, chancre rongeur qui dévore la société, volcan qui lance incessamment une lave brûlante, des tourbillons enflammés menaçant de tout embraser. N'est-ce pas en effet la presse qui, nuit et jour, vomit sur l'univers ce torrent d'impiétés et d'obscénités dont la fougue engloutira infailliblement, dans un même naufrage, gouvernements, religion, morale? De tout temps, il est vrai, on a vu se répandre çà et là de mauvais livres; mais, circonscrits jadis parmi les classes éclairées, ils ne se débitaient qu'à la dérobée et comme à huis clos. Aujourd'hui ils forment un objet commercial dont le trafic se fait, à l'instar de tout autre, en plein midi et sur une immense échelle. Ils sont multipliés à l'infini et disséminés avec une profusion sans bornes. Aucune nation n'a vu éclore autant de productions irréligieuses et immorales que la nôtre. Plus de vingt millions d'exécrables volumes (1),

Régis était de retirer les pauvres ouvriers de l'abîme où les plongent les passions, et dans lequel les retiennent l'imprévoyance, l'absence de toute instruction morale et religieuse, et aussi l'excès dégradant de la misère; de substituer parmi eux le lien sacré du mariage aux relations coupables, les habitudes paisibles du foyer domestique aux agitations de la rue, et les douces joies de la famille à la licence des cabarets; de garantir d'infortunés enfants de l'abandon, de leur rendre, avec l'état civil, les soins et les affections de leurs parents; de prévenir par là beaucoup de délits et de crimes; de diminuer le vagabondage; d'étendre les bienfaits de la civilisation; d'inspirer aux indigents le respect des lois et de la propriété, le sentiment de leur dignité d'hommes et de chrétiens; de les réconcilier enfin avec la société et avec eux-mêmes. Certes, une telle entreprise ne pouvait être inspirée et réalisée que par cette ardente charité qui enfante des prodiges.»

(1) On ne peut qu'être effrayé du débordement de livres impies et orduriers qui inonda la France sous la Restauration. Des renseignements, puisés à la source authentique et irrécusable du *Journal de la Librairie,* démontrent que, de 1816 à 1824, il parut 31,600 exemplaires de Voltaire, c'est-à-dire, 1,598,000 volumes, sans compter

sans compter les cent mille feuilles quotidiennes qu'enfante le journalisme, circulent comme une séve impure dans toutes les veines du corps social, l'infectent et le dépravent; on dirait autant de bouches soufflant partout la guerre contre Dieu, la révolte contre ses représentants et l'anarchie parmi les peuples : ils faussent les esprits, pervertissent les cœurs, outragent la vérité et la vertu, propagent la science du mal, et vouent sataniquement traditions, croyances et mœurs, à la risée et au mépris. L'impiété a sacrilégement traîné dans la boue tout ce qu'il y a de plus auguste et de plus saint parmi les hommes. Aussi la presse désorganisatrice est-elle, de nos jours, comme un second péché originel qui a souillé l'humanité tout entière et auquel il faut, sous peine de périr, remédier avec une énergique promptitude.

Les mauvais livres sont de deux classes; les uns portent atteinte aux bonnes mœurs, les autres à la foi en attaquant, soit le christianisme en général, soit l'Eglise catholique en particulier : de là une triple division qui nous amène à parler

144,200 exemplaires de tomes détachés du même auteur, formant 288,900 volumes; de Rousseau, 24,500 : nombre total, 492,500; 32,000 exemplaires de romans infâmes de Pigault-Lebrun, c'est-à-dire, 138,000 volumes. Helvétius, Diderot, Raynal, Condorcet, D'Holbach, Dupuis, Parny, Volney, de Balzac, Paul de Kock, George-Sand, Frédéric Soulié, Eugène Sue, et mille autres auteurs irréligieux ou impurs, ne figurent pas dans ce tableau. Est-il possible qu'un gouvernement ou une société quelconque subsiste avec un pareil dissolvant? *Virus mortiferum, lectio librorum qui obscœnas et impias narrationes continent* (Conc. de Bordeaux, 1583.) Ajoutons à cela qu'il y a en France 800 journaux anti-chrétiens, ou tout au moins non chrétiens; 350 à 400 théâtres; des milliers d'apôtres de l'impiété ou de l'hérésie. Certes, ce n'est pas une exagération d'avancer que Bélial a plus d'adhérents que J.-C., et qu'avec tant de moyens il aurait peu à faire pour pervertir le monde, si le doigt de Dieu n'y arrêtait les progrès de l'apostasie et de la dépravation.

successivement des livres immoraux, des livres impies, des livres hérétiques, et de l'antidote à leur opposer.

## LIVRES IMMORAUX.

On ne peut faire un pas à travers la société sans rencontrer des livres immoraux : dans les grands hôtels de nos cités comme dans les modestes auberges de nos villages, dans les salons brillants des riches propriétaires non moins que dans les maisons bourgeoises, dans les immenses fabriques de l'industriel et dans l'humble échoppe de l'homme de métier, partout la corruption vient infiltrer ses poisons. Maintenant la lecture est pour tout le monde une passion, un besoin, une nécessité; cette manie de dévorer les productions de la presse prend au commis-voyageur en route, à l'artisan au fond de sa chaumière, à la fille de boutique dans son comptoir et à la jeune ouvrière qui brode ou qui coud (1). Où ne trouve-t-on pas de ces abominables œuvres pétries de fange et d'ordure? Il est peu de bibliothèques de ménage dont les rayons n'offrent, à l'œil scandalisé, des contes impies

(1) En rassemblant mes souvenirs personnels, je me rappelle avoir trouvé des cuisinières d'opulentes maisons lisant, dans leurs instants de loisirs, des romans licencieux ; des fruitières et des revendeuses passant leur journée à parcourir des feuilletons galants. J'ai rencontré les plus cyniques productions de Voltaire et de Parny sur l'établi du menuisier, sur la cheminée du bourgeois, et jusque dans la petite bibliothèque d'un meunier !

Il n'y a point d'artisans, de modistes ou de lingères qui ne puissent, chaque dimanche, moyennant un sou, sâlir leur imagination par la lecture d'ouvrages tellement immondes qu'on les dirait sortis des ateliers de l'enfer. Ces gens-là n'ont même, le plus souvent, d'autre catéchisme que ces livres obscènes et infâmes.

et de lascives anecdotes ; tandis qu'il est rare d'y rencontrer le Nouveau-Testament, la Journée du Chrétien et l'Imitation de J.-C. La mère de famille néglige ses Heures d'église pour lire des ouvrages licencieux ; sa fille en place sous son chevet, et les ouvre furtivement la nuit quand tout le monde dort : elle s'attache et se colle à ces pages corruptrices, y suçant avec avidité des principes et des sentiments détestables, qui souillent son imagination de mille fantômes impurs et flétrissent dans son âme le beau lis de la virginité. Combien de jeunes personnes se sont perdues sans retour en fouillant, à la lueur d'une veilleuse, dans les plus cyniques publications de l'époque, triste et trop ordinaire avant-coureur de la démoralisation ! L'écolier les cache dans son pupitre, pour les soustraire aux regards de ses chefs et s'en repaître en secret. Le roman se glisse comme un reptile jusque dans la couche nuptiale, où il va préparer l'adultère et l'assassinat. Nul doute qu'il ne fasse plus de ravage que le théâtre, car il corrompt presque tous ceux qui ne fréquentent pas le spectacle. Ce n'est plus dans le silence et dans l'ombre, comme autrefois, qu'apparaissent de telles conceptions ; on les sème à pleines mains sur les places publiques, et souvent le colporteur a l'audacieuse impiété d'en distribuer à la porte même de nos temples. La police s'occupe activement du balayage et de l'éclairage des rues, veille avec zèle à la salubrité des comestibles que l'on vend sur nos marchés et dans nos boucheries, au débit des substances mortifères de nos officines, etc. ; elle ne s'inquiète pas le moins du monde de la redoutable peste du colportage. Cependant cette infâme propagande n'est-elle pas profondément immorale, et ne ronge-t-elle pas au cœur la société moderne en l'infestant de l'affreuse plaie du libertinage ? Malheureusement, les nations ne sont plus chrétiennes en tant que nations : l'erreur et la vérité, le bien et le mal sont égaux devant les gouvernements. Le crime et le mensonge n'ont-ils pas, au milieu de nous, le droit légal de parler et d'agir, de se répandre et de gangréner les âmes?

Nos cabinets de lecture, transformés en ateliers de corruption, vendent, louent, prêtent par milliers à qui veut, des livres d'une immoralité révoltante, qui divinisent le culte des sens et de la volupté. Ces lubriques ouvrages, venant enflammer l'imagination du lecteur et remuer en lui toutes les fibres de la concupiscence, y font fermenter le vice et attisent le feu des passions. Des écrivains effrénés, monstres de débauche, se sont abattus sur la presse et l'ont flétrie de leur souffle envenimé. On les voit travailler au grand jour à pervertir l'innocence dans toutes les classes et tous les âges, livrer insolemment à l'ironie et au dédain la fidélité conjugale, et afficher un cynisme qui ferait reculer d'horreur jusqu'au vieux paganisme lui-même! Au sein de la France abondent leurs hideuses élucubrations, dont quelques-unes sont tellement outrageantes pour la décence et la pudeur, qu'elles font rougir jusqu'à la licence et soulèveraient le cœur d'une prostituée. Mais, hélas! on ne connaît que trop bien les secrètes et malheureuses sympathies de notre nature pour le mal: plus elle trouve d'infamies dans une brochure, plus elle les savoure et s'attache à ce fruit défendu. C'est assez qu'un livre soit farci de scandaleuses obscénités suivies de catastrophes tragiques, pour qu'il en devienne plus piquant, plus propre à faire partout les délices des gens oisifs, et à surexciter la curiosité blassée d'une foule abâtardie. Il ne s'écoule pas une année où l'on ne voie surgir de ces ignobles productions qui déshonorent et dégradent le génie national. Discours, drames, romans, contes, histoires, libelles, feuilletons, tout est exploité aujourd'hui avec une habileté infernale et un raffinement de perversité qui fait peur. C'est de là, comme d'une source fétide, que découle cette séve incroyablement féconde en dépravation, qui déborde à flots de toutes parts, et aux ravages de laquelle la société elle-même ne pourra bientôt plus résister. N'en doutons pas, ce sont ces publications effrontées qui ont changé la presse française en une grande école d'immoralité, et le monde présent en un vaste égoût de corruption. Oui, le roman surtout, devenu un odieux ramas de lubricités et d'horreurs, et toutes ces pièces immondes qui se jouent sur la scène, ont prodigieusement contribué à la démoralisation du peuple de nos villes, trop accoutumé à ne se repaître que des poisons de la volupté. Faut-il, après cela, s'étonner que nos cités populeuses ressemblent à des cadavres en décomposition? Déjà même les germes du libertinage commencent à éclore au sein des campagnes, et pénètrent jusqu'aux hameaux les plus reculés et les plus obscurs. La presse s'est jetée dans un tel abîme d'ignominies qu'un sentiment de pudeur s'est parfois ranimé dans le public, qui a fait justice des monstrueuses créations par elle enfantées; et bien qu'elle lui eût appris à ne rougir de rien, il a ressenti un profond dégoût à l'aspect de tant de turpitudes : plus d'une fois on a vu des pièces tomber sous un orage de sifflets de la part des habitués du théâtre, lesquels, certes, ne se piquent pas d'une extrême sévérité (1).

(1) Ils avaient, arrivés au terme de leur course,
Du fleuve de la vie empoisonné la source;
Et le venin coula....
Pour mieux gâter le peuple ils souillèrent la scène;
Mais, un soir, dégoûté du *sanglant*, de *l'obscène*,
Le peuple recula!

Je n'excepte pas du nombre des ouvrages mauvais ceux où un peu de bien est mêlé à beaucoup de mal, et qui, sous les grâces de la forme, masquent la hideuse nudité du fond, assurément moins propre à séduire qu'à révolter. Ce sont précisément les plus dangereux, parce que, rassurant le lecteur par un langage circonspect et décent, ils distillent ainsi goutte à goutte dans son âme ingénue et trop confiante, un venin qui la tue à son insu.

Et en effet, des pages brûlantes d'amour, des récits anecdotiques et romanesques exhalant un feu impur, engendrent d'épouvantables résultats (1). C'est là un bien séduisant appât, une des amorces les plus tentantes pour les passions. Pétri

Il était las de voir la débauche louée,
Le crime caressé, la vertu bafouée
Par de vils histrions;
Ses pontifes, ses rois, traînés aux gémonies,
Tandis que leurs bourreaux en folles harmonies
Hurlaient: « Dansons!.... rions!.... »

(*Ode à Châteaubriand,* par Justin Bonnaire.)

(1) La plupart de ces ouvrages n'amusent et n'égayent qu'aux dépens de la morale et de la religion : burlesques facéties, bouffonneries grossières, impies dérisions, sarcasmes sacriléges, voilà quel en est le fond ordinaire : aucun échantillon de ce qui est abject n'y manque; on y voit tout ce qu'il y a de méprisable et d'ignoble dans les journaux, tout ce qui se révèle d'abominable et d'atroce dans les audiences d'Assises, tout ce qui se commet d'horrible dans les bagnes, tout ce qui se passe d'infect dans les mauvais lieux; en un mot, c'est un immense cloaque. L'ingratitude, le suicide, le parjure et l'adultère, tel est le beau cours d'éducation qu'ils procurent. Selon les prôneurs de ces avilissantes doctrines, la pudeur n'est qu'une faiblesse, le devoir un vain mot, la conscience un préjugé, la vertu une chimère, la prière une superstition; tout ce que les générations révéraient comme sacré depuis 6000 ans, est par eux impitoyablement foulé aux pieds!

d'un limon corrompu, adonné à la sensualité qui a tant d'attrait pour sa nature, l'homme s'enivrera du fatal breuvage hypocritement déguisé sous la douceur du miel : à l'entendre, il n'y recherche qu'un instant de plaisir, un passe-temps ; mais il y trouvera la mort. Un livre offrant de lascives peintures insinue des pensées, excite des désirs et des sensations qui échauffent l'âme et l'exaltent ; celle-ci se complaît ensuite à revenir sur les aventures et les tableaux qui l'ont captivée en faisant couler peut-être des pleurs d'attendrissement ; elle se repaît avidement des sensuelles images, des émotions voluptueuses qu'elle a savourées avec tant de délectation, et presque aussitôt elle se passionne et se flétrit. Or, d'un cœur corrompu se forment aisément des mœurs déréglées et dissolues. Une funeste expérience ne justifie que trop ces tristes réflexions. C'est surtout quand une œuvre est embellie de tous les charmes d'un talent séducteur et d'une brillante poésie, qu'elle cause de plus désastreux effets. On devine assez quelles impressions doivent produire des discours érotiques, de licencieuses anecdotes, des narrations empreintes d'un perfide enjouement. Rien de plus propre que de telles lectures à développer en nous les flammes de la concupiscence: en agaçant la sensibilité nerveuse et en plongeant l'imagination dans un libidineux délire, elles gâtent les cœurs innocents et consomment la perversion des cœurs déjà souillés. Aussi, sont-ce les livres immoraux qui ont dépravé tant de millions de jeunes gens.

Les ouvrages qu'on jette en pâture aux masses présentent d'ordinaire des héros qui n'agissent, ne vivent et ne respirent que pour l'amour : intrigues et aventures galantes, descriptions passionnées, fastueux éloges de l'infidélité et du parjure conjugal, le tout présenté sous de séduisantes couleurs, accompagné même souvent de gravures obscènes dont la vue révolterait l'homme le moins scrupuleux, tels sont, de nos jours, les objets de lecture privilégiés.

Les mauvais livres, dit Cicéron, amollissent et corrompent les mœurs; on les dévore avec d'autant plus d'avidité qu'ils flattent davantage les penchants vicieux : il y a au fond du cœur humain une boue qu'on ne remue jamais sans mettre les sens en fermentation. De même qu'un trop ardent rayon de soleil suffit pour faner la plus belle fleur, et que le moindre souffle ternit la glace la plus transparente; ainsi de voluptueuses lectures portent une mortelle atteinte à la pureté: c'est ce qui a fait dire à un écrivain que les mauvais livres sont pires que les mauvais amis, et qu'ils ravagent des milliers d'âmes. Voilà une des plus grandes brèches à la morale, et l'une des principales causes du dévergondage de notre siècle! Certains romans qui font les délices du sexe à cause de leur réputation de décence, ne sont pas toujours exempts des défauts ci-dessus signalés; les idées raisonnables, les passages par fois religieux et moraux qu'on y remarque çà et là, ne peuvent servir de passe-port aux étranges théories et aux maximes criminelles qu'ils renferment. Les moins dangereux remplissent la tête d'une foule de chimères, d'erreurs et de préjugés dont on se dépouille rarement : ils énervent l'homme, lui ôtent cette rigidité de principes, ce caractère de vigueur et de fermeté qui soutient sa vertu; lui inspirent une sensibilité vague et incertaine, qui l'attendrit sur des malheurs chimériques sans lui arracher une larme de compassion pour de véritables misères; lui causent des besoins factices et le font soupirer sans qu'il sache pourquoi. « Il n'y a, dit Rollin, que des esprits faux,
» légers et superficiels qui puissent s'attacher à de pareils
» ouvrages, qui ne sont que l'effet des rêveries creuses

» d'un écrivain sans poids et sans autorité, et les préférer » à des histoires belles et solides. La vérité seule est la » nourriture naturelle de l'esprit, et il faut qu'il soit bien » malade pour lui préférer ou même lui comparer des » fictions et des fables. »

## LIVRES IMPIES.

Depuis un siècle l'impiété se répand dans la société par des millions de livres qui, exhalant leur fureur contre le catholicisme, ridiculisent nos dogmes, nos mystères et nos pratiques; sapent les bases de la foi, défigurent la morale, anéantissent la vertu, parodient outrageusement le sacerdoce, peignent la religion sous d'affreuses couleurs et la vouent comme fanatique à l'exécration générale. Pour mettre ces publications anti-chrétiennes à la portée de toutes les fortunes, de toutes les intelligences, et en faciliter par là même le débit, on a eu recours à l'exiguité du format, à la modicité du prix et à la vulgarité du style : aussi ont-elles été colportées et accueillies partout; dévorées avidement par la foule, elles ont organisé, de concert avec les journaux, une ligue impie et popularisé l'irréligion parmi nous. C'est dans ces lectures que le peuple a puisé ses sentiments, ses doctrines, son éducation. Par là on s'explique la haine profonde qui couve et fermente en tant de cœurs; cette affligeante disette de principes, cet indifférentisme universel, cet insultant dédain pour les dogmes de la foi, ce sourire de pitié sur les nobles espérances et les consolantes promesses qu'elle fait briller à nos yeux. On ne croit plus; l'incrédulité, qui a desséché les âmes, ne leur laisse d'énergie et de goût que pour les intérêts matériels, ou les jouissances purement physiques. Sur tous les degrés de l'échelle sociale, l'anarchie est dans les intelligences et le scepticisme dans l'enseignement. Jadis, l'impiété n'avait d'accès que dans les palais des grands et le cabinet des philosophes; aujourd'hui, progressivement descendue dans les basses régions du travail et de la misère, elle est venue s'asseoir à l'âtre du laboureur et dans l'atelier du pauvre artisan; il n'y a pas jusqu'à l'adulte et la jeune fille qui n'en soient infectés. Tous les esprits, enfin, sont en proie à une sorte de vertige. Or, qui nous a jetés dans un aussi lamentable état, sinon la presse irréligieuse? Chaque mauvais livre qu'elle a vomi de son sein a emporté une pierre de l'édifice antique, ébranlé une des colonnes sur lesquelles il repose. Cet immense amas de conceptions désordonnées a détruit, chez un grand nombre de chrétiens, le respect pour la Divinité, la soumission à l'Eglise, le sentiment du devoir, la piété filiale, et rompu tout lien de subordination envers les puissances d'ici bas; de là date la ruine des croyances qui entraîne celle des gouvernements; car de l'abîme de l'impiété les peuples roulent, de chute en chute, dans le gouffre des révolutions. Marqués presque toujours d'un cachet séditieux, les pamphlets anti-religieux appellent les multitudes à la subversion des sociétés, autant qu'au renversement de la religion elle-même: la sape qui démolit les autels mine aussi les empires. Ah! ce n'était pas sans raison que Louis XVI, à la vue des portraits du Citoyen de Genève et du Patriarche de Ferney, s'écriait: « Voilà les deux hommes qui ont perdu la France! » Aux jours de sa plus haute puissance et de sa gloire, Napoléon disait qu'il ne se sentait pas assez fort pour gouverner un peuple qui lirait Voltaire et Rousseau; aussi n'y eût-il pas sous son règne une seule édition de leurs ouvrages. Le trône de Charlemagne et de saint Louis ne put tenir contre le choc de ces principes destructeurs, et l'on vit en trois jours s'écrouler, sous leurs coups, une monarchie de quatorze siècles. Après que la presse impie eût amoncelé les nuages et soufflé sur la France le vent des tempêtes, il était naturel que l'orage enfin crévât sur nos têtes dès longtemps menacées. Condorcet attribue à Voltaire les événements de la révolution: « *Il n'a pas vu tout ce qu'il a fait*, dit-il, *mais il a fait tout ce que nous voyons.* » Une nation empoisonnée à cette source et accoutumée à rire de ce qu'il y a de plus sacré au ciel et sur la terre, ne connaît aucun frein; elle a bientôt tout bouleversé de fond en comble. Quand les masses populaires ne croiront et ne craindront plus rien, qui saura les contenir? Le pouvoir alors ne tiendra qu'à un fil, et les sociétés risqueront d'être mises en pièces par ces hordes farouches et déchaînées. Ce n'est pas à tort qu'un profond penseur a dit qu'il était plus dangereux de jouer avec les principes de la foi qu'avec la poudre à canon. Or, comme toute la jeunesse française va bientôt savoir lire, par suite de l'immense impulsion donnée à l'instruction primaire, vous la verrez se saturer à loisir des impiétés et des saletés du roman. Quelle digue pourra désormais arrêter le débordement sans mesure qui en sera l'inévitable conséquence (1)?

(1) Gardez-vous d'ouvrir des livres impies, dirons-nous aux fidèles: vous n'avez pas fait assez d'étude en matière de religion, vous n'avez pas assez mesuré sa profondeur, pour les lire sans danger; il faut dix à quinze ans de méditations consacrées à cette sublime science avant d'être à même d'en raisonner pertinemment. Discuter contradictoirement ses preuves et les objections qu'on y oppose; consulter les œuvres de ses défenseurs et de ses apologistes, serait chose préalablement indispensable. Mais aujourd'hui, par le plus déloyal des procédés, on s'assimile toutes les productions irréligieuses du XVIIIe

## LIVRES HÉRÉTIQUES OU PROTESTANTS.

L'invasion du protestantisme en France offre peut-être plus de dangers qu'on ne se l'imagine communément. quoique les Réformés ne sachent, dit Rousseau, ni ce qu'ils croient, ni ce qu'ils veulent, ni ce qu'ils disent; quoiqu'ils n'osent même répondre quand on leur demande si Jésus-Christ est Dieu, et qu'ils n'aient pour lui rien au-delà du

siècle, sans même daigner jeter un rapide coup-d'œil sur les ouvrages qui les ont victorieusement réfutées; on emprunte imbécillement les opinions de deux ou trois coryphées de la bande philosophique, on ne veut pas en croire Origène, Chrysostome, Augustin, Bossuet, Fénelon, Newton, Lebnitz, etc...; on répudie la foi des siècles, l'autorité du genre humain, celle même de Jésus-Christ, et l'on jure stupidement sur les dires de deux ou trois chefs de coterie, gens d'esprit peut-être, mais hommes méprisables, vicieux et pervers! Si vous voulez vous former une juste idée de la religion, ne l'étudiez pas dans ses seuls ennemis; lisez le *pour* aussi bien que le *contre* : en sondant les objections, pesez du moins les réponses; si vous accueillez l'attaque, écoutez la défense; si vous contestez sa divinité, interrogez ses titres; si on vous la présente comme superstitieuse, n'en croyez rien sur simple allégation; approfondissez ses dogmes, sa morale et sa discipline : nous ne demandons que justice et impartialité, étude et discussion de bonne foi; c'est là une très-grave question, la plus grave qui puisse intéresser les hommes. Procédez ici comme on le fait devant un tribunal, une cour d'assises; on y entend l'accusé, les témoins à charge et à décharge, le ministère public et l'avocat; les juges ou les jurés ne forment pas exclusivement leur opinion sur le réquisitoire ou le plaidoyer : ils risqueraient d'absoudre un coupable, s'ils n'écoutaient que la voix éloquente du défenseur; ou de condamner un innocent, s'ils ne prêtaient l'oreille qu'à l'impitoyable parole de l'accusateur public. Ainsi encore des opinions politiques, dont on ne saurait apprécier équitablement la valeur respective qu'en les soumettant toutes au creuset d'un impartial examen.

respect et de la reconnaissance, ils ne sont pas sans quelque chance de succès qui mérite la surveillance du clergé : s'ils ont cessé de croire, ils n'ont pas cessé de décrier et de haïr.

D'abord l'erreur a eu pour habituelle tactique de s'allier à l'impiété, et d'exploiter habilement toutes les inimitiés des nombreux adversaires qu'a rencontrés le catholicisme depuis près de cent ans. Ne sait-on pas que toutes les hérésies du seizième siècle ont formé coalition et fait trève à leurs mutuelles antipathies, pour attaquer l'Eglise romaine ? Il y a toujours entre elles une secrète affinité de malveillance contre cette mère commune dont jadis elles se séparèrent : toutes les hostilités anti-sacerdotales se sont donné la main. Or, de la haine vouée au clergé et des préventions semées contre ses doctrines, il n'est pas difficile de pousser à la haine même de la religion cette foule de mauvais chrétiens qui sont en opposition avec le corps ecclésiastique ou avec la morale qu'il prêche. Aussi est-ce surtout dans cette classe de gens que les protestants essayent de recruter des adeptes. Le peuple ne s'instruisant pas assez des motifs et des preuves de sa foi, absorbé qu'il est par les sollicitudes de la vie matérielle, on pourrait dès lors aisément le séduire en lui présentant un prétendu christianisme dans sa pureté primitive, dégagé de pratiques gênantes et de tout ce qu'ils nomment superstitions, tel, en un mot, que suivant eux l'ont établi J.-C. et ses apôtres. De plus, une religion a singulièrement d'attrait pour l'esprit et le cœur par cela seul qu'elle laisse croire tout ce qu'on veut. « Voilà la Bible, vous disent ces astucieux prédicants, lisez-la et faites-vous votre symbole et votre décalogue comme vous l'entendrez ; il vous suffit d'y croire pour vous sauver ; avec elle vous serez débarrassés de vos prêtres et des exigences si onéreuses qu'ils vous imposent. » Cette religiosité vague, commode, et basée sur un rationalisme qui n'est au fond qu'une impiété déguisée, est en parfaite harmonie avec les idées d'un siècle ayant la prétention de se fabriquer à lui-même ses croyances et sa morale. Ignore-t-on encore combien notre nation est légère, mobile, frivole, inconséquente, et, par dessus tout, amoureuse de nouveautés? Enfin, Dieu a bien promis l'indéfectibilité à l'Eglise universelle, mais non à la France qui peut, hélas! cesser un jour d'être une terre catholique, à l'exemple de l'Angleterre devenue sous Henri VIII le foyer de l'hérésie, après avoir été si longtemps l'*Ile des saints*.

A ces considérations générales, ajoutez que les émissaires de la Réforme ne négligent aucun moyen de disséminer leurs erreurs. Soudoyés par des mains inconnues et invisibles, ils envahissent nos campagnes, et sillonnent en tous sens nos quatre-vingt-six départements; ils établissent partout des prêches publics et distribuent à prix modique, souvent *gratis*, de petits imprimés, des dialogues, des lettres, des dissertations, etc., revêtus de formes quelquefois simples et tout à fait au niveau des intelligences auxquelles ils s'adressent. Dans ces brochures huguenottes, ils présentent habilement tous les points d'attaque saisissables pour le vulgaire, rappellent des abus surannés qui ne sont plus ou qui même n'existèrent jamais, de scandaleuses anecdotes inventées par les partiaux chroniqueurs de la secte ou les historiens haineux de l'école voltairienne, qui, comme chacun sait, ont dévoilé, en les exagérant, les plus honteuses nudités de l'histoire; ils ressassent les vieilles objections mille fois refutées, les calomnies anciennes et nouvelles, les plus odieuses comme les plus invraisemblables, se flattant de les voir favorablement accueillies de la multitude crédule et avide de scandales. Souvent même ils font des prédications familières remplies d'invectives et d'injures contre la religion catholique, sapent nos dogmes et traitent nos observances de ridicules momeries, d'inventions sacerdotales. Des textes incohérents dérobés à l'Ecriture viennent appuyer, tant bien que mal, leurs flétrissantes imputations ; par eux enfin tout est mis en œuvre pour détacher les fidèles des seules croyances véritables, et faire germer l'hérésie dans leurs âmes fascinées.

Voyez-vous s'étendre comme un réseau sur la France qu'elles enlacent de toutes parts, ces bandes de colporteurs gagés, qui, dans leurs courses mercantiles, sèment à pleines mains leurs bibles falsifiées et tous ces injurieux libelles, ces pamphlets menteurs, où sont outragés avec une frénétique audace, calomniés sans pudeur et déchirés à belles dents, les pasteurs honorables dont ils ravagent le troupeau? A les en croire, la chasteté du prêtre n'est qu'une fiction, un mensonge derrière lequel il s'abrite pour mieux tromper les simples; des feux adultères le consument, et, abusant de la sainteté de son ministère, il dresse son confessionnal comme un piége infâme où succombent et l'honneur de la vierge et la vertu de l'épouse. Pour mieux stygmatiser l'Eglise, qu'ils osent encore appeler, après leur chef, *la grande prostituée de Babylone*, ces propagandistes s'acharnent à décrier publiquement son ministre et à mettre en lambeaux sa réputation, le seul bien d'ici-bas qu'on doive préférer à la vie; puis, afin que le villageois ou l'ouvrier se laisse prendre à ce machiavélique stratagème, ils ont grand soin de décorer le frontispice de leurs déloyales brochures d'un titre hypocritement religieux. Voilà l'œuvre et ses fauteurs! Or, en présence de ces trames iniques, méchamment ourdies par une occulte société, et capables assurément d'entraîner de nombreuses apostasies, les membres du clergé pourraient-ils rester dans l'inaction, se croiser impassiblement les bras ou s'endormir d'un lâche sommeil? Leur silence et leur apathie ne seraient-ils pas un crime? Ne sont-ils point les défenseurs-nés de la foi et les sentinelles avancées du catholicisme? N'est-ce pas à eux, gardiens de l'orthodoxie, de veiller à la conservation du dépôt qui leur est confié, et de refouler au loin, à l'aide d'un zèle toujours tempéré par la prudence, les intrigants missionnaires du protestantisme?

On a formé, sachons-le bien, l'infernal projet, hautement avoué du reste par ses auteurs, d'enlever à l'unité catholique l'antique royaume de Saint-Louis. Loin donc de nous bercer dans une sécurité trompeuse, ayons l'œil incessamment fixé sur cette légion d'apôtres mercenaires et vagabonds qui, nouvelle plaie d'Egypte, sont venus fondre, comme des nuées de sauterelles, sur notre belle patrie pour la décatholiciser, autant qu'il est en eux, et conquérir à l'évangile de Luther ou de Calvin ses nobles et généreux enfants. Que les curés se tiennent en garde contre une si dangereuse invasion et s'attachent à prévenir la défection de leurs ouailles; pour cela, qu'ils empêchent par tous les moyens possibles la circulation de ces livres qui feraient fermenter, au sein de nos populations, le germe des funestes doctrines. Un bon pasteur, en visitant les familles, devra saisir les écrits corrupteurs du dogme et de la morale, afin de préserver son peuple de la terrible contagion qu'ils tendent à propager; il surveillera avec une soucieuse attention toutes les manœuvres de ces émissaires de l'hérésie, dont l'unique but est de protestantiser leurs paroisses.

C'est assez, sans doute, d'avoir signalé d'aussi graves dangers, pour inspirer au clergé le dévouement et la vigilance que réclament de lui les circonstances présentes. Si les suppôts de l'erreur déploient, pour atteindre à leurs fins, une habileté perfide et une satanique activité, redoublons de zèle, nous aussi, et ne nous montrons pas moins ardents pour le bien que nos ennemis pour le mal. Ministres de J.-C., sauvons notre foi menacée, préservons-la des tentatives hétérodoxes, transmettons à nos successeurs ce glorieux dépôt dans l'intégrité parfaite et la pureté sans tache qui en forment le caractère principal, et assurons à l'Eglise, par la persévérante ardeur de nos efforts, son légitime empire sur les âmes en ce monde, en attendant pour elle l'éternel repos des cieux.

## MOYENS A OPPOSER A L'INVASION DES MAUVAIS LIVRES.

Comme c'est par les mauvais livres que l'immoralité, l'impiété et l'hérésie, sont parvenues ou cherchent encore à détruire dans les cœurs jusqu'au dernier germe de l'innocence et de la foi; c'est par les bons, répandus dans une proportion au moins égale, qu'on pourra maintenir ou régénérer les mœurs, ranimer, affermir et sauvegarder les croyances : messagers de la vertu, puissants véhicules des idées chrétiennes dont ils seront les apôtres muets, ils les feront pénétrer au sein des familles, dissipant les préjugés, redressant les erreurs, repoussant les calomnies, écrasant le mensonge sous le poids accablant de la vérité.

Le poison ne se neutralise que par l'antidote. Aux abominables productions qui, se jouant de la crédulité des masses, travaillent à les dépraver et à perdre dans leur opinion l'Eglise et ses ministres, il faut donc, de toute nécessité, opposer des ouvrages graves, moraux, consciencieux, où apparaisse dans toute sa splendeur la vertu si lâchement travestie, où soient dignement retracées les grandeurs de la religion avec ses innombrables bienfaits, le dévouement et la salutaire influence du sacerdoce avec l'imposant cortége de ses bonnes œuvres. Reconstruire ce qui a été démoli, consolider ce qui a été ébranlé, réparer toutes les brèches ouvertes, voilà notre tâche à nous, tâche laborieuse, il est vrai, mais d'un facile accomplissement et d'un succès infaillible par la propagation des bons livres, véritable apostolat des temps modernes. Or, l'abondance en est si grande que nous ne saurions être embarrassés que du choix : et puis, la Croix n'a-t-elle pas inspiré plus de chefs-d'œuvre que la débauche ou l'athéisme ? Ces vampires de l'humanité en produiraient-ils un seul égal, entre autres, à l'imitation de J.-C., *le plus beau livre qui soit sorti de la main des hommes*, a dit Fontenelle, *puisque l'Evangile n'en vient pas?*

La première condition de réussite c'est d'agir de concert. Au lieu donc de nous borner à des tentatives isolées, individuelles, qui n'amèneraient que de faibles résultats, formons, sur toute la surface du royaume, une immense association d'hommes intelligents et dévoués, pour la réimpression des bons ouvrages et l'anéantissement des mauvais. Atteignant en France un chiffre de plus de 40,000 prêtres, nous avons une si grande supériorité *numérique*, qu'il n'y a qu'à vouloir pour vaincre : à l'aide d'une croisade fermement résolue entre nous, nous parviendrons sans nul doute à tuer le colportage impie, licencieux ou hérétique, si, par un concours unanime, nous exerçons partout à la fois une active surveillance.

Sur tous les points du territoire les zélateurs de la prétendue réforme ont établi, comme nous l'avons vu, des librairies ambulantes, vaste système de dissolution qui semble inventé par l'enfer contre l'invariable doctrine de l'Homme-Dieu. Pour entraver dans sa marche cette envahissante et désastreuse propagande, nous aussi organisons, d'un commun accord, dans chacun de nos presbytères, de petites bibliothèques paroissiales, où abonderont les récits populaires, amusants, instructifs, les histoires édifiantes et les vies de saints. Multiplions les publications honnêtes afin de prévenir la contagion des immorales : celles-ci reculeront d'elles-mêmes quand une fois elles verront la place prise, et ainsi les communes rurales seront heureusement affranchies de leur clandestine et dangereuse introduction. Là nous aurons soin de réunir encore tout ce qui peut servir à l'enseignement et à l'éducation de l'enfance; car c'est principalement aux âmes neuves et innocentes, naturellement inclinées vers le bien, qu'il importe d'offrir un aliment intellectuel et moral, propre à calmer en elles les passions naissantes, à leur rendre la religion chère et aimable, et à préparer ainsi à l'Eglise un meilleur avenir.

C'est, il faut en convenir, un rude labeur d'entreprendre la guérison radicale d'une société telle que la nôtre; mais, quoique grave, le mal n'est point irrémédiable; il nous reste, dans la presse chrétienne, un sûr moyen de régénération et de salut : par elle bientôt nous aurons reconquis la France au pacifique empire du catholicisme. Cette passion de lire qui s'est emparée de tous, sans distinction d'âges ou de conditions, veut être satisfaite; il lui faut une continuelle pâture : si vous ne présentez un pain fortifiant à vos frères affamés, ils se jetteront avec avidité sur les mets offerts à leurs insatiables appétits.

Ces lectures seraient une occupation bien salutaire à fournir aux paroissiens, surtout pour les longues soirées d'hiver. Peut-être ne goûterait-on pas, dès le début, les ouvrages exclusivement religieux; mais on pourrait y amener insensiblement les individus en leur en distribuant d'abord d'un peu moins sérieux, dont l'intérêt et l'agrément ne manqueraient pas de les captiver. Viendraient ensuite les livres utiles ; ceux, par exemple, qui traitent de l'agriculture, de la fabrication ou de l'emploi des instruments aratoires, de l'horticulture, de l'hygiène domestique, de l'histoire générale ou particulière, des progrès de l'industrie, des récentes découvertes de nature à intéresser les populations rurales, de la civilité, de la réforme des mœurs, en un mot de tout ce qui présenterait un moyen honorable et licite de parvenir au but éminent qu'on se propose.

Depuis quelques années, il s'est fait à prix d'or, au sein même de la presse, une monstrueuse alliance dont le siècle dernier, si fécond en anomalies de tout genre, ne nous avait pas donné l'exemple. En proie aux convulsions de l'agonie, le journalisme anti-religieux, indifférent ou non franchement chrétien, s'aperçut naguères que le peuple, ami par instinct du calme et de la quiétude, était aussi las d'utopies que de révolutions ; et que ces mille nuances d'opinions plus ou moins incolores, jetées chaque matin en pâture à sa curiosité blasée, produisaient sur son esprit l'effet d'une potion nauséabonde. Du dégoût naît vite l'abandon ; et, pour le journalisme, l'abandon c'est la ruine, c'est la mort. Que faire donc ? Dans sa détresse, et pour consolider ses affaires croulantes, il s'avisa de tenter, bourse en main, la cupidité de nos romanciers les plus en vogue. La proposition était trop belle pour n'être pas acceptée d'emblée ; aussi vit-on des feuilles spéculatrices traiter à forfait avec les hauts et puissants seigneurs de la littérature à la mode, lesquels, moyennant large rétribution, se sont engagés à leur livrer exclusivement toutes les productions de leur intarissable plume. Or, les plus impies, les plus cyniques et les plus extravagantes étant naturellement les mieux payées, il s'alluma dès lors entre les auteurs du genre une hideuse collision de scandales, dont le débordement, toujours croissant, n'est pas encore près de s'arrêter. Le roman sauva, pour quelque temps du moins, le journal aux abois; celui-ci récompensa par la publicité le *cher* dévouement de son libérateur; et, de cette infâme union du livre avec la presse périodique, scellée par l'argent dans la boue, naquit ce fruit bâtard qu'on appelle désormais *Roman-Feuilleton*.

Là est impunément calomniée, travestie, livrée au sarcasme la sainte Eglise catholique, et, comme son divin époux, on la soufflette en lui crachant à la face; là on arme, contre un être imaginaire, du pistolet, du poignard ou du poison, la généreuse et inoffensive main du prêtre; là le crime et le libertinage se mirent à l'aise dans leurs héros déifiés; là le juge est assis au banc d'infamie et garrotté au pilori, à la place du condamné; là le bagne, purifié par les milliers d'*honnêtes-gens* qu'il recèle, se transforme en temple de l'innocence et de la vertu; là enfin de sataniques voix prêchent effrontément la désorganisation sociale.

La réduction du prix d'abonnement facilite, principalement dans les cités, la multiplication de ces journaux, plutôt démoralisateurs que *conservateurs*. Il importe donc, au plus haut degré, d'en paralyser, autant que possible, l'action dévastatrice : or, on n'a de chance d'y parvenir, tôt ou tard et Dieu aidant, que par la dissémination non seulement des bons livres, mais encore des écrits quotidiens, hebdomadaires, mensuels ou même annuels, qu'enfantent, soit à Paris, soit en province, d'infatigables plumes, noblement dévouées à la cause immortelle et trois fois sainte de la religion et de la société. Les ecclésiastiques favorisés d'un peu d'aisance ou de patrimoine, ne devront pas négliger un élément de bien dont la puissance est à la fois si manifeste et si incontestable.

De là ressort aussi pour le clergé la nécessité d'avoir dans chaque diocèse, afin de se défendre au besoin contre les injustes attaques de ses adversaires, astreints dès lors à plus de modération, un journal religieux à l'aide duquel il puisse, en le substituant partout aux feuilles subversives ou corruptrices, guérir par la bonne presse les blessures faites par la mauvaise à la foi et aux mœurs; opposer la prédication de l'ordre à celle du trouble, de la vérité à celle de l'erreur; divulguer et répandre à profusion les ouvrages capables d'attirer de nombreux disciples à la paix, à la vertu et à la piété. En communiquant avec bienveillance aux plus influents d'entre ses paroissiens cette périodique publication, exempte de couleur politique, il les détournera sans peine de s'abonner à ces placards impies ou démagogues, qui, foulant aux pieds toute espèce d'autorité, ne respectent pas plus le trône que l'autel, le prêtre que le magistrat, le gouvernement du roi que celui de l'Eglise.

A la différence du journalisme, dont l'action se concentrant surtout dans les classes aisées, s'arrête en quelque sorte à la superficie de la société, l'Almanach, qui est assurément un des plus puissants leviers de la presse au sein des masses, pénètre jusqu'aux racines de la nation, et y jette des impressions profondes et durables. Une habitude traditionnelle porte les gens des classes inférieures à acheter cette modeste brochure dont ils font, pendant douze mois, leur lecture presque unique, le sujet de leurs entretiens, l'aliment de leur intelligence et de leurs mutuelles réflexions. C'est le rudiment du peuple, le livre du foyer, le *vade mecum* et comme le bréviaire du paysan; c'est une arme à double tranchant avec laquelle on aigrit ou l'on apaise les ressentiments de la multitude à l'égard des gouvernements, on développe ou l'on refoule ses sympathies pour la religion et les prêtres. Là trop souvent on lui montre, toujours dans l'autorité, jamais dans elle-même ou dans ses passions, la source de ses misères et de ses malheurs ; on ne lui parle que de ses droits et non de ses devoirs.

L'Almanach est sans cesse consulté ; ses récits, facéties ou anecdotes sont la quotidienne récréation des veillées : il est donc bien désirable que ces pages, si avidement dévorées, ne soient pas empreintes du venin de l'immoralité ou de l'irréligion ! Bon, il produira un bien immense ; mauvais, d'épouvantables ravages.

Le clergé paroissial connaît assez les usages et l'esprit des campagnes pour savoir que ce genre de publication, le plus populaire et le plus répandu, est l'indispensable journal du laboureur, de l'artisan, du bûcheron, et, avec le Livre d'église, le manuel de toutes les familles villageoises. Aussi, bien convaincus de son influence universelle, les instigateurs de l'impiété et de l'hérésie emploient-ils ordinairement cette voie de publicité pour faire circuler et accréditer leurs idées politiques ou religieuses, jusque dans les derniers rangs du peuple. Ici c'est à qui rivalisera d'ardeur et de prosélytisme. Or, le meilleur service qu'un pasteur pourrait rendre à son troupeau, ce serait, nous en avons l'intime persuasion, de se procurer tous les ans, de bonne heure, en grand nombre et par conséquent à bon marché, des almanachs redigés dans un esprit sage et religieux, afin d'en pourvoir chaque ménage avant que les colporteurs et les petits marchands n'aient pu infecter nos campagnes de ceux qui ne sont propres qu'à les démoraliser. Avertis dès le mois de septembre qu'ils en trouveront, à un prix minime et même *gratis*, chez l'instituteur ou toute autre personne assez obligeante pour se prêter à cette bonne œuvre, les paroissiens s'empresseraient de faire là leur petite provision annuelle, et se dispenseraient d'acheter les *premiers venus*, parfois abominables sous tous les rapports, et dont la plupart fourmillent de traits, de dialogues ou de tableaux qui présentent, contre la religion et le sacerdoce indignement défigurés, les plus calomnieuses insinuations. N'est-ce pas au père à sauver sa famille, quand l'inondation, la peste ou l'incendie la menace?

Oui, le livre, le journal, l'almanach, vivifiés par un esprit moral et franchement catholique, sont, dans les mains du clergé, un triple levier à l'aide duquel, plus fort qu'Archimède, il peut soulever le monde et le régénérer.

---

# CHAPITRE XVII.

## INCONVÉNIENTS DE L'INTERVENTION DU PRÊTRE DANS LES AFFAIRES POLITIQUES, COMMUNALES ET PRIVÉES.

1° *Affaires politiques.* — Il est sans aucun doute permis au prêtre, comme à tout autre citoyen, d'avoir dans le secret de son cœur des regrets ou des désirs, des affections et des préférences, ou même des antipathies pour telle ou telle forme de gouvernement. Si, en matière politique, il s'attache par prédilection à certaines théories, il n'en doit compte qu'à lui-même et à Dieu, et personne n'a le droit de lui en commander le sacrifice. Il peut ne lui être pas indifférent que des rois montent sur le trône ou en descendent, que des dynasties soient emportées ou surgissent aux jours de tempêtes. La conscience de l'homme est comme un sanctuaire impénétrable, où ses semblables n'ont rien à voir, rien à condamner; il n'appartient qu'au souverain scrutateur des âmes d'y fouiller et d'en juger les sentiments intimes. Les opinions, enfin, sont essentiellement libres : nul pouvoir n'ayant de prise sur la pensée, elle échappe dès lors à l'empire des lois humaines.

Mais si le prêtre peut avoir, dans son for intérieur, les principes ou les convictions qu'il lui plait, il devient responsable de leur publicité manifestée par des écrits, des actes ou des paroles. Le gouvernement sous le régime duquel il vit, a droit de n'être ni offensé, ni attaqué par lui, sauf le recours de l'opprimé aux voies légales en cas de tyrannie ou de persécution (1). Les divers partis qui divisent la société ont besoin d'avoir foi au prêtre et à son ministère : aucune catégorie politique ne doit donc le regarder comme ennemi ou simplement suspect, et par là se croire autorisée à rompre avec lui. Un curé prudent saura, au contraire, se concilier l'attachement et la confiance des diverses nuances d'opinions, pour les attirer toutes à J.-C. Il se rappellera qu'à l'exemple de son divin maître, il doit passer ici-bas en y faisant du bien à tous: désarmer les haines, apaiser les troubles, assoupir les ressentiments et les discordes civiles, neutraliser les factions, éteindre toutes ces rivalités jalouses qui déchirent les paroisses, rallier par une sage et pacifique médiation les esprits divergents, former en un mot de tous les hommes une société d'amis et de frères, telle est la noble tâche du bon curé; voilà, s'il est habile et à la hauteur de ses fonctions, le seul rôle convenable qu'il

(1) La conscience du prêtre et les bienséances de son caractère lui interdisent toute opposition contre les gouvernements sous lesquels il peut se trouver placé; à plus forte raison, des idées, des maximes tendant à l'insurrection, ou des sympathies pour ceux qui manifesteraient de tels instincts. Le clergé ne doit ni se marier avec l'Etat, ni faire divorce avec lui; songeant aux innombrables difficultés qui entravent sa marche et son action, il se gardera de lui susciter aucune espèce d'embarras. Presque toujours ils ont l'un et l'autre les mêmes ennemis à craindre, les mêmes intérêts à conserver et à défendre; tous deux souffriraient de l'antagonisme et de la lutte qui éclateraient entre eux. Il ne convient pas néanmoins que le prêtre s'inféode à un parti politique, ou se livre corps et âme à un pouvoir quelconque: il le respectera, mais sans lui prodiguer trop de marques de dévouement. L'excessive complaisance du clergé pour l'Etat ne lui a jamais réussi; plus d'une fois même elle a été fatale à ce dernier.

puisse remplir dans l'état actuel des choses. Malheur à lui si, oubliant sa belle mission de conciliateur, il a la maladresse de se faire le satellite d'un pouvoir humain, ou le porte-enseigne d'un parti ! Repoussé bientôt par les fractions politiques opposées, il se rendra personnellement odieux, et verra son ministère frappé d'une complète nullité à l'égard des autres. Sans abdiquer ses propres idées dont, encore une fois, il ne doit compte à personne, le prêtre n'ira jamais les produire au dehors ; il ne sera ni blanc, ni bleu, ni guelfe, ni gibelin ; il ne se montrera pas plus partisan de l'absolutisme que du libéralisme, du mouvement que du système d'immobilité (1). De même qu'en religion ce n'est pas à Paul, à Céphas ou à Apollon qu'on appartient, mais à Jésus-Christ seul ; de même, en politique, le prêtre n'appartiendra ostensiblement à aucune coterie : il n'attaquera et ne défendra les chefs d'aucune opposition, ni les systèmes qu'ils représentent, s'abtiendra de toute déclamation ou sortie contre les gouvernements et leurs ministres, évitera scrupuleusement les discussions de cette nature, ne se mêlera en rien aux intrigues dont, à son insu, on voudrait le rendre l'instrument ; il gardera enfin, au milieu des misérables menées de l'esprit de cabale, cette

(1) Le prêtre ne saurait mieux faire que d'imiter, dans des circonstances analogues, la conduite de notre divin maître lorsque les Pharisiens lui demandèrent insidieusement s'il fallait payer l'impôt à César ; ils espéraient, au moyen de cette captieuse interrogation, l'obliger à se prononcer ouvertement, soit en faveur des Juifs contre les Romains, soit pour les Romains contre les Juifs, et par conséquent le perdre dans l'un ou l'autre de ces deux partis. On sait par quelle réponse pleine de sagesse Jésus éluda le piége qu'ils lui tendaient perfidement et confondit leur ruse diabolique : *Cujus est imago hæc aut superscriptio? Dicunt ei : Cæsaris. Reddite ergò quæ sunt Cæsaris Cæsari, et quæ sunt Dei Deo.*

grave et prudente neutralité qui lui méritera partout confiance et respect.

Ne consumons donc pas, en stériles débats, des jours et des forces que nous devons à l'Evangile et au salut de nos frères. Représentants du bon pasteur, faisons descendre ses bénédictions sur nos paroissiens, sans distinction de camp ni de drapeau; tendons leur fraternellement la main, ouvrons à tous notre cœur.

Du reste, nous payons le tribut avec Jésus, nous obéissons aux édits avec Marie, nous nous soumettons aux puissances de la terre avec saint Paul; mais, après avoir accompli ce devoir, nous laissons à Dieu et au temps le soin de juger la valeur des opinions humaines. Quelles que soient donc les exigences et les clameurs des partis, ne remplissons, parmi nos concitoyens, d'autre office que celui de pères, d'amis et de pacificateurs.

C'est pour avoir paru dévier de cette ligne de prudence que le clergé s'était attiré la si violente haine qui, il y a seize ans, s'est tout à coup déchaînée contre lui, précisément parce qu'on l'a cru un corps politique: il a durement expié la faute qu'on lui attribuait d'avoir contracté une union trop étroite avec le gouvernement d'alors, et chèrement payé les frais de cette alliance prétendue. Le ressentiment public a fait explosion au milieu de l'effervescence populaire de 1830; et la soudaine éruption de ce volcan rappellera longtemps les dangers que court le prêtre, en prenant part à cette guerre anarchique des factions qui, tour-à-tour, prévalent et succombent dans nos crises sociales (1).

(1) On ne peut se dissimuler que la dernière révolution n'ait été faite autant contre l'Eglise que contre la Couronne; à cause de leur

Cette grave leçon a montré, une fois de plus, l'imprudence qu'il y aurait à vouloir identifier la religion et la politique. En présence de tant d'opinions opposées et intolérantes qui partagent la société, le clergé, fuyant jusqu'au moindre soupçon de complicité avec aucune d'elles, n'arborera d'autre étendard que celui de la Croix. Son unique préoccupation doit être ici de défendre l'Eglise et de veiller à ses intérêts : en voulant au contraire, champion d'un prétendant quelconque, soutenir de sa houlette pastorale le trône à l'égal de l'autel, il s'exposerait à la voir briser par le parti adverse, si ce dernier venait à triompher. Préférons aux restaurations dynastiques les restaurations morales ; ne prenons point pour appui le bras de chair des gouvernements : le mieux, c'est de nous affranchir de toute protection terrestre et de tout patronage politique, dont nous avons pu reconnaître la fragilité.

intime alliance au moins présumée. Si, depuis cette forte secousse, un certain parti a traité la religion en vaincue, en conspiratrice et en ennemie, ce n'a été que parce qu'il la croyait de complicité avec le pouvoir déchu ; car généralement on ne la haïssait pas pour elle-même. Il est incontestable que les sacriléges commis alors avaient plutôt le caractère de représailles politiques. Si des églises furent violées et des croix de mission abattues par de furibonds profanateurs, les passions de l'époque ne restèrent pas étrangères à ces saturnales de grossière et brutale impiété. La liaison supposée du corps ecclésiastique avec l'ancienne dynastie en a été le véritable motif. Un observateur judicieux et dévoué aux intérêts de la Foi, examinant les causes de cette sourde défiance qui a régné dans quelques administrations publiques et dans les masses contre toute influence sacerdotale, l'attribue aux sympathies qu'elles croyaient au clergé pour le retour d'un ordre de choses qu'on leur avait appris à détester. Cette méfiance, continue le même auteur, s'oppose à toute action même bienfaisante des ministres du catholicisme sur une grande partie de la population, et elle durera aussi longtemps que pèsera sur eux ce poids immense d'impopularité.

Les pouvoirs humains sont caducs et périssables; la fureur des passions en délire, le souffle des vengeances populaires les balaient de la surface du sol en un jour d'orage. La Providence, qui dirige les destinées du monde avec une souveraine sagesse, n'a-t-elle pas d'ailleurs, dans les secrets de sa justice, des raisons pour ôter et distribuer les couronnes, faire voler en éclat les sceptres et les diadèmes, broyer les trônes et anéantir les monarchies? Autrement en est-il de l'Eglise éternelle de Dieu : elle du moins, n'est pas une de ces institutions qui paraissent un instant pour mourir ensuite; à elle seule donc notre foi, nos espérances et nos affections (1)! Laissons aux fonctionnaires la servile admiration pour les pouvoirs qui salarient leur dévouement. Adorateurs de tous les soleils levants, prôneurs

(1) « Le prêtre ne doit se passionner ni pour ni contre les formes ou les chefs des gouvernements d'ici-bas : les formes se modifient, les pouvoirs changent de noms et de mains, les hommes se précipitent tour à tour du trône ; ce sont choses humaines, passagères, fugitives, instables de leur nature. La religion, gouvernement éternel de Dieu sur la conscience, est au-dessus de cette sphère de vicissitudes, de versatilités politiques, elle se dégrade en y descendant; son ministre doit s'en tenir soigneusement séparé. Le curé est le seul citoyen qui ait le droit et le pouvoir de rester neutre dans les causes, dans les haines des partis, dans les luttes qui divisent les opinions et les hommes; car il est avant tout citoyen du royaume éternel, père commun des vainqueurs et des vaincus, homme d'amour et de paix, ne pouvant prêcher que paix et qu'amour. » (*Lamartine*).

Nous ne saurions assez le répéter, tout ce que le prêtre peut faire de mieux c'est de se soumettre d'une manière purement passive à ces phases politiques, à ces substitutions de nouvelles formes aux anciennes : il acceptera, à l'exemple de l'Eglise, les faits accomplis, les nouveaux pouvoirs, une fois qu'ils auront été définitivement constitués. Ne sont-ce pas là, d'ailleurs, presque toujours, des événements providentiels qui entrent dans l'économie de la sagesse divine pour le gouvernement du monde?

enthousiastes de tous les partis vainqueurs, ils leur prodiguent l'encens tant qu'ils sont debout; mais aussi malheur aux vaincus soudainement tombés par terre! *vœ victis!* point d'injures, point d'outrages qu'ils ne déversent à pleines mains sur eux. Pour nous, soldats de la milice ecclésiastique, consacrons exclusivement notre puissance morale et toute l'influence de notre zèle à conquérir des âmes à Jésus-Christ; apprenons à nos frères à ne se point haïr ou maudire pour de simples opinions; aimons sincèrement tous les hommes sous quelque drapeau qu'ils marchent, pourvu qu'ils soient honnêtes et loyaux; confondons-les dans notre cœur et embrassons-les dans un commun amour; apprenons-leur à se supporter mutuellement malgré la divergence de leurs idées, laquelle ne doit exercer aucune impression haineuse sur des gens éclairés. Tel est le rôle de pacification dévolu au prêtre à travers les terribles commotions qui placent ou déplacent les familles princières, au milieu des variations de l'atmosphère politique, en présence de gouvernements toujours incertains, et de peuples si mobiles et si inconstants. Cette sage attitude du clergé en face de tous les partis, les obligera à déposer leur fiel et leur animosité, les réconciliera entre eux et avec le catholicisme, qu'ils n'ont haï que parce qu'ils l'ont méconnu en le prenant pour une bannière ennemie, et ils seront heureux désormais de se reposer à son ombre tutélaire. Le prêtre attentif à ne jamais s'écarter de cette ligne, est assuré de l'estime et de l'affection générales: nul doute qu'il ne passe tranquille et honoré sous tous les régimes (1).

(1) « N'engagez pas vos pensées et vos espérances dans le labyrinthe des événements humains; car les sentiers sinueux et détournés du monde, ne conviennent pas à l'âme grande et droite du prêtre. Le prêtre

En matière politique, l'Eglise ne discute pas le droit; considérant seulement le fait accompli, elle l'accepte ou le subit; elle n'examine point, pour régler sa conduite, l'origine du pouvoir ou le mode de sa constitution; sans se préoccuper ni de la couleur de l'étendart déployé, ni d'où souffle le vent qui l'agite, elle se soumet à toute puissance temporelle qu'elle trouve établie, n'importe la forme, car l'Evangile n'en prescrit et n'en consacre aucune: là-dessus point de révélation expresse (1).

vit dans l'atmosphère du ciel; et l'air pesant de la terre lui est funeste et mortel. Si un géant veut prendre les vêtements d'un nain, il les déchirera, parce qu'ils sont trop étroits pour lui: si le prêtre veut introduire son âme dans les combinaisons écourtées de la politique, il s'apercevra qu'elles ne lui vont pas, parce qu'il est trop élevé pour elles. L'oiseau ne sait point marcher sur la terre, parce qu'il a été fait pour voler; et le prêtre ne sait point gouverner les choses terrestres, parce que celles du ciel lui ont été confiées. Dieu livre au vertige l'esprit du prêtre qui met la main aux choses du monde, afin que le monde voie que la vocation du prêtre est plus haute et plus sainte. Quand le prêtre met la main sur le sceptre, et que le roi touche l'encensoir, l'Eglise et l'Etat sont en souffrance, et le monde marche à reculons. » (*Charles Sainte-Foi.*)

« Quand le prêtre se transforme en homme de parti, quand il se fait représentant d'une faction politique quelconque, il devient d'autant plus odieux qu'on avait de sa mission une idée plus haute: et cela n'est que juste au fond; car quel crime égal à celui d'identifier les choses de la terre aux choses du ciel, les illusions du temps aux réalités impérissables de l'éternité? que de mettre une opinion, une passion, un intérêt, sur l'autel du Christ, et quelquefois à la place du Christ? » (*Lamennais.*)

(1) Le catholicisme sait admirablement *se varier* selon les temps, le génie des institutions et des peuples; mais, toutefois, en maintenant l'intégrité de ses dogmes et la libre action de sa hiérarchie. Il reconnaît et consacre sans hésiter tous les pouvoirs, sous quelque forme qu'ils se présentent, pourvu que leur constitution soit sanctionnée par le vœu de la majorité. Citoyen de toute la terre, contemporain de

Il y aura, entre le clergé et les partis, d'infranchissables abîmes, tant que ceux-ci le croiront hostile. Respectons les convictions d'autrui : l'indulgence est la grande médiatrice; sans elle pas de rapprochement possible. La Croix, voilà le noble signe de ralliement qu'il faut placer au centre de tous les camps rivaux, afin de les réunir par leurs points de contact. Embrassant à la fois la généralité des temps, des lieux et des hommes, sans acception d'idées ou de personnes, la religion se prête à la manière d'être des différents peuples, et s'accommode de tous les gouvernements comme de tous les climats. Que son triomphe universel soit donc le terme de nos désirs, et, pour rapprocher vainqueurs et vaincus, n'arborons, sur l'orageux océan du monde, qu'un seul pavillon, celui de la paix, de l'amour et de la fraternité !

L'Eglise perdrait tout à s'associer intimement à ces dominations qui passent, à ces races qui se succèdent avec tant de rapidité, à ces formes tour à tour monarchiques, oligarchiques ou démocratiques, dont l'instabilité continuelle l'entraînerait inévitablement dans leur chute ou leur impopularité. Elle doit, sous peine de compromettre sa dignité et de miner sa puissance, s'attacher à ce qui ne change pas, à ce qu'on ne maudit jamais; car subissant, par une déplorable solidarité, toutes les révolutions des pouvoirs auxquels elle se serait inféodée, elle verrait lui échapper par milliers

tous les âges, il règne et fleurit sous les gouvernements absolus, représentatifs ou même républicains : tout ce qu'il demande, dit Bossuet, c'est qu'on lui laisse passer son chemin et achever son voyage en paix; il ne réclame, pour toute faveur, que sa place au soleil, c'est-à-dire, son indépendance spirituelle. Il suffit au clergé d'être rassuré sur l'intégrité de la foi et la liberté de l'Eglise, pour qu'on obtienne de lui soumission respectueuse et sincère; il abandonne volontiers au siècle sa politique et ses révolutions : *Da animas, cætera tolle tibi.*

les âmes, son unique et inviolable empire. Appuyée sur les infaillibles promesses de son Fondateur, elle n'a pas besoin d'appeler à son aide le bras séculier : sa force est, non dans la loi, le trône ou l'épée, mais en Dieu seul; de sorte qu'au milieu des plus cruelles vicissitudes, ses enfants peuvent toujours s'écrier avec une sainte confiance : *Si Deus pro nobis, quis contrà nos ?*

Il ne faut pas, dit Bossuet, faire l'Eglise captive des rois de la terre, ni rendre politique le céleste gouvernement institué par J.-C.; autrement ce serait mettre en pièces le christianisme.

Aussi vieille que le monde, la religion est immortelle; elle n'a rien à démêler avec les faits transitoires des époques. Les empires s'écroulent, les institutions s'effacent, les dynasties, qui ne sont que d'hier, disparaissent et ne seront peut-être plus demain; elle, debout au milieu de tant de ruines, et pareille à un immuable rocher sans cesse battu des flots, demeure parmi les choses périssables, comme un grand monument de la durée de ce qui est impérissable par sa nature. L'éternité, voilà son caractère; aussi son royaume n'est-il pas de ce monde: elle domine de toute sa hauteur les événements humains qui roulent à ses pieds, et, les yeux fixés vers le ciel, elle n'ouvre la bouche, elle ne lève les mains que pour prier et bénir.

Aujourd'hui, félicitons-nous-en, chacune des deux autorités, l'Eglise du moins, agit dans sa sphère propre, sans se confondre ni se nuire. L'action du clergé se concentrant dans l'ordre purement spirituel, il ne saurait plus être raisonnablement en butte aux haines politiques. Tout pouvoir régulièrement établi a droit de désirer, de demander même la coopération morale du sacerdoce; car comment s'en passerait-il ? Mais ce concours est et doit être exclusivement religieux; dès lors, il ne peut exciter les alarmes d'aucun parti, ni provoquer l'animadversion de personne.

II° *Affaires communales.* Il convient aussi que le prêtre s'abstienne d'intervenir directement dans les affaires communales, et dans toutes ces luttes intestines qui troublent si souvent les paroisses. En revêtant l'habit ecclésiastique, il n'a pas sans doute renoncé à ses droits politiques et civils, ni pris l'engagement de vivre étranger aux intérêts de sa localité et de son pays; il n'est assurément ni frappé d'incapacité légale, ni constitué en état d'ilotisme; il désire, avec raison, voir doter sa commune et sa patrie d'honnêtes représentants; à cet égard, la loi lui garantit, comme à tout autre, l'exercice de ses prérogatives de citoyen: malgré ces considérations tirées de notre régime constitutionnel, de graves motifs commandent au prêtre de s'en interdire *généralement* l'usage, au moins quant aux élections municipales (1). Les raisons suivantes feront apprécier la sagesse de ce conseil.

(1) Toute participation active dans les élections communales, toutes démarches, courses, lettres et sollicitations tendant à appuyer telle ou telle candidature, à faire triompher ou échouer telles coteries et cabales, seraient des actes d'imprudence blâmables chez un curé, obligé de se tenir en dehors de l'agitation des partis. Il fera bien même, s'il croyait devoir quelquefois prendre part à une opération électorale, de porter la prudence jusqu'à garder le silence le plus profond sur les résultats d'un scrutin plus ou moins en harmonie ou en désaccord avec ses opinions personnelles. Ainsi, avant l'élection, point de manifestation de vœux, pas même l'expression d'un simple désir ou d'une préférence; après la proclamation des élus, point de plaintes, de blâme ou de regrets, point de marques d'approbation ni d'improbation, point de signes de joie ou de déplaisir. Ne nous mêlons pas aux intrigues orageuses, et laissons couler à nos pieds le torrent des passions humaines. Plus un pasteur restera inaperçu dans tous ces misérables conflits, plus il sera vénéré; du moins il ne mécontentera personne par des exclusions qui blesseraient

1° On ne peut se faire illusion sur les sentiments habituels de la plupart des hommes : ils aiment et préconisent le bon curé qui prie, catéchise l'enfance, visite l'école, annonce l'évangile du salut, réconcilie le pécheur avec Dieu, administre les sacrements aux vivants et aux mourants, soulage le pauvre, console l'affligé, prêche à tous l'indulgence, le pardon et l'amour : s'il sort du cercle de ses attributions toutes spirituelles pour s'immiscer dans les choses d'ici-bas, il est mal vu et ordinairement blâmé ; et s'il ne se rend pas toujours odieux, du moins pourrait-il déchoir dans l'estime et l'attachement de son peuple. L'expérience l'a trop bien démontré, le pasteur n'acquiert de considération et n'exerce d'influence réelle qu'autant qu'il se renferme strictement dans l'ordre de ses augustes fonctions. Dès l'instant qu'oublieux des limites tracées par une main divine, il se permet des excursions en dehors de son domaine et se mêle de soins ou de débats temporels, aussitôt la confiance l'abandonne, et la déférence qu'on lui accordait se change en mépris ou en aversion. Tous jettent un cri d'indignation quand ils le surprennent hors de la sphère sacrée (1). Personne n'a dû

de nombreuses susceptibilités, et tous lui sauront gré de sa réserve et de sa modération. — Nous n'entendons pas, toutefois, défendre au prêtre son intervention dans les élections parlementaires, si importantes au double point de vue social et religieux.

(1) L'Eglise a traversé différentes phases dans la succession des siècles. Le clergé, au moyen-âge, eut son ère politique ; alors son influence sociale le rendit fort et puissant ; la nécessité légitimait sa domination, car il était seul instruit et l'on ne pouvait absolument se passer de lui ; les lumières se trouvant concentrées dans son sein, il prenait naturellement la plus grande part au gouvernement des nations. Il devint par-là le dépositaire des droits des peuples, leur tuteur et leur patron contre le despotisme des rois, des princes et des barons. En réalité, ce haut ascendant du corps ecclésiastique fut

oublier avec quelle rage délirante on s'est élevé, il y a quelques années, contre le *parti prêtre* et sa prétendue invasion dans le monde civil et politique : c'était assurément crier au feu en plein déluge; mais ce n'en est pas moins un frappant symptôme de l'antipathie populaire, au sujet de toute tendance du clergé à intervenir dans les affaires publiques auquel on veut absolument qu'il renonce. On consent encore à accepter son apostolat; mais on ne peut souffrir qu'il s'ingère dans les choses terrestres, ni dans les luttes qui surgissent au sein des communes. 2° Il descend des hauteurs de son sacerdoce et en rapetisse la majesté aux yeux des hommes, l'ecclésiastique assez téméraire pour se mêler aux intrigues de l'ambition : n'est-ce pas plutôt à lui de s'élever au-dessus de toutes ces petites passions qui agitent les enfants du siècle? 3° Il se compromet très-fort, si, passant de l'autel dans les comices électoraux, il favorise ouvertement telle ou telle candidature pour la mairie ou le

moins encore une nécessité qu'un bienfait. Aujourd'hui que les peuples éclairés sont parvenus à une majorité complète et qu'ils n'ont plus besoin de tutelle, ils peuvent seuls se gouverner, et d'ailleurs ils le veulent positivement. Le clergé dès lors abdique ses fonctions temporelles à l'égard de la société, qui n'entend plus être sa pupille, dépose entièrement l'autorité civile dont il se vit justement investi aux jours d'oppression, d'ignorance et de barbarie, et rentre ainsi dans les voies de la primitive Eglise. On ne doit donc plus s'étonner si l'on a vu des cardinaux ministres, des évêques pairs de France, ambassadeurs et conseillers des rois, enfin des prêtres, des conseillers-clercs, dans les parlements. Mais, autre temps, autres mœurs : l'opinion publique, jadis favorable à la puissance politique du clergé, lui est désormais tout à fait antipathique, au point qu'elle ne souffre même plus qu'un curé fasse partie d'une municipalité de campagne. N'hésitons pas à céder aux exigences du siècle, malgré son injuste partialité, quand de fait elles s'harmonisent si bien avec celles de l'Evangile!

conseil municipal; cette préférence et cet appui deviennent une exclusion à l'égard d'autres paroissiens, aspirant aux mêmes fonctions, dont ils se présument dignes. Irrités de le voir soutenir ou seconder leurs compétiteurs, ils le déchirent, le harcèlent, le dénoncent, et ne se croient suffisamment vengés que quand ils sont enfin parvenus à l'expulser comme un ennemi public. Qu'il triomphe ou qu'il échoue, le curé se place également dans une fausse position et dans un état de guerre permanente avec un parti qui ne posera les armes qu'après l'avoir immolé à son ressentiment, au grand préjudice de la foi souvent ruinée dans la paroisse par le contre-coup de cette haine, en apparence toute personnelle.

Mille exemples prouveraient, au besoin, les funestes conséquences de l'intervention des prêtres dans les affaires civiles et communales. Combien s'en sont trouvés les victimes! Que de fois même, par une confusion dont le vulgaire ne sent pas l'injustice, la religion n'a-t-elle pas été solidaire de ces intrigues et de ces débats auxquels ses représentants avaient témérairement pris part! Les intérêts bien entendus de notre ministère et notre propre tranquilité, nous imposent l'obligation de rester étrangers à toutes ces contentions locales, d'ordinaire si frivoles en elles-mêmes, et presque toujours si funestes dans leurs résultats par rapport au clergé des campagnes. Convertir les hommes à Dieu, voilà, ne l'oublions pas, notre exclusive mission à tous; et n'est-ce point une assez belle part? Puissions-nous y suffire! Si, néanmoins, il nous fallait parfois entrer un instant dans les querelles des partis, ce ne devrait être, on le comprend, qu'à titre d'agents modérateurs et pacifiques, pour travailler à leur rapprochement et faire cesser les hostilités; dans l'unique but, enfin, d'opérer la fusion des esprits et de les amener à fraterniser entre eux ; toute autre intervention de notre part serait une maladresse et une faute. Se tenant donc en dehors de ces discussions qui ne le regardent en rien, un curé prudent n'influencera ni les élections municipales, ni le choix des maires ou des adjoints. Répétons-le, pour lui la meilleure ligne à suivre c'est une sage neutralité, qui, en ne le rendant ennemi de personne, lui assurera la bienveillance et l'estime de chacun, et lui permettra de concourir efficacement au salut de tous. Ceci est surtout applicable aux curés des paroisses rurales ; car, on le sait, la plupart des villages sont fractionnés en coteries et, par conséquent, en proie aux déchirements les plus déplorables. Se disputant et s'arrachant à l'envi les fonctions municipales, quelques familles rivales et jalouses cabalent, conspirent, luttent avec acharnement à l'époque des élections, transformées en un véritable champ de bataille. Elles voudraient même quelquefois entraîner le pasteur dans la mêlée pour décider le succès en faveur des concurrents préférés par elles ; s'il manifeste seulement des sympathies, ou si, à plus forte raison, il a la témérité de se jeter dans cette brûlante arène de passions opposées, il ne tardera pas à s'en repentir : les vaincus ne lui pardonneront point de leur avoir ravi l'honneur de porter l'écharpe. Trop souvent la ceinture administrative, passant, à l'époque du renouvellement triennal, des mains d'un maire déchu entre celles d'un rival plus heureux, n'a-t-elle pas été le signal d'une révolution qui, bouleversant la commune, a violemment rejailli contre l'habitant du presbytère, dont le premier intérêt était de se tenir prudemment à l'écart? De là, haine implacable et guerre éternelle contre le pauvre curé, lequel ne verra de fin possible à cette lutte interminable, qu'en s'éloignant à jamais de ses irréconciliables adversaires : *Dimitte mortuos sepelire mortuos suos*, lui recommanderons-nous avec l'Evangile. Loin d'être exagérées, ces réflexions sont de l'histoire pour certains prêtres qui ont amèrement gémi de s'être mêlés, d'une manière trop peu réfléchie, d'objets temporels, oubliant que nous n'avons pour cela ni aptitude spéciale, ni grâces d'état, ni même l'assentiment du siècle. Fils du ciel, planons par-delà toutes les passions terrestres, bornons-nous à l'accomplissement de notre difficile et sublime tâche; laissons de côté les fragiles choses de ce monde, et n'allons pas imprudemment nous occuper d'affaires profanes dont Dieu ne nous a point chargés; gouvernons nos paroisses en dehors et au-dessus de tous les partis : à cette condition seule, nous réussirons à sanctifier le troupeau commis à notre garde (1)!

III° *Affaires privées.* — Enfin, il importe qu'un prêtre ne se fourvoie pas inconsidérément dans des discussions de famille, concernant les successions, partages de biens, procès, etc. L'office de conciliateur et d'arbitre est des plus nobles, assurément; mais, s'il offre des avantages, il a aussi ses périls. Un curé fera très-bien, le cas échéant, de s'entremettre comme tiers, dans l'intérêt de la paix et du bon droit; toutefois, qu'il appréhende de s'attirer des adversaires, de se

(1) « Nous devons être au-dessus des partis, au-dessus des opinions, au-dessus des intérêts humains, au-dessus des choses, au-dessus des temps. » (*Monseigneur de Bonald, Arch. de Lyon*).

« Placés au-dessus de la sphère où s'agitent les intérêts humains, nous resterons étrangers aux luttes des partis, à l'administration des choses de ce monde, qui disparaîtra pour nous devant une administration plus élevée, plus stable, moins orageuse. Nous ne verrons dans tous nos diocésains que des âmes à sanctifier par la doctrine et par l'exemple. » (*Monseigneur Donnet, Arch. de Bordeaux*).

On cesse d'être homme de Dieu en se faisant homme d'un parti. Calmer les irritations, rallier les dissidences, opérer le rapprochement de tous, tel est le devoir du prêtre.

brouiller avec certaines familles au lieu d'opérer leur réconciliation, et, en s'en attachant une ou deux peut-être, de s'aliéner à toujours l'estime et l'affection de dix autres, dont il se sera fait d'implacables antagonistes.

Etablir et propager l'esprit d'équité, de justice, de charité, de concorde au milieu de ses paroissiens; prévenir entre eux les contestations, non moins ruineuses pour la fortune que fatales à la si désirable harmonie des cœurs, c'est là, il faut en convenir, un des plus beaux côtés de notre mission sublime; néanmoins, ne le perdons pas de vue, nous ne l'accomplirons convenablement, devant Dieu et devant les hommes, qu'autant que le tact, la prudence et la discrétion présideront à nos démarches et mériteront du ciel la bénédiction de nos efforts (1).

(1) On trouvera le complément de ces réflexions, au tome Ier, page 156.

# CHAPITRE XVIII.

## RESPECT ET SOUMISSION ENVERS L'ÉVÊQUE.

Certains esprits éprouvent une funeste tendance à introduire le presbytérianisme dans l'Eglise, comme la démocratie dans l'Etat. On voudrait que, à l'instar d'un fantôme de royauté, l'épiscopat ne fût qu'un vain nom. Ainsi un évêque ne serait plus qu'un simple chef de consistoire, le premier entre ses égaux, et, à force de borner sa juridiction spirituelle, on la réduirait à une ombre d'autorité. Les partisans du radicalisme n'ont pas seulement envahi le domaine de la politique ; il s'en est trouvé jusqu'en religion, qui ont prétendu courber sous le même niveau tous les rangs de l'ordre clérical. Ce dernier, regardant comme un principe de foi la réalité et la distinction hiérarchiques dans l'Eglise, n'a jamais contesté la supériorité de l'évêque sur le prêtre; toutefois, les doctrines implantées aujourd'hui au sein des sociétés ont plus ou moins réagi sur les membres du corps ecclésiastique, lesquels se ressentent toujours des idées et des opinions du siècle où ils vivent. Il n'y a, à la vérité, ni révolte, ni schisme; mais on montre des dispositions à fronder en exhalant, à l'égard de ses chefs, critiques, plaintes, murmures et blâme; en portant des jugements irréfléchis et jusqu'à d'imprudentes condamnations contre les règlements qu'ils prescrivent.

Il y aurait injustice à se prononcer précipitamment sur des mesures émanant de l'autorité diocésaine, et dictées en général par une sagesse qu'on n'est point à même d'apprécier. L'Evêque a souvent seul le secret de ses actes administratifs, sans pouvoir prudemment articuler au dehors les motifs qui les justifient. Par le manque d'égards envers la dignité épiscopale, le clergé inférieur contribuerait à l'affaiblissement du respect qu'elle commande à tous; il se familiariserait, en outre, avec des sentiments, des habitudes de résistance, qui lui sont interdits par les vœux de soumission et de révérence prononcés entre les mains du pontife, en face de Dieu et de ses sacrés tabernacles.

Quoi de plus facile, d'ailleurs, que de formuler au coin du feu de merveilleuses utopies, dont le bon sens et la pratique des affaires auraient bientôt fait justice? L'Evêque connaît et dirige tous les ressorts du gouvernement de son diocèse : placé au point de vue d'où il peut en saisir l'ensemble, il est plus que personne à portée de bien juger ce qui est ou non compatible avec les véritables besoins du corps dont il est le chef; semblable à l'observateur assis au sommet d'une colline et embrassant d'un coup-d'œil tous les objets qui se déroulent à ses pieds, ne saura-t-il pas, mieux que tout autre, concilier les divers intérêts généraux et particuliers? A lui donc d'indiquer les concessions à faire, les ménagements à garder, pour maintenir la paix et l'harmonie entre les pouvoirs : seul, il comprend qu'il ne faut point sacrifier au succès d'une affaire l'avantage d'en terminer plusieurs autres d'égale importance. Une mesure qui, à ne l'envisager que d'un côté, paraîtrait blâmable, offrira sous d'autres aspects dix combinaisons heureuses, mais inaperçues de quiconque ne tient pas dans sa main les fils conducteurs de l'administration. Qu'on y prenne garde; il y a, dans la société, une manie de discourir à tout propos, et de trancher doctoralement sur trois matières dont chacun entend se réserver l'examen et le jugement : la religion, la médecine et le gouvernement public, *Ars regendi*, vulgairement appelé politique. Nous savons de reste ce qu'il y a d'impertinent et d'absurde dans les deux premières de ces prétentions; mais nous n'apercevons pas que nous tombons dans le même travers relativement à la troisième, et que nous ne sommes, sous ce rapport, ni plus raisonnables, ni moins ridicules. L'imaginerait-on? au sein du clergé, comme partout ailleurs, ce sont toujours les sujets les plus bornés et les plus incapables qui, assez osés pour se croire les meilleurs administrateurs, décident de tout sans appel! Rien n'échappe au venin de leur langue, à l'amertume de leurs critiques : habitués à dénigrer sans cesse, ils accusent les supérieurs de manquer de discernement, d'impartialité ou de justice. Au contraire, les hommes plus habiles pèsent mûrement les choses, observent, se taisent et se reposent avec une entière sécurité sur l'Evêque, mettant toute leur confiance dans sa prudente et paternelle sollicitude.

Qu'ils sont donc inconsidérés et téméraires, ces prêtres qui, se plaçant dans un monde idéal pour raisonner d'administration à leur manière, et ne soupçonnant même pas les difficultés d'application, s'érigent en censeurs impitoyables de l'autorité, dans mille cas où ils feraient beaucoup mieux d'avouer leur incompétence, leur ignorance même!

Certes, il faudrait plutôt plaindre que blâmer nos prélats; car sous l'éclat de la mitre, qui, en réalité, est moins pour eux un diadème qu'une couronne d'épines, se cachent bien des soucis et des anxiétés dont se trouve affranchi le simple prêtre. Aujourd'hui qu'on voit se briser de toutes parts les liens de subordination, c'est plus que jamais, pour le clergé, un strict devoir de se tenir fortement uni au principe de l'autorité, et de respecter, même sans les connaître, les vues qui la font agir. Livrer au ridicule ou à l'animadversion ceux que Dieu en a constitués les dépositaires, c'est manquer aux prescriptions les plus vulgaires de la prudence et de la charité, c'est se nuire à soi-même, affaiblir le nerf de la discipline, compromettre la religion dans la personne de ses plus hauts représentants, et fouler aux pieds les inviolables règles de l'esprit clérical. Attachons-nous à faire aimer et vénérer cette autorité; à son tour, elle nous rendra l'obéissance facile. Sans déférence et sans soumission, plus de hiérarchie; point d'Eglise possible, si tous les ecclésiastiques ne viennent, comme des brebis fidèles, se ranger sous la houlette des premiers pasteurs, lesquels sont nos pères et nos maîtres dans la foi : on touche aux confins du schisme dès que l'on conteste la légitime obéissance qui leur est due (1).

Après tout, la pratique de l'obéissance n'est-elle pas, comme nous l'avons dit, un solennel engagement pris au pied des saints autels, quand, entre le ciel et la terre, en présence de la pieuse assemblée et de la majesté divine, à cette grave interrogation du prélat consécrateur : *Promittis mihi et successoribus meis reverentiam et obedientiam?* le jeune lévite agenouillé répondit : *Promitto!*

(1) *Spiritus sanctus posuit episcopos regere Ecclesiam Dei* (Act. Apost., 20). — *Quicumque episcopis non obediunt, indubitanter rei et reprobi existunt.* — *Episcopum sequimini sicut Jesus-Christus patrem.* — *Obedite, nisi in fide erraverint.* — *Obediendum, non disputandum.* — *Nescit judicare quisquis perfectè didicit obedire* (Saint Clément pape).

Toute promesse lie un honnête homme, surtout si elle a été revêtue d'une forme sacrée, publique et irrévocable. Or, telle est celle de l'ordination : faite sans restriction aucune, elle a été sérieuse, absolue et générale. Si c'est un parjure et une félonie de manquer à la fidélité jurée aux princes, peut-il être innocent le prêtre qui fausse la parole donnée à Dieu dans ses pontifes? N'est-ce pas de tout cœur qu'on s'est obligé sous la foi du serment, à cette heureuse époque de ferveur où l'âme n'était point encore envahie par l'orgueil, l'ambition et les maximes d'indépendance? En courbant volontairement la tête sous le joug de la soumission, pas un de nous n'a réservé que le commandement lui serait agréable, qu'il resterait maître de son sort et libre de choisir, à son gré, tel lieu, telle cure, tel genre de fonctions; autrement l'Evêque indigné nous eût fermé la porte du sanctuaire. Pour être conséquents avec nous-mêmes, et travailler de concert en vue du bien commun, serrons-nous autour de la bannière épiscopale; montrons-nous, malgré les fréquentes répugnances de la nature, souples, dociles, exempts de toutes ces petites passions qui entravent la marche du gouvernement spirituel, ou scandalisent les fidèles que nous sommes appelés à sauver. Qu'il est édifiant le spectacle d'un diocèse ainsi conduit et réglé! il ressuscite en quelque sorte les beaux jours de l'Eglise naissante et des siècles apostoliques.

Jamais donc on n'opposera aux formelles volontés de son Evêque ni délais, ni prétextes, ni murmures; l'obéissance ne connait pas ces détours ou ces subterfuges : quand il est décidé qu'il faut aller défricher un autre champ, on doit se soumettre et partir. Membre de la céleste milice, le pasteur saura toujours se rallier au drapeau sous lequel il s'est enrôlé; sa conduite, à l'égard des placements ou déplacements, se modèlera sur celle de ce serviteur de qui le Centenier disait : *Vade, et vadit; fac hoc, et facit.* Sentinelle courageuse, esclave de la consigne, il demeurera fixe au poste qui lui est échu, et ne le quittera qu'à l'ordre exprès de son général.

Où en serait une administration aussi sainte, aussi haute que celle de l'Eglise, si un prélat ne pouvait rencontrer, pour les divers besoins de son diocèse, le dévouement, la soumission que les chefs civils ou militaires sont sûrs de trouver, en toute circonstance, parmi leurs subalternes? Y a-t-il à l'armée une position difficile, une périlleuse mission devant laquelle ose reculer l'officier, le simple soldat même? Et que signifieraient donc chez un ministre de J.-C. ces répugnances, ces refus obstinés qui n'auraient, par exemple, d'autres motifs que la crainte d'être chargé d'une paroisse plus pénible et plus inculte, où l'attendraient des œuvres de conversion et des travaux évangéliques plus nombreux? Un Evêque est souvent obligé d'envoyer des sujets d'élite dans les moins bonnes localités, parce que des hommes éminents en sainteté sont seuls capables de les ramener aux pratiques religieuses; comme il n'y a que d'habiles médecins qui puissent rappeler à la vie les malades désespérés : des prêtres d'une vertu tout ordinaire n'y feraient rien, ou ne consentiraient pas à s'y fixer.

Pour Dieu, ne soyons point complices de ces frondeurs qui, se plaignant sans cesse que justice n'est pas rendue et que le vrai mérite est tenu à l'écart, prônent comme les plus dignes tous les mécontents et les contradicteurs de la suprématie épiscopale; crient au privilége et au favoritisme, à chaque nomination dans laquelle ils ne sont pas compris; ou, enfin, accusent de servilisme et de courtisannerie l'empressement généreux et l'humble docilité de leurs confrères. Cette systématique opposition, qu'on a vue quelquefois s'élever en certains diocèses, est un symptôme effrayant d'insubordination, un déplorable acheminement au schisme.

Mais, dira-t-on, l'autorité doit être plus paternelle que dominatrice; car si le prêtre était condamné à une sorte de mutisme et de servitude, ce ne serait plus alors qu'un esclave marchant sous l'influence de la peur, et non un fils obéissant par amour : de là la froideur, la contrainte et la défiance à l'égard d'une puissance toujours fort respectable, sans doute, mais que les inférieurs sont malheureusement tentés de braver, quand ils ne la voient pas exercée avec douceur, bienveillance et paternité.

Cette réflexion, d'une vérité incontestable, a néanmoins le tort de mettre en suspicion les sentiments et les tendances de l'épiscopat : quel est le pontife qui voulût agir en despote, et gouverner l'Eglise de Dieu par la terreur, comme un pays de conquête? Telle n'est pas, assurément, la manière d'agir de nos vénérables prélats. Certainement, on n'enfreindrait pas l'obéissance qui leur est due et l'on ne froisserait en rien leur pouvoir, en réclamant, dans des termes convenables, au sujet d'une nomination ou de toute mesure dont l'exécution paraîtrait intempestive ou dangereuse. Les membres du corps ecclésiastique ne sont pas tenus d'inféoder entièrement leur esprit à celui d'un supérieur, ni d'adopter comme infaillibles ses vues et ses opinions (1). Ils peuvent donc, le cas échéant, lui adresser des observations franches et loyales, pourvu cependant qu'ils ne sortent jamais des limites d'une respectueuse modération. Quoi de plus misé-

(1) « Rien n'est plus difficile que l'art des affaires, — disait le cardinal Consalvi à Léon XII; — je ne m'y suis entendu qu'après bien des fautes. Mais qu'on ne se méprenne pas! Les fautes instruisent, ajoutait-il. »

Si nous avons de puissantes raisons de croire que l'Evêque fait fausse route, prévenons-le : il nous saura gré de notre franchise.

rable qu'un clergé servile et flatteur, applaudissant avec une basse complaisance à des actes qu'au fond il désapprouve ! Ne serait-ce pas une vivante injure faite à l'Evêque lui-même? Néanmoins, hors le cas où les saines doctrines seraient compromises, il n'est point permis d'improuver publiquement les mesures administratives, ni de se poser en contradicteur.

Que de fois, sous ce rapport, on s'est montré peu équitable en accusant la capacité de ses chefs, ou en leur reprochant une injuste prédilection dans la nomination aux bénéfices ecclésiastiques ! Ne serait-il pas plus sage de s'en rapporter à leur conscience et de laisser à leur autorité, toujours clairvoyante, ou du moins impartiale, l'appréciation du mérite respectif des subordonnés ?

Quand même l'Evêque déciderait qu'il y a lieu de résigner en des mains plus habiles et plus actives la houlette pastorale, rendue pour nous trop pesante par le grand âge ou les infirmités, croyons, sans arrière-pensée, à la prudente sagacité de notre conducteur.

Voilà des principes généralement admis en spéculation, mais auxquels la pratique donne parfois un éclatant démenti. On marchande l'obéissance : ainsi, avant d'accepter un titre et de répondre à la voix du commandement, on examine et l'on visite la paroisse désignée, on prend des informations sur la nature du lieu où nous envoie la Providence, sur les habitudes, le caractère, la générosité des habitants, et les avantages temporels qu'on peut en attendre. Sont-ce là les règles de la soumission évangélique, et les calculs du vrai zèle ?

Pour éviter de tomber dans cet écart et de compromettre à la fois notre conscience et notre dignité, dirigeons nos pas, sans mot dire et sans retard, vers le poste auquel nous sommes appelés, regardant la volonté du premier pasteur comme un ordre du ciel, n'y eût-il là qu'une église pauvre et qu'un chétif presbytère. Nous avons grâce pour obéir, mais non pour choisir. Après tout, en nous confiant à la sagesse du prélat, nous n'assumerons aucune responsabilité personnelle. Imitateurs de la conduite si pleine de foi du prince des Apôtres, acceptons même, dans l'espoir que Dieu bénira nos efforts, les bourgades dont personne ne veut, fussent-elles dispersées, ignorantes, corrompues et malsaines : *In verbo tuo laxabo rete; et, cùm hoc fecissent, concluserunt piscium multitudinem copiosam* (Luc, c. 5, v. 5-6).

Prendre une paroisse de son propre choix ou la devoir à des sollicitations importunes, ce serait une espèce d'intrusion; car forcer la main de l'Evêque, en provoquant de puissantes interventions, c'est, disent les Saints-Pères, entrer par une mauvaise porte, la porte des Césars, *portam Cæsaream*, laquelle n'est autre que l'influence des notabilités du siècle. Laissons donc au pontife une entière liberté dans son administration et ses placements; ne recourons point au patronage des hauts laïcs ni de notre parenté, pour obtenir telle cure qui nous sourit, ou nous faire dispenser d'accepter telle autre qui nous déplaît; cela exposerait l'autorité épiscopale à des refus désagréables, outre que ce serait un légitime et fâcheux préjugé contre le solliciteur : *Si quis pro se rogat ut obtineat curam animarum, ex ipsâ præsumptione redditur indignus*, dit saint Thomas. *Pro quo rogaris sit tibi suspectus*, ajoute saint Bernard; *qui pro se rogat, jàm judicatus est.*

Qui me donnera, s'écrie encore l'humble et grand abbé de Clairvaux, cent chefs au lieu d'un seul pour me gouverner? Ce ne serait pas une gêne, mais un secours; plus je dépendrai d'autrui, moins je serai exposé à moi-même. Il en est des supérieurs comme des clôtures : ce n'est pas une prison où l'on soit en captivité, c'est un rempart qui tient l'âme faible à l'abri des séductions du monde et de la fragilité de la nature ; c'est une citadelle contre l'ennemi, pour la conservation de sa personne et de sa liberté. Il y a mille fois plus de sûreté à être conduit qu'à conduire ; et mieux vaut être présidé que président, administré qu'administrateur.

Ne soyons point rétifs aux ordres de nos premiers pasteurs : l'obéissance ne trompe jamais, la résistance égare toujours. Leur volonté doit nous servir de règle, et leurs avis de flambeau. Fronder l'autorité qu'ils tiennent d'en haut, c'est une coupable rébellion, c'est un crime presque égal à l'hérésie. Curés, nous nous plaignons souvent, avec raison, des accusations injustes et passionnées du peuple contre les actes de notre administration pastorale, qu'il condamne sans y rien entendre; ne ferions-nous pas preuve d'une aussi légère et aussi aveugle partialité, en blâmant des mesures épiscopales dont nous ne pouvons d'ordinaire apprécier les motifs ? Loin d'agir ainsi, rattachons-nous à nos chefs spirituels et au principe tutélaire de l'autorité, nous souvenant que nous ne sommes forts que par l'union et l'harmonie : *Vis unita fit fortior*. Resserrons de plus en plus les liens de l'obéissance et de la subordination. Au lieu de déverser le blâme ou l'ironie sur nos pontifes, environnons-les d'un dévouement sans bornes, d'une entière confiance et d'une vénération filiale. Nos sentiments pour eux réagiront heureusement sur les dispositions du peuple soumis à notre vigilance, et la docilité des paroissiens sera une douce récompense accordée à celle de leurs vertueux curés.

## AVIS IMPORTANTS AU CLERGÉ RELATIVEMENT AUX ÉVÊQUES.

1° Les membres du clergé se plaignent souvent de l'omnipotence des évêques ; le pouvoir de ces derniers est, en effet, devenu discrétionnaire et illimité depuis les articles organiques, en vertu desquels, dépourvu de garanties, le sort de la plupart des titulaires ecclésiastiques est désormais tout à fait précaire. Mais il serait souverainement injuste d'attribuer à l'épiscopat ce déplorable état de choses, uniquement imputable au despotisme d'un consul qui tranchait avec son sabre les difficultés religieuses comme le nœud gordien des affaires civiles et militaires. Sur le dictateur seul doit peser la responsabilité de la servitude morale où il voulait tenir l'ordre clérical tout entier.

On ne fera donc pas aux évêques un crime d'une situation exclusivement due au malheur des circonstances, et à laquelle ils sont restés tout à fait étrangers. Le clergé se gardera aussi de réclamer avec fracas ses anciens droits et prérogatives. Il faut prudemment ajourner toutes les questions secondaires jusqu'à la fin de la grande lutte engagée entre l'autorité spirituelle et les gouvernements de la terre. Est-ce bien le moment de soulever avec éclat des débats purement personnels, quand l'Eglise elle-même, dépouillée de la plupart de ses franchises, se trouve comme emmaillotée par le pouvoir civil ? L'histoire rapporte que les Grecs du Bas-Empire se consumaient en disputes subtiles sur la théologie, au moment même où Mahomet II, battant en brèche les murs de Constantinople, s'emparait de cette grande capitale de l'Orient.

Pour nous, plus sages que ces éternels ergoteurs, faisons

trève à toute discussion irritante et prématurée, qui, bien qu'importante, ne nécessite point une solution d'urgence. Prévenons tout germe d'anarchie et de trouble dans des jours où il y va de la liberté et de l'existence même de l'Eglise. Soulever alors de graves dissentions, ce serait commettre une insigne maladresse et réaliser les vœux les plus chers de nos ennemis, enchantés, comme les Grecs d'autrefois, de voir une guerre intestine au camp des Troyens. L'heure est venue de s'unir pour combattre au dehors l'ascendant gouvernemental et laïc qui tend à absorber l'influence du pouvoir spirituel.

Le Saint-Siége connaît l'état précaire du clergé français; il l'a proclamé hautement dans cette célèbre décision rendue au sujet des agitations produites par la question de l'inamovibilité (1). En temps opportun, le Pontife suprême et nos

(1) « Monseigneur l'évêque de Liége, qui était comme nous en instance auprès du Saint-Siége pour obtenir sur cette matière, une décision expresse, avait présenté au Souverain Pontife une supplique que nous transcrivons ici avec la réponse de Sa Sainteté.

TRÈS-SAINT PÈRE,

» L'évêque de Liége, soussigné, demande humblement et avec tout le respect convenable, que le doute suivant soit examiné, et que la solution lui en soit communiquée, pour conserver dans son diocèse l'unité parmi les membres de son clergé, et la paix de l'Eglise.

» Il demande si, vu les circonstances présentes, dans les pays où, comme en Belgique, il n'a pas été possible de faire des changements suffisants dans les lois civiles, on doit regarder comme valable et obligeant en conscience, jusqu'à une autre disposition du Saint-Siége, la discipline introduite après le concordat de 1801, d'après laquelle les évêques ont coutume de conférer, comme révocable à leur volonté, la juridiction pour la charge des âmes aux recteurs des églises appelées succursales; et si ces recteurs sont obligés d'obéir, lorsqu'ils sont révoqués ou envoyés ailleurs.

» Du reste, les évêques ont l'habitude de n'user de cette autorité

évêques pourvoiront à nos besoins, et nous restitueront de concert les anciennes prérogatives qu'on nous a ravies.

2° Quelques curés se déchainent parfois, avec une extrême violence, contre la prétendue organisation d'un système d'espionnage et de police secrète s'étendant indistinctement à tous les ecclésiastiques du diocèse. Il en est qui ont poussé l'indiscrétion du langage jusqu'à s'en plaindre devant des séculiers, avec des réflexions dignes des feuilletonistes du *Constitutionnel* et des folliculaires d'autres journaux *ejusdem farinæ*. De là préventions, défiance, aigreur, animosité même contre l'Evêque et les prêtres soupçonnés d'être ses agents occultes. La meilleure police est celle qui, s'exerçant d'après les règles par nous posées dans le premier volume de cet ouvrage, consiste en ce que le corps sacerdotal soit le surveillant collectif des individus dont il se compose, et prévienne, au besoin, le premier pasteur. Ainsi n'existera

de révoquer ou de transférer les recteurs que peu fréquemment, et d'une manière aussi prudente que paternelle ; de sorte que la stabilité du saint ministère paraît être suffisamment assurée, autant que les circonstances présentes peuvent le permettre.

» *Signé*, † CORNEILLE, évêque de Liége.»

De l'Audience de Sa Sainteté, du 1er mai 1845.

» Le Saint-Père, après avoir mûrement examiné tout l'ensemble de l'affaire mentionnée dans la supplique, mû par de graves motifs, sur le rapport du cardinal soussigné, préfet de la sacrée congrégation du concile, a daigné approuver que, dans le régime des églises succursales dont il s'agit, il ne soit fait aucun changement, *jusqu'à ce qu'il ait été autrement statué* par le Saint-Siége apostolique.

*Signé*, P., card. POLIDORI, préfet.

» Place † du sceau. le sous-secrétaire,

» *Signé*, LOUIS THOMASSETTI.»

plus le moindre prétexte à la méfiance, et tout le monde, grâce au concours de chacun, sera sous bonne garde : *Unicuique mandavit (Deus) de proximo suo*. Généralement, point de délation à l'Evêque, sans avoir averti le coupable ; mais on éclairera discrètement le premier dans le cas où le mal serait de nature à s'accroître.

Si donc il était vrai qu'il y eût des espions au service de l'autorité diocésaine, le clergé ne devrait s'en prendre qu'à lui seul ; car cet abus proviendrait uniquement de ce que, ne comprenant pas la solidarité de tous ses membres, il aurait été l'impassible témoin du désordre, sans en informer à temps ceux qui ont pouvoir et mission spéciale pour le réprimer ou le guérir.

3° On articule encore que les évêques accueillent toutes les dénonciations qui leur arrivent. Certes, en y déférant sans examen préalable, ils bouleverseraient incessamment les paroisses; mais on informe avec prudence, on consulte les prêtres, premier tribunal des accusés ainsi jugés par leurs pairs, on éclaircit les faits et griefs, et l'on dresse un rapport : si la plainte est calomnieuse, le bien se présente là où l'on craignait de rencontrer le mal. Aussi, les bons prêtres gagnent-ils plus qu'ils ne perdent à se voir dénoncer, car ils ont l'avantage de faire apprécier leur piété, leur zèle et leur mérite.

4° Certains ecclésiastiques, qui ont la modestie de se croire propres à tout et de prétendre au choix des postes les plus élevés ou les mieux rétribués, sont fort surpris qu'on ne les mette pas en première ligne à chaque promotion. S'ils échouent dans leur vaniteuse attente, vous les entendez aussitôt se plaindre amèrement de la violation des règles de la justice distributive dans la collation des bénéfices ; à les en croire, le talent et la vertu sont impitoyablement sacrifiés aux exigences de ces obséquieux adulateurs qui font servilement leur cour dans les évêchés ; tout est pour ceux-là, rien pour les hommes d'une naïve franchise et d'une noble fierté : ignore-t-on, cependant, que les caractères de cette trempe offrent mille fois plus de gages de sécurité que les flatteurs, les intrigants et les ambitieux à dévouement intéressé ?

Non, non, il n'en est pas communément ainsi. Quand les prêtres sont purs dans leur orthodoxie et leurs mœurs, pourvu qu'ils n'affichent pas une opposition systématique et turbulente, ils ne portent jamais ombrage au Pontife, ami de la sincérité (1), protecteur des droits acquis, et naturellement désireux, ne fût-ce, au pire, que par honneur ou amour-propre, de voir toujours la supériorité intellectuelle et morale dans les positions élevées. Ne se compromettrait-il pas notablement, en effet, s'il assignait la succursale à l'habileté, et à l'infériorité la cure cantonnale ? N'a-t-il pas, le premier, intérêt à n'honorer de sa confiance et de sa prédilection que les plus dignes, ordinairement proclamés par l'opinion publique ? Loin donc de céder à la faveur, au bon plaisir et aux affections particulières, il n'accordera rien qu'à la capacité bien reconnue et à la vertu incontestée (2). Il y a sans doute d'honorables pasteurs

(1) La plus forte louange, dit Fénelon (*Sacre de l'Electeur de Cologne*), louerait infiniment moins un évêque que la liberté avec laquelle il veut qu'on lui parle : oh ! qu'il se montre grand quand il donne cette liberté ! oh ! qu'il paraîtra au-dessus des vains éloges quand on saura qu'il a voulu qu'on s'ouvrît à lui avec une cordiale franchise !

(2) Bien que le népotisme soit infiniment rare de nos jours, l'évêque ne saurait trop prendre garde d'en paraître entaché, non moins que de favoritisme, défauts reprochés à quelques-uns même de nos Papes : *Honores ecclesiastici sanguinis non sunt, sed meriti* (Concile de Latran, 1139). Il ne laissera pas non plus les étrangers venir esca-

mal placés selon le monde, dans des paroisses difficiles et orageuses; mais, au jour du combat, un général ne fait-il pas avancer ses soldats d'élite en tête de la colonne ? L'évêque est, du reste, plus que tout autre, à même d'élever sur le chandelier le vrai mérite caché sous le boisseau (1)?

On s'abstiendra également des critiques, non moins injustes, sur les distinctions honorifiques si souvent distribuées, suivant quelques-uns, au hasard et sans aucune discrétion, ou plutôt comme récompense de dévouements tout personnels : au lieu de stimuler l'ardeur pour l'étude et le zèle pour les œuvres du ministère, elles ne font, disent-ils, que des mécontents par leur mauvaise répartition ; les plus éclairés s'en raillent et s'en moquent.

Je ferai d'abord observer que tels ecclésiastiques, après avoir tourné en ridicule les canonicats honoraires, les acceptent souvent avec une indicible joie, quand, un beau matin, la mozette vient se poser sur leurs épaules ; ce sont

lader les premiers postes du diocèse, au préjudice des indigènes, avant qu'ils aient, selon un vieux proverbe, gagné leurs éperons. De fort respectables prélats ont eu le cœur abreuvé d'amertumes pour des actes de ce genre, inspirés d'ailleurs par de louables intentions.

(1) Un Evêque, assurément, est toujours porté à gouverner avec justice et sagesse, à récompenser la vertu, à favoriser l'amour de l'étude et à faire surgir de beaux talents qui resteraient enfouis. Y a-t-il pour lui des intérêts plus chers, plus sacrés que ceux de son diocèse, de son clergé et de sa conscience? Il saura donc distinguer les curés qui auront bien mérité de l'Eglise, exciter leur émulation, donner des aliments à leur activité et à leur zèle des encouragements pour soutenir, au déclin de la carrière, la persévérance de leurs efforts. Le sacerdoce est le corps social où le sentiment de l'honneur apparaît le plus fort, celui qui vit le plus d'estime et de confiance. Ces encouragements, d'ailleurs, produisent d'immenses résultats, quand celui qui les distribue sait en profiter habilement; là, au contraire, où manquent les distinctions honorifiques, tout languit et se refroidit.

précisément ceux dont la verve satirique s'est longtemps égayée aux dépens de la décoration canoniale, qui y attachent le plus d'importance. En outre, la plupart de ces caustiques et orgueilleux censeurs des choix faits, décrivent presque toujours une courbe rentrante sur eux-mêmes, et s'étonnent qu'avec de si éminentes qualités ils ne soient pas compris dans les largesses épiscopales. Les hommes ambitieux et boursoufflés de prétentions se rencontrent, d'ordinaire, parmi les plus sots et les moins vertueux ; et puis, n'est-il pas injurieux et invraisemblable à la fois de supposer qu'un évêque n'obéira jamais aux sentiments de la justice, dans la distribution des honneurs et des titres ? Sans doute, il pourra commettre des erreurs, car sa consécration n'a pas effacé en lui la pauvre humanité ; mais, guidé par les intentions les plus droites, s'il se trompe c'est du moins en conscience. La vérité, d'ailleurs, est quelquefois si difficile à découvrir ! Ah ! c'est, de nos jours, un rude labeur que le maniement des esprits, et la tâche de diriger le gouvernail d'un diocèse est une œuvre bien ardue. Quand on examine avec le calme de l'impartialité le programme administratif d'un évêque, on y reconnait aisément d'immenses difficultés, à peine soupçonnées par cette foule d'esprits légers toujours prêts à contredire et à blasphémer ce qu'ils ignorent : pour eux, les mesures les plus salutaires et les plus sages ne sont que des abus de pouvoir ou des coups d'Etat.

Enfin, sachons toujours respecter la distance qui sépare et classe les rangs de la hiérarchie ecclésiastique. Si la sincérité a ses coudées franches, la hardiesse et l'air frondeur, sévèrement proscrits par les convenances sociales, seraient tout à fait déplacés envers un prince de l'Eglise. Plus un supérieur se montre affable, bienveillant et communicatif, plus l'inférieur doit s'observer pour ne pas se permettre, vis-à-vis de lui, la familiarité d'un égal. Cependant, recommande Fénelon, l'évêque laissera libre le cœur du prêtre; il ne scellera point son intelligence d'un sceau de plomb, évitant d'en faire un automate qui ne donne signe de vie que par des applaudissements. Certes, il n'entre pas dans les vues d'un pontife de jamais aplatir le caractère si noble du sacerdoce et de régner sur des esclaves ; mais, de son côté, le prêtre ne sera ni un penseur trop indépendant, ni un parleur effréné, pour ne pas encourir justement, de la part d'un prélat débonnaire, cet évangélique reproche: *An oculus tuus nequam est, quia ego bonus sum?*

Groupons-nous tous autour de nos premiers pasteurs; soumettons-nous avec un affectueux respect à leurs jugements, décisions ou mesures, adoptant leurs inspirations pour règles de conduite ; formons une édifiante association de cœurs et d'intelligences unis pour le bien commun par l'harmonie des vœux et des efforts : c'est ainsi que nous serons un tout compact, homogène et indivisible.

---

# CHAPITRE XIX.

## DE LA PAPAUTÉ.

Les étranges vicissitudes du siècle présent et cette atmosphère de révolutions qui nous entoure, ont jeté une telle perturbation dans les idées, occasionné des chutes si graves, si déplorables parmi les intelligences les plus fortes et les plus hautes, qu'il est devenu, plus que jamais, indispensable d'insister sur la nécessité, la puissance, les bienfaits de la papauté, et sur l'entière et filiale union par laquelle doivent surtout s'y rattacher les membres du corps sacerdotal.

Nous allons démontrer, sous le point de vue philosophique et expérimental, la vérité de cette partie de l'enseignement catholique qui a toujours fait le plus cher objet de notre amour, et d'où découle le grand principe de la soumission au Souverain-Pontife.

### NÉCESSITÉ ET PUISSANCE DE LA PAPAUTÉ.

Le Pape est la pierre angulaire sur laquelle repose l'immense édifice de l'Eglise; c'est le guide et le tuteur de la grande famille chrétienne, le fanal qui éclaire et dirige ses nombreux enfants dans les ténèbres dont ils se trouvent enveloppés; l'invariable étoile destinée à nous orienter au milieu du chaos des intelligences. Sans lui le catholicisme ne serait qu'un corps privé d'âme et de vie; semblable à une branche séparée de l'arbre qui la soutient et la féconde, il ne tarderait pas à se dessécher et à mourir (1).

Il faut une suprématie régulatrice des esprits et des consciences, sous peine de voir l'humanité, en proie aux variations, fluctuations et folles erreurs, produits de notre mobile entendement, errer comme un troupeau dans le désert. Livré par de vagues et d'arbitraires théories à l'empire du mensonge et du vice, l'homme en deviendrait le misérable jouet; le monde enfin, dépourvu d'une autorité religieuse et souveraine, végèterait sans croyance définie et sans préceptes fixes. Sur cette vaste mer de doutes et d'opinions divergentes, n'avons-nous pas le plus urgent besoin d'une boussole, afin d'éviter les naufrages dans la foi?

Une Eglise sans chef suprême serait une armée sans géné-

(1) C'est ce que reconnaissent même les protestants raisonnables. Mélancthon disait : *Primùm igitur hoc omne profitemur, politiam ecclesiasticam rem esse sanctam et utilem, ut sint utiquè aliqui Episcopi qui præsint pluribus ecclesiarum ministris, item ut Romanus Pontifex præsit omnibus Episcopis. Opus est enim in ecclesiâ gubernatoribus qui vocatos ad ministeria ecclesiastica explorent et ordinent... et inspiciant doctrinam sacerdotum, et si nulli essent episcopi, tamen creari tales oporteret.* (Voir d'Argentré, Coll. jud., t. 1er, part. 2e, p. 387.)

On sait avec quelle rigueur de logique, M. de La Mennais, avant sa lamentable défection, a démontré les trois propositions suivantes, dans l'ouvrage intitulé : *De la Religion considérée dans ses rapports*, etc.

Point de Pape, point d'Eglise;

Point d'Eglise, point de christianisme;

Point de christianisme, point de religion, au moins pour tout peuple qui fut chrétien, et par conséquent point de société.

ral, une cité sans magistrat, un peuple sans gouvernement; il n'y a plus là organisation, mais anarchie et désordre: *Si non est gubernator, populus corruet.* (Prov. 11, 14.)

Si quelqu'un s'avisait de proposer l'établissement d'un royaume sans roi, d'un empire sans empereur, etc., n'aurait-on pas lieu de croire qu'il a perdu la tête? Ce serait cependant rigoureusement la même idée que celle d'une Eglise universelle sans directeur souverain. D'une manière ou d'une autre, la société religieuse veut être gouvernée, comme toute association quelconque : hors du Pape, plus d'unité des cœurs et des esprits dans la même foi; la grande communion chrétienne est dissoute, et ressemble au protestantisme qui, démolissant pièce à pièce l'édifice des croyances, ne respecte pas même les bases fondamentales de la doctrine du Rédempteur (1).

Il faut donc un pouvoir visible qui descende, par la filière de l'épiscopat (2), depuis la chaire indéfectible jusqu'au plus

(1) Dans la lecture de l'histoire ecclésiastique on sent je ne sais quelle présence réelle du Souverain-Pontife, dit le comte de Maistre; il est partout; se mêle de tout; regarde tout, comme de tous côtés on le regarde. Il est légataire universel de toute la puissance de J.-C., la source de tout l'épiscopat. On a appelé le Pape : le patriarche universel, le père des pères, l'évêque des évêques, le prince des prêtres, le vicaire de J.-C. sur la terre, le Pontife suprême, le porte-clés de la maison de Dieu, le tuteur du monde catholique, le pasteur de tous les pasteurs, etc. Savez-vous, demandait Bellarmin, de quoi il s'agit lorsqu'on parle du Pape? Il s'agit du christianisme même. C'est le dogme capital à graver au fond des âmes; blesser le catholicisme dans la foi à son chef, c'est le blesser au cœur. Où est Pierre, là est l'Eglise, a dit saint Ambroise : *Ubi Papa, ibi Ecclesia.* Selon saint François de Sales, le Pape et l'Eglise *c'est tout un.*

(2) « De crainte que les troupeaux errants et vagabonds ne fussent dispersés de çà et de là, Dieu établit les pasteurs pour les rassembler; Il a donc voulu imprimer dans l'ordre et dans l'office des pasteurs le

humble vicaire de campagne ; qui soit l'organe de Dieu, l'interprète des volontés célestes, le dépositaire des lois où les nations puisent la vie. Il faut une autorité contre laquelle se

mystère de l'unité de l'Eglise ; et c'est en ceci que consiste la dignité de l'épiscopat. Le mystère de l'unité ecclésiastique est dans la personne, dans le caractère, dans l'autorité des évêques. En effet, chrétiens, ne voyez-vous pas qu'il y a plusieurs prêtres, plusieurs ministres, plusieurs prédicateurs, plusieurs docteurs ? Mais il n'y a qu'un seul évêque dans un diocèse et dans une église. Et nous apprenons de l'histoire ecclésiastique que, lorsque les factieux entreprenaient de diviser l'épiscopat, une voix commune de toute l'Eglise et de tout le peuple fidèle s'élevait contre cet attentat sacrilége par ces paroles remarquables : Un Dieu, un Christ, un évêque : » *Unus Deus, unus Christus, unus episcopus.* Quelle merveilleuse association, un Dieu, un Christ, un évêque ! Un Dieu, principe de l'unité ; un Christ, médiateur de l'unité ; un évêque, marquant et représentant en la singularité de sa charge le mystère de l'unité de l'Eglise. Ce n'est pas assez, chaque évêque a son troupeau particulier. Parlons plus correctement : les évêques n'ont tous ensemble qu'un même troupeau, dont chacun conduit une partie inséparable du tout ; de sorte qu'en vérité tous les évêques sont au tout et à l'unité, et ils ne sont partagés que pour la facilité de l'application. Mais Dieu, voulant maintenir parmi ce partage l'unité inviolable du tout, outre les pasteurs des troupeaux particuliers, il a donné un père commun, il a préposé un pasteur à tout le troupeau, afin que la sainte Eglise fût une fontaine scellée par le sceau d'une parfaite unité, et « qu'y ayant un chef établi, l'esprit de division n'y entrât jamais » : *Ut capite constituto schismatis tolleretur occasio.*

.....» Par conséquent, quiconque aime l'Eglise doit aimer l'unité, et quiconque aime l'unité doit avoir une adhérence immuable à tout l'ordre épiscopal, dans lequel et par lequel le mystère de l'unité se consomme, pour détruire le mystère d'iniquité qui est l'œuvre de rébellion et de schisme. Je dis à tout l'ordre épiscopal ; au pape, chef de cet ordre et de l'Eglise universelle, aux évêques chefs et pasteurs des églises particulières. Tel est l'esprit de l'Eglise ; tel est principalement le devoir des prêtres, qui sont établis de Dieu pour être coopérateurs de l'épiscopat. » (Bossuet, *Oraison fun. du R. P. Bourgoing.*)

brise toute résistance; une autorité chargée de tracer au monde le chemin du ciel, en dissipant les erreurs, les obscurités de la faible raison; de veiller toujours, de conserver l'intégrité du trésor sacré confié à sa garde et de répandre, à travers la nuit des intelligences, une lumière assez vive pour guider sûrement l'humanité vers ses sublimes destinées (1).

De ce chef unique chaque membre doit recevoir sa pensée et sa direction. Point de christianisme sans hiérarchie pastorale, et point d'hiérarchie pastorale sans papauté, pontificat suprême auquel viennent se rattacher tous les autres pontificats, comme au vrai centre de l'unité générale. Autrement la doctrine ne pourrait se perpétuer une, invariable, seulement l'espace d'un quart de siècle : or, sans unité, plus d'universalité, et la disparition de la papauté entraînerait la dissolution totale de la religion chrétienne, qui ne pourrait résister à la désorganisatrice influence de l'individualisme. Ce qui en resterait serait morcelé en une infinité

(1) « Quoi! un seul chef à tout l'univers! quoi! placer sur la tête d'un seul homme une autorité contre laquelle pourraient avoir un jour à combattre tous les princes de la terre! constituer l'unité sur une tête qu'un coup d'épée peut faire tomber! Cela était neuf, hardi, impossible, et cependant cela est. Non loin du lieu où siégèrent par la force des armes les dominateurs du monde ancien, siége un vieillard dont la voix commande et est respectée non pas seulement dans les limites du plus grand empire humain qui ait jamais existé, mais en-deçà et au-delà de toutes les mers. Il a traversé, non pas un siècle, mais dix-huit siècles. Il a vu s'élever contre lui des schismes, des hérésies, des rois, des républiques, et il est demeuré ferme sur le tombeau qui fait sa puissance, ayant pour toute garde cette courte parole : *Tu es Pierre, et sur cette pierre je bâtirai mon Eglise.* » (*Lacordaire*, IIe confér.)

de sectes locales, sans liens ni correspondance entre elles, sans symbole ni direction commune (1).

Ce n'est donc qu'à l'aide d'un Pape que Dieu conserve au sein du catholicisme la communauté de pensées et la simplicité d'enseignement (2).

Cette admirable unité de croyances conservée parmi tant de nations diverses et dans tout le cours des âges, eût donc été impossible sans la papauté, à qui seule elle est due. Hors de là, tout est incertitude, incohérence, anarchie et décomposition.

Ainsi, comme l'Eglise catholique ne peut exister que par l'unité, l'unité à son tour ne se soutient que par la suprématie papale. Au sommet de la hiérarchie religieuse devait dominer un pontife, roi de tout l'épiscopat, clef de voûte

(1) « Tremblez, s'écriait Bossuet dans son admirable discours à l'assemblée du clergé de France, tremblez à l'ombre même de la division : songez au malheur des peuples qui, ayant rompu l'unité, se rompent en tant de morceaux, et ne voient plus dans leur religion que la confusion de l'enfer et l'horreur de la mort ! »

(2) Il est indispensable que les croyances et les doctrines soient soumises, sur la terre, au contrôle d'un pouvoir incontesté. C'est le pape qui en est le gardien et le sauveur; c'est lui qui mène et dirige avec autant de force que de prudence la barque du salut au milieu des tempêtes, et recueille les intelligences ballotées au gré des vents. L'Eglise est ce vaisseau vainqueur de toutes les mers et de tous les orages.

Il faut aux chrétiens, dispersés sur le globe, un fil conducteur pour se guider dans le tortueux labyrinthe des opinions humaines; et puisqu'une simple famille ne saurait subsister sans l'autorité paternelle, à plus forte raison une aussi grande société, qui ne connaît pas de frontières, doit elle avoir un chef, sous peine de se dissoudre à l'instant.

«La Papauté est un tribunal suprême élevé au milieu de l'anarchie universelle.» (*Ancillon.*)

«Le jour où il n'y aurait plus de Papauté dans le monde, il n'y aurait plus de christianisme.» (*Laurentie.*)

indispensable à l'édifice. Cette société, si admirable dans son organisation, se maintient solide et inébranlable à travers les siècles par l'union à un centre commun, à un chef suprême, qui ne relève ici-bas d'aucun juge et ne doit compte de son administration qu'à Dieu et à sa conscience.

La puissance centrale de l'Eglise résidant en l'Evêque de Rome, c'est vers Rome qu'il faut dès lors tourner ses regards; Rome la ville éternelle, le roc immuable, le flambeau qui luit dans les ténèbres ; Rome l'indépendante métropole du monde chrétien (1).

(1) « Mais il fallait un siége à cette suprématie ; il fallait planter quelque part la chaire de saint Pierre ; il fallait un lieu où elle demeurât en pleine indépendance. Quel sera ce lieu? — Entre la mer Tyrrhénienne et les sommets noircis des Apennins, autour de quelques collines, une poignée de brigands avaient construit leurs cabanes. En creusant les fondements de leurs premiers remparts, ils avaient trouvé une tête sanglante, et l'oracle avait affirmé que cette ville serait la tête de l'univers. En effet, si cette poignée de brigands eussent possédé des cartes de géographie, et que, prenant un compas, ils l'eussent ouvert à trois ou quatre cents lieues de rayon, ils eussent vu qu'ils étaient le centre d'une foule de peuples d'Europe, d'Asie et d'Afrique, de tous ceux dont les extrémités sont baignées par les flots de la Méditerranée. Mais, au lieu d'un compas, ils étendirent leur main de fer autour d'eux, et commencèrent un empire qui devait avoir pour bornes l'Océan, le Rhin, l'Euphrate et l'Atlas. Et, au bout de sept cents ans, après avoir détruit la nationalité de tous leurs voisins, — gorgés de sang, de dépouilles, de gloire et d'orgueil, ces brigands, devenus la première nation de l'univers, avaient déposé leur fière république entre les mains d'un seul maître..... et ce maître vivait quand saint Pierre délibérait en quel lieu du monde il irait fixer son siége apostolique. Le croirez-vous? ce fut sous les yeux de ce maître, dont un regard faisait trembler la terre, ce fut dans sa ville, sur les marches de son trône, que saint Pierre alla poser sa chaire et chercher son indépendance. Mais quelle indépendance pourra-t-il obtenir en un semblable lieu, lui qui prétend à un domaine bien autrement vaste que celui des empereurs romains? Quelle indépendance?

Pierre a toujours occupé le plus haut rang en honneur et en autorité; à lui spécialement J.-C. a dit : *Paissez mes agneaux*, *paissez mes brebis*. Le Sauveur l'a donc établi le chef du collége apostolique, quoiqu'il ne fût pas le plus âgé, ni le premier appelé à la prédication, ni le plus irréprochable, ni le plus aimé: toujours il est nommé avant les autres, parle ou répond au nom de tous. C'est lui qui réunit ses frères en concile, préside à l'assemblée, prend le premier la parole, dirige les délibérations, propose et fait adopter les décrets (1).

Les Papes ont hérité des titres, de la prééminence et de

Il ne s'en occupe pas, il l'apporte avec lui; il apporte l'indépendance de qui ne craint pas de mourir pour la vérité, l'indépendance du martyre. — Des pontifes ses successeurs, il n'y en eut que deux, pendant trois siècles, qui moururent dans leur lit, encore parce que les ans, pour eux, se pressèrent un peu plus que les bourreaux. De sorte que la première couronne de la papauté fut la couronne du martyre; sa première indépendance, l'indépendance que donne la mort à celui qui la méprise. Il convenait que la puissance de l'Eglise commençât par cette longue douleur.» (*Lacordaire*, IVe confér.)

(1) « Saint Pierre paraît le premier en toutes manières; le premier à confesser la foi; le premier dans l'obligation d'exercer l'amour; le premier de tous les Apôtres qui vit Jésus-Christ ressuscité des morts, comme il devait en être le premier témoin devant tout le peuple; le premier quand il fallut remplir le nombre des Apôtres; le premier qui confirme la foi par un miracle; le premier à convertir les Juifs; le premier à recevoir les Gentils; le premier partout; mais je ne puis pas tout dire. Tout concourt à établir sa primauté, oui, tout, jusqu'à ses fautes, qui apprennent à ses successeurs à exercer une si grande puissance avec humilité et condescendance. Car Jésus-Christ est le seul pontife qui, au-dessus, dit saint Paul, du péché et de l'ignorance, n'a pu ressentir la faiblesse humaine que dans la mortalité, ni apprendre la compassion que par ses souffrances. Mais les pontifes ses vicaires, qui tous les jours disent avec nous : « Pardonnez-nous nos fautes », apprennent à compatir d'une autre manière, et ne se glorifient pas du trésor qu'ils portent dans un vaisseau si fragile.» (*Bossuet*, discours sur l'*Unité de l'Eglise*).

l'autorité du prince des Apôtres, et comme lui ils sont préposés, de droit divin, à la direction de l'Eglise universelle. Aussi le Souverain-Pontife est-il le centre vivifiant de l'unité catholique, le nœud qui rassemble toutes les parties de ce grand corps; c'est le vicaire de J.-C. sur la terre, le soleil du monde religieux.

Voilà pourquoi, hors du catholicisme, vous ne rencontrez que d'éternels chercheurs d'une religion qu'on trouve, au contraire, toute faite chez lui. Nulle part ailleurs ne s'offriront à vos regards unité et communauté d'idées et de sentiments, esprit d'ordre et d'hiérarchie. La papauté est le vivant symbole et la personnification glorieuse d'une foi qui remonte aux Apôtres et à Dieu même. En elle se résument les siècles et se concentre toute la religion. Otez-la de l'univers, alors le dogme chrétien n'a plus de représentant; voici surgir une multitude de chefs isolés, et ce magnifique ensemble se fractionne en une infinité d'Eglises qui ne tarderont pas à se perdre dans un dédale de superstitions et de folies (1). Çà et là quelques

(1) « L'origine de l'unité, c'est le Fils de Dieu : il n'a paru qu'en un seul lieu de la terre; mais ses prédicateurs ont été par tout l'univers, et ils y ont fondé des Eglises. L'unité ne s'est pas divisée, mais elle s'est étendue; et cette unité sainte et indivisible, la succession continuelle nous l'a apportée. Considérez les troupeaux rebelles : leurs noms vous marquent leur séparation. Zwingliens, Luthériens, Calvinistes sont des noms nouveaux : ce n'est donc pas l'unité qui les a produits, parce que l'unité est ancienne; mais l'unité les a condamnés, parce qu'il appartient à l'unité sainte, qui communique avec l'Eglise ancienne par une succession vénérable, il appartient, dis-je, à cette unité de condamner l'audace de la nouveauté. Donc leurs noms sont des noms de schisme : notre nom, c'est un nom de communion. « Mon nom, c'est chrétien, dit saint Pacien; mon surnom, c'est catholique. » Catholique, c'est universel; catholique c'est un nom d'unité, un nom de charité et de paix. Donc l'Eglise catholique est l'Eglise vierge, parce qu'elle possède l'unité sainte, qui la lie

individus, pasteurs ou fidèles, élèveront peut-être la voix pour réclamer contre l'invasion de l'erreur, et conserver l'unité pendant un certain temps, mais cette voix sans écho, *vox clamans in deserto*, pourra-t-elle sauver d'une ruine inévitable les croyances de dix-huit siècles? Sans papauté, plus de drapeaux, plus de signe de ralliement dans les combats de l'hérésie; on marcherait au hasard sous des maîtres eux-mêmes dépourvus de guides. Qu'on se reporte aux grandes luttes de l'Arianisme, on verra les plus saints évêques et nos docteurs les plus illustres se maintenir sans cesse en communion avec Rome, afin de ne se point

inséparablement à l'Epoux unique. C'est pourquoi les Eglises des hérétiques ayant perdu l'unique époux, elles prennent le nom de leurs adultères. » (*Bossuet*, sermon *pour une vêture*.)

« Toute la grâce de l'Eglise, dit le même orateur dans son oraison funèbre du R. P. Bourgoing, toute l'efficace du Saint-Esprit est dans l'unité : en l'unité est le trésor, en l'unité est la vie, hors de l'unité est la mort certaine. L'Eglise donc est une; et, par son esprit d'unité catholique et universelle, elle est la mère toujours féconde de tous les particuliers qui la composent : ainsi tout ce qu'elle engendre elle se l'unit très-intimement; en cela dissemblable des autres mères, qui mettent hors d'elles-mêmes les enfants qu'elles produisent. Au contraire, l'Eglise n'engendre les siens qu'en les recevant en son sein, qu'en les incorporant à son unité. Elle croit entendre sans cesse, en la personne de saint Pierre, ce commandement qu'on lui fait d'en haut : « Tue et mange, » unis, incorpore : *Occide et manduca;* et, se sentant animée de cet esprit unissant, elle élève la voix nuit et jour pour appeler tous les hommes au banquet où tout est fait un. Et lorsqu'elle voit les hérétiques qui s'arrachent de ses entrailles, ou plutôt qui lui arrachent ses entrailles mêmes et qui emportent avec eux, en la déchirant, le sceau de son unité, qui est le baptême, conviction visible de leur désertion; elle redouble son amour maternel envers ses enfants qui demeurent, les liant et les attachant toujours davantage à son esprit d'unité : tant il est vrai qu'il a plu à Dieu que tout concourût à l'œuvre de l'unité sainte de l'Eglise, et même le schisme, la rupture et la révolte. »

dépouiller de la plus sûre garantie de leur catholicité. Une religion qui ne se perpétue qu'au moyen de l'autorité, a besoin d'une tradition parlante qui apparaisse aux yeux des moins clairvoyants, comme l'astre du jour à la nature, et soit, pour tout croyant, un étendart d'orthodoxie.

Les aveux de l'hérésie elle-même sont une démonstration de la salutaire action qu'exerce le Prince de l'Eglise. Nous l'avons vu, les écrivains les plus éminents de la réforme protestante regrettent vivement cette haute magistrature spirituelle qui, d'un mot, dissipe les ténèbres, éclaircit les doutes, et aplanit la route du ciel sous les pas des chrétiens. Ils préconisent cette grande autorité, cet oracle permanent qui parle au monde avec une si magique puissance, fixe les incertitudes, interprète les points difficiles, unit les intelligences et les volontés, confirme ou modifie, selon les besoins, les règles de la discipline, et gouverne par son seul ascendant religieux la plus vaste des sociétés d'ici-bas. Que mettrait-on à la place de cette chaire apostolique, devant laquelle s'inclinent si respectueusement tant de millions d'enfants humbles et soumis? Rome, avons-nous dit, est le centre de l'unité et le principe vital de la foi; briser les liens qui nous y rattachent, ne serait-ce pas nous enlever notre point d'appui, l'ancre de salut, et nous jeter en aveugles à travers l'océan des systèmes humains, pour arriver au complet anéantissement du christianisme?

En aucun temps, la suprématie spirituelle ne fut plus nécessaire que de nos jours. Le réseau du doute s'étend, comme un froid linceul, sur les choses même les plus vénérables et les plus sacrées; en philosophie, en religion, comme en politique, tout est remis en question : le vieil édifice des croyances est secoué jusque dans ses fondements; on s'avance au hasard vers un avenir ténébreux et incompris; mille théories contradictoires nous pressent et nous enlacent; nous ne voyons partout que des ruines intellectuelles et morales qu'on entasse sans rien élever sur ces tristes débris. Or, au milieu du chaos qui menace le monde civilisé d'une prochaine dissolution, n'est-ce pas un insigne bienfait de la Providence d'avoir placé, au-dessus des tempêtes incessamment soulevées par d'inquiets et turbulents esprits, un pouvoir unique, stable, infaillible, transmettant d'âge en âge les mêmes traditions et le même symbole, dissipant les nuages de l'erreur et guidant les fidèles, avec une sécurité parfaite, dans la route du temps à l'éternité? N'est-ce donc rien que ce radieux flambeau qui, depuis tantôt deux mille ans, répand dans l'univers les consolations et les divers enseignements de la foi, pareil à un phare dressé sur le rivage et dont les feux, projetant une vive clarté par delà l'immensité des flots, montrent le port aux navigateurs égarés dans les ténèbres ou surpris par l'orage? Le voyageur détourné de son chemin ne se sent-il pas transporté d'allégresse, quand l'astre de la nuit, s'élevant tout-à-coup, lui en fait retrouver la trace un instant perdue? De même, au milieu des ombres épaisses qui obscurcissent l'horizon de notre intelligence, dans cet immense dédale de conjectures, de contradictions et de doutes amoncelés par la science orgueilleuse, ne doit-on pas aimer et bénir l'éminente autorité dont l'éclat resplendit au sommet de la sphère sociale, comme l'étoile polaire dans l'azur des cieux? Leibnitz avait rêvé la réunion de tous les états européens par une même langue et sous un même souverain temporel; quoique né protestant, il aurait aussi voulu un même chef spirituel, et c'était le Pape.

## BIENFAITS DE LA PAPAUTÉ.

Nous pourrions encore considérer la papauté développant son action bienfaisante dans une autre sphère pour le bonheur de l'humanité. Nous la verrions d'abord s'interposer, à toutes les époques, entre les oppresseurs et les opprimés, entre les bourreaux et les victimes. Avec quel courage et quelle constance n'a-t-elle point plaidé la liberté des peuples devant les tyrannies impériales ? Mêlée aux plus ardents conflits des nations et des rois, elle combattait partout pour le triomphe de la justice, et soutenait invariablement le droit contre la force. Aussi tous, grands et petits, riches et pauvres, clercs et laïcs, sujets et monarques, s'empressaient-ils de recourir à elle ; chacun attendait sa décision comme la règle souveraine de l'équité. Après avoir sauvé l'Italie de la fureur des Barbares (1), elle la protégea contre l'Empire ; n'exerçant jamais sa prodigieuse influence qu'au profit des populations chrétiennes, dont elle se fit toujours la noble et généreuse protectrice. C'est elle encore qui, opposant à l'invasion de l'Islamisme une insurmontable barrière, a brisé le cruel cimeterre de Mahomet ; c'est elle qui a délimité les royaumes, arrêté les usurpations, sanctionné les lois, créé la plupart des constitutions régissant les états civilisés, et fondé des

(1) « Les papes ne possédaient à Rome, par le fait de la disparition des empereurs, qu'une souveraineté morale dont ils usèrent avec honneur en se faisant les gardiens de l'Occident contre les Barbares. Rome, neuf fois prise d'assaut, fut neuf fois par eux relevée de ses ruines, et on les vit ainsi, par l'ascendant de leurs prières et de leur visage, arrêter à ses portes *le fléau de Dieu.* » (*Lacordaire.*)

principes politiques sur lesquels reposent les sociétés modernes.

Dans l'ordre purement scientifique et littéraire, quelle reconnaissance ne devons-nous pas à la papauté ! Fondation d'universités, d'académies, de corps enseignants, d'écoles pour le peuple et pour les enfants des pauvres, voilà son œuvre impérissable : Rome est la ville du monde où il y a le plus de ces sortes d'établissement. A cette reine qui porte avec tant de majesté au-dessus du diadème des Césars la triple couronne des Pontifes, notre siècle doit, en grande partie, sans peut-être s'en douter, le savoir dont il est si fier ! C'est la mère-patrie des sciences et des arts : dans ses vastes bibliothèques et ses musées splendides abondent, malgré le pillage, l'incendie et les dévastations de la guerre, les puissantes créations du génie et les chefs-d'œuvre de la peinture ou de la sculpture ; c'est le centre du mouvement des intelligences ; vers elle on voit les plus célèbres artistes diriger leurs pèlerinages, soit pour jouir des innombrables richesses accumulées au sein de l'Italie et de la cité pontificale en particulier, soit pour se perfectionner par la contemplation des modèles en tout genre. Comment donc se fait-il que des hommes tant soit peu éclairés et amis de leurs semblables, travaillent à briser les liens qui nous attachent à la chaire du successeur de saint Pierre ? « La comprenez-» vous maintenant, — leur dirons-nous avec Bossuet, — cette » immortelle beauté de l'Eglise catholique, où se ramasse ce » que tous les lieux, ce que tous les siècles présents, passés » et futurs ont de beau et de glorieux ? »

## UNION ET SOUMISSION AU SOUVERAIN PONTIFE.

Au milieu des maux qui pèsent sur l'Eglise, quel appui pourrait-on invoquer si la papauté n'était pas là, visible providence du monde moral? Les réclamations individuelles ou collectives de l'épiscopat seraient évidemment impuissantes, ou n'obtiendraient tout au plus que des résultats partiels et limités; car les pontifes soumis à un pouvoir terrestre se trouvent dans une condition restreinte, et n'ont point l'influence nécessaire pour exercer une action universelle sur la société catholique, ni même pour lutter avec avantage, dans leurs diocèses respectifs, contre les erreurs, la corruption, le relâchement de la discipline et les funestes tendances de l'autorité laïque.

L'union intime et constante avec Rome, voilà le principe vital de toute Eglise particulière; c'est la pierre de touche de sa catholicité, pour connaître si elle prospère ou si elle tombe en décadence. L'isolement systématique et l'absence seule de communication avec ce foyer vivifiant mènent droit au schisme, de quelques dénominations ou prétextes qu'on veuille colorer cet esprit de séparation.

Avec les Pères, dont il a clos l'immortelle série, Bossuet, proclame l'Eglise romaine la mère, la nourrice et la maîtresse des autres Eglises, le centre de l'unité, la règle de la catholicité, la chaire d'où Dieu nous instruit par le ministère de Pierre, l'Eglise toujours vierge et toujours indéfectible dans la foi.

« O Eglise romaine! s'écrie le pieux et tendre Fénelon, ô cité sainte! ô chère et commune patrie de tous les vrais chrétiens! Il n'y a en Jésus-Christ ni grec, ni scythe, ni barbare, ni juif, ni gentil. Tout est fait un seul peuple dans votre sein. Tous sont citoyens de Rome, et tout catholique est romain. La voilà cette grande tige qui a été plantée de la main de Jésus-Christ. Tout rameau qui en est détaché se flétrit, se dessèche et tombe. O mère! quiconque est enfant de Dieu est aussi le vôtre. Après tant de siècles, vous êtes encore féconde. O épouse! vous enfantez sans cesse à votre époux dans toutes les extrémités de l'univers. Mais d'où vient que tant d'enfants dénaturés méconnaissent aujourd'hui leur mère, s'élèvent contre elle, et la regardent comme une marâtre? d'où vient que son autorité leur donne tant de vains ombrages? Quoi! le sacré lien de l'unité, qui doit faire de tous les peuples un seul troupeau, et de tous les ministres un seul pasteur, sera-t-il le prétexte d'une funeste division? serions-nous arrivés à ces derniers temps où le fils de l'homme trouvera à peine de la foi sur la terre? Tremblons, tremblons de peur que le règne de Dieu, dont nous abusons, ne nous soit enlevé et ne passe à d'autres nations qui en porteront les fruits! tremblons, humilions-nous, de peur que Jésus-Christ ne transporte ailleurs le flambeau de la pure foi, et qu'il ne nous laisse dans les ténèbres dues à notre orgueil! *O Eglise! d'où Pierre confirmera à jamais ses frères, que ma main droite s'oublie elle-même si je vous oublie jamais! Que ma langue se sèche en mon palais et qu'elle devienne immobile, si vous n'êtes pas jusqu'au dernier soupir de ma vie le principal objet de ma joie et de mes cantiques!*

Ne craignons point de nous exprimer ici avec saint-Cyprien. Il ne peut pas être suspect d'avoir flatté Rome. « La » chaire de Pierre est, selon ce Père, l'église principale » dont l'unité pastorale tire sa source..... Les hommes » d'un esprit profane et schismatique, dit-il, ne se souvien-

» nent pas que les Romains, dont l'Apôtre a loué la foi, sont » tels que la nouveauté trompeuse ne peut avoir d'accès » chez eux ». Ajoutons ces aimables paroles de saint Jérôme : « Nous croyons devoir consulter la chaire de Pierre, dont » la foi est louée par la bouche de l'Apôtre même. Nous de- » mandons la nourriture à cette mère. La distance des lieux » ne peut nous détourner d'aller chercher si loin cette perle » si précieuse... C'est chez vous seule que nous est conservée » l'hérédité incorruptible de nos pères... Vous êtes la lu- » mière du monde, le sel de la terre... Que l'envie se taise. » Loin de nous toute idée d'une ambitieuse politique sur la » grandeur temporelle de Rome! Nous parlons à celui qui » tient la place de Pierre pêcheur, et disciple de Jésus » crucifié. Nous ne suivons que Jésus-Christ. Nous nous » attachons à la chaire de Pierre par une communion intime » et inviolable. Nous savons que l'Eglise est fondée sur cette » pierre. Quiconque mange l'agneau hors de cette maison » est profane. Si quelqu'un n'est pas dans l'arche de Noé, il » périra pendant le déluge... Quiconque n'amasse point » avec vous, dissipe ; c'est-à-dire que celui qui n'appartient » pas à Jésus-Christ est à l'Ante-Christ... C'est pourquoi nous » conjurons le bienheureux successeur de Pierre, par Jésus » crucifié, par le salut du monde, par la sainte Trinité, de » nous apprendre par son autorité ce qu'il faut dire et ce » qu'il faut faire. » Parlons encore avec le dernier des Pères. C'est saint Bernard, incapable de flatter Rome ; c'est cette grande lumière de l'Eglise de France : « Tous les autres pas- » teurs, ô Pontife romain, ont leur troupeau particulier, » *singuli, singulos*. Mais tous ensemble sont enfin confiés à » un seul, qui est vous-même. C'est à vous seul qu'est donné » le troupeau entier, fait un dans votre main : *Tibi universi* » *crediti, uni unus*. Vous seul êtes le pasteur, non-seule-

» ment des brebis, mais encore des pasteurs mêmes. *Nec*
» *modò ovium, sed et pastorum tu unus omnium pastor.....*
» La puissance des autres est resserrée dans de certaines
» bornes; la vôtre s'étend sur ceux-là mêmes qui ont reçu le
» pouvoir de gouverner les peuples fidèles. Ne pouvez-vous
» pas, si l'ordre le demande, fermer le ciel à un évêque,
» le déposer de l'épiscopat, et le livrer même à Satan?...
» Pierre a reçu le gouvernement du monde entier, c'est-à-
» dire, des Eglises. L'unique vicaire de Jésus-Christ..... doit
» conduire, non un seul peuple, mais toutes les nations.
» C'est à vous qu'a été confié ce très-grand et unique vais-
» seau, savoir, l'Eglise universelle composée de toutes les
» autres. »

» Que reste-t-il? sinon de nous écrier : Si vous apercevez parmi vous quelque question difficile et douteuse..... et si les paroles des juges varient à vos portes, levez-vous, allez au lieu que le Seigneur votre Dieu a choisi. Arrêtez-vous à ce centre de l'unité de la foi, qui est le point fixe et immobile. Venez aux sacrificateurs de la race de Lévi et au juge qui se trouvera établi en ce temps-là. Vous leur demanderez qu'ils vous déclarent la vérité du jugement. Vous suivrez tout ce qui vous sera décidé et enseigné, suivant la loi, par ceux qui président dans le lieu que le Seigneur a choisi. Vous vous attacherez à leur jugement, sans vous détourner ni à droite ni à gauche. Mais pour celui qui s'enorgueillira, refusant de se soumettre à la décision du Pontife qui sera alors le ministre du Seigneur votre Dieu, et au décret du juge, il sera puni de mort, et vous ôterez le mal du milieu d'Israël. Tout le peuple écoutant sera en crainte, en sorte que personne n'ose ensuite s'enfler de présomption (1). »

(1) Mandement de 1714.

L'ordre clérical doit présenter un ensemble d'une parfaite unité ; il ne sera fort que par la cohésion des parties qui le composent : cette puissance de concentration en fait le corps le mieux constitué de l'univers. Or, c'est la papauté qui relie si solidement entre eux les éléments de la hiérarchie sainte, et fait du sacerdoce catholique un incomparable modèle de sagesse, de règle et d'organisation.

En outre, ce lien indissoluble et sacré fait de toute l'Eglise une seule famille, du monde entier un seul pays, de tous les peuples un seul et même grand peuple, parce que tous sont citoyens de Rome, devenue la patrie de tous.

La subordination hiérarchique est la force du catholicisme, comme celle d'une armée. Si les simples soldats n'obéissent pas aux capitaines, les capitaines aux colonels, les colonels au général, le sage mécanisme de l'institution militaire fait place à l'anarchie.

Que toutes les Eglises soient donc éminemment romaines et unies d'esprit et de cœur au Saint-Siége. Voir où est Rome, et se ranger de son côté en temps d'erreurs, de troubles et de discordes, c'est l'infaillible règle de la foi et de la piété : *Ubi Petrus, ibi Ecclesia*. Ses jugements sont les jugements du ciel. Quand Rome a parlé, il y a témérité à discuter et rebellion à contredire.

Saint Louis mourant adressa ces nobles paroles à son fils : *Sis devotus et obediens matri nostræ Romanæ ecclesiæ et summo Pontifici, tanquàm patri spirituali.*

Donc, obéissance filiale et sans réserve, affectueuse soumission de l'âme à l'autorité apostolique ; dès que ses décrets ont été formulés ici-bas, ils sont ratifiés là-haut, parce qu'elle est juge suprême et sans appel dans les causes qui intéressent le dogme, la morale ou la discipline : *Roma locuta est, causa finita est*. On n'a jamais tort avec le Pape puisqu'on est avec l'Eglise.

Un pasteur, dit l'humble et admirable archevêque de Cambrai, doit être plus docile que la dernière brebis du troupeau, et ne mettre aucune borne à sa soumission. « Jamais, écrivait-il encore à Innocent XII, je n'aurai honte d'être corrigé par le successeur de Pierre. »

Puisse ne pas se rencontrer parmi nous un seul cœur où ne vibrent de si généreux sentiments! Rien n'irrite tant Dieu, suivant saint Pierre Chrysologue, que le schisme et la division dans l'Eglise. Ainsi, quoiqu'il arrive, il ne faut jamais heurter le Saint-Siége, ni porter atteinte à l'inviolable principe de la dépendance. Les évêques eux-mêmes, ajoute Bossuet, pasteurs à l'égard de leurs troupeaux, sont brebis à l'égard de Pierre : pour les uns comme pour les autres, la voix de Pierre doit être la voix de Dieu.

Enfants soumis du père commun, prêtres de cette religion dont le Pontife de Rome est le chef et le guide, resserrons, loin de les relâcher, les liens de foi, d'obéissance et d'amour, qui nous unissent à la chaire indéfectible, oracle du genre humain. N'écoutant sur la terre aucune autre voix, disons hautement anathème à ces hommes anti-chrétiens qui, désireux de voir la France se plonger dans le schisme, n'aspirent qu'à briser notre union spirituelle avec la métropole de l'univers catholique ; vivons et mourons dans un attachement sans borne à la suprématie papale ; avec le grand évêque de Meaux, ce croyant de si forte trempe, dont l'illustre et pieux antagoniste imita plus tard l'édifiant langage, écrions-nous de toute la puissance de notre âme : « Sainte Eglise romaine, mère des églises et mère de tous les fidèles, Eglise choisie de Dieu pour unir ses enfants dans la même foi et dans la même charité, nous tiendrons toujours à ton unité par le fond de nos entrailles : « Si je t'oublie, Eglise romaine, » puissé-je m'oublier moi-même! que ma langue se sèche et

» demeure immobile dans ma bouche, si tu n'es pas toujours » la première dans mon souvenir, si je ne te mets pas au » commencement de tous mes cantiques de réjouissance (1) : » *Adhæreat lingua mea faucibus meis, si non meminero tuî, si non proposuero Jerusalem in principio lætitiæ meæ.* (Ps. 136.)

Pour ranimer et fortifier en nous ce dévouement au siége apostolique et au pouvoir épiscopal, il suffit de jeter un regard sur nos aînés du sanctuaire, de nous rappeler leurs cruelles épreuves, leur exil, leur héroïque mort pour le maintien de l'unité : Songez, — nous dit du haut des cieux cette magnanime phalange de confesseurs et de martyrs, seconde légion thébéenne, — songez aux exemples que vous a légués l'histoire contemporaine, et n'oubliez pas que vos frères ont généreusement versé leur sang plutôt que de consacrer le schisme par une lâche et coupable adhésion !

Les nœuds sacrés d'obéissance entre les subordonnés et les chefs, peuvent seuls grouper en indissoluble faisceau prêtres et laïcs autour de l'Eglise. Un éminent prélat, un directeur chéri, un ange descendu du ciel, vous exciterait à vous séparer du Pape ; ce serait un payen, un apostat, un suppôt de Satan, que vous devriez maudire sous peine de renoncer à la foi des Apôtres et à la communion catholique. N'est-ce point pour avoir méconnu l'autorité pontificale qu'ont éclaté avec tant de scandale, de fracas et d'horreur, les terribles révolutions du XVIe siècle et de la fin du XVIIIe? Evêques chassés de leurs siéges, chanoines, curés et autres ecclésiastiques ignominieusement proscrits, moines dépouillés de tout, religieuses en proie à la violence et au déshonneur, chrétiens de tout rang brisés ou dispersés par ces affreuses tempêtes, voilà, en peu de mots, les résultats de cette déplorable

(1) Discours sur l'*Unité de l'Eglise.*

séparation qui a bouleversé l'Europe. C'est donc servir en même temps la religion et la société, de contribuer à réunir les peuples dans le giron du catholicisme, et d'empêcher qu'on ne rompe les forts anneaux qui tiennent le vaisseau de l'Eglise amarré à la papauté.

Deux lignes émanant de cette cour suprême de la chrétienté valent mieux, pour éclairer et pacifier les fidèles ignorants ou discords, que les traités les plus nourris d'érudition et les plus savants en doctrine.

Foyer où doit se rallumer le flambeau de notre foi, ancre de salut dans les tourmentes religieuses et sociales, Rome est encore le rempart de nos libertés. Toujours il faudra s'appuyer sur la terre ferme de l'Eglise et l'inébranlable colonne du siége apostolique, pour éviter de devenir jouet de l'erreur, ou victime de la tyrannie.

Ainsi, que l'excommunication épiscopale vienne à frapper un individu, ou qu'un écrivain déhonté soit justement signalé à la conscience du lecteur, qui s'en inquiètera hors des limites d'un diocèse ou d'un royaume? tandis que les foudres lancées du Vatican vont atteindre l'erreur sur tous les points du globe. Le Pontife suprême ouvre la bouche, à ses accents le monde catholique s'ébranle, et, du fond des contrées les plus lointaines, on peut lire sur le front d'un hérésiarque ou d'un impie le terrible anathème qui, en les séparant de la communauté chrétienne, les flétrit à jamais.

En outre, cette grande voix, écho de celle de Dieu même, s'adresse aux rois comme aux sujets; toujours indépendante, elle reproche aux persécuteurs les crimes qu'ils osent commettre, et réclame en faveur des peuples contre les égarements ou les fureurs du despotisme. Est-il besoin de rappeler ici les allocutions si noblement énergiques de Grégoire XVI, d'heureuse mémoire, à l'occasion des agressions odieuses de la Russie et de la Prusse contre le catholicisme, et ses courageuses interpellations au Czar en personne, dans une récente et mémorable entrevue? Ecoutez les aveux des journaux les moins suspects à cet égard: « Le plus admirable » spectacle offert à nos yeux, c'est celui de la lutte engagée » entre de superbes monarques et un vieillard qui n'a pour » toute défense que sa parole : mais nous avons confiance » dans la puissance de la parole humaine, quand l'homme » a raison, et nous applaudissons avec joie à cette fermeté » pontificale. Aujourd'hui le pouvoir de la plainte vaut le » pouvoir de l'excommunication, car il s'appuie de même » sur la conscience des peuples (1). »

Mettez un évêque aux prises avec de telles difficultés, et vous verrez si ses jugements obtiendront le même respect, si ses réclamations exerceront une aussi haute influence. N'est-il pas évident que l'Eglise, en pareil cas, ne jouissant plus des mêmes garanties d'indépendance et de liberté, offrirait rarement aux regards le spectacle de ces intrépides résistances à la force brutale des pouvoirs temporels?

Cette vérité a sa preuve bien frappante dans les événements qui après avoir dans ces dernières années agité si tumultueusement le monde religieux et philosophique, ont poussé un homme de génie hors du sein de la grande famille catholique. Une autorité inférieure à celle de la papauté aurait-elle pu donner une solution aussi prompte, aussi tranchante, aux graves questions alors débattues? Quelques prélats s'étaient, il est vrai, prononcés, mais sans mettre fin aux disputes qui allaient s'envenimant, quand tout à coup une parole, tombée de la chaire suprême, impose le silence, termine le litige et ramène le calme après la tempête.

(1) *Journal des Débats*, décembre 1839.

L'aigle foudroyé a été précipité des hauteurs du ciel, et vous le voyez traîner aujourd'hui dans l'isolement le plus triste les restes d'un admirable talent, qui s'est porté à lui-même le coup mortel en résistant au vicaire de Jésus-Christ.

Ne nous étonnons pas que M. Guizot, malgré ses préjugés calvinistes, se soit écrié : « Quelle est donc la puissance de » ce vieillard qui, du pied de ses autels, domine ainsi les » plus hautes intelligences, fait courber toutes les têtes, et » sait d'un mot conjurer les orages qui menacent la religion? » Plus on étudie le passé, plus on réfléchit sur le présent, plus a-t-on lieu de se convaincre que la papauté est, dans tous les sens, l'arc-boutant du monde civilisé non moins que de l'Eglise.

Quand l'hérésie d'Arius semblait envelopper l'univers entier; quand Nestorius, Eutychès et les empereurs d'Orient troublaient la chrétienté, ne sont-ce pas les Papes qui sauvèrent l'orthodoxie? Quand Luther et tous les novateurs sortis de la même école soulevaient l'Europe catholique et l'entraînaient dans l'abîme, d'où partaient le signalement de leurs mensonges, erreurs ou calomnies, les avertissements, les lumières, les efforts et, enfin, les anathèmes? N'est-ce pas le Souverain-Pontife qui, multipliant son action salutaire dans toutes les contrées envahies, préservait, vigilant pilote, le vaisseau de l'Eglise d'un naufrage imminent? Les temps du jansénisme ne sont pas loin de nous; or, comment a-t-elle pris fin, malgré le haut patronage des parlements, cette secte fameuse et voilée d'hypocrisie, « cette hérésie déloyale, qui, dit le P. Lacordaire, n'osa jamais attaquer l'Eglise en face, et se cacha dans son sein comme un serpent? » et, dans nos jours de perturbation et de schisme, effrayante cause de désolation pour tant de royaumes, qui a ramené les peuples à l'unité du même bercail sous le même pasteur, sinon l'Evêque des évêques, celui dans lequel la vénération des peuples et le sentiment religieux nous font envisager le père commun, le guide assuré des vrais fidèles ?

Multiplions donc nos rapports avec Rome, au lieu de les affaiblir : le catholicisme se résume dans la personne de son auguste chef. Si, pour emprunter ici les paroles d'un publiciste célèbre, l'Eglise a une constitution à laquelle nulle autre n'est comparable ; si aucun gouvernement sur la terre n'est en mesure de se faire obéir comme elle ; c'est au pouvoir sans égal d'un arbitre unique et suprême qu'il faut attribuer d'aussi heureux résultats.

## ÉGLISES NATIONALES.

Malgré toutes les raisons que nous venons de produire à l'appui de l'autorité pontificale, malgré la nécessité si évidente de la papauté pour sauvegarder l'Eglise, ou plutôt à cause de ces raisons et de cette nécessité, il se trouve parmi nous de prétendus philosophes ou politiques, dont les efforts tendent visiblement à séparer le clergé français d'avec Rome. Ce parti, plus puissant qu'on ne pense, se compose : 1° des hommes haineux et fanatiques qui, pressés d'en finir avec Dieu, voudraient couper la tête de l'Eglise, afin d'enterrer aussitôt le cadavre ; 2° des vieux restes de la faction parlementaire combinée avec l'esprit gallican à la façon de Pithou, et imprégnée de jansénisme ; 3° d'une foule d'adorateurs de la puissance matérielle, leur exclusive divinité, lesquels s'étonnent naïvement que l'Etat ne gouverne pas souverainement les consciences comme les ponts et chaussées ; 4° enfin, d'un ramas d'ignorants et de sots, vivant dans l'indifférence, et très-persuadés qu'ils savent quelque chose depuis qu'ils ont déclamé contre *la Cour de Rome et les empiétements du pouvoir pontifical.*

Tous ces gens, ligués ensemble, visent de concert à asservir l'Eglise et à l'emmaillotter en quelque sorte comme l'enfant nouveau-né, soit pour s'en débarrasser au plus vite, soit pour l'avilir en la mettant au rang du popisme russe, soit pour en faire tout simplement un instrument politique. Voilà le but. Les prétextes sont insensés; car, de nos jours, dénoncer l'envahissement des papes sur le temporel des rois, n'est-ce pas, répétons-le, crier au feu pendant le déluge?

N'hésitons pas à le dire, la puissance terrestre tend sans cesse à absorber l'autorité spirituelle, et à confisquer à son profit l'inaliénable domaine de la conscience. Le Grécisme, le Protestantisme, l'Anglicanisme et le Joséphisme siégent sur quatre grands trônes de l'Europe. La manie ordinaire des gouvernements est de s'attribuer une double domination sur les âmes comme sur les corps, et, en réduisant l'Eglise à l'état d'ilotisme, d'atteindre au despotisme le plus complet qu'il soit possible d'imaginer. C'est dans cette vue que bien des personnages politiques, serviles admirateurs de la prépondérance laïque et de la force du glaive, rêvent l'abolition de la suprématie papale, et s'efforcent depuis longtemps d'établir partout, sous des formes plus ou moins savantes, des rois-pontifes également maîtres de l'Eglise et de l'Etat. La chose est réalisée là où dominent le schisme et l'hérésie. Ainsi que nous l'avons déjà fait observer, les sectes, pour se soutenir et se donner aux yeux de la foule une valeur d'emprunt, se sont jetées dans les bras du Pouvoir, qui, après les avoir accueillies, caressées et protégées, a obtenu d'elles, en échange de ses chaînes dorées, la souveraine direction de leurs affaires religieuses(1). Jamais, depuis le paganisme, la conscience humaine n'était descendue si bas; mais, contre un tel avilissement, il n'est aucun remède pour toute Eglise séparée de Rome. Rappelons-nous qu'à dater de l'ère des persécutions, du moment que les monarques ont touché à l'encensoir, la papauté n'a cessé de lutter contre leurs envahissements, pour ne pas livrer le genre humain, pieds et poings liés, à quelques douzaines de despotes.

Il n'y a donc et il ne peut y avoir que les catholiques-romains qui aient conservé la noble indépendance de la foi. Dans le but de les asservir, en France particulièrement, on inventa les *Eglises nationales*, dont on voulut faire l'inauguration au milieu d'un peuple abusé, qui prenait cette monstruosité pour de la liberté par excellence. L'épiscopat et ses attributions, la délimitation des diocèses, la collation de la juridiction spirituelle, tout cela traversa l'infatigable urne du scrutin législatif, et l'on eut une Eglise constituée par la loi, avec le pape de moins et la servitude de plus. Dieu ne permit pas, cependant, que le royaume très-chrétien passât sous les fourches caudines de l'*Eglise constitutionnelle;* l'œuvre des sophistes ne résista pas à l'ouragan révolutionnaire, et lorsque le calme revint, les Français, obéissant à l'instinctive inspiration du vrai, répudièrent cette conception bâtarde, pour retourner à l'unité romaine.

Toutefois, le génie du mal n'est que muselé, et tout nous prouve qu'il fait de constants efforts pour rompre ses entraves. Le schisme, la suppression du Souverain-Pontife, ou

(1) « Nous ne concevons plus la puissance civile exerçant en son nom la puissance religieuse, et ce n'est pas le moindre déshonneur du protestantisme que d'avoir fait du prince le chef extérieur du christianisme chez les diverses nations protestantes. » (*Lacordaire*.)

du moins la destruction de son pouvoir par rapport à nous, voilà ce que veulent et poursuivent sans relâche des hommes fatigués de la religion. Tel est l'ennemi qu'il faut signaler au corps sacerdotal, afin qu'il épie ses mouvements et le combatte par sa conduite encore plus que par ses paroles.

Le clergé sera invulnérable tant qu'il restera uni de cœur et d'âme à la chaire indéfectible : c'est la première et indispensable condition pour échapper à l'odieux joug d'une Eglise nationale. Défions-nous donc des doctrines, opinions, lois, décrets, ordonnances, visant à affaiblir, à limiter ou à enchaîner les prérogatives spirituelles du pape, et à le traiter en *souverain étranger*, selon l'avocassière expression de notre époque; n'oublions pas que, sous le nom décevant de liberté, c'est l'esclavage qu'on nous présente : *libertés à l'égard du pape*, disait déjà Fleury, au XVII^e siècle, *servitudes à l'égard du roi.* En effet, la liberté gît dans l'obéissance au pouvoir légitime et compétent, la servitude dans la soumission à un pouvoir usurpé. C'est ce que comprennent enfin les Anglais, qui chaque jour abandonnent en foule l'établissement vermoulu de Henri VIII, et rentrent dans le giron de l'Eglise romaine, heureuse de leur ouvrir ses bras et de les presser avec amour contre son sein maternel.

Que le prêtre montre aussi, dans l'ordre de ses fonctions, une noble indépendance à l'égard des gouvernements. La plupart des Etats de l'Europe cherchent à consacrer un détestable système, en voulant faire des membres du clergé autant de fonctionnaires ressortissant de l'autorité administrative; des *commissaires de police* religieuse, pour le bon ordre et la conscience; des espèces de magistrats en soutane, chargés de prêcher aux peuples l'obéissance, l'observation des lois, l'acquittement des impôts; ou bien encore des instruments de propagande pour les opinions accréditées par la diplomatie. Une pareille tendance aurait pour résultat de faire descendre au rang de simples employés à gages les ministres du ciel et les hérauts de l'Evangile. Rien de mieux que d'accorder, à qui de droit, fidélité et soumission ; mais sied-il à l'homme de Dieu, de jamais se réduire au rôle d'agent subalterne, de courtisan d'aucune puissance terrestre? Uniquement préposé à la garde des choses sacrées et des éternels principes de la morale, il n'est pas au service de l'Etat, qui a d'ailleurs positivement déclaré ne plus lui reconnaître la qualité de fonctionnaire public. La religion demande non les faveurs du Pouvoir, mais justice et liberté : son attitude envers lui n'est ni hostile, ni servile, elle est digne ; cependant s'il visait, par son action envahissante, à la souveraineté spirituelle, à tout centraliser, à s'inféoder même la puissance ecclésiastique, pour en faire à son gré un moyen de domination, alors le clergé devrait lui refuser nettement le concours de sa parole et de ses actes, lutter pour conserver son indépendance, et ne pas se laisser engrener dans les périlleux rouages de la machine politique.

« L'Eglise, — disait noblement, dans Notre-Dame de Paris, une éloquente voix dont nous aimons à répéter les accents, — l'Eglise est libre dans son action spirituelle, libre de répandre la vérité par la parole, la grâce par le sacrifice et les sacrements, la vertu par toutes les pratiques qui en sont la source et la confirmation : c'est là ce qui constitue sa liberté positive, sa liberté de faire. Mais il est une autre liberté, non moins nécessaire et précieuse, c'est la liberté négative, la liberté de ne pas faire, sans laquelle aucune souveraineté n'est possible, et même aucune dignité. Or, l'Eglise possède cette liberté par l'excommunication. Sans le pouvoir d'excommunier, que serions-nous ? des esclaves. Quiconque n'a pas la liberté de refuser son service, est un esclave ; quiconque à la liberté de le refuser, est maître et seigneur. Il faut que les potentats le sachent bien : le dernier d'entre les prêtres peut se refuser de communiquer avec eux. Il faut que les Théodose sachent bien qu'ils trouveront des Ambroise, qui, les voyant venir tout couverts du sang de Thessalonique, les attendront sur le seuil et leur diront : Vous avez des soldats, vous pouvez forcer les portes du temple ; mais si vous entrez, je sors ! La liberté de sortir, c'est la première liberté de l'homme de cœur : malheur à qui ne la possède pas ! »

Prétendant, avec raison, jouir d'une entière indépendance et se mouvoir à son aise dans sa sphère propre, non, la divine Epouse de Jésus-Christ ne veut pas se ravaler au point de devenir la très-humble vassale des gouvernements et des magistrats séculiers ! Les avocats et les bureaucrates, dit le baron d'Eckstein, ont faussé la morale de l'Eglise ; ils voudraient assujettir le culte catholique à la juridiction des tribunaux ou des administrations, en appeler du jugement de nos évêques à un conseil d'Etat et ne voir, en quelque façon, dans la religion qu'une institution de police et de bon ordre, un établissement qui tomberait sous le domaine exclusif de la puissance publique. Mais la première autorité du monde n'entend pas être traitée à l'instar d'une branche d'administration ou d'un simple département. Il n'en est pas d'elle comme du protestantisme : celui-ci, absorbé par le pouvoir temporel, s'est fondu et annihilé en lui : sa révolte envers le Pape en a fait un vil esclave qui est venu se coucher aux pieds de la domination laïque, qu'il proclame sa souveraine maîtresse. Aussi, est-ce l'Etat qui organise et réglemente partout à sa guise les cultes protestants, placés sous son absolue dépendance. Que le clergé se tienne en garde contre cet impie système de subordination du catholicisme, système clandestinement organisé et poursuivi, ne le perdons pas de vue, avec une satanique persévérance; qu'il mette un point d'arrêt aux concessions; qu'il rompe le silence et proteste; qu'enfin il s'oppose avec vigueur au despotisme religieux des gouvernements, qui grandit toujours, à mesure que s'affaiblit l'autorité ecclésiastique, pour la garrotter ensuite tout à fait.

Oui, une Eglise *nationale* indépendante de Rome, c'est là, comme nous l'avons dit, le dogme politique qu'on se flatte de faire un jour prédominer, avec pouvoir de fixer les croyances, d'instituer et de régir arbitrairement le sacerdoce. Déjà, sous Louis XIV, Fénelon disait : « Le Roi dans la pratique est plus chef de l'Eglise que le Pape en France, et les laïcs dominent les évêques. » C'était vrai; mais alors le royaume, catholiquement constitué, luttait par la force des choses contre les schismatiques tendances des légistes gallicans. A présent ce contre-poids n'existe plus; il n'y a plus de religion d'Etat. Voyons-y toutefois un bien plutôt qu'un mal, puisque l'Eglise, affranchie de tout profane amalgame a d'autant plus le droit de réclamer contre les errements parlementaires du régime absolu, combinés avec les oppressives traditions du régime révolutionnaire et de l'ère impériale, triple chaîne que voudraient encore lui imposer des hommes rétrogrades, en dépit de l'équité, du bon sens et des institutions du pays.

Il importe, sans doute, que la société religieuse s'efforce de vivre en bons rapports avec le gouvernement temporel : tous deux y ont intérêt et y trouvent des avantages; mais se livrer à sa discrétion, accepter et subir des papautés nationales, royales ou ministérielles, jamais ! La chrétienté, jusqu'à l'avénement de Luther, a trouvé son bonheur et sa gloire dans l'union de l'Etat avec l'Eglise. Combien, depuis cette époque, a baissé la dignité humaine ! N'a-t-on pas vu les sectaires jeter la religion, comme une proie, aux convoitises des puissances du siècle? Aujourd'hui les prôneurs de la centralisation gouvernementale cherchent à nous séparer des nations restées fortement unies au catholicisme, et, pour y réussir, ils affectent de mettre en question notre fidélité aux lois du pays, sous prétexte que cette fidélité se partage entre le souverain indigène et celui qu'ils nomment dédaigneusement le *souverain étranger* : grâce au ciel, ces infernales manœuvres ne prévaudront pas ; toujours nous rendrons à César ce qui est à César, et à Dieu ce qui est à Dieu.

Puissent bientôt tous les peuples dissidents se rallier comme nous autour du chef suprême, et chercher en lui le calme après tant d'orages, le repos après de si rudes fatigues, afin qu'il n'y ait plus sur la terre qu'un seul bercail et un seul pasteur : *Unum ovile et unus pastor !*

---

## CHAPITRE XX.

### PEINES DU PRÊTRE.

Le sacerdoce n'est pas, comme se le figure le monde, une position douce et riante, un état de repos, d'aisance et de mollesse : le travail, les sollicitudes et les contradictions en sont, au contraire, le partage; c'est une carrière de dévouement et de sacrifices. Le jeune candidat destiné aux autels prélude à son admission dans la cléricature par des études longues, ardues, rebutantes et dispendieuses, qui absorbent le printemps de ses jours; peut-être même a-t-il épuisé sa propre santé et la bourse de ses parents, avant d'arriver au terme de son stage ecclésiastique. A peine initié aux graves fonctions du ministère, il est envoyé, seul et à la garde de Dieu, au fond des campagnes, où bien souvent ne s'offre à lui pour presbytère qu'un pauvre manoir rendu inhabitable, grâce à l'incurie des municipalités rurales, par son état de complète dégradation. Ses paroissiens sont, tantôt des gens rustiques, grossiers, nécessiteux, cloués au sol par des pensées matérielles, ou croupissant dans une brutale insouciance; tantôt de hautains campagnards, âpres, égoïstes et indisciplinés, dont la morgue plébéienne est mille fois plus arrogante et plus insoutenable que l'aristocratique orgueil des grands seigneurs d'autrefois : sous le vernis de civilisation qui les recouvre, ils portent la défroque impie du dernier siècle, ramassée dans les cabarets du village ou de la banlieue, et s'imaginent faire de l'esprit en distribuant stupidement autour d'eux des leçons de matérialisme. Pour leur âme qu'a desséchée entièrement le dévorant poison de l'athéisme, la mission du prêtre est tout à fait insignifiante, puisqu'ils n'y croyent pas.

Le pasteur débutant se voit donc accueilli avec une indifférence repoussante et de sots préjugés par ces docteurs en blouse qui, se faisant un jeu de saper toute religion, ont appris au peuple de l'endroit l'abominable secret de se passer de Dieu. Sans crédit, sans considération et sans influence aucune, il est condamné à s'enterrer dans un hameau et à passer toute sa vie au milieu de villageois agrestes, rétifs et *décatholicisés*, lesquels ne voient plus en lui qu'un simple citoyen disant la messe; ou, ce qui est pis encore, parmi ces esprits-forts, susceptibles, ombrageux, insurbordonnés, et plus difficiles à manier que des infidèles. Là, en face des croyances éteintes, il consumera sa jeunesse et son ardeur à pleurer sur l'exil de la foi et à chercher, par de stériles efforts, à ranimer le sentiment religieux au cœur d'une population sans énergie pour le bien; là, il se résignera à vivre obscur, prêchant une doctrine sublime à une grossière peuplade, dont la plus noble moitié a déserté l'Eglise; jusqu'à ce qu'il meure oublié dans cette ingrate paroisse où il n'aura été ni chéri, ni honoré, ni heureux. Il n'y a effectivement pour lui que peu de chances d'en sortir; car, dans le sanctuaire, on a barré tout chemin à l'avancement; désormais, plus de grades ou de dignités, ni même de retraite à espérer après une longue et pénible existence vouée tout entière au service de la religion : un village, une bourgade, voilà le *nec plùs ultrà* de l'ambition ou des encouragements ecclésiastiques pour les dix-neuf vingtièmes de nos modestes desservants.

Dumoins un canonicat serait-il, au déclin des années, le légitime couronnement des vœux et des espérances d'un vénérable curé ; mais c'est là une faveur tellement limitée et si difficile à atteindre, qu'on ne peut raisonnablement y compter. En fait de pensions viagères, l'Etat n'en croit point devoir au nouveau clergé, et l'Eglise est quelquefois trop pauvre pour donner même du pain aux vieux serviteurs de ses autels. Peut-être leur accordera-t-on un modique secours qui les mettra à l'abri de la mendicité et de la faim : mais, incertain quant à son obtention, il est précaire dans sa durée, réductible, et toujours subordonné soit au bon plaisir du ministre, soit aux vicissitudes de la fortune publique. Et tandis que le plus mince employé du gouvernement jouit d'une confortable retraite, pour avoir consacré à son office quelques heures par jour ou seulement par semaine, un respectable vétéran du sacerdoce, dont les cheveux ont blanchi dans un ministère laborieux, et qui a si souvent partagé avec les malheureux sa frugale nourriture, peut se voir légalement congédié sans ressources et condamné à une cruelle détresse, après 50 ans de dévouement à la morale, à la religion et à la société !

De plus, le prêtre a été souvent recruté dans une classe peu aisée ; car on fuit la carrière ecclésiastique depuis son appauvrissement, et les fils cadets de la noblesse ou de la bonne bourgeoisie ne croient plus la conquête des âmes digne de leurs convoitises, dès l'instant qu'on n'a plus à leur offrir de gros bénéfices et de riches prébendes. L'Etat paye 800 francs d'appointements à tout curé de campagne, c'est-à-dire qu'il lui octroye les gages du dernier commis de bureau : cette mesquine rétribution attachée à une haute dignité a fait baisser le rang social du prêtre et sa considération, aux yeux d'un siècle financier, qui n'estime les hommes qu'au poids de l'or. En proie pour toujours au malaise, il se trouve en même temps privé de l'avantage de gagner l'ascendant que donne la charité, et de la douce jouissance d'opérer le bien, objet de ses plus ardents désirs, en soulageant toutes les misères qui l'entourent. La pauvreté, enfin, serait le terme de ses travaux apostoliques et sa sombre et unique perspective en ce monde, s'il n'avait devant lui un meilleur avenir, celui de l'éternité. Encore son triste sort, si voisin de l'indigence, est-il souvent envié par des paroissiens jaloux, qui, selon le mot de M. Roselly de Lorgues, regardent sa profession comme *le roi des métiers*.

Et puis, quelle garantie d'indépendance et de fixité dans l'existence sacerdotale ? Les mutineries du peuple, le mauvais vouloir des notables ou l'hostilité des magistrats du lieu, une calomnie, une dénonciation, en voilà certes plus qu'il n'en faut pour ébranler l'instable position d'un succursaliste, et provoquer finalement son expulsion. Le gouvernement protége, contre d'injustes attaques, les agents qui le représentent : fussent-ils coupables d'abus ou d'excès de pouvoir, des exactions et des iniquités les plus criantes, on n'est point admis à les poursuivre judiciairement sans une autorisation, en bonne forme, du conseil d'Etat ou du ministre dont ils ressortissent. Cette mesure a paru une sauvegarde nécessaire à la sécurité des fonctionnaires publics. Des motifs d'une haute gravité et une ordonnance royale sont indispensables pour révoquer le maire de la plus obscure commune du royaume. Un maître d'école encore imberbe, avec son brevet et son institution, est comme inattaquable jusques dans le dernier hameau ; il peut, à 19 ans, braver impunément maire et pasteur, académie et comité; s'abritant avec confiance derrière son irrévocabilité, il résiste victorieusement à toute opposition, s'il ne viole ni la loi, ni la morale, entendue dans le si large sens du Code pénal. Mais, auprès de ces situations privilégiées, qu'elle est chanceuse, incertaine et vacillante, celle du pauvre curé-desservant! L'estime et l'affection de son évêque ne seront même pas toujours pour lui un gage suffisant de protection; des considérations d'un ordre supérieur, la nécessité des rapports harmonieux entre les divers pouvoirs, qui se doivent des égards et même des sacrifices mutuels dans l'intérêt de l'ordre et du bien général, pourront, en certains cas graves, commander son immolation à des exigences ennemies et à d'implacables ressentiments : nouveau Jonas, il sera sacrifié à d'orageuses passions, et offert en victime à la pacification d'une paroisse turbulente et factieuse.

A tous ces inconvénients, ajoutons l'isolement où vit le pasteur, constitué comme prisonnier dans son presbytère; la privation des jouissances sociales; la mortification de son esprit et de sa chair, effrayant holocauste trop peu compris des hommes, qui ne lui en tiennent pas compte; les angoisses de l'âme dans sa solitude des jours et des nuits; les soucis du confessionnal; l'état de langueur et de dépérissement de la foi; la nullité de ses efforts sans cesse paralysés; l'absence de succès et de consolations, seul baume capable de tempérer l'amertume de ses peines (1); la terrible responsabilité qui

(1) « Travailler, dit Fénelon, et ne voir jamais le succès de son ouvrage; travailler à persuader les hommes, et sentir leur contradiction; travailler, et voir renaître sans cesse les difficultés; combats au dehors, craintes au dedans; ne voir que trop où sont les pécheurs, et ne savoir jamais avec certitude où sont les vrais justes, comme saint Augustin le remarque : voilà le partage des ministres de Jésus-Christ. »

pèse sur lui, puisqu'il a sous sa garde le salut éternel de ses paroissiens; enfin, les sarcasmes dirigés contre sa personne ou son caractère par cette tourbe de méchants si justement qualifiés d'*aboyeurs à la robe du prêtre* (1), les mille préventions dont il est l'objet, et les persécutions auxquelles souvent il succombe. L'ingratitude est l'état permanent de la société à son égard : rarement on lui rend justice, et, alors même qu'il se dévoue avec générosité au bien de tous, il se méprendrait étrangement s'il comptait sur la reconnaissance. On se borne à dire que *c'est là son rôle et son métier, et qu'il est payé pour cela* (2). Souvent, chez un homme du monde, les actes d'une vertu commune sont préconisés avec emphase; le représentant de J.-C., en s'imposant, dans l'ordre de la religion et de la charité, d'héroïques sacrifices, semble à l'insouciante majorité ne faire que des choses tout à fait vulgaires.

Convenons-en donc, l'existence du pasteur de village n'est douce et belle que dans les pages de nos romanciers : pareilles aux tableaux imaginaires de la vie des pâtres et des bergers, si brillamment coloriés par le pinceau de Théocrite ou de Virgile, leurs fictives descriptions reçoivent de la réalité le plus éclatant démenti.

Pour terminer nos réflexions sur les peines du prêtre, nous assimilerons sa critique position, du moins au sein des campagnes, à celle du ministre d'un gouvernement représentatif : comme ce dernier au timon des affaires, le pasteur est aussi, dans sa paroisse, le grand point de mire qui attire les regards et l'attention publique, le plastron de tous les traits de la satire et de la malignité; malheur à lui si sa conduite présente le moindre côté vulnérable, et ses conver-

(1) Le mot est de M. de Lamartine.
(2) Roselly de Lorgues.

sations ou ses prônes la plus légère bévue ! alors il doit s'attendre à être persifflé dans les veillées villageoises, chansonné par les ivrognes la bouteille à la main, raillé, hué quand on verra sa robe noire passer dans les rues, et lapidé par les calomnies jusque dans les lieux d'alentour. Opprimé, il s'entend traiter d'oppresseur : on dirait qu'abdiquer envers lui tout sentiment de justice est chose désormais passée en mode ; et ceux-là même qui, par le monde ou dans la presse soi-disant libérale, le vilipendent à tout propos, le déchirent sans pitié, tournent en risée les efforts de son zèle afin d'en paralyser la légitime action, ces lâches détracteurs osent encore lui reprocher de ne savoir pas se concilier les sympathies populaires. Perversité inouïe, étrange et inexplicable aveuglement ! *O cæcas hominum mentes !*

Telle est trop souvent la destinée du pauvre succursaliste : sa part de bonheur est bien restreinte ici-bas, ses joies y sont courtes, ses douleurs longues et ses maux innombrables ; sa vie s'écoule ainsi, triste et agitée, à travers les luttes perpétuelles qu'il lui faut soutenir, les antipathies qu'il rencontre et les avanies qu'il subit.

## MOTIFS D'ENCOURAGEMENT.

Le prêtre ne doit pas se désespérer au milieu des amertumes et des déboires de son ministère : en lui point de lâcheté de cœur, point de ces honteuses défaillances enfantées par le découragement ! Ministre d'un Dieu abreuvé de dégoûts et supplicié sur le bois de l'infamie, qu'il reçoive avec sang-froid et dignité les injures, les outrages des pervers qui le méconnaissent et le calomnient ; que les injustices, les menaces et les récriminations des hommes n'amortissent en lui ni la ferveur, ni le zèle, ni même cette tendre affection pour des contradicteurs qui n'en sont pas moins ses enfants ; qu'il pratique la charité au plus haut degré de perfection, en priant pour ses persécuteurs, en aimant ceux qui le détestent et en bénissant ceux qui le maudissent; qu'à l'imitation du Rédempteur, modèle, sur le Golgotha, d'une si sublime résignation, le pasteur montre aussi une énergie toute virile, une parfaite égalité d'humeur, une angélique mansuétude, une sérénité inaltérable : il lui faut passer par le Calvaire pour arriver au Thabor. Si, oppressé sous le poids des afflictions, son cœur se sentait parfois défaillir, qu'il aille, pour le soulager, en déverser le trop plein aux pieds de son Dieu : là, prosterné devant le Sauveur crucifié, il ranimera assez sa faiblesse pour avoir la force de vider comme lui jusqu'au fond le calice de fiel. L'homme de foi, qui s'est cramponné à la croix aussitôt et aussi souvent qu'il a chancelé sur la route escarpée de la vie, est toujours resté ferme et debout. S'abandonnant avec une entière confiance à la garde de celui qui l'envoie, qu'il se courbe donc généreusement sous le faix de toutes les peines de son ministère, et l'invisible levier de la grâce allègera la pesanteur du fardeau qu'il est condamné à porter, du jour de son sacerdoce jusqu'à la tombe. Retrempé dans le baptême de la persécution, il récupèrera en satisfactions secrètes, en intime contentement, ce dont il sera privé en reconnaissance publique, en consolations extérieures. Le dévouement continu, voilà la nourriture de sa vie, qui doit être un héroïsme de détail, plus difficile et, partant, plus méritoire que l'héroïsme en grand.

Avec la pensée de la Rédemption, celle de la future béatitude viendra fortifier le courage du prêtre et relever ses espérances. Quoi de plus propre à soutenir le juste que l'espoir d'un avenir qui le consolera des misères du présent ? Au milieu des contradictions et des épreuves auxquelles est soumise sa fragilité, un céleste rayon illumine son âme ; il entrevoit une existence meilleure, des jours plus heureux ; cette douce perspective endort ses douleurs, le ravit et le console. Ici, lui dit la Religion, ici le travail et la peine, les tribulations et les pleurs, ailleurs le repos et le plaisir, les joies et les dédommagements ; en bas les fatigues de la lutte, en haut la palme du triomphe : *Percipietis immarcessibilem gloriæ coronam ;* ce monde éphémère est l'exil du chrétien, l'autre sa patrie véritable où il trouvera l'impérissable récompense de sa fidélité au devoir accompli jusqu'au bout, et la soudaine transformation de ses maux passagers en d'inénarrables délices. Que sont les courts chagrins de la terre, en comparaison de cette félicité sans mesure et sans terme qui en sera, dans le ciel, le prix inestimable et glorieux ? Une attente si merveilleuse adoucit les plus cruelles infortunes ; elle réjouit même le malheureux en lui donnant, sinon le bonheur, du moins la patience et la résignation dans les inévitables souffrances de cette vallée de larmes.

Dispensateurs des consolations aux affligés d'ici bas, allons puiser pour nous-mêmes le courage et la force à leur source divine ; au milieu des ennuis et des dégoûts qui nous assiégent, hommes de foi, songeons que notre pèlerinage terrestre n'est qu'un simple campement, une halte momentanée sur le chemin de l'éternel séjour ; par delà cette nébuleuse région des tempêtes, élevons nos regards et nos désirs jusqu'aux splendeurs de l'infini, seul héritage vraiment digne de notre ambition, incomparable demeure promise à la vertu persévérante. Comme le pilote qui, après une longue et périlleuse navigation, touche enfin au port désiré, ne sentons-nous pas nos cœurs tressaillir à l'approche de ces incommensurables rivages où l'œil ébloui voit poindre l'aurore de l'immortalité ? Le souffle du Dieu fort enfle notre voile ; activons les rames et hâtons la course, sans braver les écueils mais aussi sans les redouter, vers le séjour bienheureux où les largesses du suprême rémunérateur nous indemniseront des tourments de la vie, de l'ingratitude et de l'injustice des hommes ! Ne l'oublions pas, le temps n'est que le péristyle de l'éternité.

---

## CHAPITRE XXI.

### ESPÉRANCES DE LA RELIGION ET DU SACERDOCE CATHOLIQUE.

A ces grands motifs de consolation, si propres à soutenir ou à ranimer le courage du prêtre, se joignent encore les espérances d'une situation meilleure pour la religion et ses ministres.

S'il est des personnes qui, s'exagérant les dispositions du temps présent, envisagent l'avenir au prisme de leurs illusions et sous un aspect trop favorable, nous ne sommes plus, convenons-en du moins, dans ces jours de haine systématique et de farouche délire, où les coryphées d'une bande impie et fanatique criaient avec l'enfer : *Ecrasons l'infâme!* On n'émet plus le vœu barbare de voir *étrangler le dernier des rois avec les boyaux du dernier des prêtres.* Alors le nom trois fois saint de Dieu ne pouvait être proféré publiquement, même en assemblée académique, sans soulever une explosion de fureur ou de rires sardoniques et dédaigneux (1); aujourd'hui, à quelques exceptions près,

(1) Bernardin de Saint-Pierre provoqua contre lui des vociférations au sein même de l'Académie française, pour avoir prononcé le nom du

on ne se moque plus du Seigneur, on ne bafoue plus son Christ, on ne maudit plus son Eglise. Il n'est même plus de bon ton d'être incrédule, ni de livrer le christianisme à la risée publique; il y a moins d'antipathie pour les croyances, plus de respect, d'estime et de tolérance pour le catholicisme.

Résultats immédiats du triomphe de l'athéisme sur la foi, la terrible catastrophe de 93, qui a fait trembler le sol sous nos pas, et le fracas de quarante trônes réduits en poudre, en moins d'un demi-siècle, n'ont fait que mieux démontrer la nécessité de rasseoir les gouvernements sur la religion, seul pivot de l'ordre social (1). Sans elle, en effet, le monde, chancelant comme un homme ivre qui a perdu l'équilibre, tomberait dans une désorganisation complète. En la ruinant n'est-on point arrivé, par contre-coup, à tout détruire; et l'impiété n'a-t-elle pas eu toujours des conséquences subversives et anarchiques ? Tous ces démolisseurs, entassant décombres sur décombres, n'ont offert à l'univers épouvanté que des spectacles de ruine et de sang.

« Quand on proclama, dit La Mennais, l'anéantissement du catholicisme au nom de la liberté, 25 millions d'hommes gémirent dans le plus abject et le plus tyrannique esclavage qu'eût jamais vu le monde. Tout alors était crime, excepté le crime même. Pendant deux années entières la guillotine fut promenée en silence d'un bout du royaume à l'autre. On répandit par torrent le plus pur sang de la France; on mas-

Créateur; il y fut hué et persiflé; on l'appela même en duel pour lui prouver, l'épée à la main, qu'il n'y avait pas de Dieu. Les classes supérieures et éclairées, ou soi-disant telles, avaient alors répudié le christianisme et affichaient ouvertement l'impiété.

(1) « C'est l'impiété qui a brisé en éclats ce grand corps de la nation française, et qui a jeté ses vivants lambeaux en pâture à l'horrible gueule des révolutions. » (*D'Aubigny.*)

sacra les propriétaires pour s'emparer de la propriété; on égorgea les savants, on abolit l'éducation et l'on voua toute la nation à l'ignorance et à l'abrutissement. Au lieu de rendre hommage au vrai Dieu, on divinisa la raison humaine, en lui élevant des temples comme à une Déesse. Des prostituées, représentant cette divinité nouvelle, furent offertes à l'adoration publique sur des autels arrosés de sang humain, et l'on vit le renouvellement de toutes les horreurs du paganisme. Tels furent les effroyables résultats de cette grossière impiété qu'avaient prêchée, pendant un demi-siècle, des philosophes qui avaient nié Dieu et fait de l'homme un animal n'ayant de différence avec les autres brutes que la station bipède et l'ouverture de l'angle facial! »

Convaincus que la proscription du vieux culte de nos pères avait laissé sans base l'édifice de la société, les plus éminents d'entre nos modernes législateurs ont compris la nécessité de le reconstituer sur son antique fondement et de lui donner pour point d'appui le catholicisme qu'ils regardaient, avec raison, comme le contre-poids unique à opposer à la violence de nouveaux ouragans révolutionnaires. C'est, disaient-ils, aspirer à la dissolution de tout gouvernement, que de travailler à renverser ce colosse dont la chute entraînerait inévitablement le naufrage du monde; c'en serait bientôt fait de la civilisation, et l'agonie des peuples aurait sonné (1). Il n'y a que la religion qui puisse relever et remettre à flot

(1) C'est la religion qui a poli les mœurs brutales du peuple, épuré les cœurs, formé la conscience et humanisé le monde; sans elle, le paysan ne serait qu'une bête sauvage sans frein. « Détruisez le culte évangélique, dit Châteaubriand, et il vous faudra dans chaque village une police, des prisons et des bourreaux. » C'est encore à elle qu'est dû le progrès des arts et des sciences, cette grande supériorité morale et sociale, cette haute civilisation qu'on ne voit que dans les contrées

le vaisseau social un instant submergé; hors d'elle, de l'aveu des plus profonds penseurs, vous ne trouvez que conflit d'opinions, scepticisme, anarchie des esprits et confusion de Babel. En fait de système moral et politique, vîtes-vous jamais les philosophes impies harmoniser deux têtes et coordonner deux idées? Comment, ne partant pas du même point, arriveraient-ils au même but? Ils ne se sont montrés forts et unis que pour démolir, sans pouvoir rien édifier. L'Eglise, au contraire, appuyée sur la quadruple unité de sa foi, de sa morale, de sa discipline et de son chef suprême, qui fait depuis 1800 ans sa force et sa perpétuité sur la terre, semble ne se mouvoir que par une même pensée; quoiqu'elle compose une société immense et universelle dans son étendue, elle marche comme un seul homme, et nous donne le spectacle, aujourd'hui si rare, d'une incomparable multitude d'intelligences parfaitement d'accord entre elles, n'adorant qu'un même Dieu, professant le même Symbole et le même Décalogue, et ne formant toutes qu'un cœur et qu'une âme. Singulier contraste avec le chaos de la société civile, que cette grande Eglise catholique où tout se tient, s'entend, s'entr'aide et obéit (1)!

On commence à concevoir, en outre, qu'il n'y a point de

éclairées par le soleil bienfaisant du christianisme. Oter la religion aux peuples, c'est, selon le baron d'Eckstein, démuseler des bêtes féroces et les lancer hors de la cage où elles sont parquées.

(1) L'Eglise catholique offrirait, de nos jours, le plus magnifique comme le plus étonnant phénomène d'unité, si l'hérésie n'était pas venue y jeter la division; elle absorberait presque l'univers entier, qui ne serait en quelque façon qu'une grande et même famille sous la tutelle du Souverain-Pontife : semblable à un arbre immense et touffu étendant au loin son ombrage protecteur, ainsi le catholicisme couvrirait de ses bienfaisants rameaux toute la terre et ses innombrables habitants.

morale sans religion; que l'une est à l'autre ce qu'est l'effet à la cause, au son l'écho, le reflet à la lumière (1); et l'on avoue unanimement que, sans ce double frein, la société se décomposerait comme un cadavre dans les excès de sa dépravation. Aussi tous nos génies contemporains considèrent-ils la religion comme un auxiliaire indispensable au gouvernement du monde. Telle est la position du christianisme, qui a fait un mouvement d'ascension bien sensible dans les

(1) Toutes les fois que la religion a chancelé, la société a tremblé sur ses bases; famille, propriété, gouvernement, tout a été compromis et ébranlé. Aussi les peuples ont-ils reconnu le besoin de chercher leur salut dans ses bras libérateurs; ils ont eu raison, car il n'y a pas d'autre ciment pour reconstruire ou consolider une société délabrée. Les riches et les grands qui, au siècle dernier, avaient eu la folle imprudence de se mettre à la tête du parti de l'impiété, sentent profondément aujourd'hui qu'il n'y a de sécurité pour eux qu'en plaçant leur fortune, leur tranquillité et leur vie sous la sauvegarde des croyances chrétiennes; et l'on est unanimement d'accord, après toutes nos tempêtes politiques, sur l'impossibilité de se passer de la religion du Christ. Voilà pourquoi tous les gouvernements vraiment habiles, appréciant son importance, l'ont appelée à leur aide comme élément de consolidation, comme moyen d'ordre et de sûreté, ou comme un remède propre à guérir les infirmités sociales. Non, les États ne sauraient vivre de leur propre vie et indépendamment du christianisme. Les pouvoirs contemporains ne s'agitent convulsivement et ne sont déchirés par des collisions intestines, que parce qu'on a déplacé la base sur laquelle ils devaient reposer. Tout est désordre, commotion, calamité, catastrophe là où n'apparaît plus la religion. Le monde retomberait infailliblement dans le chaos de l'anarchie, de l'immoralité et de la barbarie, si le christianisme disparaissait. « Sans religion, a dit Mirabeau, une légion d'anges ne gouvernerait pas les hommes. » Tout ce qui s'est rué contre elle se débat dans les angoisses de la mort. Détachée du dogme de l'immortalité de l'âme, des peines et des récompenses de la vie future, articles fondamentaux de la foi, la morale est dépourvue de sanction et manque de point d'appui. Prétendre que l'une n'a pas besoin de l'autre pour exister, est une absurdité aussi grande que vouloir expliquer le jour sans soleil.

intelligences d'un ordre supérieur. A la vérité, se rencontrent çà et là quelques êtres rétrogrades, adeptes encroûtés du vieux philosophisme : tout empreints de haineux préjugés, ils se montrent agités par les accès de cette effervescence irréligieuse dont l'enivrante vapeur fit tourner tant de têtes, au siècle de Voltaire ; mais ce sont les derniers échos de l'impiété mourante (1).

Non, il n'y a plus autant de préventions, d'oppositions violentes et de rugissements sanguinaires contre le clergé. Naguère encore, ne semblait-il pas campé sur une terre ennemie au sein même du royaume très-chrétien ? D'une ombre d'influence de sa part, de la moindre démonstration du Pouvoir en sa faveur, ses ennemis faisaient au peuple une sorte d'épouvantail. Eh bien ! les symptômes de défiance, les tendances hostiles disparaissent insensiblement; les préjugés infiltrés dans les masses tendent à s'effacer ; malgré les récents efforts d'un parti réactionnaire, dont au reste les convulsions annoncent l'agonie, on n'évoque plus les fantômes du

(1) « Mille difficultés anti-chrétiennes, qui paraissaient énormes à leur naissance, et que le XVIIIe siècle, en les supposant invincibles, avait saluées avec une vénération niaise, sont allées chaque jour s'amoindrissant, comme les *bâtons flottants* de la fable; de telle façon que les unes, grandement affaiblies, se trouvent désormais réduites au rang de simples doutes, et que les autres, renversées de fond en comble, ne sont plus même répétées aujourd'hui, sinon par quelques docteurs de cafés ou quelques beaux-esprits de village : ignorants voltigeurs d'une impiété surannée, risibles retardataires, pour qui le monde n'a point marché depuis d'Holbach et Condorcet, et qui, dans leur admiration crédule, en sont encore aux *Ruines* de Volney ou à l'*Origine des Cultes*.

» Tandis qu'ils s'arrêtent et s'encroûtent dans leurs vieilleries déclamatoires, les savants forts et positifs, laissant de côté les préjugés et les systèmes tout faits, sont remontés laborieusement, chacun dans leur genre, aux sources de la certitude. » (*G. de Dumast*).

*jésuitisme* et *du parti-prêtre* sans exciter le ridicule ou la pitié ; le bannal reproche d'*obscurantisme*, tant de fois articulé contre nous, n'a plus cours que chez certains individus stupidement arriérés ou atteints de prêtrophobie : aux vieilles rancunes ont succédé des sympathies qui présagent la réconciliation prochaine, en France, du sacerdoce avec l'opinion.

De sceptique et d'ennemie qu'elle était, la science s'est faite amie et croyante (1) : le rationalisme impie a cédé la place à une philosophie qui a repris une couleur spiritualiste et chrétienne. Ligués contre la religion, les esprits forts d'autrefois conspiraient son anéantissement ; ceux, au contraire, qui tiennent aujourd'hui le sceptre du savoir, sont à elle ou lui reviennent. Oui, presque tous ces hommes de renom qu'on peut regarder comme les rois de l'intelligence, font le plus grand cas du christianisme et s'unissent pour le défendre; ils se montrent, sinon encore pratiquants, du moins croyants ou grands admirateurs de l'Evangile. Une heureuse réaction s'opère, non dans les rangs infimes, mais dans la haute classe

(1) Ce que nous voyons atteste la vitesse du mouvement régénérateur. Les sciences qui, au dernier siècle, étaient les plus hostiles à la religion, comme la géologie, l'astronomie, l'histoire, rendent aujourd'hui plein témoignage au récit de Moyse ; la chronologie, l'archéologie et la philologie parlent la langue de la foi. Sauf le roman, la littérature française elle-même, dont l'influence est si puissante en Europe, redevient chrétienne. Certes, nous ne prétendons pas que la société actuelle, prise dans son ensemble, soit véritablement croyante et pratiquante ; nous avouerons même que les masses populaires sont encore loin de participer à cette heureuse révolution. Mais du moins on aime l'Evangile, on préconise la sublimité de ses dogmes et de sa morale, on vante la beauté de son culte et la sagesse de sa discipline, on admire la mission du prêtre, on la croit nécessaire pour rendre les peuples meilleurs et plus heureux; c'est toujours un pas en avant.

des penseurs ; un énergique sentiment de la dignité humaine soulève, d'un bout de la terre à l'autre, toute âme honnête et loyale contre ces flétrissants principes qui aboutissent au néant. Ne sachant où se prendre dans l'abîme du doute, les esprits fatigués se rattachent à nos dogmes consolateurs, comme des naufragés à une planche de salut.

La jeunesse se réveille de son assoupissement : devenue, à force d'études, plus éclairée et plus consciencieuse, elle est comme irrésistiblement entraînée vers le sentiment religieux et dans la voie catholique ; l'amour de Jésus-Christ bat vivement dans le cœur d'un grand nombre d'étudiants généreux, qui réunis en associations pieuses, marchent avec une noble fierté sous sa bannière, et donnent à l'Eglise les plus belles espérances. Les sympathies de la classe populaire et de tous ceux qui s'intéressent à son amélioration, sont désormais acquises à ces Frères enseignants si laborieux, si dévoués, qu'on avait cru flétrir et perdre à jamais dans l'opinion publique, en leur jetant à la face l'injurieuse épithète d'*ignorantins*. Partout où s'est ouverte une école surmontée d'une croix afflue une foule d'enfants de toutes conditions et de tous partis : le père de famille n'a-t-il pas l'assurance d'y voir fleurir, dans l'âme de son fils, avec les connaissances humaines, l'innocence et la vertu ?

En 1841, dans son beau discours sur la *Vocation de la nation française*, prononcé au sein de la Capitale devant un auditoire des plus imposants, le Père Lacordaire s'exprimait ainsi :

« Les Frères des écoles chrétiennes, revêtus de leur humble habit, traversent incessamment les rues de nos villes, et, au lieu des outrages qu'ils y recevaient trop souvent, ils n'y rencontrent plus que les regards bienveillants de l'ouvrier, le respect des chrétiens, et l'estime de tous. Apôtres obscurs du peuple de France, ils y créent sans bruit, en mêlant Dieu à l'enseignement élémentaire, une génération qui reconnait dans le prêtre un ami, et dans l'Evangile le livre des petits, la loi de l'ordre, de la paix, de l'honneur et de la fraternité universelle. L'enfance même ne reçoit pas seule leurs leçons; ils ont appelé à eux l'adulte, et réconcilié le froc avec la veste de bure, la rude main du travailleur terrestre avec la main modeste du travailleur religieux. Voulez-vous voir un spectacle plus consolant encore, et qui n'avait pas de modèle dans l'ancienne France? Regardez, voici des adolescents, des étudiants, de jeunes hommes placés à l'entrée de toutes les carrières civiles et industrielles, sans distinction de naissance et de fortune : la charité chrétienne les a réunis, non pour assister le pauvre d'un argent philanthropique, mais pour le visiter, lui parler, le toucher, voir et sentir sa misère, et lui porter, avec le pain et le vêtement, le visage pieux d'un ami. Chaque ville, sous le nom de *Conférence de Saint Vincent de Paul*, possède une fraction de cette jeune milice, qui a placé sa chasteté sous la garde de sa charité, la plus belle des vertus sous la plus belle des gardes. Quelles bénédictions n'attirera pas sur la France cette chevalerie de la jeunesse, de la pureté et de la fraternité en faveur du pauvre? Avec la même ardeur que nos ancêtres combattaient autrefois les infidèles en terre sainte, ils combattent aujourd'hui l'incroyance, la débauche et la misère, sur cette autre terre sainte de la patrie. Que la patrie protége leur liberté de sa reconnaissance!...

» Ne voyez-vous pas aussi, sous toutes les formes, ressusciter l'esprit monastique, cet esprit qui s'éteignait dans l'ancienne France, avant même que des lois usurpatrices eussent frappé du marteau les cloîtres tant aimés de nos aïeux?... Et aujourd'hui même, devant cette foule qui m'écoute et qui ne s'en étonne pas, apparaît, sans audace et sans crainte, le froc séculaire de saint Dominique.

» Que sera-ce, si vous arrêtez votre pensée sur les maisons religieuses où les femmes ont réuni leurs vertus sous la tutelle de la pauvreté, de la chasteté et de l'obéissance? Là, il ne vous sera plus possible de nombrer les ordres et les œuvres. La charité a mis le doigt sur les nuances même des besoins; elle a des mains pour les cicatrices autant que pour les blessures. Et pas un scandale depuis quarante ans! pas un murmure! La liberté a été plus féconde que les vieilles mœurs féodales; elle a tiré des familles plus de suc généreux et dévoué. La France est toujours le pays des saintes femmes, des filles de charité, des sœurs de la Providence et de l'Espérance, des mères du Bon Pasteur; et quel nom pourrais-je créer, que leur vertu n'ait baptisé déjà?

» Mon dernier regard sera sur une église de Paris, solitaire il y a peu d'années, aujourd'hui le rendez-vous des âmes de cent pays, qui y prient de près et de loin pour la conversion des pécheurs : c'est vous rappeler Notre-Dame-des-Victoires, et terminer cette courte revue des travaux de la France dans le bien par un nom trop heureux pour qu'il ne soit pas le dernier. »

Le retour au christianisme intégral n'est point complet, sans doute; mais il y a tendance manifeste à des idées conservatrices et à des convictions sincèrement religieuses (1). Semblable au malade en qui l'on remarque un mieux-être

(1) « Le christianisme intégral où le catholicisme n'est plus l'objet de jugements aussi passionnés et aussi iniques. On loue son unité, on vante sa force, on envie la cohésion de sa hiérarchie, et l'on applaudit à ses œuvres, chez les savants de quelque portée. » (*Guerrier de Dumast*).

soutenu, signe précurseur de la santé, notre phase sociale présente, dans ses sommités intellectuelles, les plus rassurants symptômes de convalescence et de régénération. On a faim et soif de foi, de vérité : un besoin bien prononcé de croyances positives travaille et tourmente universellement les nations et les individus, et surtout ces jeunes âmes dévorées d'une si noble ardeur. Or, n'est-ce point là déjà une amélioration sensible, un notable progrès, prélude consolant d'un rapprochement d'abord, puis d'une paix définitive entre la société actuelle et la religion ? Il y a cinquante ans à peine que le *voltairianisme* jouissait d'un prodigieux crédit et régnait en souverain sur les classes éclairées et influentes. La colossale réputation du coryphée de la secte philosophique, faisait passer comme décisions sans appel ses plus gratuites allégations, ses mille anecdotes controuvées, et jusqu'à ses mensonges les plus impudents (1). S'extasiant devant la fécondité de son génie, de stupides admirateurs recueillaient comme autant d'oracles les paroles sorties de sa bouche, et se pâmaient en adorations aux pieds de cet homme devenu l'idole de son époque (2). Aujourd'hui l'étoile du vieillard de

(1) «Le sardonique vieillard, dont les écrits formulaient en principes l'épicurisme pratique de Ninon et les orgies de la Régence, dignes leçons de sa jeunesse, voyait son fiel irréligieux lui tenir lieu de droit et de raison, ses obscénités passer pour un sel piquant, ses épigrammes pour des preuves, et le public adopter sur parole ses jugements les moins approfondis, ses assertions les plus ignares ». (*G. de Dumast*).

(2) Dans les *Considérations sur les rapports actuels de la science et de la croyance* (*) publiées par la Société Foi et Lumières de Nancy, se trouve, de l'habile main du même auteur, un portrait sévèrement fidèle de Voltaire, peint ou plutôt *daguerréotypé* d'après nature, et

(*) Cet ouvrage, qui forme un beau volume grand in-8°, se trouve à Paris, chez Waille, éditeur, et à Nancy, chez Vagner, imprimeur-libraire.

Ferney a pâli ; son règne a passé, et il n'est pas jusqu'aux élèves de nos écoles savantes qui n'accueillent d'un immense éclat de rire la plupart des assertions et des contes du célèbre écrivain : ils ne lisent plus qu'avec une sorte de pitié et de dégoût ces calomnieuses fictions qu'il osa donner pour de l'histoire, ces indécentes plaisanteries, ces sarcasmes libertins et méchants qui eurent tant de vogue et de succès dans la dernière période du XVIIIe siècle (1).

jugé conformément à sa sentence favorite : « On doit des égards aux » vivants ; on ne doit aux morts *que la vérité.* » En voici le trait final, dans lequel se résument tous les autres :

«..... Eh bien, cet être satanique, *dont la conduite*, odieuse à trop d'égards, *n'eût été tolérée* dans aucun pays *par aucun philosophe;* qui fût sorti condamné du tribunal de Marc-Aurèle, d'Aristide ou d'Epictète, comme d'un tribunal de chrétiens, et à qui Mme Denys ne faisait que rendre justice lorsqu'elle lui écrivit, dans un effrayant accès de franchise : *Vous êtes le dernier des hommes par le cœur;* ce vil personnage, en un mot, que, malgré ses talents, si déplorablement employés, tout honnête homme, de quelque bord, système ou religion qu'il soit, doit flétrir du plus profond mépris, et clouer, comme un misérable, au hideux pilori de la honte; — cet homme (grâce au titre secret de *héros de l'impiété*, qui lui faisait pardonner tous ses vices), était devenu l'idole d'une population délirante, et, couronné dans Paris, en plein théâtre, y recevait de son vivant l'apothéose, au milieu d'un enthousiasme électrique, avec des acclamations inouïes.

«Justes hommages, en effet ! Honneurs décernés avec raison, — par une cité gangrenée jusqu'au cœur, — au plus fidèle, au plus cynique représentant... d'un siècle de pourriture et d'infamie»!

Nous saisissons avec plaisir cette occasion pour recommander d'une manière spéciale aux membres du clergé, ce remarquable travail, chef-d'œuvre de science et d'érudition, où se trouvent victorieusement accumulées toutes les preuves de la controverse moderne en faveur de la vérité catholique.

(1) Un grand travail s'est fait dans les intelligences....
La Foi, cédant au cri d'avides exigences,
A relevé le front :

L'impiété voit ses rangs s'éclaircir de jour en jour, du moins dans les grandes cités; et bientôt on ne rencontrera plus le dévergondage anti-religieux et l'intolérance fanatique que dans les bourgades où semble s'être réfugiée l'ignorance. On s'accorde à dire que J.-C. est le plus grand des législateurs et le premier des moralistes; non-seulement on ne rougit plus du Rédempteur, mais on ne prononce son nom sacré qu'avec un profond respect; chassée des tribunaux il y a quelques années, son effigie divine est rétablie presque partout dans le sanctuaire de la justice.

Le vieux journalisme qui, spéculant sur le scandale, avait si longtemps cherché à égarer l'opinion publique en saupoudrant ses colonnes de grossières calomnies dirigées contre la religion et ses ministres, s'est vu, un instant, forcé de suspendre sa déloyale guerre sous peine de manquer d'abonnés; et si, pour exploiter des passions ressuscitées à la tribune parlementaire et dans les cours du collége de France, il s'est naguère associé les grands faiseurs de romans scandaleux, ce revirement de bord ne sera pas de longue durée; cette fièvre d'un jour le poussera à se dévorer dans ses propres excès, et ce sera là pour lui le coup de massue, le coup de grâce.

Elle apporte l'espoir à l'âme ravagée.....
Car c'est par des bienfaits que la reine, outragée,
Vengera son affront.

Sous un linceul d'opprobre a disparu VOLTAIRE...,
Et le souffle de Dieu fait surgir LACORDAIRE
Quand LA MENNAIS finit....;
Et tandis que nos pas se pressent vers le temple,
Le Pontife Romain, triomphant, nous contemple,
Et sa main nous bénit!

(*Ode à Chateaubriand*).

Devenue désormais un moteur tout-puissant pour provoquer le retour des intelligences aux saines idées et aux antiques croyances, la librairie religieuse, disons-le hautement, est celle qui prospère le plus : aux publications frivoles ou désordonnées, dont on se lasse vite, on finit par préférer les ouvrages graves et sérieux, et l'on répudie, dans toutes les familles honnêtes, ceux que désavouent la religion et la morale.

Rien aujourd'hui ne peut émouvoir plus vivement le peuple que les fêtes et les augustes cérémonies du culte catholique. Les masses ne se trouvent nulle part plus nombreuses que dans nos églises, aux grandes solennités : quel personnage, si élevé qu'il soit, attire autour de lui une foule égale à celle qui se presse sur les pas d'un dignitaire ecclésiastique ? Et lorsque les populations contemplent d'un œil indifférent le passage des princes du monde, la présence d'un évêque suffit pour remuer et mettre en liesse bourgades et hameaux.

La valeur sociale du clergé n'est déjà plus révoquée en doute. On convient, dit M. de Cheverus, que *retrancher le prêtre de la société, ce serait multiplier le bourreau et substituer le fer à la persuasion ; que les peuples ne peuvent pas plus vivre sans prêtres que sans soleil, sans eau et sans laboureurs.* Un grand poëte contemporain, M. de Lamartine, appelle le curé de village *une des plus touchantes incarnations de l'Evangile. Le simple curé de paroisse*, disait Garnier Pagès, l'un des plus intelligents orateurs du parti radical, *vaut mieux pour maintenir le bon ordre qu'une compagnie de grenadiers* (1). Le prêtre est, selon d'autres,

(1) Appréciateur éclairé des forces morales qui agissent sur la société pour la diriger et l'améliorer, le digne comte de Lavieuville,

l'homme du peuple par excellence, l'apôtre de la morale, le propagateur de l'instruction, l'ami du véritable progrès, le porte-voix de la civilisation : c'est auprès des faibles le ministre de la miséricorde, et l'ange consolateur de tous les infortunés.

Il existe un corps actif et militant de 40 mille ecclésiastiques disséminés sur la terre de France, qui mettent toutes les facultés de leur âme au service de la religion et de la société. Cette phalange sacrée ne recrute plus ses lévites au hasard et pêle-mêle, ni parmi les hommes à peine dégrossis par l'éducation; c'est désormais un corps instruit et singulièrement recommandable par ses vertus (1); l'apostasie de ses membres gangrenés l'a tout à fait purgé, en délivrant l'Eglise d'une lèpre qui lui rongeait le sein: une séve de foi et de zèle anime aujourd'hui tous les rangs de la sainte hiérarchie (2). Jamais, dit Rubichon,

préfet de Colmar sous l'Empire, et pair de France sous la Restauration, rendit un jour au sacerdoce, en présence d'un de ses amis, ce beau et véridique témoignage : « Ce n'est point nous, avec nos gendar- » darmes et nos tribunaux, qui faisons le bien d'une manière pro- » fonde et solide; ce sont les bons prêtres seuls qui étouffent les » crimes dans leur source et y substituent des germes de vertu : » aussi, nous est-il facile de distinguer, à leur paisible régularité, les » paroisses qui ont été gouvernées par une suite de bons curés. »

(1) Jamais, a-t-on dit avec justesse, le corps sacerdotal n'offrit aux peuples, dans son ensemble, un plus beau spectacle de régularité, de décence et de vertu.

(2) Le clergé s'est purifié comme l'or dans le creuset enflammé de la dernière révolution (*d'Eckstein*). Les révolutions elles-mêmes, dit encore cet auteur, ont eu un côté utile au clergé et à l'Eglise; ce sont des secousses destinées à y réveiller la vie de l'intelligence et de la foi, qui semblait sommeiller. M. de Maistre tient à peu près le même langage : Le serment, dit-il, semblable à un crible vanneur, a criblé les prêtres; le clergé avait besoin d'être régénéré, parce que l'on trouvait souvent sous le camail un chevalier ou un grand seigneur au lieu d'un apôtre.

l'habit ecclésiastique n'a été porté avec tant de dignité, de dévouement et de courage. Le ministère n'est plus aujourd'hui un objet de spéculation, encore moins un calcul d'amour-propre. Purifié par un baptême de sang, le pasteur des temps modernes a été ramené à l'esprit des anciens jours. Les rangs de la tribu sainte, dans lesquels la faux révolutionnaire avait si largement moissonné, se sont reformés et seront bientôt regarnis entièrement. Or il est impossible qu'une aussi nombreuse milice, répandue sur toute la surface du royaume, n'en fasse pas la conquête, si elle est animée d'ardeur, de force et de persévérance (1). Que le prêtre poursuive donc avec énergie et confiance sa courageuse entreprise; qu'il ait foi dans un avenir plus consolant pour lui et pour son noble ministère (2). Ce serait faire un outrage sanglant

(1) Nous comptons d'ailleurs en France au moins 15 millions de catholiques croyants et pratiquants; la plupart adhèrent de tout leur cœur aux doctrines de la grande communion romaine. Qu'on nous montre, dans une secte ou dans un parti quelconque, seulement cent hommes qui aient les mêmes opinions religieuses et politiques!

(2) Dans les stances suivantes, extraites d'un discours en vers intitulé *Langueurs et Réveil de l'Eglise*, annexé au volume Foi et Lumières, M. Guerrier de Dumast esquisse à grands traits le mouvement catholique de notre époque :

On l'a pu mesurer, la route parcourue,
Quand Dieu, laissant broyer aux pouvoirs de la rue
Trois couronnes de rois,
Au seuil des saints parvis sut arrêter l'outrage,
Et maintenir plus haut que la sphère d'orage
Les splendeurs de sa Croix.

De quel riche avenir nous touchons les merveilles!
Et déjà quel présent vient couronner nos veilles,
Animer nos travaux!

à la puissance de la grâce, de désespérer du salut du monde; il y a tant de ressources dans les trésors de la

Pour une âme croyante, aux combats aguerrie,
De tableaux consolants quelle heureuse série
Ouvre les temps nouveaux !

Non que rien nous promette un âge d'indolence,
Où, jetant comme un fer sa voix dans la balance,
Et reine sans labeur,
Notre Foi doive en paix, au pied de ses images,
Voir apporter et l'or et les pompeux hommages :
Tribut souvent trompeur;

Mais, aux chaleurs du jour ouvrière exposée,
Pour ses sillons, du moins, elle obtient la rosée;
Le ciel n'est plus d'airain.
Nous semons, moissonnons, et, défricheurs utiles,
Chaque jour, sur le sol des préjugés hostiles
Nous gagnons du terrain.

Parmi nous, — grâce au Dieu qui nous prête assistance, —
Fleurit l'apostolat, fleurit la pénitence,
Fleurit la charité;
Et, dans ce frais jardin, la Vierge des victoires
Plante, à côté du fruit des actes méritoires,
Les lys de pureté.

Emules de Xavier, forts comme à l'origine,
Nous retournons braver les cangues de la Chine,
Le fer de ses bourreaux.
Qu'appuyé du canon le sectaire y trafique :
Nous n'y versons, chrétiens, que le sang pacifique
De nos propres héros.

On voit l'Inde et la Perse écouter nos oracles;
On voit du Paraguay renaître les miracles
A Gambier converti,

divine miséricorde et dans la nouvelle ère qui s'avance (1)!

On prétendait, avec un sourire satanique, il y a peu d'années, que le christianisme avait fait son temps et accompli sa mission ; qu'atteint de décrépitude et d'impuissance, il chancelait sur sa base comme une mâsure lézardée; et déjà, dans l'espoir d'assister prochainement à ses funérailles, on préparait son oraison funèbre. Que de gens se sont vantés,

Et, tandis qu'il s'étend sur la plage du Maure,
Notre culte, à la fois, éclairer Baltimore,
Epurer Taïti.

Nos prêtres sont chéris dans Smyrne et Constantine.
Au bruit des longs saluts qu'obtient la croix latine,
Drapeau de l'univers,
Augustin a quitté sa tombe de Pavie ;
Il revoit son Hippône, et l'Afrique ravie
L'accueille à bras ouverts.

Jetez les yeux partout, des Andes au Caucase;
Partout, — sinon peut-être où domine l'ukase
Sur un monde glacé : —
Le vent ramène à nous trônes et républiques,
Et d'un nouveau printemps des vertus catholiques
L'Enfer est menacé.

(1) Nous n'aurons pas, sans doute, le bonheur d'assister au triomphe complet de la foi sur le scepticisme, l'erreur et l'incrédulité. Nous ne verrons pas cet astre si radieux briller sur toutes les intelligences? Comme le soleil, il a son crépuscule, son aurore et son midi. Voyageurs d'un moment, pèlerins d'un jour, nous ne jouirons pas de son midi; mais du moins nous sera-t-il donné de saluer son aurore. Semblable à l'homme qui passe par les différentes phases de la jeunesse et de la virilité, de la santé et de la maladie, la religion a son enfance, son adolescence et son âge mûr, ses temps de succès et de prospérité, de revers et d'infortunes ; sans cesse militante ici-bas, elle aura encore ses heures de foi et d'incroyance, de lumière et d'obscurcissement, de paix et de combats, de victoires et de défaites, jusqu'à ce qu'elle parvienne au jour de son triomphe définitif dans les cieux.

avec une sorte de frénésie, de l'enterrer bientôt et de faire son épitaphe! «Encore vingt ans, s'écriaient-ils, et la religion aura beau jeu!» Or, approchez, vous qui proclamiez le catholicisme mort ou agonisant; mettez la main sur le cœur de ce prétendu cadavre, et vous le trouverez encore tout palpitant de vie. Regardez, — au milieu des ruines de tous les empires (1) et des amas de décombres entassées par les siècles qui ont vu tant d'hommes et de choses se succéder et périr, l'Eglise seule reste immobile et debout, tandis qu'autour d'elle ou à ses pieds s'éclipsent et meurent les sectes délaissées. Les apôtres de Saint-Simon, qui naguère la disaient défunte et s'apprêtaient à usurper sa place, ont expiré en naissant (2). Elle marche triomphante sur la tombe du culte

(1) L'empire d'Alexandre ne lui survécut pas, la puissance de César s'éteignit avec lui, et il n'y a pas un pouvoir sur la terre qui n'ait été brisé par le choc des révolutions. Tout passe ici-bas; l'Eglise seule ne passera point, parce que Dieu est avec elle. L'empire moral de J.-C. fondé sur les bords obscurs d'un lac de Galilée par douze pauvres ignorants, est le seul qui ait échappé aux naufrages des sociétés, et qui subsiste encore intact, après avoir traversé dix-huit siècles. La religion catholique domine encore aujourd'hui le monde du haut du Capitole.

(2) On connaît les vanteries fanfaronnes des saints-simoniens qui, se pâmant d'aise, annonçaient emphatiquement dans leurs prédications et leurs journaux, avec une joie délirante, qu'ils allaient mener le deuil du catholicisme. Ils s'épuisaient à répéter, sur tous les points de la France, que c'en était fait de lui, et que dorénavant Saint-Simon remplacerait Jésus-Christ; ils péroraient encore comme des insensés quand la tombe s'est ouverte pour eux-mêmes. La foule des niais, ébranlée par ces cris de mort proférés avec jactance, croyait à l'agonie de l'Eglise; mais les vrais fidèles, qui avaient foi aux promesses faites à l'Epouse du Sauveur, souriaient de pitié aux folles déclamations de ces sycophantes. Qu'on nous montre, en effet, dans l'univers, une société d'hommes aussi nombreuse, aussi ferme, aussi compacte et aussi dure à la hache qui voudrait l'entamer, que la grande société catholique? Elle tient véritablement

éphémère d'Enfantin, qui, comme les vieilles hérésies, dont il n'eût pas même le retentissement, n'est plus qu'un souvenir dans l'histoire. Sa verte vieillesse est toujours pleine de jeunesse et de virilité; la séve et la vie coulent incessamment dans les veines de ce grand corps, assez vigoureux pour réchauffer et ranimer l'humanité entière, tant débile et malade qu'elle puisse être. C'est un rocher aux angles duquel viennent se heurter les vagues écumantes et se réfugier les débris de tous les vaisseaux égarés sur la terrible mer des passions; de là une main divine tend aux naufragés, à travers la tempête, le câble de l'espérance. C'est une enclume qui a usé et qui usera bien des marteaux.

Assise sur cette base inébranlable, la religion ne disparaîtra que quand le monde lui-même ne sera plus; nul ne l'a vue naître, nul ne la verra mourir. En essayant de la détruire, nos démolisseurs ne ressembleraient-ils pas à des troupes

du prodige, car, immuable et immortelle comme Dieu même, elle a bravé les nations et les siècles. Que sont, en comparaison d'elle, toutes ces puissances transitoires, fragiles et tremblantes, qui, le matin, n'osent se flatter de vivre le soir ou se promettre le lendemain? — En dehors de sa force divine, le catholicisme est encore, humainement parlant, le corps social le plus fortement organisé; et ce n'est pas à tort qu'un grand homme politique, dont nous avons cité le témoignage, souhaitait une semblable constitution à tous les gouvernements. Aucune, en réalité, n'est ici-bas pareille à la sienne, malgré la décadence religieuse; nul pouvoir n'est en mesure de se faire obéir comme l'Église. N'en a-t-on pas vu récemment un mémorable exemple, déjà mentionné plus haut? Oui, un éclair échappé des foudres apostoliques a suffi pour tuer la plus éminente intelligence de l'époque, et disperser comme par enchantement ses nombreux disciples, dont pas un n'éleva la voix pour défendre son ancien maître frappé par le jugement du chef suprême de la chrétienté; et, chose admirable, inouie dans les annales ecclésiastiques, de tant d'adeptes dévoués et de chauds partisans que comptait le grand génie avant sa défection, il n'en conserve plus même un seul aujourd'hui!

d'enfants jetant des cailloux aux flancs d'une montagne afin de la réduire en poudre, ou assiégeant, pour le démolir, un grand et solide monument à coups de boules de neige? Non, non, quoi qu'on dise et qu'on fasse, le christianisme ne périra point! Il a accompli des choses plus impossibles que de reconquérir à Dieu nos modernes sociétés. Assailli à son berceau par les persécutions incessantes et les continuels décrets de mort du paganisme qui lui déclara une affreuse guerre de trois siècles, il s'est néanmoins fortifié dans la lutte, il a grandi dans le sang, et, plus puissante que l'aigle des Césars, la Croix a vaincu le monde : c'est encore elle, ayez-en la confiance, qui de nos jours le sauvera. La religion s'est vue jadis plus menacée, plus combattue, plus en danger véritable qu'à présent : que peut-on faire contre elle qui n'ait été tenté mille fois, et en vain? Elle a, de tout temps, suffisamment prouvé que le massacre et la proscription n'avaient sur elle aucune prise. Elle a assisté aux funérailles des sectes et des gouvernements; et elle célèbrera les obsèques de tous ceux qui osent prophétiser sa mort. Malgré ses rudes combats, malgré les défections d'un grand nombre de ses enfants, ne règne-t-elle pas encore en souveraine sur les plus beaux empires de l'univers? Oui, elle était hier, elle est aujourd'hui, elle sera demain, comme elle a été et sera toujours jusqu'à la consommation des siècles; l'oracle infaillible l'a prononcé : Les portes de l'enfer ne prévaudront jamais contre elle. *Magna est veritas et prævalebit*. Gardons-nous donc de pousser de sinistres cris d'alarmes et de nous livrer à des pensées désespérantes! Le calme succède à l'orage; Dieu veille sur la barque de Pierre; les vents et les flots la poussent au port où elle va toucher pour y jeter l'ancre, et se reposer des tourmentes auxquelles elle ne cessa d'être en proie dans ses longs jours de tempête.

Que l'affligeant aspect de la corruption populaire ne déconcerte point notre attente. En vertu d'une loi toute providentielle, les classes élevées et intelligentes sont appelées à lutter, d'exemple, de plume ou de parole, contre l'impiété et la démoralisation qu'elles fomentèrent autrefois au sein des masses; et celles-ci, naturellement portées à l'imitation, subiront peu à peu cette influence régénératrice, qui se réalisera pacifiquement par la foi et la liberté, double pivot du monde (1).

(1) Le poëte éminemment catholique dont nous venons de citer les belles stances, exprime ainsi cette idée :

CROYANCE ET LIBERTÉ! Couple à la force immense...!
Pour les jeunes besoins de l'ère qui commence,
Joignez-vous, il le faut.
En dépit d'un vulgaire aux saintes lois rebelle,
Venez! L'intelligence attend et vous appelle :
Vous règnerez bientôt.

Jadis, c'était les grands, les sages de la terre,
Qui d'un philosophisme au langage adultère
Se faisaient les soutiens :
Que la foule aujourd'hui se vautre dans la fange...,
L'élite des humains se relève, — et se range
Sous les drapeaux chrétiens.

L'auguste Vérité, des cœurs longtemps bannie,
Revendique ses droits, s'approche; et le génie,
Son digne avant-coureur,
Docte, sage, profond, inflexible, énergique,
Appesantit les coups du fouet de la logique
Sur l'incrédule Erreur.

FIN.

# CATALOGUE
# D'UNE BIBLIOTHÈQUE

A L'USAGE

## D'UN CURÉ OU DE TOUT AUTRE ECCLÉSIASTIQUE.

Les ouvrages qu'un prêtre peut utilement consulter se réduisent à trois ordres généraux, comprenant l'ensemble des connaissances humaines.

*Le premier ordre* se compose des livres qui traitent de Dieu, de ses attributs, de la doctrine, de la morale et du culte qu'il nous prescrit, des grâces qu'il nous accorde, ainsi que des récompenses et des châtiments par lesquels il sanctionne ses lois; de ceux, enfin, où l'on expose comment les hommes ont, dans tous les temps, connu, exécuté ou altéré ces lois divines. Cette série, formée de toutes les productions religieuses dont la connaissance importe plus particulièrement à un prêtre, prend le nom de *Théologie*. C'est, du reste, celle-là qu'on voit figurer en tête de toutes les bibliographies anciennes et modernes; Brunet, notamment, l'a placée en première ligne dans les différentes éditions de son *Manuel du libraire et de l'amateur de livres*. Elle a pour appendice tout ce qui traite des créatures purement spirituelles, c'est-à-dire, des bons et des mauvais anges.

*Le second ordre* comprend les livres où l'homme est considéré dans ses parties constitutives, ses facultés intellectuelles et morales, ses organes, ses rapports avec ses semblables, ses actions et ses œuvres.

*Le troisième ordre* renferme les livres qui concernent tous les êtres physiques distincts de l'homme, la nature de ces êtres, leurs propriétés générales et particulières, leurs diverses espèces et leur application à son usage ici-bas.

Là se borneront nos réflexions préliminaires sur la composition de la bibliothèque d'un ecclésiastique. Obligé de nous restreindre dans le choix de tant d'ouvrages anciens ou nouveaux, nous n'indiquerons dans notre Catalogue que ceux d'un mérite supérieur et à peu près incontesté, ayant soin de marquer le lieu et la date de l'impression de chacun; par ce moyen, les bibliophiles pourront s'assurer que nous avons choisi les bonnes éditions, c'est-à-dire, les plus complètes ou les mieux exécutées. Toutefois, nous recommandons à nos lecteurs de se garder, comme d'une maladie dangereuse pour leur bourse surtout, de la *bibliomanie;* ils voudront bien se rappeler l'adage de cet Ancien qui disait fort sensément, sinon très-doctement : *Timeo virum unius libri.* Et plût à Dieu que ceci s'appliquât surtout au livre par excellence du prêtre, à la *Bible,* dont la connaissance approfondie et détaillée suffirait amplement et au-delà à celui qui exerce les sublimes fonctions du saint ministère !

---

## PREMIER ORDRE.

### THÉOLOGIE OU RELIGION, C'EST-A-DIRE, SCIENCE DE DIEU, DE SES LOIS ET DE SON CULTE.

### 1re CLASSE.

### *Théologie rationnelle ou introduction à la vraie religion révélée.*

Les objets de cette classe, ne se trouvant que rarement dans des ouvrages spéciaux, font presque toujours partie de ceux qu'on appelle communément *Traités de Théologie ;* ils ne présenteront ici que très-peu d'articles séparés.

### § Ier. *Sur l'incrédulité en général.*

Avertissement du Clergé de France sur l'incrédulité. Paris, 1770, in-12.

Instruction pastorale sur l'incrédulité, par de Montazet. Paris, 1776, in-4° et in-12.

Instruction sur la prétendue philosophie de l'incrédulité, par l'évêque du Puy. Paris, 1765, in-12.

Questions diverses sur l'incrédulité, par le même. In-18.

La religion vengée de l'incrédulité par l'incrédulité, par le même. Paris, 1772, in-12.

La raison triomphante de l'incrédulité. Paris, 1756, in-12.

La philosophie du fidèle, extraite de Bossuet. Paris, 1774, in-12.

Parallèle de l'incrédulité et du vrai fidèle, par le P. Touron. Paris, 1758, in-12.

Du rationalisme et de la tradition, ou coup-d'œil sur l'état de l'opinion philosophique et de l'opinion religieuse en France, par Riambourg. Paris, 1834, in-8°.

Discours sur les rapports entre la science et la religion, par Wiseman. Paris, 1837, 2 vol. in-8°.

L'École d'Athènes, ou tableau des variations et contradictions de la philosophie ancienne, par J.-B.-C. Riambourg. Paris, 1830, in-8°.

Les philosophes, comédie, par Palissot. Paris, 1760.

Le 18e siècle, satire à M. Fréron, par Gilbert. (Dans toutes les éditions de ses œuvres.)

Les divers ouvrages de M. de la Luzerne, dans lesquels sont traitées presque toutes les questions religieuses fondamentales. Langres, 1804, etc.

### § II. *Dieu créateur et régulateur de toutes choses.*

Existence de Dieu démontrée par les merveilles de la nature, etc., par Fénelon. Nouvelle édition, augmentée des principales découvertes de la physique, etc., par Louis-Aimé Martin. Paris, 1811, in-8°.

Tractatus de existentiâ Dei, auct. Legrand. Parisiis, 1812, in-8°.

Examen du matérialisme, par Bergier. Paris, 1771, 2 vol. in-12.

L'anti-Lucrèce (de Polignac), traduction de Bougainville. Paris, 1749, 2 vol. in-8°.

L'existence de Dieu prouvée par les merveilles de la nature, par Bullet. Paris, 1773, in-12.

Le même, par Nieuwentyt, avec figures. Paris, 1725, in-4°.

La grandeur de Dieu dans les merveilles de la nature, poëme, par Dulard. Paris, 1771.

Théologie physique, par Derham. Rotterdam, 1730, in-8°.

Théologie astronomique, suite du précédent, par le même. Paris, 1729, in-8°.

Théologie de l'eau, ou essai sur la bonté, la sagesse et la puissance de Dieu manifestée dans la création de l'eau, par Albert Fabricius. La Haye, 1741, in-8°.

Théologie des insectes, ou démonstration des perfections de Dieu dans ce qui concerne les insectes, par Lesser et Lyonnet. Paris, 1745, 2 vol. in-8°.

Considérations sur les œuvres de Dieu dans le règne de la nature et de la providence, par Sturm. Maëstricht, 1797, 3 vol. in-12. — Ou mieux :

Leçons de la nature modifiées, par Cousin-Despréaux. Lyon, 1829, 4 vol. in-12. — Ou mieux encore :

Livre de la nature, par Desdouits. Lyon, 1839, 4 vol. in-12.

Théodicée chrétienne, ou comparaison de la notion etc., par H.-L.-C. Maret. Paris, 1844, in-8°.

Essai sur le Panthéisme dans les sociétés modernes, par M. Maret. Paris, 1841, in-8°.

§ III. *Lois naturelles, leur insuffisance ; nécessité d'une révélation, obligation de la rechercher, erreur et crime de l'indifférence à cet égard.*

Le Déisme réfuté par lui-même, par Bergier. Paris, 1771, in-12.

Les égarements de la philosophie, par le même. Paris, 1777, in-12.

La religion naturelle, par Duvoisin. Paris, 1780, in-12.

Mandement de l'archevêque de Paris contre l'*Emile*. Paris, 1762, in-12.

Examen du Fatalisme, par Pluquet. Paris, 1757, 3 vol. in-12.

Censure de la Faculté de Paris contre l'*Emile*. Paris, 1762 ou 1763, in-12.

La loi de la nature perfectionnée par l'Evangile, par L. Pey. Paris, 1789, in-12.

Les Pensées de Pascal, rétablies suivant le plan de l'auteur, par Frantin. Dijon, 1835, in-8°.

Principes fondamentaux de la religion, par Alletz. Paris, 1770, in-12.

Essai sur l'indifférence en matière de religion, par F. de La Mennais. Paris, 1817, in-8°.

§ IV. *Divinité de la religion chrétienne; ses apologistes contre les juifs et les payens.*

Eusebii Pamph. Præparatio et Demonstratio evangelica, græcè et latinè. Parisiis, 1628, 2 vol. in-fol.

S. Justini Apologiæ pro christianis et dialogus cum Tryphone. gr. et lat. Londini, 1722, in-fol.

Origenes in Celsum, curâ Guil. Spenceri, gr. et lat. Cantabrigæ, 1677, in-4°.

Minutii-Felicis *Octavius* cum notis Rigaltii et Davisii. Cantabrigæ, 1707, in-8°.

Apologétique de Tertullien, par le P. Giry. Paris, 1684, in-18.

Arnobii adversùs Gentes libri VII cum notis variorum. Lugd. Batav., 1651, in-4°.

Raymundi Martini Pugio fidei. Lipsiæ, 1687, in fol.

Galatinus de Arcanis catholicæ veritatis. Francof., 1602, in-fol.

Christi fides adversùs judaïcam perfidiam vindicata, à Joan. Cecchetti. Venetiis, 1750, in-4°.

De l'Harmonie entre l'Eglise et la Synagogue, par le chevalier Drach. Paris, 1843-44, 2 vol. in-8°.

Dissertation sur le Messie, où l'on prouve que J.-C. est le messie promis dans l'ancien Testament, par Jaquelot. Lahaye, 1699, in-8°.

§ V. *Apologie de la religion chrétienne en général contre les incrédules modernes.*

Delectus argumentorum et syllabus scriptorum qui veritatem religionis christianæ asseruerunt, à Joan. Alb. Frabricio. Hamburgi, 1725, in-4°.

Tractatus de verâ religione et ecclesiâ, auct. Lahogue. Parisiis, 1815, in-12.

De verâ religione, Duvoisin. Parisiis, 1780, 2 vol. in-12.

Grotius. De veritate religionis christianæ, cum notis Joan. Clerici, cujus accessit de seligendâ inter christianos dissentientes sententiâ liber. Amstel., 1718, in-12. (Cette édition, qui est curieuse, doit être lue avec précaution.)

Traité de la vérité de la religion chrétienne, traduit du latin de Grotius, par Lejeune. Amsterdam, 1728, in-12.

De la vérité de la religion chrétienne, par Abbadie. La Haye, 1749, 4 vol. in-12.

Existence de Dieu et vérité de la religion chrétienne, par Clarcke. 1744, 3 vol. in-12.

Les preuves de la religion chrétienne, par Le François. Paris, 1754, 8 vol. in-12.

Démonstration évangélique, par Leland. 1769, 4 vol. in-12.

La même, par Duvoisin. Paris, 1810, in-8°.

Traité de la religion, par Bergier. Paris, 1788, 12 vol. in-12.

Fondements de la foi chrétienne, par Aymé. Paris, 1775, 2 vol. in-12.

Recherches sur les preuves du christianisme, par Ch. Bonnet. Genève, 1771, in-12.

Évidence intrinsèque du christianisme, par Jennyns et Feller. Liége, 1779, in-12. (Il y a une édition plus récente.)

Preuves les plus sensibles de la véritable religion, par le P. Buffier. 1752, in-12.

Analyse des preuves de la religion. Lyon, 1815, in-8°.

Introduction philosophique à l'étude du christianisme, par Mgr Affre. Paris, 1845, in-18.

Philosophie du christianisme, par l'abbé Bautain. Paris, 1835, 2 vol. in-8°. (Cet ouvrage est fautif sur quelques points.)

Etudes philosophiques sur le christianisme, par Auguste Nicolas. Paris, 1845, 4 vol. in-8°.

Défense du christianisme, ou Conférences sur la religion, par Frayssinous. Paris, 1825, 3 vol. in-8°. (Il y a plusieurs éditions de cet excellent ouvrage dans les formats in-8° et in-12.)

Le comte de Valmont, par Gérard. Paris, 1827, 6 vol. in-12. (Il faut y ajouter la Théorie du bonheur, par le même.)

Catéchisme philosophique, par Feller. Liége, 1805, 3 vol. in-12.

Pensées sur la religion, par Leibnitz. Paris, 1803, 2 vol. in-8°.

Accord du christianisme et de la raison, par Gauchat. Paris, 1768, 5 v. in-12.

Concordia rationis et fidei contrà veteres nuperosque rationalistas. Auct. theologo tarantasiensi. Lugd., 1835, in-8°.

Dictionnaire philosophique, par Nonotte. 1818, 4 vol in-12.

Les erreurs de Voltaire, par Nonotte. Paris, 1767, 2 vol. in-12.

Les philosophes des trois premiers siècles, par Nonotte. Besançon, 1819, in-12.

Lettres de quelques juifs à Voltaire, par Guénée. Paris, 1825, 4 vol. in-12.

Les apologistes involontaires, ou la religion prouvée et défendue par les objections mêmes des incrédules, par Mérault. Paris, 1820, in-8°.

Études des philosophes chrétiens et réfutation de Volney. Paris, 1833, in-8°.

Pensées sur le christianisme, preuves de sa vérité, par Joseph Droz. Paris, 1844, in-18. (Petit livre excellent.)

§ VI. *Apologie de la religion sur quelques points particuliers.*

Le Génie du christianisme, par Châteaubriand. Paris, 1816, 5 vol. in-8°.

L'utilité temporelle de la religion, par le P. Hayer. Paris, 1774, in-12.

La religion prouvée par les faits, par Houtteville. Paris, 1765, 4 vol. in-12.

Lettres sur l'ouvrage précédent, in-12.

Etablissement du christianisme d'après les auteurs non chrétiens, par Bullet. 1764, in-4°. (L'édition plus récente du format in-8° est moins exacte, pour les textes grecs, que la précédente.)

Défense des Saints-Pères accusés de platonisme, par le Père Baltus. Paris, 1711, in-4°.

(Le même ouvrage a été réimprimé à Lyon, 1838, 2 vol. in-8°, sous le titre suivant : Pureté du christianisme, etc., etc.)

La religion prouvée par les prophéties, par le P. Baltus. Paris, 1728, in-4°.

Défense des prophéties, par le même. Paris, 1737, 3 vol. in-12.

L'usage et la fin de la prophétie dans les divers âges du monde, par Sherlock. Paris, 1754, 2 vol. in-12.

Les témoins de la résurrection de Jésus, examinés et jugés selon les règles du barreau, par Sherlock. Paris, 1752, in-12.

La religion démontrée par la conversion de Saint Paul, par Lyttelton. 1754, in-12.

Le Christ devant le siècle, ou nouveaux témoignages des sciences en faveur du catholicisme, par Roselly de Lorgues. Paris, 1839, in-8°. (Il y a aussi des éditions in-12.)

Les destinées du christianisme, par l'abbé Polge. Paris, 1858, in-8°.

La raison du christianisme, ou preuves de la vérité de la religion, tirées des écrits des plus grands hommes, par de Genoude. Paris.... L'édition, in-8°.

Divinité de Jésus-Christ contre les déistes et les hérétiques. Paris, 1751, 3 vol. in-12.

Traité de la divinité de Jésus-Christ. Roterd., 1689, in-12.

Parallèle de la morale chrétienne avec celle des anciens philosophes, pour faire voir la supériorité de nos saintes maximes sur celles de la sagesse humaine, par Mourgure. Bouillon, 1779, in-8°.

Accord de la religion chrétienne avec le gouvernement républicain (sans date).

L'union de la religion, de la morale et de la politique, par Warburton. Londres, 1742, 2 vol. in-12.

Origines du christianisme, par le docteur Dœllinger. Paris, 1842, in-8°.

## IIe CLASSE.

## *Ecriture-Sainte.*

### § Ier. *Authenticité, inspiration, canon de l'Écriture-Sainte.*

Les titres primitifs de la révélation, par G. Fabricy. Rome, 1772, 2 vol. in-8°.

Lettres d'un romain à M. de Villefroy, abbé de Blasimont, ancien professeur en hébreu au collége royal, etc., etc., etc., en réponse aux observations de M. L.-E. Rondet, sur l'ouvrage du R. P. Fabricy, dominicain, avec un appendice de l'éditeur au sujet d'une lettre d'un savant d'Angleterre. Rome, 1774, in-8°.

Autorité des livres de Moyse contre les incrédules, par Duvoisin. Paris, 1778, in-12.

De Sacrarum litterarum inspiratione. Rich. Martensius. Ienæ, 1724.

Traité de la vérité de l'inspiration des Livres-Saints, par Jaquelot. Amst., 1752, 2 vol. in-12.

Traité historique du Canon des Livres-Saints, par Martianay. 1703, in-12.

De codicibus sacris et apocryphis, Joan Alb. Fabricius. Hamburgi, 1622, 8 vol. in-12.

Codex pseudepygrahus Veteris Testamenti, collectus et adnotatus à Joan. Alberto Fabricio. Hamb., 1715, in-8°.

Codex apocryphus Nov. Test. collect. ab eodem. Hamburgi, 1703, in-8°.

Censura librorum apocryphorum Veteris Testamenti, auctore Raynoldo. 1611, 2 vol. in-4°.

### § II. *Prolégomènes ou préparation à la lecture et à l'intelligence de l'Écriture-Sainte.*

Prolegomena biblica Serrarii. Parisiis, 1611, in-fol.

Prolegomena in S. Scripturam, auct. Houbigant. Parisiis, 1753, in-4°.

Apparatus biblicus Bernardi Lamy. Lugd., 1738, in-4°, avec figures.— Le même, intitulé :

Introduction à l'Écriture-Sainte. Lyon, 1709, in-4°, avec fig.

Herméneutique sacrée, ou introduction à l'Écriture-Sainte de l'Ancien et du Nouveau Testament, par S. Hermann Janssens. Paris, 1828, 2 vol. in-8°.

Méthode pour entrer dans le vrai sens de l'Écriture, par Du Contant de la Molette. Paris, 1772, 2 vol. in-12.

Traité méthodique d'expliquer l'Écriture par le secours des trois syntaxes, par Martianay. Paris, 1704, in-12.

Règles pour l'intelligence des Saintes-Écritures, par Duguet. Paris, 1716, in-12.

Répétition des règles précédentes, par L. Léonard. Paris, 1727, in-12.

Anleitung zum erbaulichen Lesen der Bibel von J. G. Rosenmüller. Lipsiæ, 1795, in-8°. (Introduction à la lecture édifiante de la Bible, par J. G. Rosenmüller, etc.)

Discours historique sur les principales éditions des bibles polyglottes. Paris, 1715, in-12.

Traité de la lecture de l'Écriture-Sainte, par l'évêque de Castorie. Cologne, 1680, in-8°.

### § III. *Bible entière et Ancien Testament seul. Textes, versions et commentaires.*

Biblia hebraica, typis Plantini. Antuerpiæ, 1565, 4 vol. in-8°.

Biblia sacra hebraica cum interlineari interpretatione latinâ Xanti Pagnini; accessit Bibliorum pars quæ hebraicè non reperitur; Item Novum Testamentum græcè cum interlineari vulgatâ interpretatione, studio Bened. Ariæ-Montani. Typis Plantini. Antuerp., 1572, 2 vol. in-fol.

Biblia polyglotta (9 ling.) complutensis; textus originales et antiquas versiones cum apparatu, appendicibus, tabulis etc., edidit Brianus Waltonius. Londini, 1657, 6 vol. grand in-fol.

(La Bible polyglotte n'a guère d'autre mérite réel que celui de constater l'accord ou la différence des textes primitifs de l'Ancien Testament. C'est sous ce point de vue qu'il est utile de la consulter et de la posséder dans sa bibliothèque, quand on est assez riche pour se la procurer.) — Il faut joindre à la polyglotte de Walton, qui est la plus complète, le Lexicon heptaglotton Edm. Castelli. Lond., 1669, seu 1686, 2 vol. in-fol.

Biblia hebraica cum notis criticis et versione latinâ: accedunt libri græci qui deutero-canonici vocantur; curâ C.-Fr. Houbigant. Parisiis, 1755, 4 vol. in-fol.

Biblia hebraica cum adnotationibus latinis; curâ Jos. Henr. Michaelis. Halæ-Magd., 1720, in-4° max.

Biblia hebraica cum notis masorethicis et singularium capitum summariis latinis, curâ Reineccii. Lipsiæ, 1759, 2 vol. in-4°.

Vetus Testamentum secundùm LXX. gr. et lat. cum scoliis romanæ editionis; accessit Novum Testamentum, studio Joan. Morini. Parisiis, 1628, 3 vol. in-fol.

Vetus Testamentum græcè juxtà LXX et variis codicibus completum cum latinâ translatione, studio J. N. Jager. Parisiis, 1839, in-8° maj.

Biblia sacra vulgatæ editionis, Sixti quinti pont. max. jussu recognita atque edita. Romæ, ex Typographiâ apostolicâ vaticanâ, 1593.

Biblia sacra etc., et Clementis VIII auctoritate edita, distincta versiculis, indiceque Epistolarum et Evangeliorum aucta. Lugdun., 1680, grand in-4°, avec une gravure en titre et plusieurs vignettes.

Biblia sacra (*dite des Evêques*). Coloniæ Agripp., sumptibus B. Gualteri, 1630, in-12.

Eadem et ejusdem. Colon. Agripp., 1647, petit in-8°.

Eadem. Lugduni, 1827, in-8°.

Eadem. Ibid., 1845, petit in-8°.

(Les autres éditions de la Bible vulgate en un vol. sont peu recherchées à cause de leur mauvaise exécution.)

Biblia cum versione duplici, unâ veteri, alterâ Pagnini, et notis Vatabli et veterum interpretum. Parisiis, 1729-49, 2 vol. in-fol.

Bibliorum sacrorum versio vetus italica et cœteræ quæ reperiri potuerunt cum variantibus, studio P. Sabatier. Remis, 1743-49, 3 vol. in-fol.

La sainte Bible en latin et en français, par les docteurs de Louvain. Rouen, 1645, in-fol.

La sainte Bible traduite en français, le latin et la vulgate à côté avec de courtes notes, etc., par de Sacy. Liége, 1772, 3 vol. in-fol.

La même en latin et en français avec un commentaire littéral, par Dom Augustin Calmet. Paris, 1724, 8 vol. in-fol.

La sainte Bible en latin et en français, de Carrières, avec des notes et dissertations tirées de Calmet, Vence, etc., par Rondet. Toulouse, 1779, 17 vol. in-8°.

La même avec des notes du docteur Drach. Paris, Méquignon.

Tirinus in S. Scripturam. Lugd., 1683-1702, in-fol.

Menochii Commentarius in S. Scripturam, edente P. Tournemine. Parisiis, 1719, 2 vol. in-fol.

Synopsis criticorum, edente M. Polo. Ultrajecti, 1684, 5 vol. in-fol.

Estius in præcipua ac difficiliora S. Scripturæ loca. Rothom., 1684, in-fol.

La Bible vengée, par du Clot. Lyon, 1818, 6 vol. in-8°.

Contradictiones apparentes S. Scripturæ. Lugd., 1678, in-24.

Scriptura Sacra contra Incredulos propugnata à Laurentio Weith. Mechliniæ, 1824, 5 vol. in-12.

§ IV. *Livres séparés de l'Ancien Testament, spécialement les Psaumes : textes, versions et commentaires.*

Collection des ouvrages de Duguet relatifs à l'Écriture-Sainte. 46 vol. in-12.

La Genèse, l'Exode et les Psaumes expliqués, par Contant de la Molette. Paris, 10 vol. in-12.

Conjectures sur la Genèse avec des remarques, par le Dr Astruc. Bruxelles, 1753, in-12.

Livres moraux de l'Ancien Testament, par Bellegarde. Paris, 1701, in-8°.

Analyse des Proverbes et de l'Ecclésiaste. Paris, 1702, in-12.

Le Cantique des cantiques expliqué, par Avrat. Lyon, 1695, in-12.

De l'Esprit prophétique, avec des réflexions sur les prophètes. Paris, 1767, in-12.

Morceaux choisis des Prophètes, par Champion de Nilon. Paris, 1777, 2 vol. in-12.

Isaïe traduit et expliqué, avec des réflexions morales, par le P. Berthier. Paris, 1789, 5 vol. in-12.

Études sur le texte du prophète Isaïe. Lyon, 1850, 3 vol. in-8°.

Explication des principales prophéties de Jérémie, Ezéchiel et Daniel, disposées selon l'ordre des temps, par Joubert. Avignon, 1749, 5 vol. in-12.

Maldonatus in Jeremiam, Ezechielem, Danielem et Ps. CIX. Mussiponti, 1610, in-4°.

Ribeira in XII Prophetas commentarius. Coloniæ, 1595, in-fol.

Ariæ Montani commentaria in duodecim Prophetas. Antuerp., in-4°.

Le Psautier, traduit selon l'hébreu et la Vulgate. Paris, 1751, in-12.

Les Psaumes, traduits par La Harpe. Paris, 1804, in-8°.

Expositio Patrum græcorum in Psalmos, curâ Corderii. Antuerp., 1643, 3 vol. in-folio.

Dyonisii Carthusiani commentaria in Psalmos. Colon., 1558, in-folio.

Selecti psalmi, ad artem rhetoricam illustrati. Parisiis, 1770, in-8°.

Les Psaumes, avec des réflexions philologiques et morales, par le P. Berthier. Paris, 1785, 8 vol. in-12.

Interprétation des Psaumes, par le P. de Lafeuille. Nancy, 1722, in-12.

Explication des Psaumes, par le P. Henry. Nancy, 1790, in-12.

Distinction primitive des Psaumes, par Viguier. Paris, 1809, 2 vol. in-12.

Etudes sur le texte des Psaumes, par l'auteur des études sur Isaïe. Lyon, 1857, 2 vol. in-8°.

Les psaumes de la pénitence, avec des réflexions. Paris, 1710, in-12.

Elévation de l'âme à Dieu sur les Psaumes, par Gourdan. 1776, in-12.

Effusions du cœur dans les Psaumes, par D. Morel. 1756, 5 vol. in-12.

§ V. *Nouveau Testament : textes, versions et commentaires.*

Novum Testamentum cum notis et variantibus Joan. Millii et Ludolphi Kusteri. Roterdami, 1710, in-fol.

Nov. Test. græcè, cum variantibus et notis Griesbach. 1796, in-8°.

Le Nouveau Testament, traduction du P. Amelotte. Paris, 1688, 2 vol. in-4°.

Nov. Test. græcè, curante J.-N. Jager. Parisiis, 1842, in-8°.

Introduction au Nouveau Testament, par J.-D. Michaelis. Traduit de l'allemand par J.-B. Chenevière. Genève et Paris, 1822, 4 vol. in-8°. (Cet ouvrage et le suivant sont d'une plume protestante.)

Essai d'une introduction au Nouveau Testament, par J.-E. Célerier fils. Genève, 1825, in-8°.

Essai sur l'authenticité des quatre versions canoniques du Nouveau Testament, par de Rouën. Paris, 1844, in-8°.

Les analyses des Evangiles, des Actes des Apôtres, des épîtres de St-Paul et de l'Apocalypse, par le P. Mauduit. Paris, 9 vol. in-12.

Réflexions morales sur le Nouveau Testament, par le P. Lallemand. Paris, 1757, 12 vol. in-12.

Maldonati commentarii in IV Evangelistas. Parisiis, 1668, in-folio.

Jansenius Yprensis in Evangelia. Parisiis, 1688, in-4°.

Bernardini à Piconio expositio triplex in J.C. Evangelia. Parisiis, 1726, in-folio.

Pires in Evangelia. Mechliniæ, 1825, in-12.

Jansenius Gandavensis in Evangelia. Lugd., 1684, in-folio.

Bernardini à Piconio expositio triplex in Epistolas Pauli. Parisiis, 1705, in-fol.

Estius in Epistolas Pauli. Rothom., 1709, 2 vol. in-folio.

Theophilacti in Pauli Epistolas commentarii, gr. et lat., curâ Lindselli. Londini, 1656, in-folio.

Explication des Epîtres de saint Pierre, par Picot de Closrivière. Paris, 1810, 3 vol. in-12.

Méditations sur les Epîtres des saints Jacques, Pierre et Jean, par Legros. Paris, 1754, 6 vol. in-12.

L'Apocalypse avec une explication, par Bossuet. Paris, 1689, in-8°.

§ VI. *Philologie, concordance et harmonie des Livres-Saints.*

Lud. de Dieu, critica sacra, seu animadversiones in loca quædam Veteris Testamenti. Lugd. Batav., 1648, in-4°.

L. Capelli criticasacra et commentaria in Scripturam. Amsteld., 1689, in-fol.

Nouveaux éclaircissements sur l'origine et le pentateuque des Samaritains, par D. Poncel. Paris, 1760, in-8°.

De la poésie sacrée des Hébreux, traduit de l'anglais du d^r^ Lowth, par Sicard.

Prolegomena in libros Veteris Testamenti poeticos, et metricæ lowthianæ confutatio. 1762, in-8°.

Du style de l'Écriture-Sainte et de l'éloquence évangélique, par du Jarry. Paris, 1689, in-12.

Concordantia græca versionis lxx interpretum, Abrah. Trommii. Amstel., 1718, 2 vol. in-fol.

S. Bibliorum vulgatæ editionis concordantiæ à Fran. Luca. Colon. Agrip., Balth. ab Egmond, 1684, in-8° maj.

Eadem. Viennæ Austriæ, 1825, in-fol. (cette seconde édition et la première sont les seules recherchées.)

Harmonia sive concordia quatuor Evangeliorum, auct. Lamy. Parisiis, 1689, in-12.

Commentarius in harmoniam evangelicam, auctore Lamy. Parisiis, 1690, 2 vol. in-4°.

Harmonie des Psaumes et de l'Évangile, par Pluche. Paris, 1768, in-12.

Concorde des épitres du Nouveau Testament. Paris, 1685, in-12.

Bibliotheca sacra in binos syllabos distributa, auct. le Long et Desmolets. Parisiis, 1725, in-fol.

Thesaurus biblicus ad formandum conciones, auct. Merz. Parisiis, 1822, 2 vol. in-8°.

§ VII. *Dictionnaires, histoires, extraits de la Bible.*

Dictionnaire de l'Ecriture-Sainte, par Sicard. Paris, 1804, in-8°.

Morale de la Bible, par Chaud. Paris, 1817, 2 vol. in-8°.

Histoire du peuple de Dieu jusqu'à la naissance du Messie, par le P. Berruyer. Paris, 1728, avec les additions, 7 vol. in-4°. — La même, depuis la naissance du Messie jusqu'à la fin de la synagogue. La Haye (Paris), 1755, 4 vol. in-4°. — Determinatio facultatis parisiensis super eodem libro historico, in-4°.

Histoire de la vie de J.-C., par le Père de Ligny. Paris, 1804, 2 vol. in-4° avec gravures.

Histoire de N. S. Jésus-Christ, par Frédéric Léopold, comte de Stolberg. Traduit de l'allemand, par P. D. Paris, 1838, 2. vol. in-8°.

La vie de Jésus-Christ au point de vue de la science, par Jean Kuhn. Paris, 1842, in-8°.

Lettres sur Jésus-Christ, par Cl. Rossignol. Paris, 1841, 2 vol. in-8°.

(Ces deux ouvrages sont une réfutation du système du docteur Strauss.)

§ VIII. *Antiquités, lois, usages religieux et civils des Hébreux et des Chrétiens; sujets particuliers de l'un et de l'autre Testament.*

Relandi Palestina ex monumentis veteribus illustrata, cum figuris. Traject. Bat., 1714, 2 vol. in-4°.

Moïse considéré comme législateur et comme moraliste, par Pastoret. Paris, 1788, in-8°.

De republicâ Hebræorum, Pigonius. Lugd. Bat., 1701, in-4°.

Samuelis Bocharti opera omnia, hoc est *Phaleg, Canaan et Hierozoicon*, etc., curis Leusden, Villemundy et Relandi. Lugd. Bat., 1712, 3 vol. in-fol. — (Ou tout simplement son *Phaleg*, in-4°.)

La Cosmogonie de Moïse comparée aux faits géologiques, par Marcel de Serres. Paris, 1838, in-8°.

Lettres sur la Cosmogonie des Pères de l'Eglise et de la Genèse, par l'abbé Delalle. Paris, 1855, broch. in-8°.

Dissertation sur l'arche de Noé, etc., par le Pelletier. Rouen, 1704, in-12.

Lettres sur le déluge pour accorder le récit de Moïse avec les faits constatés par l'observation et les principes de physique, par Félix Passot. Paris, 1855, in-8°.

De tabernaculo fœderis, de sanctâ civitate Jerusalem et de templo ejus, libri septem. Bern. Lamy. Parisiis, 1720, in-fol. cum figuris.

Traité de l'ancienne pâque des juifs, par Lamy. Parisiis, 1693, in-12.

Mœurs des Israëlites et des Chrétiens, par Fleury. (Toutes les éditions de ce livre sont bonnes.)

## III^e CLASSE.

### *Liturgie.*

#### § 1^er. *Liturgies diverses et générales.*

Euseb. Renaudot collectio liturgiarum orientalium. Parisiis, 1715-1716, 2 vol. in-4°.

Les anciennes liturgies, ou la manière dont on a dit la messe et administré les sacrements dans chaque siècle, dans les églises d'Orient et d'Occident, par J. Grancolas. Paris, 1697-1699, 3 vol. in-8°.

Traité historique de la liturgie sacrée, par Bocquillot. Paris, 1701, in-8°.

Guill. Durandi rationale divinorum officiorum. Lugd., 1584, 2 vol. in-8°, vel. Lugd., 1672, in-4°.

Edm. Martène de antiquis Ecclesiæ et monachorum ritibus. Rothom. et Lugd., 1690, 1702, 1710, 4 vol. in-4°.

Explication des prières et cérémonies de la messe, par le P. Le Brun. Paris, 1726, 4 vol. in-8°, fig. (La réimpression de cet ouvrage peut suffire.)

Joan. Stephani Duranti de ritibus Ecclesiæ tractatus. Lugd., 1675, in-4°.

Opera liturgica Joan. Bona. Antuerp., 1694, in-fol.

Explication des cérémonies de l'Eglise, par Cl. de Vert. Paris, 1706-13, 4 vol. in-8°. (Cet ouvrage doit être lu avec précaution.)

#### § II. *Missels, bréviaires, pontificaux, rituels, livres, en un mot, pour l'administration des sacrements et les diverses bénédictions; — livres de chant.*

J. Pamelii liturgia Latinorum. Colon., 2 vol. in-4°.

J. Mabillonis liturgia gallicana; libri III. Parisiis, 1729, in-4°.

Voyages liturgiques de France, par de Moléon. Paris, 1718, in-8°, fig.

Exercitationes liturgicæ de divino officio. Romæ, 1750, in-4°.

Pontificale romanum cum figuris æneis. Urbini, typis Vinc. Guerrinii, 1818, in-fol.

Rituale catalaunense. 1776, 2 vol. in-4°.

Instructions sur le rituel de Langres (La Luzerne). Paris, 1818, in-4°.

Rituel de Toulon. Lyon, 1780, 3 vol. in-4°. (Les éditions subséquentes sont également bonnes.)

(Les ouvrages de D. Guéranger, abbé de Solesmes, etc., etc.)

De cantu et musicâ, à primâ Ecclesiæ ætate usque ad præsens tempus, auct. Gerbert. Typis San-Blasianis (Forêt-noire), 1774, 2 vol. in-4°, fig.

Scriptores ecclesiastici de musicâ sacrâ, potissimùm ex variis Italiæ, Galliæ et Germaniæ codicibus manuscriptis collecti à Martino Gerbert. Typis San-Blasianis, 1784, 5 vol. in-4°, cum figuris et notis.

Cantiques notés de Saint-Sulpice. Paris, 1826, in-12.

Hymni sacri à Santolio. Paris, 1698, in-12.

Chants du cœur, ou recueil de cantiques nouveaux, avec musique des meilleurs maîtres, par Boudaut. Paris, 1856, in-8°.

(Nous n'avons indiqué aucun des livres liturgiques propres à un diocèse en particulier : chaque prêtre doit, à cet égard, savoir les usages de l'église où il exerce son ministère ; et il est très-convenable que les ecclésiastiques connaissent en détail les ouvrages liturgiques, tant anciens que modernes, qui ont paru dans leur diocèse respectif.)

§ III. *Heures ou livres de prières à l'usage des fidèles; cérémonies, fêtes, etc.*

Le paradis de l'âme chrétienne, traduit du latin de Horstius. Paris, 1802, 2 vol. in-18.

Prières et instructions chrétiennes, par Sanadon. 1805, in-12.

Heures de prières, par Fénelon. 1828, in-18.

Journée sainte. 1828, in-18.

Manuel des personnes pieuses. 1820, in-24.

Ceremonialia Vaticana. Romæ, 1755, in-folio.

Manuale Episcoporum ad visitandas ecclesias. Parisiis, 1694, in-12.

Gavanti Thesaurus sacrorum rituum. Lugd., 1675, in-4°.

Observationes in Thesaurum sacrorum rituum. Merati, 1740, 2 vol. in-4°.

Prières au Saint-Esprit, ou paraphrase de la prose *Veni sancte spiritus*, par M. du Coëtlosquet. Metz, 1858, in-12.

Conférences sur les cérémonies de la semaine-sainte à Rome, par Wiseman.

Traité des fêtes de l'Eglise, par Thomassin. Paris, 1697, in-8°.

Traité des fêtes mobiles. Paris, 1707, 2 vol. in-8°.

Tableau poétique des fêtes chrétiennes, par Walsh. Paris, 1837, in-8°.

## IVe CLASSE.

## *Conciles ; jurisprudence canonique.*

### Ier. *Traités et histoires des conciles.*

Tractatus de conciliis, auct. Thomassin. Parisiis, 1667, in-4°.

Conférences ecclésiastiques sur les conciles et la discipline, par Duguet. Cologne, 1742, 2 vol. in-4°.

Conciliorum historica synopsis Labbei. Parisiis, 1661, in-4°.

Concilii Tridentini canones et decreta. Coloniæ, 1688, in-24. (C'est la meilleure édition du petit format.)

Vera concilii Tridentini historia contra Falsam suavis Polani (Paolo Sarpi), ex ital. Sforciæ Pallavicini latinè reddita à Giattino. Antuerp., 1775, in-fol. (La réimpression par l'abbé Migne est également bonne.)

(La grande collection des conciles de Mansi. Venet., 1751, 31 vol. in-fol., est d'un prix trop élevé pour en conseiller l'acquisition à un prêtre qui n'aurait qu'une fortune ordinaire. Il se contentera donc de :)

Analyse des Conciles, par le P. Richard. Paris, 1772, 5 vol. in-4°.

Benedictus XIV (Lambertini). De Synodo diœcesanâ ; lib. XIII. Ferrariæ, 1764, un vol. in-4°.

Ancienne et nouvelle discipline de l'Eglise, par L. Thomassin. Paris, 1725, 3 vol. in-fol.

Van-Espen Jus ecclesiasticum univers. Colon., 1778, 5 vol. in-fol. — (OEuvre d'un canoniste fort savant, qui a beaucoup profité du travail de Thomassin ; mais justement suspect par son attachement à la secte janséniste.)

Lois ecclésiastiques de France, par de Héricourt. Paris, 1771, in-fol.

Devoti, archiep. carthag. Institutionum canonicarum lib. IV; editio locupletata. Gandavi, 1836, 2 vol. in-8°.

Institutions aux lois ecclésiastiques de France, ou analyse des actes et titres qui composent les mémoires du clergé, par M. l'abbé de Verdelin, 2e édition. Toulouse, 1822, 2 vol. in-8°.

Du Pape, par M. de Maistre. Lyon, 1836, 2 vol. in-8°.

De l'Eglise gallicane, par le même. Lyon, 1829, un vol. in-8°.

Les vrais principes de l'Eglise gallicane sur le gouvernement ecclésiastique, la papauté, etc., etc., par M. l'abbé Frayssinous. Paris, 1826, in-8°.

Mandement du cardinal de Bonald, archevêque de Lyon, portant condamnation d'un livre intitulé : *Manuel du droit public ecclésiastique français, par M. Dupin*. Lyon, 1844, in-4°.

Gouvernement des paroisses, par Carré. 1821, in-8°.

L'ouvrage de M. Affre sur l'*Administration des paroisses*. 1829, in-8°.

Le Guide des curés dans l'administration temporelle des paroisses, 5e édition. Nancy, 1844, 2 vol. in-8°.

(Il est très-important que MM. les curés conservent, dans les archives de leurs paroisses, la collection complète des mandements, lettres et autres pièces officielles émanés de l'évêché.)

## V<sup>e</sup> CLASSE.

## *Les Saints-Pères et les Théologiens.*

### § Ier. *Traités généraux sur les SS. Pères; extraits de leurs ouvrages.*

De la lecture des Pères de l'Eglise, par Bonar d'Argone. Paris, 1712, in-12.

Méthode des Pères, par Moissy. Paris, 1685, in-4°.

Apologia pro sanctis Ecclesiæ Patribus, contrà Dallæum, per Matth. Scriverer. Londini, 1672, in-4°.

Apologie de la morale des Pères, par Dom Ceillier. Paris, 1718, in-4°.

Concordance des Pères grecs et latins, par Dom Maréchal. Paris, 1739, 2 vol. in-4°.

Histoire générale des auteurs sacrés et ecclésiastiques, par Dom Remy Ceillier. Paris, 1729, 24 vol. in-4°. — (Cet ouvrage a été composé comme antidote à celui d'Ellies Dupin sur le même sujet.)

Bibliothèque choisie des Pères, par Guillon. Paris, 1824, 26 vol. in-8°.

### § II. *OEuvres de quelques-uns des principaux Pères grecs et latins, selon l'ordre des temps.*

Patres apostolici; Cotelerius. Amst., 1724, 2 vol. in-fol.—(Gallandus a donné une édition des Pères apostoliques bien plus complète que celle-ci; mais elle est d'un prix trop élevé pour entrer dans notre modeste Catalogue.)

Sancti Iræneci opera, grecè et latinè. Massuet. Parisiis, 1710, in-fol.

Clementis Alexand. opera, gr. et lat. Potter. Oxonii, 1715, 2 vol. in-fol.

Sancti Dyonisii Alexand. opera, gr. et lat. Romæ, 1796, in-fol.

Origenis opera, gr. et lat. De la Rue. Parisiis, 1755, 4 vol. in-fol.

Sancti Athanasii opera, gr. et lat. Edit. Benedictin. Parisiis, 1698, 5 vol. in-fol.

Sancti Basilii magni opera, gr. et lat. Garnier. Parisiis, 1721, 5 vol. in-fol.

Sancti Cyrilli Hierosolim. opera, gr. et lat. Dom Touttée. Parisiis, 1720, in-fol.

Sancti Gregorii Nazianz. opera, gr. et lat., studio Benedictin. et Caillaud. Parisiis, 1778-1840, 2 vol. in-fol.

Sancti Gregorii Nysseni opera, gr. et lat. cum supplemento. Parisiis, 1638, 3 vol. in-fol.

Sancti Epiphanii opera, gr. et lat. Petavius. Parisiis, 1622, 2 vol. in-fol.

Sancti Joannis Chrysostomi opera, gr. et lat. Montfaucon. Parisiis, 1718, 15 vol. in-fol.

Sancti Cyrilli Alexand. opera, gr. et lat. Joan. Aubert. Parisiis, 1638, 6 vol. in-fol.

Sancti Joannis Climaci opera, gr. et lat. Raderius. Parisiis, 1633, in-fol.

Sancti Joannis Damasceni opera, gr. et lat. Lequien. Parisiis, 1712, 2 vol. in-fol.

Epistolæ romanorum pontificum à sancto Clemente usquè etc.. Coustant. Parisiis, 1771, in-folio.

Tertulliani opera, ex editione Rigaltii etc. Parisiis, 1695, in-fol.

Sancti Cypriani opera. Baluz et Maran. Parisiis, 1726, in-fol.

Sancti Hilarii pictaviensis. P. Coustant. Parisiis, 1695, in-fol.

Sancti Ambrosii opera. Dufriché et Nourri. Parisiis, 1686, 2 vol. in-fol.

Sancti Hieronymi opera. Martianay. Parisiis, 1693, 5 vol. in-fol.— (L'édition de Venise, 1766-1771, par Vallarsi, est la plus complète, mais elle est de format in-4°, en onze volumes.)

Sancti Augustini opera, studio PP. Benedictinorum, cum appendice. Parisiis, 1691, 12 tomes en 9 vol. in-fol.

Sancti Leonis magni opera, studio Cacciati. Romæ, 1755, 3 vol. in-fol.

Sancti Gregorii magni opera, ex editione San-marthani et Befrin. Parisiis, 1705, 4 vol. in-fol.

Venerabilis Bedæ opera. Coloniæ, 1612, 8 tomes en 3 vol. in-fol.

Petri Damiani opera. Lugd., 1623, in-fol.

Sancti Bernardi opera, à Mabillone. Parisiis, 1690, 2 vol. in-fol.

Sancti Laurentii Justiniani, proto-patriarchæ veneti, opera omnia. Venetiis, 1751, 2 tomes en 1 vol. in-fol.

## § III. *Théologiens catholiques et hétérodoxes.*

Le Directeur du jeune Théologien. Paris, 1722, in-12.

Avis pour ceux qui étudient la théologie, par Dom Joseph de l'Isle. Nancy, 1759, in-12.

Elementa theologica. D'Argentré. Parisiis, 1702, in-4°.

Défense de la méthode d'enseignement suivie dans les écoles catholiques, par M. Boyer, directeur de Saint-Sulpice. Paris, 1836, in-8°.

Giraudeau prolegomena theologiæ. Parisiis, 1745, 2 vol. in-8°.

Dictionnaire universel des sciences ecclésiastiques, par D. Richard, avec le supplément. Paris, 1760, 6 vol. in-fol.

Dictionnaire théologique par Bergier. Toulouse, 1819, 8 vol. in-8°. — (Quelques éditions de cet excellent ouvrage sont annotées. Il y a des personnes qui les préfèrent à celles où ne se trouve que le simple texte.)

Thomæ aquinatis summa theologiæ cum notis. Lugd., 1686, 2 vol. in-fol.

Maldonati (Joan.) opera theologica. Parisiis, 1677, in-fol.

Guillelmi Estii in IV libros sententiarum commentarii. Parisiis, 1696, 2 vol. in-fol.

(Nous conseillerions volontiers Suarez, Opera omnia. Venetiis, 1740, 23 vol. in-fol ; — mais où trouver une bourse assez bien garnie pour l'achat d'un pareil ouvrage ?)

Honorati Tournely prælectiones theologicæ (sans la partie qui contient la morale de Collet). Parisiis, 1725, 16 vol. in-8°.

Dyonisii Petavii theologica dogmata. Antuerp., 1700, 6 tomes en 3 vol. in-fol.

Tractatus generalis de controversiis fidei FF. Adr. et Pet. Walembourch. Colon. Agrip., 1669—71, 2 vol. in-fol.

Roberti Bellarmini disputationes de controversiis fidei adversùs hujus temporis hæreticos. Parisiis, 1613, 4 vol. in-fol.

Martini Chemnitii examen concilii Tridentini. Genevæ, 1614, in-fol.— (L'auteur est luthérien.)

Lettres d'un docteur allemand à un protestant sur les obstacles, etc., par le P. Scheffmacher. Strasbourg, 1750, 2 vol. in-4°.

Réponse de Pfaff à Scheffmacher. 1755, in-4°.

J. Calvini Institutio christianæ religionis. Genevæ, 1607, in-fol.

Le même ouvrage, traduit par Calvin. Genève, 1564, in-8°.

Discussion amicale sur l'Eglise anglicane et en général sur la réformation, par l'évêque de Strasbourg (Le Pape de Trevern), troisième édition. Paris, 1829, 3 vol. in-8°.

La Symbolique, ou exposition des contrariétés dogmatiques entre les catholiques et les protestants d'après leurs confessions de foi publiques, par J.-A. Moehler; traduit de l'allemand sur la 4e édition. Besançon, 1836, 2 vol. in-8°.— (Il faut joindre à ces deux volumes : )

Nouvelles recherches sur les contrariétés, etc., pour servir de réponse aux objections faites contre la Symbolique, etc., etc.. Besançon, 1840, in-8°.

« Il est trois ouvrages, a dit le roi de Prusse Frédéric-Guillaume III, » dont je suis prêt à récompenser dignement une bonne réfutation : le « premier, c'est la *Symbolique*. »

Conférences sur les doctrines et les pratiques les plus importantes de l'Eglise catholique, par N. Wiseman. Paris, 1839, 2 vol. in-8°.

Lud. Thomassini dogmata theologica. Parisiis, 1684, 3 vol. in-fol.

Theologia moralis (Sancti Alphonsi de Ligori), unà cum Joan. Dom. Mansi epitome doctrinæ moralis et canonicæ ex operibus Benedicti XIV, editio undecima. Bassani, 1816, 5 vol. in-4° avec un portrait. (Les éditions subséquentes sont bonnes.)

Homo apostolicus (par le même). Mechlin., 1824, 3 vol. in-12.

P. Antonii. S. J. theologia moralis. Nanceii, 1751, in-4°.

Eadem cum additamentis. Avenione, 1818, 6 vol. in-8°.

Epitome theologiæ moralis, auctore Francisco Antonio à Goritia. Lugd., 1821, in-4°.

La Théologie chrétienne, par Bénédict Pictet. Genève, 1721, 3 vol. in-8°.— (Cet ouvrage, d'un auteur calviniste, est ce que nous avons de plus complet en français sur cette matière.)

Histoire des sacrements, par D. Chardon. Paris, 1745, 6 vol. in-12.

De sacramentis; Joannes Maldonatus. Lugd., 1614, in-fol.

Joan. Morini commentarius historicus de disciplinâ in administratione sacramenti pœnitentiæ. Antuerp., 1682, in-fol.

La Perpétuité de la foi de l'Eglise catholique touchant l'Eucharistie, par Nicole, Arnauld et Renaudot. Paris, 1672-1713, 5 vol. in-4°.

Joan. Morini commentarius de sacris ordinationibus. Parisiis, 1655, in-fol.

Tradition de l'Eglise sur le sacrement de Mariage, par G.-P. Gibert. Paris, 1705, 3 vol. in-4°.

## VI^e CLASSE.

## *Sermons. — Catéchismes. — Traités religieux.*

### § I^er *Sermons.*

Observations sur l'éloquence de la chaire, par Hugues-Blair, in-12.

Essai sur l'éloquence de la chaire, par Maury. — (Il y a plusieurs éditions de cet excellent livre, et toutes également bonnes.)

Dictionnaire apostolique, par Montargon. Paris, 1752-58, 13 vol. in-8°.— (On trouve plus facilement la dernière édition.)

Projets d'instructions, par Guillet. 1815, 4 vol. in-12. — (Cet ouvrage a été réimprimé plusieurs fois.)

Le missionnaire de l'Oratoire, ou sermons pour les advents, caresmes, etc., par le P. Jean Lejeune, dit l'aveugle. Paris, 1670, 10 vol. in-8°. — (La nouvelle édition de Paris est préférable à l'ancienne pour sa belle exécution.)

Sermons du P. Louis Bourdaloue, S. J. Paris, Rigaud, 1702, 18 vol. in-12. —Les mêmes; Versailles, Lebel, 1812, 16 vol. in-8°.

Sermons de J.-B. Massillon, évêque de Clermont. Paris, Etienne, 1745-48, 15 vol. in-12. — Les mêmes; Paris, Renouard, 1810, 15 vol. in-8°.

(La liste des sermonnaires du second et du troisième ordre dépassant de beaucoup les bornes que nous nous sommes tracées, nous laissons à chacun le soin de choisir ceux qui conviendront le mieux à son goût, à sa position, etc., etc.)

Dictionnaire des prédicateurs français. Paris, 1824, 1 vol. in-8°.

## § II. *Catéchismes.*

Catechismus ex decreto concilii Trident. ad Parochos. Romæ, 1765, in-8°. — Idem, Viennæ, 1827, in-8°.

Institutiones catholicæ in modum catecheseos; F. Amati Poujet (è gallico in latinum conversæ). Nemausi, 1765, 6 vol. in-4°.— Idem, 2 vol. in-fol., Parisiis, 1725.

Le même ouvrage, sous le titre de Catéchisme de Montpellier. Paris, 1704 in-4°.—Rouen, 1785, 5 vol. in-12.— (Il y a cette différence entre l'édition française et la latine, que cette dernière renferme les textes de l'Ecriture et des Pères, tandis que l'édition française les indique seulement.)

Exposition de la doctrine chrétienne, ou catéchisme, etc., par le P. Bougeant. Paris, 1741, in-4°; — ou bien 4 vol. in-12, Paris, 1746. — (Le même ouvrage vient d'être réimprimé, il est excellent.)

Catéchisme dit de Constance. Lyon, 1805, 4 vol. in-12.

Catéchisme de Couturier. 4 vol. in-12. — (Il en existe plusieurs éditions.)

Explication des premières vérités de la religion, par P. Collot. Paris, 1752, in-8°; ibid., 1804, in-8°.

La science du catéchisme, par Boudon. Caen, 1825, in-12.

Histoires choisies pour les catéchismes. Paris, 1759, in-12. — Le même; Paris, 1758, in-12.

(Nous voudrions n'avoir à indiquer qu'un seul catéchisme pour tous les diocèses de France, rien n'étant plus désirable que l'uniformité sur ce point; mais jusqu'au moment où il conviendra à l'épiscopat français d'adopter un seul et même livre élémentaire pour l'enseignement religieux des fidèles, nous recommanderons à MM. les curés de se procurer les explications qui sont le plus en rapport avec les catéchismes de leurs églises respectives, si pourtant ils n'en avaient déjà une explication spéciale.

A ce propos, nous nous permettrons de dire aux prêtres qui exercent le ministère pastoral de ne pas admettre dans leurs bibliothèques ces catéchismes farcis d'anecdotes apocryphes, ridicules, ou dictées par un esprit de parti quelconque.)

§ III. *Traités particuliers sur différents points de dogme et de discipline.*

Traité de la messe de paroisse, par Floriot. Paris, 1691, in-12.

Exposition du Saint-Sacrement, par Thiers. Avignon, 1777, 2 vol. in-12.

Traité des superstitions, selon l'Ecriture-Sainte, les Conciles, les Pères et les Théologiens, par M. Thiers. Paris, 1712, 4 vol. in-12.

Défense du dogme catholique sur l'éternité des peines, par Dom. Sinsart. Strasbourg, 1748, 1 vol. in-8°.

Le système des anciens et des modernes, sur l'état des âmes séparées des corps. Amsterdam, 1735, 1 vol. in-12. — (L'auteur est protestant.)

Tractatus de statu parvulorum sinè baptismo decedentium ex hâc vitâ, compositus à Florentio Conrio. Lovanii, 1655, 1 vol. in-4°.

Traité des Indulgences, par Mgr. Bouvier, évêque du Mans, in-12.

Histoire dogmatique du jeûne, par Dom de l'Isle. Paris, 1741, in-12.

Historia confessionis auricularis, auctore Jacobo Boileau. Parisiis, 1684, in-8°.

Traité de la confession contre les erreurs du Calvinisme, avec la réfutation du livre de M. Daillé, par Dom Denis de Sainte-Marthe. Paris, 1685, in-12.

De la confession, sa divinité et ses avantages prouvés par les faits, suivis etc., par l'abbé Guillois, seconde édit. Au Mans, 1840, in-12.

Exposition de la doctrine de l'Eglise catholique, par Bossuet. Paris ...., in-12.

Les motifs de la suspension de la coupe, par Pélisson. Paris, 1695, in-12.

Histoire de la communion sous une seule espèce, avec etc., par M. Grancolas. Paris, 1696, in-12.

Le célibat ecclésiastique, par l'abbé Jager, 2e édit. Paris, 1836, in-8°.

§ IV. *Traités de piété et de dévotion.*

De Imitatione Christi libri quatuor, ad pervetustum exemplar, internarum consolationum dictum, nec non ad codices complures ex diversâ regione ac editiones ævo et notâ insigniores, variis nunc primùm lectionibus subjunctis, recensiti, et indicibus locupletati; studio J.-B.-M. Gence, hujus editionis gallici interpretis, cartophylacio regis Archivistæ olim addicti. Parisiis, 1826, in-8°. — (La meilleure traduction française de ce chef-d'œuvre est, à notre avis, celle de M. de La Mennais; il y en a eu plusieurs éditions.)

Pratique de la perfection chrétienne, par le P. Alphonse Rodriguez, traduite de l'espagnol par Regnier Des Marais. Paris, 1688, 5 vol. in-4°. — Le même ouvrage, Paris, 1742, 6 vol. in-12. — (Il y a plusieurs éditions nouvelles de ce livre dont on aurait pu élaguer quelques citations de chroniques monastiques, sans faire tort, pensons-nous, au fond qui est parfait.)

Introduction à la vie dévote, par saint François de Sales; — à part et dans ses œuvres complètes.

Elévations à Dieu sur les mystères de la religion chrétienne, par Bossuet. Paris, 1747, 2 vol. in-12.

Méditations sur les Evangiles, par le même. Ibid., 1751, 4 vol. in-12.

Considérations sur le dogme générateur de la piété catholique, par l'abbé Gerbert. Paris, 1840, in-8°.

Méthode facile d'oraison, par le P. Nepveu. 1691, in-12.

Instructions familières sur l'oraison mentale, par le P. Surin. 1758, in-12.

Sur les divers états d'oraison, par le P. Caussade. 1741, in-8°.

Méditations du P. Dupont. 1702, 2 vol. in-4°.

*Vade-mecum* du Chrétien, par le comte du Coëtlosquet. Paris, 1837, in-12.

Méditations du P. Médaille. 1764, in-12; 1818, 2 vol. in-18.

L'Evangile médité, par Duquesne. 8 vol. in-12.

L'année apostolique, par le même. 1803, 12 vol. in-12.

Devoirs de l'état religieux, par le P. Judde. 1780, 2 vol. in-12.

Devoirs de la vie religieuse, par Collet. 1765, 2 vol. in-12.

Conversion d'un pécheur, par Salazar. 1747, in-12; le même, 1824, in-12.

Entretiens d'une âme pénitente avec Dieu. 1767, in-12.

Traité des scrupules, par Duguet. 1718, in-12.

Placide à Maclovie sur les scrupules, par Dom Jamin. 1774, in-12.

Traité de la confiance en Dieu, par l'évêque de Soissons. in-12.

Traité de la miséricorde divine, par Bergier. 1821, in-12.

Le chrétien dans la tribulation. 1755, 2 vol. in-12.

Traité de la résignation, par M. Marguet, in-18.

Consolations contre les frayeurs de la mort. 1724, 2 vol. in-12.

Exercices pour se préparer à la mort et méthode pour visiter les malades, 1818, in-18.

## VII$^{e}$ CLASSE.

### *Histoire de la religion avant et après Jésus-Christ.*

Discours sur l'histoire universelle pour expliquer la suite de la religion et le changement des empires, par Bossuet. Lyon, 1812, in-8°.

Flavii Josephi opera omnia (Antiquitates judaïcæ et de bello judaïco), gr. et lat. cum versione Hudsoni, notis variorum, ex recensione Havercamp. Amsteld., 1726, 2 vol. in-fol.

Traduction en français de l'ouvrage précédent, par Arnauld d'Andilly. Paris, 1744, 6 vol. in-12.

Histoire des Juifs et des peuples voisins, depuis la décadence des royaumes d'Israël et de Juda jusqu'à la mort de J.C.; traduit de l'anglais de Prideaux. Amsterdam, 1755, 6 vol. in-12.

Eusebii, Socratis, Sozomeni, Theodoreti et Evagrii historia ecclesiastica et de vitâ Constantini, cum notis H. Valesii et observationibus Readiny, gr. et lat. Cantabrigæ, 2 vol. in-fol.

NatalisAlexandri historia ecclesiastica Veteris et Nov. Testamenti. Parisiis, 1714, 8 vol. in-fol.— (Les éditions publiées en Italie sont préférables à celle-là.)

De la destruction du paganisme en occident, par Beugnot. Paris, 2 vol. in-8°.

Histoire ecclésiastique, par Claude Fleury, jusqu'en 1414, continuée par Fabre et Goujet jusqu'en 1595, avec la table générale des matières par Rondet. Paris, 37 vol. in-4° : cette édition est de toutes la mieux exécutée; l'édition in-12, qui y est entièrement conforme, a 56 vol., plus 4 vol. de tables. — (On a imprimé, il y a quelques années, ce grand ouvrage, sans la continuation qui du reste, il faut le dire, est détestable; mais, en revanche, les éditeurs ont enrichi cette nouvelle édition d'un livre tout entier dont le manuscrit est de la main même de Fleury, lequel livre conduit l'Histoire de l'Eglise jusqu'au commencement de la réforme protestante. Quelle que soit l'opinion qu'on se fasse de l'œuvre du célèbre écrivain ecclésiastique, on ne peut s'empêcher d'y reconnaître, avec un incontestable talent de narration simple et parfois touchante, une partialité qui en affaiblit le mérite aux yeux des catholiques orthodoxes. Pour lire sans danger d'erreur ce remarquable travail, et les douze vol. de Bérault-Bercastel sur le même sujet, on fera bien de consulter l'opuscule suivant :)

Critique de l'histoire de Fleury, par Marchetti. 1818, 2 vol. in-12; et mieux encore :

Histoire universelle de l'Eglise catholique, par l'abbé Rohrbacher, en 30 vol. in-8°, dont les derniers sont sous presse.

Histoire de l'Eglise gallicane, depuis l'an 150 à 1559, par le P. Jacques de Longueval, continuée par les P. P. Fontenoy, Brumoy et Berthier. Paris, 1730 à 1749, 18 vol. in-4°. — La même; Nismes, 1782, 18 vol. in-8°.

Mémoires pour servir à l'histoire ecclésiastique pendant le XVIII° siècle, par Picot. Paris, 1815, 4 vol. in-8°.

Lettres édifiantes et curieuses écrites des missions étrangères. Lyon, 1819, 14 vol. in-8°. — Les mêmes; Toulouse, 1810, 26 vol. in-12.

Nouvelles lettres édifiantes, pour faire suite aux précédentes de l'édition in-12. Paris, 1816, 8 vol. in-12.

Annales de l'Association pour la propagation de la foi, faisant suite aux lettres édifiantes. 16 vol. in-8°.

(Il serait très-à-propos que les prêtres des divers diocèses et provinces ecclésiastiques possédassent, dans leurs bibliothèques, non-seulement l'histoire générale de l'Eglise universelle et l'histoire particulière de l'Eglise gallicane; mais encore les histoires spéciales des églises auxquelles ils appartiennent par la naissance ou par l'adoption.)

Histoire des ordres monastiques, religieux et militaires, et des congrégations séculières de l'un et de l'autre sexe, par le P. Hélyot, continuée par le P. Bulot. Paris, 1721, 8 vol. in-4° avec figures.

Dissertation historique sur la chevalerie séculière et régulière, par le P. Honoré de Sainte-Marie, avec fig. Paris, 1718, in-4°.

Les véritables Actes des martyrs, traduits du latin de Dom Théod. Ruinart, par Drouet de Maupertuy. Besançon, 1818, 2 vol. in-8°.

Martyrologium romanum jussu Bened. XIV. Romæ, 1749, in-4°.

Martyrologe universel, contenant le texte du martyrologe romain traduit en français et plusieurs additions à chaque jour et autres à la fin, par Claude Chastelain, modifié par Saint-Alais. Paris, 1833, in-8°.

La vie des Saints avec l'histoire des fêtes mobiles, par Adr. Baillet. Paris, 1724, 4 vol. in-fol.

Vies des Pères, des martyrs et des autres principaux Saints; traduit de l'anglais d'Alban Butler, avec le traité des fêtes mobiles. Besançon, 14 vol. in-8°.

(On ne peut s'empêcher de signaler les défauts qui déparent ces deux derniers ouvrages. C'est à bon droit que la rigide critique de Baillet lui a mérité le sobriquet de *Dénicheur de Saints*. L'auteur anglais fait trop sentir la gêne et la crainte qu'il a éprouvées en composant son livre dans un pays protestant : sa rebutante sécheresse ne laisse aucune place à l'onction. Si la Légende dorée, que vient d'éditer à Paris, 1843, M. G. Brunet, 2 vol. in-12, n'était pas écrite sous l'influence d'un esprit de crédulité outrée, nous en conseillerions la lecture aux amateurs d'une narration ingénue et des plus attachantes. — Il n'existe donc pas en notre langue une hagiographie complète qui réunisse, dans une sage mesure, la critique modérée et la piété non peureuse. Mais de toutes les vies des pieux personnages canonisés par l'Eglise, ce sont les particulières que nous recommanderions de préférence ; il y en a beaucoup et de bonnes. Celles des Saints de son pays et de la profession qu'on exerce, voilà bien les plus intéressantes et les plus utiles.)

Histoire des papes, par le comte A. de Beaufort, précédée d'une introduction par M. Laurentie. Paris, 1841, 4 vol. in-8°.

Pouvoir du pape au moyen-âge, ou recherches historiques sur l'origine de la souveraineté temporelle du Saint-Siége et sur le droit public du moyen-âge relativement à la déposition des souverains ; précédée d'une introduction sur les honneurs et les prérogatives temporelles accordées à la religion et à ses ministres, chez les anciens peuples, particulièrement sous les empereurs chrétiens, par M. *** (Gosselin), directeur au séminaire de Saint-Sulpice. Paris, 1845, un fort vol. in-8°.

Histoire de la papauté pendant les XVI^e et XVII^e siècles, par Ranke et Haiber. Paris, 1838, 4 vol. in-8°.

## VIII^e CLASSE.

### *Histoires particulières de quelques-uns des principaux personnages chrétiens qui ont exercé une influence bonne ou mauvaise dans les révolutions et les institutions religieuses, depuis Jésus-Christ jusqu'à nos jours.*

Mémoires pour servir à l'histoire des égarements de l'esprit humain par rapport à la religion chrétienne, ou Dictionnaire des hérésies, par Pluquet, nouvelle édition. Besançon, 1817, 2 vol. in-8°. — (Cet important ouvrage figure ici à cause des renseignements historiques qu'il contient sur les hérésiarques.)

Vie du Grand-Constantin, par D. de Varennes. Paris, 1728, in-4°.

Vie de saint Antoine, patriarche des Cénobites, écrite par saint Athanase, tome 2e de ses œuvres.

Athanase-le-Grand et l'Eglise de son temps en lutte avec l'Arianisme, par J.-Ad. Moehler, trad. de l'allem. par J. Cohen. Paris, 1841, 3 vol. in-8°.

Vie de l'empereur Julien, par l'abbé de la Bléterie. Paris, 1746 ou 1775, in-12.

Dissertation sur les tremblements de terre, etc., qui firent échouer le projet de rebâtir le temple de Jérusalem, par Warburton, trad. de l'anglais (par Mazéas). Paris, 1754, 2 vol. in-12.

Histoire de l'empereur Jovien et traduction de quelques ouvrages de Julien, par l'abbé de la Bléterie. Paris, 1748, 2 vol. in-12, ou 1776, 1 vol. — (L'amère critique qu'ont faite de ce livre Voltaire et Condorcet en est assurément le meilleur éloge.)

Histoire de Théodose-le-Grand, par Fléchier. Paris, 1679, in-4° ou in-12.

Histoire de Photius, patriarche de Constantinople, par l'abbé Jager. Paris, 1844, in-8°.

Histoire de saint Augustin, sa vie, ses œuvres, par Poujoulat. Paris, 1844, 3 vol. in-8°.

Histoire du pontificat de saint Léon-le-Grand, par M. de Saint-Chéron. Paris, 1846, 2 vol. in-8°.

Histoire du pontificat de saint Grégoire-le-Grand, par le P. Maimbourg. Paris, 1686, in-4°. — (Les éditions in-12 et in-18 sont également bonnes.)

Vie de saint Benoît par saint Grégoire-le-Grand, avec une explication des endroits les plus importants et un abrégé de l'histoire de son ordre, par Dom Jos.-Ant. Mège. Paris, 1690 et 1737, in-4°.

Histoire de Charlemagne, par M. de la Bruère, 2 vol. in-12. — (Elle est écrite avec plus de sagesse et de vérité que celle qu'à publiée Gaillard, 1782, en 4 vol. in-8°.)

Histoire du pape Sylvestre II, par Hoch, trad. de l'allem. par l'abbé Axinger. Paris, 1 vol. in-8°.

Vie de saint Bruno, fondateur des Chartreux, par le P. de Tracy. Paris, 1785, in-12.

Vie de Grégoire VII, par Voigt, trad. par l'abbé Jager. Paris, 1838, 2 vol. in-8°.

Vie de Pierre l'ermite, auteur de la première croisade..., par le P. Pierre d'Oultreman. Paris, 1645, in-12.

Histoire de saint Bernard, par M. l'abbé Ratisbonne. Paris, 1840, 2 vol.

in-12. — (M. le comte de Montalembert doit prochainement publier une vie du même saint.)

Histoire du pape Innocent III et de ses contemporains, par Frédéric Hurter, trad. par MM. de Saint-Chéron et Haiber. Paris, 1838, 3 vol. in-8°.

Vie de saint Dominique, par le Père Lacordaire. Paris, 1841, in-8°.

Histoire de saint François d'Assise, par Emile Chavin de Malan. Paris, 1841, 1 vol. in-8°.

Histoire de sainte Elisabeth de Hongrie, par le comte de Montalembert. Paris, 1836, un fort volume grand in-8° avec gravures.

Essai sur la vie de Jean Gerson, sur sa doctrine, ses écrits, sur les événements de son temps auxquels il a pris part, par J.-B. de l'Ecuy. Paris, 1832, 2 vol. in-8°.

Jean Gerson, chancelier de Notre-Dame, et de l'université de Paris, par Raymond Thomassy. Paris, 1843, un vol. in-12.

Histoire de Léon X, par Audin. Paris, 1844, 2 vol. in-8° avec portrait.

Histoire de la vie et des écrits de Martin Luther, par Audin, nouvelle édit. Paris, 1841, 2 vol. in-8°, avec portraits.

Histoire de la vie, des ouvrages et des doctrines de Calvin, par le même, nouv. édit. Paris, 1843, 2 vol. in-8°, avec portraits.

Vie de saint Charles Borromée, trad. de l'italien de J.-P. Giussano, par Edm. Cloisault. Avignon, 1824, 2 vol. in-8°.

Vie de saint Ignace de Loyola, par le P. Bouhours. Paris, 1679, in-4° et in-12.

Vie de saint François Xavier, par le même. Paris, 1682, in-4°, et 2 vol. in-12.

Histoire de saint Pie V, pape, par le vicomte de Falloux. Paris, 1844, un vol. in-8°.

Histoire d'Elisabeth, reine d'Angleterre, par Mlle Kéralio. Paris, 1786-88, 6 vol. in-8°. — (Ouvrage diffus, mais où se rencontrent d'assez justes appréciations.)

Histoire d'Olivier Cromwell, par Raguenet. Paris, 1691, 2 vol. in-12, ou 1 vol. in-4°. — (Elle est bien écrite, et très-supérieure pour le fond au roman de G. Leti.)

Histoire de Cromwell, par M. Villemain. Paris, 1819, 2 vol. in-8°.

Vie de saint François de Salles, par Marsollier. Paris, 1774, 2 vol. in-12, ou in-8°, avec les œuvres complètes du Saint.

La vie de saint Vincent de Paul, instituteur de la congrégation, etc. (par l'abbé Collet). Nancy, 1748, 2 vol. in-4° avec portrait.

Histoire de P. de Bérulle, cardinal, ministre d'Etat sous Louis XIII, et fondateur de la congrégation de l'Oratoire, par M. Tabaraud. Paris, 1817, 2 vol. in-8°.

(Nous ne connaissons aucune biographie impartiale des deux coryphées du Jansénisme, Arnauld et Quesnel. Pour se former une idée exacte de l'esprit de cette secte opiniâtre, et du caractère de ses fauteurs, on fera bien de consulter l'Histoire des cinq propositions par Dumas, et celle de la bulle *Unigenitus* par Lafiteau.)

Histoire de Bossuet, par le cardinal de Bausset. Versailles, 1814 et 1819, 4 vol. in-8°, avec portrait.

Histoire de Fénelon, par le même, 3e édit. Ibid. 1817, 4 vol. in-8°, avec portrait.

Supplément aux histoires de Bossuet et de Fénelon, par Tabaraud. Paris, 1822, in-8°.

Histoire de la vie et des ouvrages de Voltaire, par L. Paillet-de-Warcy. Paris, 1824, 2 vol. in-8°, avec portraits.

Vie de Voltaire, par Lepan. Paris, 1818, 1819, 1837, 1 vol. in-8° et in-12.

Histoire de l'enlèvement et de la captivité de Pie VI, par M. l'abbé Baldassari, traduite de l'italien et augmentée d'un précis historique des XXI premières années du pontificat, par M. l'abbé de Lacouture. Paris, 1839, in-8°.

Histoire du pape Pie VII, par le chevalier Artaud. Paris, 1837, 2 vol in-8°.

## IXe CLASSE.

### *Les religions non chrétiennes de l'Orient, le judaïsme excepté.*

Les livres sacrés de l'Orient, comprenant : le Chou-King, ou le livre par excellence ; les Sse-Chou, ou les quatre livres moraux de Confucius et de ses disciples ; les lois de Manou, premier législateur de l'Inde ; le Koran de Mahomet ; traduits ou revus et publiés par G. Pauthier. Paris, 1840, un fort vol. gr. in-8°, à deux colonnes.

Exposé de quelques-uns des principaux articles de la théogonie des Brahmes, contenant, etc. ; extrait et traduit des meilleurs originaux écrits dans les langues du pays, par M. l'abbé J.-A. Dubois. Paris, 1825, in-8°.

Zoroastre, Confucius et Mahomet, considérés comme sectaires, législateurs et moralistes, par Pastoret. Paris, 1787, in-8°.

Histoire du Mahométisme, par Ch. Mills. Paris, 1825, in-8°.

Exposition de la foi musulmane, traduite du turc par M. Garcin de Tassy. Paris, 1822, in-8°.

Exposé de la religion des Druses, tiré des livres religieux de cette secte, par M. Sylvestre de Sacy. Paris, 1838, 2 vol. in-8°.

Bibliothèque orientale, par d'Herbelot. Paris, 1782, 6 vol. in-8°.

(Comme il existe encore un certain nombre d'incrédules qui affectent d'assurer que plusieurs livres sacrés de l'Orient, ceux notamment des anciens Perses et ceux des Indous, ont servi à la composition du Pentateuque; un prêtre, dont la science théologique doit être au niveau du zèle qu'il déploie en faveur de la religion catholique, devra faire une étude particulière de l'origine et de la nature des écrits qu'oppose le déisme à la Bible, pour se convaincre qu'en définitive c'est bien le livre de Moïse qui est le plus ancien de tous les livres connus.)

Nota. Nous ne saurions mieux terminer cette liste générale des travaux sur la théologie, qu'en invitant le clergé à se procurer les *OEuvres complètes* des deux plus illustres prélats de notre Eglise gallicane, où sont traitées, avec autant de profondeur que d'exactitude et de lucidité, les principales questions religieuses. Parmi les nombreuses éditions des écrits de Bossuet et de Fénelon faites jusqu'à ce jour, celles de Versailles, chez Lebel, méritent la préférence.

Signalons encore l'importante et relativement peu dispendieuse publication éditée par M. l'abbé Migne, et connue sous le titre de *Cursus Completus;* et celle qu'il prépare, avec le plus louable dévouement, d'un cours, complet de Patrologie, actuellement sous presse.

---

## DEUXIÈME ORDRE.

FACULTÉS INTELLECTUELLES ET MORALES DE L'HOMME, SA CONSTITUTION PHYSIQUE, SES RELATIONS AVEC SES SEMBLABLES, SES ACTIONS, SES OEUVRES.

### I<sup>re</sup> CLASSE.

### *Facultés intellectuelles et morales.*

#### § I<sup>er</sup>. *Langage et Littérature.*

Réflexions philosophiques sur l'origine des langues, par de Maupertuis. In-12.

Traité de la formation mécanique des langues, par de Brosses. Paris, 1765, 2 vol. in-12.

Eléments primitifs des langues, découverts par les comparaisons des racines de l'hébreu avec celles du grec, du latin et du français, par Bergier. Paris, 1764, in-12.

La mécanique des langues, par Pluche. Paris, 1751, in-12.

Parallèle des langues de l'Europe et de l'Inde, par F.-G. Eichhoff. Paris, 1836, in-4°.

Principes de l'étude comparative des langues, par le baron de Mérian; suivis d'observations sur les racines des langues sémitiques, par M. Klaproth. Paris, 1828, in-8°.

Mémoire sur la question de l'unité des langues, par P. G. de Dumast.—Voir les Considérations sur les rapports actuels de la science et de la croyance, suivies, etc., publiées par la Société nancéïenne Foi et Lumières. Paris, 1845, grand in-8°.

(Faisons remarquer que ces sortes de travaux sont généralement plus ou moins systématiques.)

Mélanges sur les langues, dialectes et patois, (par Coquebert-Montbret.) Paris, 1831, in-8°.

Notions élément ires de linguistique, ou histoire abrégée de la parole et de l'écriture, par Ch. Nodier. Paris, 1834, 1 vol. in-8°. (12e volume des œuvres de l'auteur.)

Grammaire générale, par Beauzée. Paris, 1767, 2 vol. in-8°.

Eléments de grammaire générale, par l'abbé Sicard. Paris, 1808, 2 vol. in-8°.

Grammaire des grammaires, ou analyse raisonnée des meilleurs traités sur la langue française, par Ch.-P. Girault-Duvivier; 10e édition, revue et corrigée par P. Aug. Lemaire. Paris, 1840, 2 vol. in-8°.

Principes de style, ou observations sur l'art d'écrire, recueillies des meilleurs auteurs (par Louis-Théod. Hérissent). Paris, 1779, in-12.

Traité du style, par Dieudonné Thiébault. Paris, 1801, 2 vol. in-8°.

Réflexions sur le style original, par M. le marquis de Roure. Paris, 1828, in-8°.

Dictionnaire universel..., de Trévoux. Paris, 1771, 8 vol. in-fol. —(Les éditions antérieures sont peu recherchées.)

Dictionnaire de l'Académie française. Paris, 1835, 2 vol. in-4°.

Dictionnaire universel de la langue française, avec le latin, par Boiste. Paris, 1841, in-4°.

Dictionnaire général et grammatical, extrait des dictionnaires anciens les plus célèbres, etc., par Napoléon Landais, 7e édition. Paris, 1843, 2 vol. in-4°.

Atlas historique et chronologique des littératures anciennes et modernes, par A. Jarry de Mancy. Paris, 1831, in-fol.

Histoire des lettres avant le christianisme, par Amédée Duquesnel. Paris, 1836, 2 vol. in-8°. — Id., aux cinq premiers siècles du christianisme, par le même. Paris, 1840-43, 2 vol. in-8°. Id., aux XVI^e^, XVII^e^ et XVIII^e^ siècles, par le même. Paris, 1844, 3 vol. in-8°.

De la littérature aux onze premiers siècles de l'ère chrétienne. Lettres de M. C. Balbé à M. A. Peyron, ouvrage traduit de l'italien, augmenté d'une préface et de quelques notes, par l'abbé J.-A. Martigny. Belley, 1839, in-8° de 204 pag., avec 18 tableaux.

Histoire des langues romanes et de leur littérature, depuis leur origine jusqu'au XIV^e^ siècle, par M. A. Bruce-Whyte. Paris, Treuttel, 1841, 3 vol. in-8°.

Recherches sur les sources antiques de la littérature française, par Jules Berger de Xivrey. Paris, 1829, in-8°.

Histoire de la littérature française au moyen-âge, comparée aux littératures étrangères, par J.-J. Ampère. Introduction, histoire de la formation de la langue française. Paris, 1841, in-8°.

Histoire de la renaissance des lettres en Europe, au XV^e^ siècle, par J.-P. Charpentier. Paris, 1843, 2 vol. in-8°.

Histoire littéraire de la France (par D. Rivet, D. Taillandier, etc.) Paris, 1733-1843, 20 vol. in-4°.

Histoire de l'éloquence politique et religieuse en France, à la fin du XV^e^ siècle et pendant le XVI^e^, par M. Géruzez. Paris, 1836-37, 2 vol. in-8°.

Sur l'état réel de la presse et des pamphlets depuis François I^er^ jusqu'à Louis XV, par Const. Leber. Paris, 1834, in-8°.

Tableau de la littérature française au XVIII^e^ siècle, par M. de Barante, 5^e^ édition. Paris, 1832, in-8°.

Lycée, ou Cours de littérature ancienne et moderne, par J.-F. La Harpe; précédé d'une notice sur sa vie et ses ouvrages, par M. Saint-Surin. Paris, 1827, 16 vol. in-8°, y compris 2 vol. d'œuvres posthumes sur la philosophie du XVIII^e^ siècle.

Cours de littérature française, par M. Villemain, réimprimé sous le titre de Tableau de la littérature au moyen-âge, etc. Paris, 1828-38, 6 vol. in-8°.

NOTA. Les classiques grecs et latins se trouvant dans presque toutes les mains, nous n'avons pas à les indiquer ici. Nous nous abstiendrons également d'énumérer les ouvrages de littérature étrangère, dont l'étude n'est qu'accessoire et purement facultative. — Quant aux productions de la poésie en France; qui ne possède les chefs-d'œuvres, tant de fois réimprimés, des Corneille, des Racine; des Molière, des Boileau, etc.? Et, parmi nos célébrités modernes et contemporaines, les travaux de Gilbert, de Millevoye, de Chenedollé, de Lamartine, de Victor Hugo, de Casimir Delavigne, d'Alex. Guiraud, de Soumet, de Mmes de Vannoz, Desbordes-Valmore, Amable Tastu, etc., sont généralement trop connus pour qu'il soit besoin de les signaler à l'attention du lecteur, ou de lui en suggérer d'avance une juste et discrète appréciation. N'omettons pas toutefois, entre autres talents voués à la cause religieuse, de faire mention honorable de MM. Edouard Turquety, Jean Reboul et Désiré Carrière, auteur du *Curé de Valneige*, qui sont venus grossir les rangs de notre pléïade poétique.

## § II. *Philosophie.*

De la recherche de la vérité. (Voyez les œuvres complètes de Malebranche, publiées par MM. de Genoude et de Lourdoueix.) Paris, 1837-38, 2 vol. grand-in-8°.

Leçons de philosophie sur les principes de l'intelligence et sur les causes et les origines des idées, par Laromiguières, 5e édition. Paris, 1833, 2 vol. in-8°.

Traité complet de philosophie, du point de vue du catholicisme et du progrès, par M. Buchez. Paris, 1839, 3 vol. in-8°.

Psychologie expérimentale, par L.-E. Bautain. Strasbourg, 1839, 2 vol. in-8°.

Des erreurs et préjugés répandus dans la société, par J.-B. Salgues. Paris, 1828, 3 vol. in-8°.

Dissertation sur l'immatérialité et l'immortalité de l'âme, par Astruc. Paris, 1755, in-12.

Spiritualité de l'âme. — Liberté de l'homme. (Voyez les œuvres du cardinal de La Luzerne.)

La palingénésie philosophique, par Charles Bonnet. Genève, 2 vol. in-8°.

(La Mettrie, Collins, Hobbes, Helvétius ont fait, chacun à leur point de vue, des ouvrages sur l'âme, sur l'esprit, dont il est utile peut-être de connaître le fond et la valeur pour les réfuter au besoin.)

Histoire comparée des systèmes de philosophie, par J.-M. de Gérando, 2e édition. Paris, 1822-23, 4 vol. in-8°.

Essai sur l'histoire de l'esprit humain dans l'antiquité, par M. Rio, 2e édition. Paris, 1830, 2 vol. in-8°.

Manuel de l'histoire de la philosophie, trad. de l'allemand de Tennemann, par V. Cousin, 2e édition. Paris, 1839, 2 vol. in-8°.

Histoire générale de la philosophie ancienne et moderne jusqu'à nos jours, par M. N.S. Guillon. Paris, 1835, 2 vol. in-8°.

Histoire de la philosophie morale, particulièrement au XVIIe et XVIIIe siècles, par James Mackintosh, trad. par Poret. Paris, 1834, in-8°.

Histoire critique du philosophisme anglais, par M. Tabaraud. Paris, 1806, 2 vol. in-8°.

Introduction à la philosophie, contenant la métaphysique et la logique, par S'Gravesande. Leyde, 1748, in-8°.

Traité de la faiblesse de l'esprit humain, par Huet. Amst., 1725, in-12.

Examen du Pyrrhonisme ancien et moderne, par de Crouzas. La Haye, 1733, in-folio.

Préjugés des anciens et des nouveaux philosophes, par Deneslé. Paris, 1765, 2 vol. in-12.

Comparaison de la doctrine des anciens et des nouveaux philosophes. Paris, 1787, 2 vol. in-12.

(Il y aurait toute une bibliothèque à indiquer sur l'histoire, l'objet et la méthode de la philosophie; c'est à chacun de consulter son goût et sa bourse s'il veut compléter, sous ce rapport, les livres élémentaires étudiés sur les bancs. Nous en disons autant des mathématiques, dont il sera question plus loin. Il n'y a guère que les hommes spéciaux qui aient quelques motifs d'ajouter, aux premiers traités sur cette science, des ouvrages plus nombreux et plus complets.)

## § III. *Facultés morales.*

Recherches philosophiques sur les premiers objets des connaissances morales, par M. de Bonald. Paris, 1818, 2 vol. in-8°.

Collection des moralistes français. OEuvres de La Bruyère, de La Rochefoucauld et de Vauvenargues; avec notes, notices et portraits. Paris, 1826, 1 fort vol. in-16.

Recherches sur les sentiments moraux, trad. de l'allem. de Moses Mendelsohn, par Th. Abbt. (Revu par Bonnet.) Genève, 1763, petit in-8°.

Des compensations dans les destinées humaines, par M. Azaïs, 3e édition. Paris, 1818, 5 vol. in-8°.

Essai sur l'art d'être heureux, par Jos. Droz. Paris, 1815, in-8°.

Considérations sur les mœurs, par Duclos. Paris, 1751, in-12.

De l'usage des passions, par le P. Senault. Leyde, 1643, in-12.

De l'influence des passions sur le bonheur des individus et des nations, par Mme de Staël. Paris, 1818, in-8°.

Traité de l'amitié, par Sacy. Paris, 1703, in-12.

Des passions, par Belouino. 2 vol. in-8°.

Physiologie des passions, par Alibert. Paris, 1837, 2 vol. in-8°.

De la passion du jeu, par Dusaulx. Paris, 1779, in-8°.

IIe CLASSE.

*Constitution physique de l'homme.*

De l'unité du genre humain et de ses variétés, par Blumenbach, traduit du latin par Chardel. Paris, 1804, in-8°.

Histoire naturelle du genre humain, par Virey, nouvelle édit. entièrement refondue. Paris, 1824, 3 vol. in-8°.

L'art de perfectionner l'homme, ou de la médecine spirituelle et morale, par Virey. Paris, 2 vol. in-8°.

La médecine des passions, par Descuret. Paris, un gros vol. in-8°.

L'homme, essai zoologique sur le genre humain, par Bory-Saint-Vincent, 3e édition. Paris, 1836, 2 vol. in-18, fig.

Précis élémentaire de physiologie, par Magendie. Paris, 2 vol. in-8°.

Traité élémentaire de physiologie philosophique, par P. Blaud. Paris, 1830, 3 vol. in-8°.

Les ouvrages du P. Debreyne, religieux de la Trappe, sur la physiologie humaine, la mort, la Théologie morale considérée dans ses rapports avec la physiologie et la médecine, etc., etc.

Manuel de l'anatomiste, par Maygrier. Paris, 1818, in-8°.

Traité d'anatomie descriptive, par J. Cruveilhier. Paris, 1843, 4 vol. in-8°.

Coup-d'œil sur les révolutions de la médecine, par Cabanis. Paris, 1804, in-8°.

Du degré de certitude de la médecine, par le même. Paris, 1803, in-8°.

Des erreurs populaires relatives à la médecine, par M. Richerand. Paris, 1810, in-8°.

Histoire académique du magnétisme animal, par J. Burdin et Fr. Dubois (d'Amiens). Paris, 1841, in-8°.

Examen du magnétisme animal, par l'abbé Frère. Paris, in-8°.

Le matérialisme et la phrénologie combattus dans leurs fondements, etc., par M. l'abbé Forichon. Paris, 1840, in-8°.

Médecine pratique populaire, etc., et nouveau traité d'embryologie sacrée, par Rosiau. Mamers, 1834, in-8°.— (En s'aidant, au besoin, de cet utile manuel ou de ceux du même genre, MM. les curés se rappelleront toujours qu'après les premiers soins donnés à un malade en l'absence du médecin, c'est à ce dernier de travailler à l'entière et parfaite guérison : lui seul aussi ou la sage-femme peut décemment se mêler de certaines opérations auxquelles un prêtre doit rester étranger.)

Principes d'hygiène, par L. Odier, 2e édition. Genève, 1823, in-8°.

Physiologie et hygiène des hommes livrés aux travaux de l'esprit..., par Réveillé-Parise, 2e édition. Paris, 1839, 2 vol. in-8°.

Hygiène des familles, ou perfectionnement physique et moral de l'homme, considéré dans ses rapports avec l'éducation et les besoins de la civilisation moderne, par M. Francis Devay. Lyon, 1846, 2 vol. in-8°.

Dictionnaire de médecine, par P.H. Nysten. Paris, 1845, un fort vol. in-8°.

Nota. Avant le xviiie siècle, les interprètes les plus accrédités de la science médicale s'inspiraient de la croyance religieuse, loin de la repousser systématiquement. Ainsi, sans remonter aux temps d'Hippocrate et de Galien, pénétrés tous les deux d'un respect si profond envers la Divinité, ne voyons-nous pas, plus près de nous, Sydenham en Angleterre, en Allemagne Hoffmann, Boerhaave et Van-Swieten son illustre élève, Morgagni en Italie, Haller et Tissot en Suisse, en France Fagon, Tournefort, Dodart, Hecquet, Astruc etc., montrer à des degrés divers, dans leur conduite et leurs écrits, les sentiments chrétiens les moins équivoques? A ce siècle honteusement superbe qui enfanta la dépravation dans les mœurs, il était réservé d'inoculer le matérialisme aux esprits. Cette tâche infâme fut accomplie par l'auteur de l'*Histoire naturelle de l'âme*, de l'*Homme-machine*, de l'*Homme-plante*, de l'*Art de jouir*, etc. Le fougueux La Mettrie, digne lecteur de Frédéric, légua son abrutissante doctrine à Cabanis et à Gall, dont Broussais se fit de nos jours le chaud représentant : le livre de ce dernier sur l'*Irritation et la folie* ne le cède en rien à celui des *Rapports du physique et du moral de l'homme*. Grâce à Dieu, cet impie et révoltant système est mort avec l'ardent professeur qui l'avait un instant ressuscité en lui prêtant l'appui d'un talent d'ailleurs incontestable. Le spiritualisme a ressaisi ses droits ; il étend de proche en proche ses conquêtes pacifiques : sur les ruines de la vieille école médico-voltairienne en surgit une nouvelle pleine de vigueur et d'avenir, autour de laquelle viennent se grouper toutes les intelligences d'élite, et qui compte plus d'un éloquent organe parmi les auteurs contemporains dont nous venons d'indiquer les ouvrages.

## 5e CLASSE.

### *Relations de l'homme avec ses semblables. — Législation.*

De l'influence des lois sur les mœurs et de l'influence des mœurs sur les lois, par Jacques Matter. Paris, 1832; 2e édit. 1843, 1 vol. in-8°.

Histoire de la législation, par M. le comte de Pastoret. Paris, 4 vol. in-8°.

Législation primitive, considérée dans les derniers temps par les seules lumières de la raison, par M. de Bonald. Paris, 3 vol. in-8°.

Essai analytique sur les lois de l'ordre social, par le même. Paris, in-8°.

Du gouvernement civil, traduit de l'anglais de Locke. Amst., 1755, in-12.

Théorie du pouvoir politique et religieux dans la société, par M. de Bonald. 3 vol. in-8°.

Le droit des gens, par Vattel. Paris, 1835, 2 vol. in-8°.

Institution du droit de la nature et des gens, par M. Gérard de Rayneval. Paris, 1832, 2 vol in-8°.

Mélanges de droit public et de haute politique, par Charles-Louis de Haller. Paris, 1839, 2 vol. in-8°.

De l'influence du christianisme sur le droit civil des Romains, par M. Troplong. Paris, 1843, in-8°.

Cours public d'histoire du droit politique et constitutionnel, par J.-L.-E. Ortolan. Constitution de l'Europe au moyen-âge. Vie constitutionnelle de l'Europe jusqu'à nos jours. Paris, 1832-36, 2 vol, in-8°.

Cours de droit constitutionnel français, par P. Rossi. Paris, 1839, 2 vol. in-8°.

Les codes français annotés, offrant sous chaque article l'état complet de la doctrine, de la jurisprudence et de la législation, par MM. Teulet, d'Auvilliers et Sulpicy. Paris, 1843, 2 vol. in-4° ou in-8°.

Commentaire sur le Code civil, par J. Boileux, 5e édit. Paris, 1842-43, 3 vol. in-8°.

Traité du domaine de propriété, ou de la distinction des biens considérés par rapport au domaine privé, par M. Proudhon. Dijon, 1840, 3 vol. in-8°.

Traité du droit des auteurs dans la littérature, les sciences et les beaux arts, par M. Ch. Renouard. Paris, 1838, 2 vol. in-8°.

Questions de littérature légale : du plagiat, de la supposition d'auteurs, des supercheries qui ont rapport aux livres, par Ch. Nodier, 2e édit. Paris, 1838, in-8°.

Essai historique sur la liberté d'écrire chez les anciens et au moyen-âge, sur la liberté de la presse, depuis le XVe siècle, etc., par Gabr. Peignot. Paris, 1832, in-8°.

Eléments de droit public et administratif, par Foucart. 4e édition, Paris, 3 vol. in-8°.

Questions de droit administratif, par Cormenin. 4e édit. Paris, 2 vol. gr. in-8°.

Du pouvoir des souverains et de la liberté de conscience, traduit du latin de Gir. Noodt, par J. Barbeyrac. Amst., in-8°.

Traité de l'autorité du magistrat en la punition des hérétiques, par Théod. de Bèze. Genève, 1580, in-8°.

Traité du pouvoir du magistrat politique sur les choses sacrées, traduit du latin de Grotius. Lond., 1750, in-12.

Du divorce, considéré au XIXe siècle, par M. de Bonald. Paris, in-8°.

Education des mères de famille, ou de la civilisation du genre humain par les femmes, par L. Aimé Martin. Paris, 1838, in-8°, ou 1840, gr. in-18.

Adèle et Théodore, ou lettres sur l'éducation, par Mme de Genlis. Paris, 4 vol. in-12.

De l'éducation des filles, par Fénelon. Paris, in-12.

De l'éducation des enfants, par Locke. Amsterdam, in-12.

## IVe CLASSE.

## *Actions de l'homme. — Histoire.*

### § I. *Notions préliminaires.*

Traité des différentes sortes de preuves qui servent à établir la vérité de l'histoire, par H. Griffet. Rouen, 1770, in-12.

Philosophie de l'histoire, par Fréd. de Schlegel, trad. de l'allemand par l'abbé Lechat. Paris, 1836, 2 vol. in-8°.

L'esprit de l'histoire, par Ant. Ferrand, 6e édition. Paris, 1826, 4 vol. in-8°.

L'art de vérifier les dates, avant l'ère chrétienne. Paris, 1820, in-fol.

Le même, depuis J.-C. Paris, 1783, 3 vol. in-fol.

Le même, depuis l'année 1770 jusqu'à nos jours. Paris, 1821, in-fol.

Atlas généalogique, chronologique et géographique, par A. Lesage (Las-Cases). Paris, 1808, in-fol.

## § II. *Histoire générale et ancienne.*

Dictionnaire universel d'histoire et de géographie, par Bouillet, 5e édition. Paris, 1845, 1 vol. gr. in-8°, compacte.

Histoire universelle de J. Muller, trad. de l'allemand, par J.-G. Hess. Genève (2e édit., 1826), 4 vol. in-8°.

Histoire universelle, par César Cantu, trad. de l'italien sous les yeux de l'auteur par Eugène Aroux. Paris, 1845. — (Il y aura 18 vol. in-8°, dont 10 ont déjà paru. Ce remarquable ouvrage est écrit dans un esprit parfaitement orthodoxe; nous regrettons qu'il n'en soit pas ainsi du suivant, excellent néanmoins sous plus d'un rapport : )

Cours d'études historiques, par P.-C.-F. Daunou. Paris, 1842-46, in-8°. Tome I à XVI. (Il y aura 20 vol. au moins.)

Histoire ancienne et romaine de Rollin, de l'édition de ses œuvres complètes, accompagnées d'observations et d'éclaircissements historiques par M. Letronne, en 50 vol. in-8° avec atlas. — (On peut consulter utilement l'histoire des empereurs de Crevier, également revue par M. Letronne).

L'Egypte sous les Pharaons, ou recherches sur la géographie, la religion, la langue, les écritures et l'histoire, par M. Champollion le jeune. Paris, 1814, 2 vol. grand in-8°.

Voyage du jeune Anacharsis en Grèce, par J.J. Barthélemy. Paris, 1822, 6 vol. in-8°, avec atlas.

Histoire critique de l'établissement des colonies grecques, par Raoul-Rochette. Paris, 1815, 4 vol. in-8°.

Dissertation sur l'incertitude des cinq premiers siècles de l'histoire romaine, par L. de Beaufort. La Haye, 1750, in-8°.

Histoire romaine par Niebuhr, trad. de l'allem. par M. de Golbéry. Strasbourg, 7 vol. in-8°.

Histoire des deux triumvirats (par de Citrey de La Guette), augmentée de la vie d'Auguste par Larrey. Amst., 1715 ou 1720, 2 vol. in-12.

Histoire de la révolution qui renversa la république romaine et qui amena l'établissement de l'empire, par M. Nougarède, baron de Fayet. Paris, 1820, 2 vol. in-8°.

Histoire du siècle d'Auguste et de l'établissement de l'empire romain, par le même. Paris, 1840, in-8°.

Héliogabale, ou esquisse morale de la dissolution romaine sous les empereurs, par Chaussard. Paris, 1802, in-8°.

Les Césars, par M. Franz de Champagny. Paris, 4 vol. in-8°.

Histoire des révolutions arrivées dans le gouvernement, les lois et l'esprit humain, après la conversion de Constantin, jusqu'à la chute de l'empire d'Occident (par Ch. Ant. Pilati). La Haye, 1783, in-8°. — (Cet ouvrage doit être lu avec réserve).

Tableau des révolutions de l'Europe depuis le bouleversement de l'empire romain en Occident jusqu'à nos jours, par Koch. Paris, 1823, 3 vol. in-8°.

Etudes ou discours historiques sur la chute de l'empire romain, etc., par Châteaubriand. Paris, 1833, 4 vol. in-8°.

Histoire de la chute de l'empire romain et du déclin de la civilisation, de l'an 250 à l'an 1000, par Simonde de Sismondi. Paris, 1835, 2 vol. in-8°. — (Le lecteur intelligent saura se mettre en garde contre les opinions anti-catholiques de l'auteur.)

Histoire du Bas-Empire, par Le Beau et Ameilhon. Paris, 1757, 29 vol. in-12.

Annales du moyen-âge, par Frantin aîné. Dijon et Paris, 1836, 8 vol. in-8°. (Il sera bon de recourir, avec discrétion toutefois, à la traduction française de l'ouvrage anglais de Hallam sur le moyen-âge.)

Cours d'histoire moderne professé à la Sorbonne, par M. Ch. Lenormant. Paris, 2 vol. in-8°. — (Cet ouvrage se continue; l'auteur s'y montre aussi profondément religieux que docte, impartial et sage.)

## § III. *Histoire de France.*

Notice sur l'ancienne Gaule, par d'Anville. Paris, 1760, in-4°, avec une carte.

Histoire des Gaulois, depuis les temps les plus reculés jusqu'à l'entière soumission de la Gaule à la domination romaine, par Amédée Thierry. Paris, 1835, 3 vol. in-8°.

Histoire de la Gaule sous la domination des Romains, par Augustin Thierry. Paris, 1840, in-8°.

Histoire des peuples bretons dans la Gaule et dans les îles britanniques, — langues, coutumes, mœurs et institutions, — par Aurélien de Courson. Paris, 1846, 2 forts et beaux vol. gr. format.

Dissertation sur l'origine des Français, par Dom. Jos. Vaissette. Paris, 1722, in-12.

Histoire de l'établissement des Français dans les Gaules, par le président Hénault. Paris, 1801, 2 vol. in-8°.

Abrégé chronologique de l'histoire de France, par Hénault. Paris, 1768, 2 vol. in-4° ou 4 vol. in-12. — (Cet excellent livre, continué jusqu'aux événements de 1830 et entièrement refondu par M. Michaud, de l'Académie française, a été réimprimé à Paris, 1840, en 1 vol. compacte à 2 colonnes. Quoique inférieure à l'ancienne sous le rapport de l'exécution typographique, cette nouvelle édition lui est néanmoins préférable parce qu'elle est plus complète.)

Histoire de France, par le P. Daniel. Paris, 1755, 17 vol. in-4°. — (Les éditions antérieures n'ont point de valeur pour un bibliophile.)

Histoire de France, par Anquetil, continuée par M. D. Paris, 1826, 15 vol. in-8°.

Observations sur l'histoire de France, par l'abbé de Mably, édition revue par M. Guizot. Paris, 1823, 5 vol. in-8°.

Essais sur l'histoire de France, par F. Guizot, pour servir de complément à l'ouvrage qui précède. Paris, 1824, in-8°.

Lettres sur l'histoire de France, par Aug. Thierry. Paris, 1836, in-8°. — (Nous ferons observer que cet auteur n'offre pas, à l'égard du catholicisme, toute l'impartialité désirable.)

Andr. Duchesne historiæ Francorum scriptores coætanei. Parisiis, 1636, 5 vol. in-fol. Et mieux encore :

Recueil des historiens des Gaules, par D. Mart. Bouquet. Paris, 1738-1840, 20 vol. in-fol. — (Cet ouvrage, on le conçoit, n'est pas à la portée de toutes les bourses. Il en est de même des diverses collections de mémoires relatifs à l'histoire de France, dont les volumes réunis formeraient à eux seuls une bibliothèque, et qu'il suffit dès-lors de mentionner en passant.)

Récits des temps mérovingiens, par Aug. Thierry. Paris, 1839, 2 vol. in-8°.

Louis-le-Pieux et son siècle, par Frantin. Dijon, 2 vol. in-8°. — (Cet intéressant travail fait suite aux Annales du moyen-âge, du même auteur, indiquées plus haut.)

Hugues Capet et la 3e race jusqu'à Philippe-Auguste, par M. Capefigue. Paris, 1839, 4 vol. in-8°.

Histoire de Suger, abbé de Saint-Denis, ministre d'Etat, par D. Gervaise. Paris, 1721, 3 vol. in-12.

Histoire de Philippe-Auguste, par M. Capefigue. Paris, 1829, 4 vol. in-8°.

Histoire constitutionnelle et administrative de la France depuis la mort de Philippe-Auguste, par le même. Paris, 1833, 4 vol. in-8°.

Histoire de saint Louis, roi de France, par M. de Villeneuve-Trans. Paris, 1839, 3 vol. in-8°.

Histoire de Jeanne-d'Arc, par M. Lebrun des Charmettes. Paris, 1817, 4 vol. in-8°, avec fig.

Histoire de Louis XI, par Duclos. Paris, 1745-46, 4 vol. in-12.

Histoire de François I^er, par Gaillard. Paris, 1769, 8 vol. in-12.

Histoire de la réforme, de la ligue et du règne de Henri IV, par M. Capefigue. Paris, 1834-35, 8 vol. in-8°.

Histoire de France pendant les guerres de religion, par M. C.-H. Lacretelle. Paris, 1822, 4 vol. in-8°. — (On ne lira pas cet ouvrage sans remarquer la partialité de l'auteur envers le clergé catholique.)

Esprit de la ligue, par Anquetil. Paris, 1771, 3 vol. in-12. — (Il y a une nouvelle édition de cet ouvrage en 2 vol. in-8°.)

Histoire de Henri-le-Grand, par Péréfixe. 1 vol. in-12, souvent réimprimé.

Histoire du cardinal du Perron, par de Burigny. Paris, 1768, 1 vol. in-12.

Histoire du règne de Louis XIII, par H. Griffet. Paris, 1758, 3 vol. in-4°.

Richelieu, Mazarin et la Fronde, par M. Capefigue. Paris, 8 vol. in-8°.

Le siècle de Louis XIV et celui de Louis XV, par Voltaire. 4 vol. in-8°. (Inutile de signaler ici la trop juste méfiance dont cet auteur doit être l'objet de la part des lecteurs catholiques.)

Louis XIV, son gouvernement et sa politique extérieure, par M. Capefigue. Paris, 1835, 6 vol. in-8°.

Apologie de Louis XIV et de son conseil sur la révocation de l'édit de Nantes, avec une dissertation historique sur la Saint-Barthélemy (par l'abbé Novi de Caveyrac). Paris, 1758, in-8°.

L'esprit de Jésus-Christ sur la tolérance, réponse à l'Apologie de Louis XIV (par F.-G. de la Broue). 1759, in-8°.

Eclaircissements historiques sur les causes de la révocation de l'édit de Nantes et sur l'état des protestants en France, depuis le commencement du règne de Louis XIV (par de Rulhière). Paris, 1788, 2 vol. in-8°. — (Cet ouvrage et le précédent se ressentent, on le conçoit, de l'esprit protestant et philosophique qui animait leurs auteurs.)

Histoire de Louis XIV, par Amédée Gabourd. Paris et Tours, 1844, un vol. in-8° avec fig.

Histoire de la Fronde, par le comte de Saint-Aulaire, nouvelle édition. Paris, 1841, 2 vol. in-8°.

Histoire du vicomte de Turenne, par Ramsay. Paris, 1735, 4 vol. in-12.

Histoire de France pendant le XVIII$^{e}$ siècle, par M. Lacretelle le jeune. Paris, 1821-26, 8 vol. in-8°. — (Il est à regretter que l'auteur n'ait pas toujours assez respecté les décisions de l'Eglise.)

Philippe d'Orléans, régent de France, par M. Capefigue. Paris, 2 vol. in-8°.

Vie du Dauphin, père de Louis XVI, par l'abbé Proyart. Paris, 1781, in-12.

Histoire du règne de Louis XVI, pendant les années où l'on pouvait prévenir ou diriger la révolution française, par Jos. Droz. Paris, 1839-42, 3 vol. in-8°.

Histoire de la révolution française jusqu'au 18 brumaire, par M. Thiers, 12$^{e}$ édition. Paris, 10 vol. in-8°. — (L'auteur, ainsi que M. Mignet qui a traité le même sujet dans un cadre plus rétréci, appartient à cette école fataliste dont parle M. de Châteaubriand dans la préface de ses Etudes historiques. C'est assez dire qu'ici l'écrivain politique doit justifier ce que blâme parfois l'homme privé. — Nous indiquerons, comme contre-poids à cet ouvrage, les deux qui suivent :)

Histoire de la révolution de France (jusqu'au 18 brumaire an VIII), par M. le vicomte Félix de Conny. Paris, 1838-42, 8 vol. in-8° ou 14 vol. in-16.

Mémoires sur la révolution de France et recherches sur les causes qui ont amené la révolution de 1789, par le comte Viennot de Vaublanc. Paris, 1833, 4 vol. in-8°.

Histoire de la Vendée militaire, par Crétineau-Joly. Paris, 1839-41, 4 vol. in-8°.

Histoire de Napoléon, par M. de Norvins. Paris, 4 vol. in-8°.

Histoire de Napoléon-Bonaparte, par Amédée Gabourd. Tours, 1843, 1 vol. in-8°, avec fig.

Mémoires de M. de Bourienne (composés, en commençant à la 9$^{e}$ feuille du 1$^{er}$ vol., par M. de Villemarès, d'après des notes de M. de Bourienne). Paris, 1829-30, 10 vol. in-8°. — Bourienne et ses erreurs. Paris, 1830, 2 vol. in-8°.

Histoire de la Restauration, par M. Capefigue. Paris, 1831-33, 10 vol. in-8°.

Id., par M. Lubis. Paris, 1837-44, 6 vol. in-8° avec gravures en médaillons.

(Les divers ouvrages publiés jusqu'à ce jour sur les événements contemporains ne nous paraissant, en général, ni assez mûris, ni assez impartiaux, nous croyons devoir, quant à présent, nous borner à indiquer le recueil suivant où les faits, accompagnés des pièces justificatives, sont livrés, sans commentaires, à la libre appréciation du lecteur :)

Annuaire historique et universel pour 1830, avec un appendice, par C. L.

Lesur. Paris, 1852, in-8° compacte, renfermant 780 pages de texte et 500 d'appendice, plus un tableau statistique et comparatif des principales puissances en 1830.

Nota. — Il conviendrait de présenter, à la suite de l'histoire générale de France, l'histoire particulière de ses anciennes provinces; mais les limites de notre travail, peut-être déjà dépassées, ne nous le permettent point. Pour suppléer autant que possible à cette lacune obligée, chacun devra, selon ses ressources et la direction de ses études, se procurer les ouvrages historiques relatifs à la contrée qu'il habite; car, le pays avant tout: *Priùs nosce patriam*. Toutefois il est une ville entre toutes qu'un français doit étudier et connaître; c'est la capitale, dans laquelle se résument les principaux événements du royaume. Laissant de côté les publications de détail qui la concernent, nous indiquerons seulement les deux ouvrages suivants, dont les auteurs, du reste, trahissent l'un et l'autre leur partialité: le premier, anti-catholique par système, en ne révélant jamais que le côté blâmable des personnes et des choses, le second, chaud royaliste, en les peignant presque toujours sous des couleurs favorables:

Histoire physique, civile et morale de Paris, depuis les premiers temps historiques jusqu'à nos jours, etc., ornée de gravures représentant divers plans de Paris, ses monuments et ses édifices principaux, par J.-A. Dulaure, 4e édition. Paris, 1829, 10 vol. in-8°.

Tableau historique et pittoresque de Paris, depuis les Gaulois jusqu'à nos jours, dédié au Roi, par J.-B. de Saint-Victor. Paris, 1827, 2e édition, divisée en deux parties égales formant 8 vol. in-8°, avec un atlas de 214 pl.

### § IV. *Biographies.*

Le grand Dictionnaire historique, ou mélanges curieux de l'histoire sacrée et profane, etc., etc., par Me Louis Moréri, prêtre, docteur en théologie. Nouvelle édition, dans laquelle on a refondu les suppléments de M. l'abbé Goujet. Le tout revu, corrigé et augmenté par M. Drouet. Paris, 1759, 10 vol. in-fol. — (Cette édition est la seule recherchée.)

Biographie universelle. Paris, Michaud, 52 vol. in-8°. Supplément, tom. 53-75.

Dictionnaire historique, par Feller. Paris, 1833-35, 20 vol. in-8°.

## Ve CLASSE.

## *OEuvres de l'homme.*

### § Ier. *Mathématiques.*

Dictionnaire des sciences mathématiques pures et appliquées, par M. Sarrazin de Montferrier. Paris, 1834-37, 2 vol. gr. in-8°.—Supplément, 1840, gr. in-8°.

Essai sur l'histoire générale des mathématiques, par Ch. Bossut. Paris, dernière édit., 2 vol. in-8°.

Petite encyclopédie mathématique, ou cours complet de mathématiques, etc., par Peyrot. Paris, 1828, 3 vol. in-8°.

Arithmétique de Reynaud, de Lacroix, de Bezout, avec des notes. — Géométrie de Legendre, de Lionnet, de Finck. — Algèbre de Lefébure de Fourcy, de Mayer, de Choquet, de Bourdon. — Application de l'algèbre à la géométrie, de Lefébure de Fourcy, de Bourdon, etc. — (Ces divers ouvrages sont trop connus pour qu'il soit nécessaire de préciser le lieu et la date de l'impression.)

Essai sur les éléments de la pratique des levés topographiques, par P.-A. Clerc. Paris, 1839-40, 2 vol. in-8°, fig.

### § II. *Beaux-arts et industrie.*

Leçons sur l'histoire de la théorie des beaux-arts, par A.-G. Schlegel, suivies des articles du *Conversation lexicon* concernant l'architecture, la peinture et la sculpture, trad. par A.-F. Couturier. Paris, 1830, in-8°.

Histoire de l'art par les monuments, par Seroux d'Agincourt (du IVe au XVIe siècle). Paris, 1823, 6 vol. in-fol.

De l'art chrétien, par M. Rio. Paris, 1836, 2 vol. in-8°.

Dictionnaire des beaux-arts, par Millin. Paris, 1806, 3 vol. in-8°.

Etudes sur l'histoire des arts, ou tableau des progrès et de la décadence de la statuaire et de la peinture antique au sein des révolutions qui ont agité la Grèce et l'Italie, par P.-T. Dechazelle. Paris, 1834, 2 vol. in-8°.

Monuments et ouvrages d'art antique, restitués d'après les descriptions des écrivains grecs et latins, par M. Quatremère de Quincy. Paris, 1829, 2 vol. in-8°. — (Entre autres livres sur l'art, cet auteur a aussi publié, en 5 vol. in-8°, séparés, avec portraits, l'histoire de la vie et des ouvrages de Michel-Ange, de Raphaël et de Canova.)

Traité de la science du dessin, etc., par L. Vallée, 2e édit. Paris, 1838, in-4° avec 55 planches.

Manière de bien juger des ouvrages de peinture, par Laugier. Paris, 1771, in-12.

Recherches sur les beautés de la peinture, par B. (Bergier.) Paris, 1765, in-12.

Notions pratiques sur l'art de la peinture, enrichies d'exemples d'après les grands maîtres des écoles italienne, flamande et hollandaise, par John Burnet, trad. de l'anglais par P.-C. Van-Geel. Paris, 1836, in-4° avec 26 planches.

Essai sur la peinture en mosaïque (par Le Vieil). Paris, 1768, in-12.

Essai historique et descriptif sur la peinture sur verre, par E.-Hyp. Langlois. Rouen, 1832, in-8°.

Histoire de la peinture sur verre, d'après ses monuments en France, par F. de Lasteyrie. Paris, 1837, in-fol.

Abrégé de la vie des plus fameux peintres, par d'Argenville. Paris, 1745, 3 vol. in-4° ou 4 vol. in-8°.

Essai sur l'origine de la gravure en bois et en taille douce, et sur la connaissance des estampes des 15e et 16e siècles, où il est parlé de l'origine des cartes à jouer, etc., suivi de recherches sur l'origine du papier, etc., par Jansen. Paris, 1808, 2 vol. in-8°.

Histoire de l'architecture, trad. de l'anglais de Th. Hope, par A. Baron. Paris, 1839, 2 vol. in-8°, fig.

Dictionnaire historique d'architecture, par M. Quatremère de Quincy. Paris, 1833, 2 vol. in-8°.

Dictionnaire des origines, inventions et découvertes dans les arts, les sciences, la géographie, l'agriculture, le commerce, etc, par MM. François Noël, Carpentier et Puissant fils. Seconde édition, revue, etc. Paris, 1833 ou 1840, 4 vol. in-8°, à deux colonnes.

Archives des découvertes et inventions nouvelles, faites dans les sciences, les arts et les manufactures, tant en France que dans les pays étrangers, années 1808 à 1841, par Ph. Loos. Paris, 31 vol. in-8°.

## § III. *Archéologie.*

Nouveau manuel complet d'archéologie, trad. de l'allemand de M. O. Muller par P. Nicard. Paris, 1841, 3 vol. in-18.

Cours d'antiquités monumentales; histoire de l'art dans l'ouest de la France, par M. de Caumont. Caen, 6 vol. in-8° et 6 atlas in-4°.

Archéologie chrétienne, ou précis de l'histoire des monuments religieux du moyen-âge, par M. l'abbé J.-J. Bourassé. Tours, 1841, in-8° avec grav. dans le texte.

Eléments d'archéologie nationale, précédés d'une histoire de l'art monumental chez les anciens, par le Dr Louis Batissier. Paris, 1843, un fort vol. in-12, avec fig. dans le texte.— Et mieux, du même auteur :

Histoire de l'art monumental dans l'antiquité et au moyen-âge, suivie d'un traîté de la peinture sur verre. Paris, 1845, un beau vol., grand format, de 688 pages (avec au moins 280 grav. dans le texte, et 4 dessins de vitraux coloriés).

Les cathédrales de France, par M. l'abbé Bourassé. Tours, 1844, 1 vol. gr. in-8°. avec grav.

Histoire de la monnaie, depuis les temps de la plus haute antiquité jusqu'au règne de Charlemagne, par Germain Garnier. Paris, 1819, 2 vol. in-8°.

La science des médailles (par Jobert.) Paris, 1739, 2 vol. in-12.

Introduction à la science des médailles, par Dom. Th. Mangeart. Paris, 1763, in-fol.

Description des médailles antiques, grecques et romaines, par T.-E. Mionnet. Paris, 1806-37, 15 vol. in-8°.

Manière de discerner les médailles antiques de celles qui sont contrefaites, par Guill. Beauvais, édit. augmentée d'une table de la valeur et de la rareté des médailles impériales. Dresde, 1794, in-4°.

Notice sur la rareté des médailles antiques, leur valeur et leur prix...., d'après Pinkerton et J. God Lipsius, avec des notes du traducteur, par le chev. Gérard-Jacob (dit Kolb). Paris, 1828, in-8°.

De la rareté des médailles romaines, par T.-E. Mionnet. Paris, 1827, 2 vol. in-8°.

Etudes numismatiques et archéologiques, par Joachim Lelewel, types gaulois et celtiques. Bruxelles, 1840, in-8°, avec planches in-fol.

Numismatique du moyen-âge, par le même. Paris, 1835, 2 vol. in-8° et atlas in-4°.

Traité des monnoyes de France, par Le Blanc. Paris, 1690, in-4°.

Catalogue raisonné des monnaies nationales de France, essai de G. Combrouse. Paris, 1839, in-4°, avec un supplément publié la même année.

Nouveau traité de diplomatique, par deux religieux bénédictins. Paris, 1750, 6 vol. in-4°.

Diplomatique pratique, par Le Moine, avec le supplément. Metz, 1765-72, 2 vol. in-4° fig.

Aperçu de l'origine des diverses écritures de l'ancien monde, par J. Klaproth. Paris, 1832, in-8°.

Eléments de paléographie, par M. Natalis de Wailly. Paris, imprimerie royale, 1838, 2 vol. gr. in-4°.

Paléographie universelle, par M. Sylvestre, avec des explications par MM. Champollion. Paris, 1839, gr. in-fol.

Essai sur la calligraphie et sur les ornements des premiers livres d'heures imprimés, par E.-H. Langlois du Pont-de-l'Arche. Rouen, 1842, in-8° avec 16 planches.

## TROISIÈME ORDRE.

### LA NATURE.

### I^re CLASSE.

### *Le ciel. — Astronomie.*

Histoire du ciel, par Pluche. Paris, 1759, 2 vol. in-12.

Histoire de l'astronomie, par Bailly, dans laquelle on a conservé le texte historique de l'auteur, en supprimant les détails scientifiques, par V.-E.C, (Victor Comeiras). Paris, 1806, 2 vol. in-8°.

Histoire de l'astronomie du moyen-âge, par Delambre. Paris, 1818, in-4°, fig.

Histoire de l'astronomie moderne, par le même. Paris, 1821, 2 vol. in-4°.

Histoire de l'astronomie du XVIII^e siècle, par le même. Paris, 1827, in-4°.

Traité élémentaire d'astronomie physique, par J.-B. Biot, 3^e édit. Paris, 1841, 3 vol. in-8° et atlas in-4°.

Uranographie, ou traité élémentaire d'astronomie, à l'usage des personnes peu versées dans les mathématiques, par L.-B. Francœur, 5^e édit. Paris, 1837, in-8°, fig.

Astronomie pratique ; usage et composition de la connaissance du temps, par le même, 2^e édit. Paris, 1840, in-8°.

Leçons d'astronomie professées à l'Observatoire royal, par M. Arago, nouvelle édit. Paris, 1845, in-18.

Mécanique céleste, par La Place. Paris, nouv. édit., 1843, in-4°.

### II^e CLASSE.

### *Physique.*

Histoire des progrès de la physique, par A. Libes. Paris, 1810-15, 4 vol. in-8°.

Traité élémentaire de physique, par C. Despretz, 4^e édit. Paris, 1836, in-8°, fig.

Autre, par E. Péclet, 3^e édit. Paris, 1838, 2 vol. in-8° et atlas in-4°.

Autre, par F.-S. Beudant, 5^e édit. Paris, 1838, in-8°.

Cours élémentaire de physique, par M. Deguin, 3^e édit. Paris, 1841, 2 vol. in-8°, fig.

Traité de physique considérée dans ses rapports avec la chimie et les sciences naturelles, par M. Becquerel. Paris, 1842, 2 vol. in-8° et atlas.

## IIIe CLASSE.

### *Géologie.*

Discours sur les révolutions de la surface du globe et sur les changements qu'elles ont produit dans le règne animal, par G. Cuvier, 8e édit. Paris, 1840, in-8°, fig.

Lettres sur les révolutions du globe, par Alex. Bertrand, 5e édition, considérablement augmentée, enrichie de nouvelles notes par MM. Arago, Elie de Beaumont, Al. Brongniart, etc. Paris, 1859, in-8°.

Examen des questions scientifiques de l'âge du monde, de la pluralité des espèces humaines etc., considérées par rapport aux croyances chrétiennes, par Forichon. Paris, 1837, un vol. in-8°. — Voir aussi la dernière édition de la Cosmogonie de Moyse, par Marcel de Serres, en 2 vol. in-8°.

La géologie et la minéralogie dans leurs rapports avec la théologie naturelle, trad. de l'anglais du docteur Buckland, par L. Doyère. Paris, 1838, 2 vol. in-8°, fig.

Nouveau Traité de géologie, ou exposé de l'état actuel de cette science, considérée dans ses rapports avec la minéralogie, l'agriculture, l'industrie, les arts et la tradition biblique, par Alex. Giraudet. Tours, 1845, 1 vol. in-8° avec planches.

## IVe CLASSE.

### *Géographie.*

Le grand dictionnaire géographique, etc., par Bruzen de la Martinière. Paris, 1768, 6 vol. in-fol. — (C'est la seule bonne édition d'un livre ancien et utile, non remplacé par les nouvelles publications du même genre.)

Dictionnaire-interprète-manuel des noms latins de la géographie ancienne et moderne, par M. Chaudon. Paris, 1777, in-8°.

Dictionnaire général de géographie universelle ancienne et moderne, par Ennery et Hirth; accompagné d'une introduction à l'étude de la géographie dans ses rapports avec l'histoire, par Ch. Cuvier. Strasbourg, 1840-44, 4 vol. in-8°.

Histoire des grands chemins de l'empire romain, par Bergier. 1728, 2 v. in-4°.

Traité des mesures itinéraires anciennes et modernes, par d'Anville. Paris, 1769, in-8°. — OEuvres de d'Anville. Paris, 1834, 2 vol gr. in-4°.

Concorde de la géographie des différents âges, par Pluche. Paris, 1765, in-12.

Tablettes géographiques pour l'intelligence des historiens et des poëtes latins, (Par Phil. de Prétot.) Paris, 1755, 2 vol. in-12.

Recherches sur la géographie ancienne et celle du moyen-âge, par M. C.-A. Walckenaer. Paris, imprimerie royale, 1823, in-4°.

Géographie ancienne, historique et comparée des Gaules, par M. Walckenaer. Paris, 1839, 3 vol. in-8° et un atlas in-4°.

Géographie historique, etc., par D. Jos. Vaissette. Paris, 1755, 4 vol. in-4° ou 12 vol. in-12.

Précis de la géographie universelle, par Malte-Brun, nouvelle édition, revue, etc., par Huot. Paris, 1831-37, 12 vol. in-8° avec atlas.

Abrégé de Géographie, par Adr. Balbi, 3e édit. Paris, 1842, gr. in-8°.

Atlas universel, par P. Lapie. Paris, 1828 et ann. suiv., gr. in-fol. en 50 cartes.

Carte de la France (publiée par Cassini de Thury, etc.), 183 feuilles.

Carte topographique de la France, levée par les officiers du corps royal d'état-major du Dépôt de la guerre. — (Dans ces deux immenses et fort dispendieuses collections, nous ne conseillons ici, cela va sans dire, que l'acquisition de la partie spéciale qu'il plaira à chacun d'étudier.)

Bibliothèque universelle des voyages effectués par mer ou par terre dans les diverses parties du monde, depuis les premières découvertes jusqu'à nos jours, par M. Albert Montémont. Paris, 1833-36, 46 vol. in-8°. — (Nous préférons ce recueil, comme plus complet et plus moderne, à ceux qu'ont antérieurement publiés l'abbé Prévost, La Harpe, Mac-Carthy, etc., etc.)

Itinéraire de Paris à Jérusalem, par M. de Châteaubriand. Paris, 1811, 3 vol. in-8°.

Souvenirs de l'Orient, par M. le comte de Marcellus. Paris, 1839, 2 vol. in-8°.

Souvenirs, impressions, etc., pendant un voyage en Orient, par M. Alph. de Lamartine. Paris, 1835, 4 vol. gr. in-8°. — (Il est fâcheux que cet ouvrage, où la magnificence du style répond à l'exactitude des descriptions, froisse en maints endroits non seulement l'orthodoxie catholique, mais encore la croyance générale des chrétiens à une révélation directe et positive.)

Correspondance familière d'Orient, par MM. Michaud et Poujoulat. Paris 1833-35, 7 vol. in-8°.

Correspondance et mémoire d'un voyageur en Orient, par Eugène Bore. Paris, 1840, 2 vol. in-8°.

Pèlerinage à Jérusalem et au mont Sinaï en 1831-32-33, par le R. P. Marie-Jos. de Geramb, 3e édit. Paris, 1840, 3 vol. in-8°, avec gravures.

## V^e CLASSE.

### *Minéralogie.*

Traité de minéralogie, par Haüy, 2^e édit. Paris, 4 vol. in-8° et atlas in-4°.

Nouveaux éléments de minéralogie, ou manuel du minéralogiste voyageur, par C.-P. Brard, 5° édit. Paris, 1858, in-8°.

Minéralogie appliquée aux arts, par le même. Paris, 1821, 3 vol. in-8°, fig.

## VI^e CLASSE.

### *Botanique.*

Introduction à l'étude de la botanique, ou traité élémentaire de cette science, par Alph. de Candolle. Paris, 1856, 2 vol. in-8°.

Nouveaux éléments de botanique et de physiologie végétale, par Ach. Richard, 6^e édit. Paris, 1858, in-8°.

Leçons de Botanique, comprenant principalement la morphologie végétale, la terminologie, la botanique comparée etc., par Aug. de Saint-Hilaire. Paris, 1840, in-8° avec 24 planches.

A. Pyr de Candolle, botanicum gallicum. Parisiis, 1828, 2 vol. in-8°.

## VII^e CLASSE.

### *Zoologie.*

Le règne animal distribué d'après son organisation, pour servir de base à l'histoire naturelle des animaux et d'introduction à l'anatomie comparée, par Cuvier. Paris, 1829, 5 vol. in-8°; ibid, 1840 et ann. suiv., in-8°, fig.

L'histoire des mœurs et de l'instinct des animaux, avec les distributions méthodiques de toutes leurs classes, p. J-J. Virey. Paris, 1824, 2 vol. in-8°.

Iconographie du règne animal de Cuvier, par F.-E. Guérin. Paris, 1830, 7 vol. in-8°.

Œuvres complètes de Buffon, mises en ordre par M. de Lacépède. Paris, 1817-19, 17 vol. in-8°, fig. — (On a fait de cet important ouvrage plusieurs éditions récentes, dont les unes l'emportent sur les autres, soit par l'exécution typographique, soit par la supériorité des gravures en noir ou coloriées.)

## VIII^e CLASSE.

### *Chimie.*

Histoire de la chimie, par Ferd. Hœfer. Paris, 1843, 2 vol. in-8°.

Traité élémentaire de chimie, par Thénard, 6e édit. Paris, 1834, 5 vol. in-8° et atlas in-4°.

Traité de chimie, par J.-J. Berzélius. Paris, 1829, 8 vol. in-8°.

Théorie des proportions chimiques, par le même. Paris, 1835, in-8°.

Traité de chimie appliquée aux arts, par M. Dumas. Paris, 1828-45, 6 vol. in-8° et atlas in-4°. — (L'ouvrage complet doit avoir 7 vol.)

Eléments de chimie appliquée à la médecine et aux arts, par M. Orfila. Paris, 1843, 2 vol. in-8°.

Nouveau système de chimie organique, fondé sur de nouvelles méthodes d'observation, précédé d'un traité complet sur l'art d'observer et de manipuler, etc., par Raspail; 2e édit., entièrement refondue. Paris, 1838, 3 vol. in-8° et atlas in-4°.

Dictionnaire des réactifs chimiques employés dans toutes les expériences, etc., par J.-L. Lassaigne. Paris, 1839, in-8°.

Leçons de philosophie chimique, professées au collége de France par M. Dumas, recueillies par M. Bineau. Paris, 1837, in-8°.

---

NOTA. On aurait pu, nous en conviendrons sans peine, adopter pour la composition de ce catalogue une marche différente de la nôtre et peut-être meilleure; car nombre de matières ont entre elles plus d'un point de connexité et rien, d'ailleurs, n'est arbitraire comme les divisions. Toutefois, l'ordre par nous suivi nous a paru rationnel, dans son ensemble, et dès-lors admissible.

Aux divers ouvrages qu'ils jugeront à propos de se procurer, MM. les ecclésiastiques feront bien de joindre des recueils périodiques constatant l'accord de la science et de la religion, tels que les *Annales de philosophie chrétienne*, — l'*Université catholique*, — le *Nouveau-Correspondant*, *etc.*, *etc.*

Du reste, en traçant ici l'esquisse d'une bibliothèque, nous n'avons prétendu ni tout indiquer, ni limiter le choix des acquéreurs; et si nous avons donné la liste de certains livres en général peu familiers aux membres du clergé, c'est que, de nos jours, la liberté de la presse propageant sous mille formes la vérité et l'erreur, le prêtre, appelé à instruire les peuples, ne saurait, sans demeurer au-dessous de sa divine mission, rester complètement étranger à ce mouvement nouveau. A part les publications obscènes, dont la lecture n'est jamais permise, ne lui importe-t-il pas au plus haut degré de connaître les principales productions contemporaines, afin de se tenir en mesure d'en combattre, au besoin, les funestes tendances ?

Peut-être, à la rigueur, eût-il été convenable d'accompagner d'une appréciation critique l'indication de chaque écrit plus ou moins suspect. Nous l'avons tenté à l'égard des moins connus; mais la notoriété des autres nous dispensait naturellement d'observations que sauront bien faire les lecteurs auxquels s'adresse le présent essai bibliographique.

L. M.

FIN DU CATALOGUE.

# TABLE DES MATIÈRES.

CHAPITRE I^er. — CONFESSION DES ADULTES.

FIN DE LA TABLE DES MATIÈRES.

NANCY, IMPRIMERIE DE VEUVE RAYBOIS ET COMP.

www.ingramcontent.com/pod-product-compliance
Lightning Source LLC
LaVergne TN
LVHW010520100826
845148LV00001B/54

* 9 7 8 2 0 1 2 6 8 5 3 5 2 *